민중이 사라진 시대의 문학

국립중앙도서관 출판시도서목록(CIP)

```
민중이 사라진 시대의 문학 / 조정환, 정남영, 서창현, 이종호, 박필현, 백소연, 조
영실, 김미정, 이충희. -- 서울 : 갈무리, 2007
  p. ;   cm. --  (아우또노미아총서 ; 13)
참고문헌과 색인수록

ISBN   978-89-86114-98-0 04800 : ₩15000
ISBN   978-89-86114-21-8(세트)



810.906-KDC4
895.709-DDC21                                        CIP2007001771
```

아우또노미아총서13

민중이 사라진 시대의 문학

지은이 조정환 정남영 서창현 이종호 박필현 백소연 조영실 김미정 이충희

펴낸이 장민성
책임운영 신은주 편집부 오정민 마케팅 정현수

용지 화인페이퍼 인쇄·제본 한영문화사 출력 경운출력
펴낸곳 도서출판 갈무리 등록일 1994. 3. 3. 등록번호 제17-0161호
초판인쇄 2007년 5월 30일 초판발행 2007년 6월 10일

주소 서울 마포구 서교동 375-13호 성지빌딩 101호
전화 02-325-1485 팩스 02-325-1407
website http://www.galmuri.co.kr   e-mail galmuri@galmuri.co.kr

ISBN 978-89-86114-98-0 04800 / 978-89-86114-21-8(세트)
도서분류 1. 문학 2. 문학평론 3. 한국문학

값 15,000원

민중이 사라진 시대의 문학

1987년 이후 문학 20년,

종언인가 진화인가?

조정환
정남영
서창현
이종호
박필현
백소연
조영실
김미정
이충희

차례

1부

[좌담] 근대문학의 종언과 종언 이후의 문학
사회: 이충희 | 좌담자: 조정환, 정남영, 서창현, 이종호, 박필현, 백소연, 조영실, 김미정
문학은 더 이상 불가능한가 9 | 새로운 가능성의 징후들—상상력, 서정, 감각, 익살 16 | 카이로스 비평의 시간 34 | 불가능과 종언을 넘어서 50

2부

1987년 이후 계급 재구성과 문학의 진화 · 조정환
머리말 77 | 1987년 이전 문학과 능동적 민중 78 | 민중이 사라지는 징후들: 1987~1997 83 | 다중의 출현과 문학의 진화: 1997~2007 89 | 삶문학: 문제와 전망 99

비평이란 무엇인가? · 정남영
글을 시작하며 103 | 특이성과 전형성—리비스의 디킨즈 비평 104 | 예술가적 자질의 두 측면 112 | 로렌스의 세잔 비평 116 | 비평이론과 비평 120 | 글을 맺으며—특이성, 공통적인 것, 삶정치 122

이인성의 문학 세계 — 『낯선 시간 속으로』를 중심으로 · 서창현
들어가며 125 | 낯선 세계로 들어가기 128 | 걸어가며 묻기 144 | 경계를 넘어서기 173 | 결론 187

트랜스—내셔널의 감각과 형상들 · 이종호
민중의 소멸과 월경의 징후들 191 | 기원을 넘어서는 이야기 196 | 내부의 경계와 분할선을 가로질러 203 | '이주'라는 유령의 출현 208 | 공통적인 것의 생성을 위하여 216

경직화를 부수는 '삶문학'의 오프닝 – 박민규를 중심으로 · 박필현

'세계'와의 불화(不和) 221 | 익숙한, 그러나 낯선 223 | 대중문화의 브리콜라주, 그 특이성 225 | 황당한 상상, 그 가능성 230 | 가벼움과 익살 236 | 새로운 문학의 동향들 241

수다와 거짓의 '열린' 무대 – 장진의 극세계 · 백소연

견고한 모든 것이 녹아내린 자리 243 | 달변과 눌변의 사이, '수다'의 전략 245 | 달려라, 덕배들, 달수들, 화이들 251 | 파편화된 시간, '거짓의 역량' 258 | 다시 1990년대 이후 265

인다라의 언어 – '말걸기'와 공명 가능성 · 조영실

인다라의 구슬들, 공명의 언어 267 | 영등포 시장, '결승선'은 있다? 없다? 270 | 두 유 해브 어 '주민등록증'? 274 | '말걸기'와 해학적 시선 너머 277 | 탈근대적 '삶문학'의 가능성 288

어떤 고아들의 행보 – '나'의 변천과 윤리에 대해 · 김미정

태생적 고아들의 발생론 291 | 자발적 고아의 윤리 295 | 이야기가 소멸한 시대의 이야기 299 | 회의주의의 딜레마 302 | '생활이 발설하는 소리'와 고아들의 향방 307

민중이 사라진 시대의 문학 · 조정환

민중의 출현과 혁명의 시대 309 | 민중이 사라지다 312 | 달라진 혁명의 물길 315 | 살과 삶: 민족에서 인류로 323 | 새로운 민중의 구성과 문학의 길 326

참고문헌 329
찾아보기 335

[좌담] 근대문학의 종언과 종언 이후의 문학
우리 시대 문학의 탈주선을 찾아서

일시·2007년 3월 18일 일요일
장소·다중네트워크센터(http://waam.net)
사회자·이충희
좌담자·조정환, 정남영, 서창현, 이종호
박필현, 백소연, 조영실, 김미정

|좌담| **근대문학의 종언과 종언 이후의 문학**

우리 시대 문학의 탈주선을 찾아서

문학은 더 이상 불가능한가

이충희 안녕하세요. 오늘 좌담회의 사회를 맡은 이충희입니다. 『민중이 사라진 시대의 문학』의 출판을 위하여 좌담을 갖게 되었는데, 이 좌담을 구상하게 된 계기가 있으셨다면 간단히 말씀해주시겠습니까?

조정환 올해가 1987년 이후 20년이 되는 해입니다. 지난해에 우리는 다중네트워크센터에서 이 20년 사이에 이루어진 문학의 변화와 새로운 특질을 이해해 보자는 취지에서 '카이로스의 문학'이라는 주제의 집단강좌를 개최했습니다. 그것은 그간의 문학에서 나타난 진화의 양상을 고찰하면서 우리가 어떤 시대에 살고 있고 어떤 생각이나 감각이 발생하고 있는지를 문학작품들을 통해서 살펴보려는 집단적 노력이었습니다. 강좌는, 매 회 강좌에 일반 수강자 외에 다른 주제의 강사들 모두가 수강자로 참가하는 방식으로, 여덟 번에 걸쳐 성공적으로 이루어졌습니다. 강좌가 완전히 만족스럽지는 못하다고 해도 우리 나름대로는 최선을 다했고 그 과정에서 문학의 현황과 발전방향에 대한 나름의 공통관념을 생산했다고 보기 때문입니다. 강좌를 끝내고 보니 우리가 말하고 토론한 주제가 우리의 주제일 뿐만 아니라 오늘날의 작가들이나 독자들 역시 갈급하게 추구하고 있는 주제이기도 하다는 생각이 분명하게 들었습니다. 그래서 원고를 다듬고 보태서 단행본으로 출판하자는 데 의견일치를 본 것이지요. 강좌의 수강생을 넘어 독자들에게 우리의 생각을 묻고 창작에 종사하는 사람들 및 다른 비평가들과 대화를 나눌 기회로 삼자는 의미에서였습니다. 그 이후 이 좌담에 이르기까지의 과정에 대해서는 이종호 님이 말씀해 주시겠습니까?

이종호 강좌가 끝나고 나서 강좌의 기획을 좀 더 진전시켜보자는 데 의견이 모아졌습니다. 강좌팀을 중심으로 문학비평모임이 만들어졌지요. 이 모임에서 수개월 동안 1990년대 말과 2000년대의 한국문학을 대상으로 매주 세미나를 진행했습니다. 이 과정에서 동시대 한국문학의 전반적 흐름을 읽어낼 수 있었고, 강좌에서 다룬 내용과 문제의식을 심화시킬 수 있었습니다. 다시 각자의 원고를 돌려 읽으며 생각을 공유하고 다듬을 수 있었던 것도 성과라고 하겠습니다. 단행본을 전체적으로 총괄하는 글을 따로 쓰기보다, 좌담의 형식을 빌어 토론을 함으로써 강좌와는 다른 방식으로 서로의 문제의식을 공통적인 것으로 만들어 보자는 쪽으로 의견들이 모아졌습니다. 이 자리에서는, 시간적으로는 2000년대 문학의 흐름에 대해, 실천적으로는 카이로스 문학 혹은 삶문학의 문제에 대해 좀 더 충분히 이야기될 수 있기를 바랍니다.

이충희 지금은 『민중이 사라진 시대의 문학』으로 바뀌었습니다만 애초에 설정한 책 제목은 『종언 이후의 문학』이었지요? 거기에서 '종언'이라는

" … 새로운 경향이 풍성하게 자라고 있다는 관점에서 제일 먼저 이야기되곤 하는 것이 '새로운 상상력' … "

이충희

단어가 넘어서야 할 대상으로 설정되었는데 이 단어에는 21세기에 문학을 하는 사람들에게 일종의 열패감을 주는 어감이 작용하고 있는 것 같습니다. 그런데 이 단어는 주지하다시피 가라타니 고진에서 비롯된 말입니다. 그는 기본적으로 근대문학이라는 것이 윤리적 정치적 역할을 수행하면서 네이션-스테이트(nation-state)의 성립에 기여하던 시대가 끝났다고 진단합니다. 더불어 최근 문학들에서 자기 안에 갇혀서 사회 전체의 현안에 대응하지 못하는 현상을 볼 수 있는데, 이것은 본래적인 의미의 '문학'에서 멀어진 것이며 더 이상 문학은 불가능하다는 주장으로까지 나아가는 것을 볼 수 있습니다. 하지만 과연 그러한가? 라는 질문은 언제나 가능한 것 아니겠습니까? '종언 이후'의 문학을 '민중이 사라진 시대의 문학'이라는 관점에서 살펴보고자 한 본 좌담의 취지는 고진의 문제제기를 비판적 출발점으로 삼게 될 것으로 보입니다.

조정환 고진이 근대문학의 종언을 선언했는데, 한국의 문학현실에 비춰 보면 그것은 우선 '미네르바의 부엉이'처럼 너무 늦게 행해진 선언이 아닌가 생각됩니다. 돌아보면 한국문학의 경우, 1987년을 거쳐 1990년대로 넘어가는 시기가 이미 종언의 현상들 혹은 징후들이 광범위하게 나타났던 시대가 아니었나 싶어요. 이렇게 본다면 근대문학의 죽음에 대한 진단은 실제보다 약 30년 정도 늦게 내려진 셈이지요.

둘째로, 고진은 네이션-스테이트가 이미 확립되었으므로 그것의 건설에 복무하던 근대문학의 종언이 찾아왔다고 말하는데 이것은 사실과 다른 것 같습니다. 네이션-스테이트가 확립되어서 더 이상 민족국가(고진 입장에서는 국민국가)에 문학이 봉사할 필요가 사라졌기 때문에 문학의 종언이 찾아왔다고 보는 것은 한반도에 통일된 민족국가가 없는 현실과 상충하기 때문입니다. 고진과 백낙청 사이의 긴장도 여기에서 나타나는 것으로 보이구요. 그래서 우리로서는, 문학을 국가와 결부시키기 전에 먼저 사회적 주체성과 결부시키는 관점전환을 시도할 필요가 있지 않나 생각합니다. 이 관점 전환을 통해 근대문학의 종언이 좀 더 분명히 우리 시야에 들어오고 '이후'를 사고할 수 있는 입지가 열릴 것으로 보이기 때문입니다. 다시 말해 국민국가 그 자체보다는 그것을 통해서 자기해방을 달성하려고 해 온 민중이 쇠퇴하고 있고 해체 혹은 재구성되고 있다는 사실이 주목되어야 한다는 것입니다. 단적으로 말해 민중의 소멸이 근대문학의 근거 자체를 허물고 있는 밑바탕이 아닐까 생각합니다. 제가 박영근의 시를 다룬 「민중이 사라진 시대의 문학」에서 말하고 싶었던 것이 이것입니다.

세 번째 문제가 있습니다. 고진은 종언과 더불어 문학이 사소설식으로 사적 영역으로 들어가 버리면서 문학이 공적 역할을 수행할 수 없게 된 것에 실망을 합니다. 그래서 문학에서 손을 떼고 절필하는 것을 권장하는 방향으로 글을 쓰고 있습니다. 물론 진지하게 글을 쓰는 소수 작가들에 대한 심정적 지지를 덧붙이고는 있지만 그게 고진 글의 실질적 대안은 아니었어요. 사실상 문학의 기능은 이제 끝났다고 보는 쪽이라는 것이지요. 우리가 강좌에서 이미 여러 차례 이야기했고 또 그 이후 함께 공부를 하면서 검토해 본 바에 따르면 이러한 견해 역시도 지금의 문학적 추이에 대한 핍진한 서술은 아니라고 말할 수 있다고 봅니다. 그래서 우리가 종언 이후의 문학에 대해 논한다고 하는 것은 현상적으로는 고진의 생각과 함께 가는 것이지만 실질적으로는 고진의 태도에 맞서는 셈입니다. 선언이 표현한 현상 기술을 받아들이면서 실천적으로는 그것에 맞서는 것이고 오히려 종언 이후에 새로운 감각, 감수성, 상상력, 새로운 사유들로 무장한 문학이 아래로부터 움 터 오고 있는 것을 감지하고 발굴해 내자는 것입니다. 그래서 '종언'이라는 말이 주는 열패감을 넘어설 적극적 힘과 대안을 제시할 입지가 어느 정도 마련된 것이 아닌가 생각하고 있습니다.

이충희 지금의 문학장 내에서도 이미 '종언 이후의 문학'에 대해 여러 평론가들이 다양한 입장들을 펼치고 있는 것으로 보입니다. 그 일례로 『문학동네』에서 했던 좌담을 들 수 있지 않을까 싶습니다. 그러한 비평적 논의의 근저에는 모두 새로움에 대한 갈망이 놓여져 있는 것 같습니다. 각각 차지하는 비중은 다르지만, 그것들이 제게는 일정 정도 문학과 정치의 변화된 관계, 혹은 민중이 소멸한 시대, 혁명이 불가능한 시대에 대한 나름의 인식들이고 그것에 대한 응전이었다는 생각이 듭니다. 최근의 비평적 동향에 대해 생각하신 바가 있으시다면 말씀해주셨으면 합니다.

김미정 원론적인 이야기에서 시작해야 할 것 같은데요. 우선, '새로움'에 대한 비평계의 갈망은 결국 '차이'에 대한 갈망이 아닐까 싶습니다. 비평의 언어는 결국 차이를 만들고 의미를 만드는 언어가 아닐까요. 비평이란, 같아 보이는 것 속에서 다름을 찾고, 차이를 통해 의미를 생성하는 속성을 갖고 있다고 한다면, '새로움'에 대한 갈망은 어쩌면 비평의 기본적인 속성이 아닐까 합니다. 시시각각 변화하는 세계와 문학들 속에서 차이를 만들고 분류하고 해석하고 평가하는 작업을 떠올린다면 근래 비평계의 새로움에 대한 언급은 크게 낯설게 여겨지지는 않습니다. 그런데 비평의 한 화두로서의 '새로움'에 대해서라면, 아무래도 문학과 정치의 관계가 변화하고 난 후 대두된 테마라는 점을 이야기해야 할 것 같은데요. 즉, 1990년대 문학이 1980년대를 타자화하면서 단절이나 결절점을 강조했던 맥락에서부터 시작해야 하지 않을까요. 소위 1980년대적인 것과의 단절은, 거칠게 말해서 정치적인 것으로부터의 단절이라고 할 수 있을 것입니다. 문학과 정치의 관계가 느슨해진 만큼, 이 느슨함이나 부재를 대체하는 미학적 담론들도 필요했던 거죠. 따라서 1990년대식 '새로움'의 담론에는 1980년대와 스스로를 구별 지으면서 성립해야 했던 사정이 반영되어 있지 않나 싶어요.

그런데, 근래 비평계에서 사유하는 '새로움' 역시, 2000년대식 변화와 차이 그 자체를 적극적으로 고려하는 화두로 여겨지지만, 이전과 같은 쟁점을 끌어내는 격렬함은 없는 것 같아요.

이종호 비평적 동향들을 살펴보면, 1980년대의 여진이라고 할만한 쟁점도 있었고, 달라진 시대적 조건에서 새롭게 제기되는 문제들도 있었던 것 같습니다. 미학적인 측면에서는 리얼리즘과 모더니즘을 둘러싼 논쟁이 간간히 일어나기도 했습니다만, 그다지 생산적인 논의를 전개하지 못하고 과거의 입장만 확인하는 선에서 봉합된 감이 있습니다. 미학적인 문제들이 답보 상태에 머물러 있는 동안, 문학사회학적 측면에 가까운 논의들이 전개되기도 했습니다. 1990년대 후반의 문학권력 논쟁이 그 대표적인 예에 해당할 것 같습니다. 이 무렵에는 메이저 출판사들을 중심으로 각 진영에서 내세운 작가군들을 지지하기 위한 실리적 해석이 부각되는 추세였던 것 같습니다. 물론 그러한 가운데 1980년대와는 다른 문학적 특질들이 발견되고, 생성된 것 또한 사실입니다만. 문학 주체 문제에 있어서는, 모두들 아시다시피 1980년대적 전망이 파산하면서, 여타의 노동·민중·민족문학론들은 넓은 스펙트럼의 민족문학론으로 흡수되거나 통합되어 갔습니다. 이후 민족문학론은 내·외부적인 비판에 계속해서 직면했고, 최근 들어 동아시아론과 같은 형태로 방향전환을 꾀하고 있습니다. 세대론적으로 대략 보자면(저 개인적으로는 세대론을 선호하지 않는 편입니다만), 1990년대 후반의 문학권력 논쟁을 통해 일군의 비평가들이 등장했고, 최근 들어서는 이른바 1980년대 세대들과는 다른 새로운 이론적 토양을 가진 비평가들이 등장하면서 비평이 좀 더 다양해져 가고 있는 것 같아요. 아 참 그러고 보니, 최근에는 '새로운 서정'을 둘러싼 '미래파 논쟁'도 있었군요.

정남영 창비와 『문학동네』에 대한 이야기가 나왔는데, 예전 창비나 문지의 논쟁만큼 선명하게 대비되는 입장을 갖는 논쟁은 없는 것 같죠.

이충희 창비 자체가 새로운 담론 자체를 예전처럼 생산해내지 못하고 있는 게 아닐까 하는 생각이 듭니다. 평자들의 관점에 따라 다르겠지만 제가 보기에는 2000년대가 시작된 이후에도 '작가적 개성'이 뚜렷한 많은 작품들이 생산되고 있는 것 같습니다. 비록 비평에서는 문학의 쇠퇴를 이야기하고 있지만 이와는 달리 새로운 경향의 작품들이 풍성하게 생산되고 있다는 느낌을 받을 때가 많습니다. 이처럼 새로운 경향이 풍성하게 자라고 있다는 관점에서 제일 먼저 이야기되곤 하는 것이 '새로운 상상력'입니다. 요즘은 작가가 작품을 창작할 때나 독자가 작품을 향유할 때 '상상력'이란 개념에 대한 인식의 폭이 넓고 다양해지는 것 같다는 생각이 듭니다. 그래서 상상력에 대한 인식의 변화에 대해 함께 이야기를 나눠 보았으면 좋겠습니다.

새로운 가능성의 징후들 — 상상력, 서정, 감각, 익살

정남영 대학에 입학했던 1970년대 후반, 한 친구가 김지하를 읽고 '정치적 상상력'이란 말에 큰 감동을 받았다고 했습니다. 상상력이 정치에 대해서도 발휘될 수 있다는 것을 새롭게 깨달았던 것 같아요. 저 역시도 미학 등을 공부할 때 상상력이 중요하게 다뤄졌던 기억이 납니다. 상상력은 지금 네그리나 들뢰즈에 와서 더욱 새롭게 탐구되고 있지만 당시에도 홀대받지는 않았던 것 같아요. 다만 반영미학 또는 리얼리즘 미학의 우세함 때문에 이론상으로는 존재하는데 실제 현실에서 그리고 비평에서 힘을 발휘하지는 못했던 것 같습니다.

박필현 최근에는 정치적인 성향이 직간접적으로 표출되는 것들뿐만 아니라 과거의 시각으로 보자면 그야말로 허무맹랑하게 보이는, 아무것도 아닌 것처럼 보이는 그런 류의 상상력에 대해서도 주목하고 있는 것 같습니다. 2000년대 이후 상상력이 문학에 접근하는 중요한 키워드 중 하나로 부각이 된 것만은 사실인데요, 실제로 박민규나 이기호 등을 비롯해 박형서, 천운영, 조하영 등 많은 작가들이 이 차원에서 주목받고 있는 작가들인 것 같습니다. 조정환 선생님께서 전에 '2000년대의 새로운 문학들은 변화하는 새로운 삶에 대한 문학적 응전'이라고 말씀하시면서 그 중요한 요소 중의 하나로 상상력을 지적하신 바 있는데 그 점과도 통하는 것 같습니다. 이를테면, 상상력을 통해서 현실에 매몰되지 않고 다중의 잠재성을 그릴 수 있게 됐다는 것일 텐데요.

그런데 상상력에 대한 강한 의미부여 만큼 이에 대해 의문을 제기하는 목소리도 같은 수준으로 존재하는 것 같습니다. 이를테면, 상상력이라는 이름으로 가상세계로서의 픽션과 현실을 손쉽게 등치시키고 있는 것은 아닌가 혹은 상상력에 대해서 너무 과한 의미부여를 하고 있는 것은 아닌가 하는 문제제기도 적지 않습니다. 다시 말해 현실 세계의 개연성이나 핍진성을 무시한 채 이루어지는 객관에 대한 주관의 승리라거나 세계와 맞대면할 자신이 없는 왜소한 주체들의 무력감이라는 비판적인 문제제기가 있습니다.

상상력의 문제에 접근할 때 주목해야 할 것은 상상이라는 것이 현실을 차단시키는 것으로 존재하는 것이 아니라, 현실에 기반하고 또 현실을 환기시킨다는 점 그리고 자본주의 현실 속에서 쉽게 지각될 수 없었던 것들을 드러내고 있다는 점인 것 같습니다. 그것이 어떤 형태든 상상을 단순히 현실을 비껴간 것으로 일방적으로 매도해서는 곤란할 것 같아요. 물론 어떤 측면에서 본다면 상상이라는 것이 현실을 도피하는 혐의가 없지 않다는 생각도 듭니다. 요컨대 상상력이 '오늘날 새로운 삶의 경향에 대한 응전'이 기 위해서 결국은 정치성의 문제를 같이 고민하지 않을 수 없겠지요. 그런 측면에서 이제 상상력 자체를 생각하는 것도 중요하지만, 어떤 상상력인가 에 대해서 고민하는 것이 더 필요한 것으로 느껴집니다. 아까 상상력과 관련하여 여러 명의 작가들을 언급했었는데요, 과연 그 작가들이 펼쳐 보이는 상상력들을 동일한 것으로 설명할 수 있을까를 고민해 봤으면 합니다. 상상력에 대한 주된 비판은 '상상은 헛되다'는 관점에서 이루어지고 있는데, 중요한 것은 상상이 그런 관점을 벗어나는 지점이 과연 어디일까를 생각해 보는 것이라고 생각됩니다. 앞으로 이런 지점에 대해서도 함께 얘기를 나눠볼 수 있으면 좋을 것 같습니다.

이충희 칸트 이후에 상상력이라는 것이 환상이라는 이름으로 거부당하거나 조롱당하기보다 오히려 지성을 더 지성적으로 만들고 도덕을 더 도덕적으로 만드는 새로운 감성적 능력으로 인식되기 시작했습니다. 제가 보기에 상상력은 현실에 갇혀서 벗어날 수 없음에 대해서, 그 이상의 바깥에 대해 사유할 수 없음에 대해서, 다시 말해 갇혀있음에 대해 사유할 수 있는 능력이며 그것을 통해 새로운 감성을 일깨우는 인식 체계로 이해될 필요가 있을 것 같습니다.

김미정 좀 전에 칸트와 상상력에 대해 말씀을 하셨지만, 저도 상상력에 대한 생각을 좀 다른 층위로 끌고 와야 한다고 생각합니다. 지성과 도덕적인 것을 감정이나 감성과 매개시켜주는 상상력, 그리고 감정이나 감성을 일깨워줄 뿐 아니라 더욱 강화시켜주는 상상력의 역할이 낭만주의 이후 억압된 것은 우리가 알고 있는 사실입니다. 부르주아 이데올로기가 지지해주

"상상력을 변화시킨 현실적 계기들은 어떤 것이 있나
혹은 상상력을 잠재성의 영역에서 살폈을 때
실재로 이행케 될 가능성은 무엇일까…"

김미정

던 사실주의 미학이 낭만주의적 상상력뿐 아니라 소위 말하는 환상성까지 뭔가 미달하는 것, 미성숙한 것으로 위치지어 온 전통 역시 떠올릴 필요가 있겠지요. 아까 박필현 님이 말씀하셨지만, 한국적 현실, 역사와 관련해서 반영이나 재현과 같은 미학적 심급들이 주류가 되었던 사실주의 전통이 있습니다. 그리고 그 속에서 상상력은 하위적 범주, 방계적 계보 속에서만 주로 다루어져 왔던 것이 사실이었지요. 그런데 지금 보이는 다양한 상상력의 모습들은, 그러한 미학적 반영 혹은 나아가 근대적 재현의 심급으로부터 자유로워진 어떤 것을 입증한다고 할 수 있을 것 같아요. 그럼에도 근래 많은 사람들은 이 상상과 환상의 영역을 최종적으로는 현실 환기력의 심급으로 환원시키려는 경향이 있는데, 이것은 조금 생각해볼 여지가 있다고 생각합니다. 우리에게는 구출된 개념으로서의 상상력을 끝 간 데까지 밀어붙이는 사례를 기대해야 하는 것이 아닐까 합니다. 소위 말하는 현실영역에서 내가 지각하지 못했던 것들, 한 번도 미처 인지하지 못했던 것들, 이런 것들이 어느 날 갑자기 문득 내 앞에 펼쳐졌을 때의 경이로움. 그럼으로써 나의 지성과 감성이 확장되는 경험들. 이런 것에 대해 충분히 검토하지 않은 채 쉽게 현실 영역으로 돌아가는 것에 대해서는 좀 생각해 봐야 할 것 같습니다. 오히려 상상력을 변화시킨 현실적 계기들은 어떤 것이 있나 혹은 상상력을 잠재성의 영역에서 살폈을 때 실재로 이행케 될 가능성은 무엇일까 등에 대해 짚어 봐야 하지 않을까라고 생각합니다. 따라서 소위 현실영역과 반대적, 대타적 항으로서의 상상력을 이야기하는 것은 곤란하지 않을까 생각해요. 상상력의 문제가 다시 이분법적 구도 속에서 현실영역에 밀려 후퇴하는 것은 아닌가. 잠재성에서 실재로 견인해낼 수 있는 이야기는 할 수 없나.

박필현 말씀해주신 부분은 생각해 볼 바가 참 많은 것 같습니다. 최근 고진이 계속해서 얘기가 됐었는데, 고진이 근대문학의 종언을 이야기한 것도 정치성의 범위를 너무 작은 범주 안으로 가두었기 때문이라는 생각도 드는데요. 상상력을 현실의 대척점에 놓고 이야기하는 것도 결국 현실을 너무 작은 범주로 놓고 이야기하기 때문이 아닌가 싶습니다.

정남영 영문학에서 상상력을 중요하게 여기는 작가들에서든 아니면 네 그리나 들뢰즈에서든, 현실과 대칭을 이루는 영역으로 상상력이 있다는 식으로 보는 게 아니고, 인식이나 행동에서나 모두 상상력은 창조적으로 작용을 한다고 봅니다. 이때의 인식은 반영이 아닌 인식이 되죠. 인식을 하는 순간 창조를 하기 때문입니다. 구체적인 사례들에 대해서는 그것들이 어떤지 케이스 바이 케이스로 분석을 해보고 서로 얘기를 해봐야겠지만 그 자체로는 뭐라고 판단하기가 어려울 수 있습니다. 현실을 반영하고 재현한 것 같지만 이미 거기에 상상력이 작동했고, 그런 의미에서 그것에 '표현'이라는 이름을 붙일 수 있는 그런 것일 수 있거든요. 요즘에 그런 작품이 별로 없는 것 같아서 그렇죠. 상상력이라든지, 우리의 인식이라든지 하는 게 이미 창조적일 수 있는데, 그렇지 않은 경우가 있는 거죠. 재현에 갇히고 기존의 고정된 의미, 곧 고착된 기의(signified)에 갇히고 …… 예컨대 박민규를 보면 이런 저런 곳에서 따온 것들이 많잖아요. 따온 것들은 이미 있는 거잖아요. 이제 이것들이 모여서 무슨 작용을 하는가를 보는 게 비평가들의 작업인데, 이것들이 모여서 뭔가 생성이 되더라 하면 그냥 모인 것과는 문제가 다르죠. 이러면 상상력이 작용한 하나의 형태로 봐야하는 게 아닌가 합니다.

이종호 상상력과 관련하여 창조성이나 생성의 문제를 말씀하셨는데요, 이 점이 중요한 것 같습니다. 최근 문학과 관련한 상상력에 대해, 일부 비평가들은 소설가나 시인들이 왜 그러한 상상을 하는가, 혹은 그러한 상상력이 기대고 있는 거처는 어디인가에 대해 특히 의문을 표하는 것 같아요. 한편으로 이러한 상상력을 1980년대의 연장선상에서 논하면서, 혁명이 좌절된 시대에 나타나는 어떤 수동적 행위들이나, 아니면 허무주의적 태도의 표현이 아닌가 하는 혐의를 두기도 하는 것 같습니다. 말하자면 상상력이 현실과 응전하려는 자세를 취하는 것이 아니라, 출구가 모두 닫힌 상태에서 가동되는 상상력이기 때문에 그러한 상상력에는 문제가 있다는 것이지요. 이런 맥락에서 최근에 문학에 등장하고 있는 상상력이 비판에 직면하고 있는 것 같습니다. 그런데 과연 그러한지는 좀 더 생각해봐야 할 것 같습니다. 그러니까 상상력이 지니고 있는 창조성이나 잠재성에 대해 보다 주의를 기울일 필요가 있다고 봅니다.

김미정 상상력을 현실 응전력으로만 환원하지 않고, 창조성이나 잠재성 측면에서 논한다면 이런 사례도 생각해 볼 수 있을 것 같아요. 2005년 비슷한 시기에 작가 이청준과 이기호가 6.25 경험을 소재로 한 소설들을 발표했었는데요. 우리는 보통 '직접 경험해야만 가장 잘 이야기할 수 있다'라고 생각하잖아요? 그렇기 때문에, 직접 경험한 전쟁에 대해 진지하게 이야기하는 이청준의 소설과, 경험하지도 않은 6.25 이야기를 하면서 농담 따먹기나 하는 이기호의 소설을 보면서, 어떤 이들은 '자기 세대만의 이야기가 있다'고 여길 수도 있겠다는 생각을 했습니다. 실제로 제 주변의 독서 반응도 그랬으니까요. 본래 기억과 경험의 소유 여부가 소설 쓰기에서 큰 재산으로 다뤄지곤 하잖아요.

아무튼 이기호의 「할머니, 이젠 걱정 마세요」를 보면, 전쟁 경험과 기억의 소유자는 할머니에요. 어린 조카 한 명을 외면해서 죽게 한 기억이 평생 죄책감으로 남았죠. 그런데 그는 문맹이어서 직접 소설을 쓰지는 못합니다.

대신 손자가 이 이야기를 전하고 있는 식이구요. 그런데 이 심각한 이야기를 하면서 이기호는 특유의 능청과 농담과 유머로 말장난을 구사합니다. 할머니의 슬픔과 손자의 유머가 묘하게 나란히 겹쳐지죠. 그러니, 조금만 진지하게 마음먹는다면 이 광경이 얼마나 불손하고 하찮아 보였겠습니까.

저는, 손자가 할머니 위로해드린답시고 어찌어찌하다가 장롱과 벽 사이에 몸이 끼는 장면을, 이 소설의 핵심으로 꼽고 싶습니다. 이게 바로 이 세대의 핵심이구나라고 생각했는데요. 이 장면은, '소설'이 될 기억도 경험도 없는 세대의 한계를, 순식간에 해결하는 것처럼 보였기 때문이죠. 기억과 경험에 관해서, 역사와 현실에 관해서, 그리고 그 이야기보따리에 관해서는 손자, 손녀 세대들이 할머니 세대에게 당해낼 재간이 없습니다. 따라서 이런 식의 유머나 우스꽝스러움을 통한 위로는 이들 손자들이 할 수 있는 이야기의 최대치라는 생각이 들었어요. 상상력 없이 이 위로는 불가능했겠지요.

즉, 경험목록이 적은 이들이, 재현 서사의 룰에 얽매이지 않고 자신의 이야기를 펼쳐내는 데 있어서, 상상력은 선택이 아니라 필수조건이라고 봅니다. 상상력은 기억과 경험의 한계를 넘기 위한 매개일 수밖에 없는 것이지요. 따라서 상상력에 대해 우리는 '그것이 현실에 다시 작동하느냐 마느냐'가 아니라, '현실의 제약들, 혹은 자기 세대의 기억과 경험의 한계를 어떻게 넘어설 수 있는지'에 관심을 가져야 한다고 봅니다. 제대로 된 상상은 현실로 돌아와 작동하기 이전에, 일개인의 기억과 경험의 한계를 넘어 새로운 세계를 창조하는 것이라고 보기 때문이죠.

이충희 갈 길이 먼데, 상상력에 대한 논의는 이 정도로 하는 것이 어떨까요? 상상력에 바탕을 둔 미래파 논쟁 같은 데에서 새로운 서정, 새로운 감각 등에 대한 이야기가 많이 나오고 있습니다. 그것은 기존의 이성중심주의적인 근대적 감각론을 넘어서 있는 것으로 보이기 때문에, 어떤 새로운 감각론에 바탕을 두고 그것들을 바라봐야할 필요가 있을 것 같습니다. 기존의 전통적 서정개념과는 많이 다른, 요컨대 분열되어 있고 다성적인 서정적 주체들이라고 불러야 되는 그런 경향들이 많이 나타나고 있는 것이지요. 이런 경향성과 맞닥뜨려서 새로운 서정, 새로운 감각론에 대해 얘기해 보면 좋겠습니다.

백소연 소위 '미래파'로 명명되는 최근의 시적 경향을 둘러싸고 평자들의 논쟁이 뜨거웠습니다. 김근, 황병승, 김민정, 유형진 등 젊은 세대들의 시가 재현의 리얼리티를 거부하고, 새로운 주체를 구성해 내고 있다는 점에서 긍정적 평가를 받았습니다. 또 이들 시에 대한 부정적 평가야말로 시의 새로운 흐름과 의의를 읽어내지 못하고 있는 현상이라고 역으로 비판받기도 했는데요. 물론 기존의 서정이 지녔던 권위를 해체하려는 노력이 새로운 시적 경향으로 나타나고 있는 것이고, 새로운 주체를 구성하려는 이러한 노력을 인정해 주어야 한다는 점에 대해서는 동의합니다. 그러나 이제는 '과연 어떤 새로움인가'에 대한 검증도 필요하지 않을까 싶어요. 실제로 이렇게 드러나는 현상들이 해체 그 자체 혹은 개인적인 감각으로만 함몰되어 가고 있는 건 아닌지, 이러한 시도들조차 고착되고 관성화 되어서 의미를 상실하고 있는 건 아닌지, 회의적 생각이 들기도 합니다. 그러니까 과연 어떤 서정성인가, 또 어떤 새로운 감각인가에 대해서도 보다 구체적이고 정밀한 논의가 필요하지 않을까요?

박필현 이장욱 시인이던가요, '문제는 서정 자체가 아니라 서정의 권위다'라는 말……. 그러니까 기존의 서정에 문제가 되는 부분이 있다면 나의 시선으로 모든 것을 환원시켜버리는 그런 식의 권위의 문제가 되겠고 달라진 서정이라는 건 권위를 벗어버린 서정이란 것이 되겠는데 이것과 관련해

"어떤 서정성인가, 또 어떤 새로운 감각인가에 대해서도
보다 구체적이고 정밀한 논의가 필요…"

백소연

서 주체의 왜소화라는 반론도 있었던 것 같아요. 백소연 님은 기본적으로 이미 이런 권위의 서정에 대한 문제 제기를 넘어서 그 이후에 대해 고민하고 계신 것으로 보입니다. 지적하신 문제들이 분명 있겠고 이를테면 해체를 위한 해체로만 빠져드는 식은 위험하겠지만……. 그런데 일단은 이런 새로운 서정들이 타자와의 관계에 있어 유연성 확보랄까 그런 것을 가져올 수 있지는 않을까 하는 생각은 들어요. 이런 서정의 문제는 시뿐만 아니라 소설과도 결부가 되어야 할 것 같고요.

정남영 두 개의 문제, 논점이 같이 있는 거죠. 나도 기억이 나는데, 1970, 1980년대에 노해문(『노동해방문학』) 등에서 주장했던 리얼리즘 문학에 대해서 일부 논자들이 다른 어떤 문학을 주장했는데 그 핵심은 '서정'에 있었어요. '문학은 서정이다'라는 것이었죠. '서정'을 단순히 시에만 국한하지 않고 확대한 사례죠.

조정환 지금까지의 서정성에 대한 대안은 여러 갈래로 제시되었습니다. 예컨대 이장욱, 김수이 등이 평론을 통해서, 황병승 등이 창작을 통해 그것을 보여줍니다. 기존의 서정성에 문제가 있다면 그것은 복수적이고 다양할 수 있는 정서들, 서정의 잠재력들을 '나'라는 시점, 시적 화자의 고정된 틀 속으로 환원시킴으로써 하나의 주체가 가질 수 있는 다양성의 특정부분만을 부각시키고 나머지를 억압해온 것에 있다는 게 최근 문제제기의 핵심이라고 생각합니다. 그걸 열어나가는 방법이, 하나의 시 작품 속(여러 작품들에서는 말할 것도 없고)에서일지라도 서정주체인 화자의 목소리가 다양하게 갈라져 있는 상태 그대로를 제시하는 방법을 쓰는 것이지 않습니까. 새로운 방법의 입장에서 보면 기존 서정주체는 한 가닥으로 일관되게 나아가면서 그 선분 속에 있을 수 있는 다른 모든 선들을 흡수하는 형식일 것입니다. 그에 대한 대안은 다성성을, 소설 속에나 있어온 다성성을 시 속에 도입하려는 시도로 나타납니다. 이를 통해 시 속에 여러 목소리가 혼재하는 그런 식의 시 쓰기가 가능해지는 것이지요. 그런데 이러한 형태가 탄생하고 나서 이것이 그것을 창안한 시인에 의해서는 물론이고 여러 시인들에 의해 모방되고 반복됩니다. 형태 전염 현상이랄까요? 그래서 이제는 타성에 가까운 반복도 자주 나타납니다. 그러나 기존의 전통적 서정 형태도 무수히 반복되어 오지 않았습니까? 김소월, 서정주의 시 형식들이 그랬듯이 … 근대 문학의 서정주체, 서정 형식의 반복을 횟수에서 보면 지금 혼성적이고 다성적인 서정주체, 서정 형식의 반복에 비해 비교할 수 없을 만큼 많이 반복되어 왔잖아요. 그래서 이제 그 반복의 횟수를 문제 삼을 것이 아니라, 오히려 반복이 타성적 반복인가 새로운 것을 낳는 반복인가를 살피는 것이 중요하고 그것은 개별 작품마다 구체적으로 검토해야 할 문제라고 봅니다. 그것과는 별개로 일단 기존 서정주체에 대한 문제제기와 새로운 대안을 찾으려는 노력 그 자체는 문학의 진화에 분명한 징표로 인정할 만하지 않나 싶어요.

정남영 단순한 변주, 반복하면서 조금 변화시키는 것 — 이런 건 자연스러운 것 같습니다. 우리가 활을 쏘려고 해도 몇 번을 잰 다음에야 제대로 화살을 날리는 것과 비슷하죠. 카이로스의 화살을 한 방에 쏠 수 있다면 좋겠지만, 모두에게 이 요구를 하는 것은 모두에게 셰익스피어와 같은 사람이 되어 달라고 요구하는 것과 같을 겁니다. 그런 일은 거의 불가능하죠. 그러니까 변주가 쌓이고 쌓여서 힘을 만들어낼 수 있는 거라고 봅니다. 그건 지루함일 수도 있어요. 지루하니까 못 견뎌서 새로운 것을, 다른 걸 창조할 수 있으니까요. 그러니까 이건 단순한 변주다 아니면 새로운 창조다 하고 가려내는 게 중요합니다. 단순히 변주들이 있다는 것 자체를 문제 삼아서는 안 될 것 같습니다. 오히려 그것들이 문화의 바탕이라고 할 수 있는 뭔가를 이루는 데 한 몫 할 수도 있는 것이기 때문입니다. 물론 그것들을 대단한 것처럼 이상화할 필요는 없죠.

조정환 역사적으로 보면 1990년대에 많이 읽힌 소설들이 오히려 다성성을 버리고 사소설로, 단순한 '나'로 돌아갔잖아요. 무라까미 하루끼가 대표적인 예이겠지요. 고진도 얘기하는 이 이야기를 하지요. 고진이 문학에 실망하고 염증을 내버린 것이 사소설 때문이었습니다. 그런 흐름을 고려하면 시는 오히려 사소설의 사적 양식에서부터 벗어나는 역방향 운동을 하고 있는 게 특징적이라는 생각이 들어요. 이전의 근대문학―한국의 경우 1987년 이전의 문학이라고 조금 도식적으로 생각해 보지요―은 좌파든 우파든 중도파든 간에 문학이 공적인 영역과의 관계망, 자장을 벗어나지 않았습니다. 민족의 형성 문제, 국민국가의 건설문제와 문학은 어떻게든 잇닿아 있었지요. 그것이 우파에서는 순수문학으로 나타나면서 민족성, 민족적 정서, 민족적 이념 등을 강조했었고, 좌파의 경우에는 민중에 기초해서 새로운 국가를 건설하는 것으로 나타나지 않았습니까? 그것도 전 한반도 수준에서 새로운 국가를 건설하는 것 말이예요. 미세한 방향의 차이를 제외하면 문학이 어쨌건 공공성에, 퍼블릭 영역에 어떻게 개입할까 하는 문제의식이 보편적으로 나타났습니다. 식민지 시대의 시인 이상과 같은 드문 예외가 있긴 하지만 대체로 그렇게 말해도 무방할 것 같습니다.

그런데 1990년대의 경우에는 신자유주의가 밀려오면서 공적영역이 해체되기 시작했습니다. 공적영역이 해체되고 재구성되기 시작한 이후로 문학이 사적 영역으로 귀속되려고 하는 경향이 빠르게 가속되었습니다. 소설이 사소설로 되기 시작한 것이지요. 여기서 우리가 생각해 보아야 할 것은, 시에서 기존 서정의 거부라는 현상이 공–사(公私) 문제와 어떻게 연결될까 하는 문제입니다. 소설은 사소설로 회귀하면서 공공영역에서 분리되어 사생활로, 시장영역으로 들어갔는데 2000년대 들어오면 오히려 반대의 현상이 나타나기 시작하는 것 같습니다. 기존의 서정주체가 갖는 단성성이 아주 강한 카타르시스 효과와 감정이입을 통해서 독자들을 공적세계로 끌고 가는 방식이었다면 새로운 서정의 경우는 우리 내부에 존재하는 다양성을 어떤 형태의 집중도 없이, 정서적 집권화 없이 있는 그대로 해방시켜놓음으로써 다성적 서정화자, 복수의 서정주체가 비로소 열리기 시작하는 것이 잖아요. 그러니까 이 점에서 소설이 걸었던 길과 반대방향으로 움직이는 것 같다는 거죠. 마치 사소설에서처럼 정말로 사적인 자기 마음속의 아주 사사로운 욕망들까지 당당한 서정의 목소리로 일으켜 세우되 그것이 서로 공존하고 연결되는 방식으로 나타나면서 글자 그대로 다중(multitudes)을 구성하는 방향이랄까요? 이미 이야기한 것처럼 분명히 어떤 면에서는 사소설과 같지 않은가, 즉 사적 영역으로 시를 가져가는 길이 아니냐고 물을 수 있겠지만, 저의 착상은 이전의 서정주체와 새로운 서정주체의 비교를 통해 그 차이 속에서 근대성에서 주어진 공사의 구분을 넘어서는 어떤 힘과 경향이 서정시에서 나타나고 있지 않은가, 만약 그렇다면 그것이 무엇이고 왜 나타나는가를 숙고해 보자는 것입니다.

이충희 선생님께서 시와 소설의 발전 경향에서의 차이에 대해 말씀하셨는데, 최근의 소설에서도 역시 이전과 달리 변화의 모습이 많이 보이는 것 같아요. 예를 들어 소설의 서정성이랄까 분위기랄까 등이 비장이나 비애나 자기 내면에 고착된 슬픔 같은 것을 표현하는 게 아니라, 일단은 재밌다, 피식 웃기는데 등의 양상으로 변화되어 가고 있는 것 같습니다. 그런 것들을 표현하는 방법이 수단적이거나 도구적인 느낌을 주는 것이 아니라 어떤 전혀 다른 힘을 가지고 있는 듯한 느낌을 주는 때가 있거든요.

가령 해학이나 유머, 익살, 잡스러움, 소란스러움 등의 소설적인 표현들이 출현하고 있는데 이런 것들이 이전 시와 소설이 갖고 있던 비장이나 비애의 감정과는 달라 보입니다. 여기에 긍정적, 부정적 측면들이 있을 것 같은데, 1970년대, 1980년대, 1990년대의 비장과 비애—물론 1990년대를 비장과 비애로 부르기에는 어려움이 있지만—를 넘어서 2000년대 소설의 분위기가 보여주는 재치, 유머, 익살, 재미, 잡스럽고 소란스러움 같은 것들이 과연 무엇인지, 그것들이 과연 어떤 부분에서 이전과는 다른 감정표현 방식이라고 할 수 있을지, 그것에 이전과는 다른 의미가 있다면 그것이 무엇인지 함께 논의해보지요.

조영실 사실 해학, 유머, 익살 등은 근대문학 이전부터 경화된 것들을 부수거나 뛰어넘는 효과를 발휘해 왔습니다. 움베르토 에코의 『장미의 이름』을 보면 이 '웃음'에 대한 금기가 강력하게 작동하는 방식을 이해할 수 있는데요. 1980년대의 '비장', 1990년대의 '비애'가 견고한 저항담론과 그 이후의 변화에 대한 일차적인 정서적 반응이었다면, 최근 소설들에서 두드러지는 유머와 해학, 익살은 전복적 상상력, 서정적 자아의 해체 등과 함께 새로운 문학적 정서(박민규, 김애란, 이기호 등)를 표현하고 있는 것 같습니다. 스피노자를 빌리면, 특히 '비애'라는 수동적 정념에 정면 대응하는 문학적 인식이 유머와 익살로 표출되고 있는 것이 아닌가 합니다.

중요한 것은 '비애'의 또 다른 얼굴, '냉소'를 기억해야 한다는 점입니다. 전에 1990년대 문학의 웃음에 대한 『문학동네』의 특집을 읽은 적이 있는데, 냉소주의를 그 특질로 명명했던 것이 흥미로웠습니다. 이제는 한걸음 더 나아가서 젊은 작가들에게서 두드러지는 유머와 해학이 이 냉소의 특질과 과연, 어떻게 변별되는지 고민해봐야 할 것 같습니다.

김미정 저는 조금 다른 생각인데, 냉소란 보통 1990년대에 얘기되던 특질이었잖아요. 그런데 근래에 보이는 웃음이나 유머의 특질을, 정서의 문제 이전에 세계관의 범주에서 살핀다면 조금 다른 이야기를 할 수 있지 않을까 생각합니다. 보통 세계관 차원에서 유머와 아이러니의 구분은 익숙할 것 같습니다. 저는 그런 지점에서 이 두 가지를 비교하고 싶어요. 어떤 세계관과 수사의 관계로 얘기한다면, 소위 1980년대가 막을 내린 후 1990년대까지는 분명 아이러니적 세계였다는 생각이 들어요. 혁명이 끝나고 환(幻) 이후 멸(滅)이 도래했음에도 불구하고 여전히 지향하는 곳, 본향은 잊지 못하는 이들의 우울. 이 이분화된 세계에서 예정된 패배 앞에서 우왕좌왕하는 비애. 루카치가 적확히 지적했듯 '그럼에도 불구하고'의 세계라는 거죠. 그에 비해 2000년대는 '유머의 세기'로 이야기 할 수 있을 것 같아요. 단순히 소설이 재미있어졌다는 식의 말이 아닙니다. 즉, 유머와 아이러니는 각각 자아와 세계가 맺는 관계에서 등장하고 있고, 둘 다 자아와 세계의 균열과 불일치를 보여주는 계기들입니다. 만일, 자아의 이상이나 신념 등이 심층적인 것들이라면, 그 바깥은 표층적인 것들, 즉 물질이나 현실의 영역인데, 이 둘은 언제나 불일치합니다. 그런 의미에서, 나와 대상의 불일치나 균열을 지양하면서 환원불가능한 과거의 상상적 산물, 즉 루카치 식의 창공의 별 하나의 메타포에 대해 갈망하는 영혼들은 분명 1990년대 내내 건재했다고 생각하고요. 우리가 알고 있는 은희경, 윤대녕 등 소위 1990년대 소설계의 총아들, 그들의 소설을 보면 끊임없이 일치되지 않음에 대해 어떻게든 일치를 시키려하다가 실패하고 거기에서 나오는 비애를 숨기지 못하죠. 그런데 지금 2000년대에 박민규, 박형서, 이기호 등 많은 작가들이 보여주는 작업들은 말 그대로 난삽하고, 그다지 문학적이라고 생각되지 않는 언어로 문학을 표현하고 그 과정에서 웃음을 유발시킵니다. 이건 단순한 균열과 웃음이 아닙니다. 박필현 님의 글에 '모든 웃음은 유를 지향한다'

"자조와 냉소를 넘어, 현실을 초월하거나 현실과 화해하지 않는 웃음에 대한 질문은 언제나 결코 포기할 수 없을 것…"

조영실

는 부분이 인상적이었습니다만, 함께 웃을 수 있게 하는 힘, 소외된 이 없이 공감할 수 있게 하는 힘을 이 작가들로부터 엿볼 수 있겠구나 하는 생각이 들었습니다. 이전 시대의 공동체적 감각이 아니라, 산개한 감각들 속에서 공통적인 것을 이끌어내는 가능성을 점쳐 볼 수 있지 않을까 하는 시각으로 보고 싶습니다.

정남영 다른 얘기인가요?

김미정 제가 조영실 님의 견해와 조금 다르다고 했던 것은 조영실 님이 현재의 소설계의 '웃음'을 1990년대식 냉소주의의 자장에서 크게 벗어나지 못해서 다소 힘이 없는 것으로 말씀 하신 것이 아닌가라고 이해했거든요. 그런데 저는 실제로 2000년대의 웃음은 냉소와는 단절된 경향으로 파악하고 있고, 아예 웃음의 발생 근거 자체가 다르다는 생각을 하고 있습니다. 이를테면 박민규의 웃음을 냉소로 말씀하신 것은 해석의 차이일 수도 있겠지만, 다시 웃음을 이전 시대의 앙가주망이라는 기준에서 전망하고 계신 것은 아닌가 하는 생각이 들었구요. 현실로 돌아와서 작용한다는 점에서는, 현실적 맥락에서의 웃음보다는 역설적이게도 현실을 돌파한 곳에서 출몰하는 웃음이 더 힘이 세지 않을까 하는 생각이거든요. 그게 더 충격적인 힘이 아닌가 하는….

조영실 미정 님께서 고민하신 지점이 제가 계속 딜레마에 처하는 지점인 것 같아요. 냉소란 자칫 절대적 상대주의의 원환 속에 갇히는 결과를 초래하는 것 같아요. 알지만 어쩌겠어, 너도 그렇지? 라는 일종의 우월감과 열패감을 공유하면서 웃지만, 그 웃음 속에 각자 고립되는 거죠. 사실 웃음이란 증상인데, 웃음을 유발하는 다양한 정서들을 촉발하는 원인들에 대해서 함께 이야기할 수 있는 것은 냉소가 아닌 다른 종류의 웃음인 것 같아요. 증상으로서의 웃음과 그 정서를 구별해야 하고, 그 정서를 유발하는 원인들에 대해서까지 이야기할 수 있는 웃음은 고립된 개인을 공통의 장으로 끌어들이는 기능을 하죠. 그런데 과연 최근 문학에서 이런 웃음의 차원을 표현하는 작품이 있을까 냉정하게 물어 본다면, 아직 저는 조금 회의적입니다. 하지만 자조와 냉소를 넘어, 현실을 초월하거나 현실과 화해하지 않는 웃음에 대한 질문은 언제나 결코 포기할 수 없을 것 같습니다.

카이로스 비평의 시간

이충희 이렇게 해서 1부, 종언 이후의 문학의 가능성과 관련한 새로운 사회적 지형, 상상력·서정·감각의 새로움, 그들이 펼쳐 보이는 표현 방식의 차이점 등 세 가지 꼭지점에 대해서 이야기를 해 본 것 같습니다. 지금부터는 이 새롭게 변화된 상황 속에서 우리에게 있어 '문학 비평이란 무엇인가'라는 보다 원론적인 문제에 대해 이야기해 보았으면 좋겠습니다. 그럼 2부는 정남영 선생님의 「비평이란 무엇인가」에서 이야기를 시작해 보도록 하겠습니다.

원론적 물음을 다시 제기해야할 필요성이 있다면 어떤 궁극의 의미에서의 비평에 대해 묻는다기보다 지금 현재 우리가 고민하고 있고 지금의 문학적 현실에서 기능할 수 있는 비평의 개념을 찾는 것이 아닌가 생각합니다.

정남영 선생님께서는 한 때 조정환 선생님과 함께 『노동해방문학』 발간에도 참여하셨지요? 1990년대 초반에 권성우 님과 김영현 소설 논쟁을 했을 때 현실주의적 입장에서 많은 평론을 쓰신 것으로 알고 있습니다. 제 개인적으로는 그것을 아주 재미있게 읽었던 기억이 납니다.

선생님의 그 이후의 글들, 예컨대 『리얼리즘과 그 너머』(갈무리)같은 저서라든가, 「리얼리즘을 다시 생각하며」, 「리얼리즘의 재구성」과 같은 글 속에서 변전이라고 해야 할지 진화라고 해야 할지는 모르겠으나 분명히 어떤 변화를 선생님 스스로 계속하고 있고 비평적 입지를 갱신해나가고 있는 것 같다는 것이 제 개인적인 생각입니다. 그런 변화의 가장 섬세한 지점이 이번 글에서 나타나는 것 같습니다. 그것은 가령 선생님께서, 현실주의의 어떤 논점에 대해서가 아니라 비평이란 무엇인가라는 문제에 대해 질문하고 나서, '비평 혹은 카이로스의 비평이 하는 일은 문학에서 표현되는 삶을 포착하는 것이다'라고 규정한다거나 '삶은 단순한 생물학적 실존을 말하는 것이 아니고, 사회적 조직들과 제도들의 활동을 말하는 것도 아니다. 삶은 이런 현실적인 영역에 속하지 않고 잠재적인 영역에 속한다'라고 답할 때인 것 같습니다.

놀랍게도 2000년대 초반에 와서 '현실'이라고 하는 기존의 주제에서 어쩌면 가장 오래된, 문학에서 가장 오래된 '삶'이라는 주제로 다시 돌아간 것 같다는 게 제 개인적인 생각인데요, 그러한 변화의 원인이랄까 아니면 동기랄까 하는 것에 대해 간단히 이야기해 주시면 좋겠습니다.

정남영 원인이라는 말이 적당할지는 모르겠는데, 어떻게 그렇게 되었나를 간단히 얘기해 보죠. 권성우 님과 '김영현 논쟁'을 할 때는 내가 노동해방문학의 논자로서 조정환 선생님과 함께하고 있었고, 그때는 당파성에 입각한 조직활동을 하는 것이기 때문에, 나는 문학논쟁이라기보다는 우리의 입장에 입각해 정치논쟁을 한 거예요. 문학이라는 장에 들어온 자유주의를 비판한다라는 생각으로 한 거지요. 지금은 생각이 달라졌지만 그 당시에 우리는 그렇게 생각했죠. 변하게 된 거 … 그게 변전이냐 … 그것도 얘길 해야겠죠. '변절이다', 이런 얘기도 있었으니까 … (웃음) 변전이라는 말도 틀리지는 않을 테고 — 늘 바뀌기 마련이니까 — 변이라는 말도 틀린 것이 아닐 겁니다.

그러나 나 같은 경우에는 조정환 님과 같이 바뀌어왔지만 좀 다른 점이 있었어요. 그 다른 점을 얘기하면 될 것 같습니다. 영문학을 공부하면서 나는 리비스라는 영문학자를 많이 참조했는데, 리비스는 지금 우리가 사용하는 용어로 말하자면 '잠재성'(virtuality)의 영역을 실재(reality)를 구성하는 강력한 영역으로 포착하고 문학의 핵심을 거기에 세운 사람입니다. 리비스가 '잠재성'과 같은 용어를 쓰지는 않았지만 지금에 와서 보면 그렇습니다. 리비스는 우리가 그 전에 말하던 리얼리즘론에 딱 들어맞지를 않아요. 물론 일치하는 것이 상당히 많긴 합니다. 현실반영이나 재현에 대해 특별히 반대하거나 하지 않고 그냥 잘 된 것을 잘 됐다고 얘기합니다. 그런데 남는 부분이 있는 거죠. 바로 소설이나 시에 관계없이 존재하는 '잠재성'의 영역입니다. 나로서는 리비스의 이런 측면을 고민으로서 가지고 있던 중에 조정환 님과 함께했던 노동해방론자로서의 실천이 고비를 맞이하게 된 것이지요. 현실이 변하기도 했지만 활동의 방식 자체 내에서 문제점도 발견하여, 여러 가지로 이래서는 안 되겠구나 하는 생각이 들었습니다. 나 같으면 이렇게 안 할 텐데 왜 이렇게 할까 등등. 이런 여러 가지가 겹쳤습니다. 이것을 여기서 일목요연하게 정리하기는 어렵습니다. 어쨌든 조정환 님도 새로운 돌파를 위해서 은거 비슷한 것을 택하기도 한 것이고, 나는 내 나름대로 고민하는 가운데 학위논문을 쓰게 되었습니다. 학위논문에서는 그런 측면을 조금씩 살리기 시작했고 그러다가 (그게 1996년이에요) 들뢰즈를 알게 된 거예요. 조금밖에는 몰랐지만요. 그런데 박사학위 논문을 쓴 후 나중에 들뢰즈를 공부하면서 리비스에게서 내가 배웠던 것이 훨씬 더 잘 이해가 됐다고 할까, 무언가 통하는 게 발견이 된 거예요. 리비스는 디킨즈를 높이 평가하기도 하지만, 또한 로렌스를 발굴하고 로렌스가 왜 중요한가를 죽 이야기해온 사람이거든요. 근데 로렌스는 (철학자가 아니면서도) 들뢰즈 생각의 한 축을 이루는 사람이에요. 이런 공통점은 실제 내용상 통하는 것이었는데, 그게 바로 지금 얘기한 '잠재성'의 영역이고 들뢰즈가 '의미의 세계'라거나 아니면 '특이성들의 세계'라고 말하는 것입니다. 리비스는 이 영역을 '제3의 영역'(the third realm)이라고 다르게 부르는데, 내용상으로는 근본적으로 같은 것을 말합니다. (왜 '제3'의 영역이냐 하면, 사적이지도 않고 공적이지도 않기 때문입니다.) 이것을 리비스는 진정으로 인간적인 실재(human reality)라고 보며, 여기서 모든 창조나 변화가 다 결정되고 이뤄진다고 봅니다. 이건 들뢰즈가 얘기한 것과 같습니다. 그리고 리비스는 자아(self)의 문제도 문학작품의 논의에서 중요한 것으로 다루는데, 용어는 조금 다르게 쓰지만 들뢰즈가 특이성의 특성으로서 늘 말하는 전(前)개인적이고 비인격적인(pre-individual and impersonal) 힘을 가진 자아에 관심을 집중합니다. 또한 개인의 경험이 문학작품이 되는 과정을 비인격화(impersonalization)라고 불러요. 좁은 의미의 자아라든가 하는 것을 넘어가기 때문이죠. 그리고 리비스는 이것을 실제비평에 그대로 적용해요. 나도 리비스와 들뢰즈를 함께 놓고 공부하면서 리얼리즘론을 넘어간 거죠. 그런데 또한 이러한 생각의 변화를 실제로 검증해봐야 하니까 문학비평에서는 아주 세밀한 시 분석을 많이 한 거예요. 소설 분석은 제가 요즘 거의 안 했죠. 그럴 만한 게 별로 없었다고도 할 수 있고요. 아무튼 김수영 등의 시들을 분석하면서 나름대로는 '이게 머리로만 생각해낸 것이 아니구나'라는 확신을 갖게 되었고, 이로써 나로서는 미시와 거시를 관통하게 된 거지요. 오히려 이렇게 관통시킨 이후로는 문학 비평을 잘 안 하고 있지만요. 그렇다고 지금 공부가 다 끝난 것은 아니고 계속하고 있는 거지만, 아무튼 이러한 과정이 나를 변이시켰다고 할 수 있습니다. 이걸 한마디로 표현하면 '재현에서 표현으로'라고 말할 수 있을 겁니다.

이충희 '삶'이라고 하는 용어 사용에 그 나름의 의미하는 바가 있으실 텐데요.

정남영 리비스가 중요하게 생각하는 용어 중의 하나가 'life'(삶)예요. 리비스는 들뢰즈처럼 'a life'라고 이야기하지는 않는데 취지는 똑 같아요. 그런데 리비스의 'life'를 잘 이해한 사람이 영미권에서는 별로 없는 것 같아요. 심지어 어떤 분은 리비스의 'life'를 형이상학적인 개념이라고 보는 테리 이글턴(Terry Eagleton)의 견해를 거의 그대로 이어받는 사람도 있습니다. 그런데 나는 가면 갈수록, 읽으면 읽을수록 이게 그게 아니라는 것에 대한 확신이 강해지고, 또 나름대로 더 세밀하게 이해하게 된 겁니다. 리비스가 말하는 이 'life'는 들뢰즈가 말하는 '초험적 장'(transcendental filed)과 같아요. 특이성들의 세계죠. 즉 리비스의 'life' 개념은 사실 우리가 잠재성이라고 얘기하는 바로 그것입니다. 이것이 문학작품에서만 구현되는 것은 아니지만 문학작품에서 탁월하게 구현된다고 리비스는 말합니다. 그러나 많은 사람들이 이해를 못해요. 리비스는 영미권에서는 거의 기피당하는 사람이에요.

이충희 하여튼 문학적 차원에서든 현실적 차원에서든 '삶'이란 아주 오래된 개념이지요?

정남영 그런데 그건 단어가 오래된 것이지 개념이 오래된 것은 아니지요. 다만 리비스는 철학자가 아니니까 철학적 개념에 의존하기보다는 문학작품을 가지고 얘길 해요.

이충희 '삶'이, 어떤 주어진 현실적 유용성의 차원이 아니라 잠재성의 차원에 놓여 있는 그런 영역에 속한다는 점에 대해 말씀을 하신 것 같습니다. 제 개인적으로 선생님 비평문을 읽으면서 '문학이 표현하는 삶과 문학 외부의 삶 사이에 어떤 차별을 두지 않는다'라고 하는 구절에 눈이 많이 갔거든요. 실제로 언제나 문학작품과 현실이라고 하는 것의 어떤 힘겨루기가 상정되고 (비평가들이 특히 더욱 더 그랬던 것 같은데) 그 중에서 현실이라고 하는 것에 방점을 두면서 문학작품은 뭔가 추수하는 어떤 것이라는 주장들이 많았던 것 같은데… 선생님께서 말씀하신 것, 즉 '문학이 표현하는 삶'과 '문학 외부의 삶'에 차별을 두지 않는다는 것의 의미를 좀 들어보고 싶습니다.

정남영 차별은, 문학은 가공의 세계고 현실은 가공이 아닌 실제라는 식의 이분법이 작동하는 때에만 일어나는 것 같아요. 그런데 잠재성(virtuality)은 어디에나 있다고 할 수 있으며 항상 실제성(actuality)과 연관을 맺고 있습니다. 실재(reality)는 이 둘에 의해 구성됩니다. 다만 잠재성이 실제화돼서(actualized) 나오는 모든 것이 우리가 알고 있는 실제성으로서의 세계라는 점에서 잠재성이 더 우선적이고 강력합니다. 아까 문학이 잠재성을 탁월하게 구현한다고 했는데, '탁월하다'라는 것은 가장 최고라는 말은 꼭 아니에요. 다른 예술하고 비교했을 때 어떻게 될지는 남겨져 있는 문제이기 때문이죠. 또 예술은 아니지만 실제 인간들이 모여서 하는 혁명적 행위가 있잖아요. 그건 기록이 될 수도 있고 아닐 수도 있지만 그 당시에는 분명 존재하는 것이죠. 이런 의미에서 차별을 두지 않는다는 것이지요. 만일 문학이 가공의 세계로 저쪽에 있고 현실의 세계가 여기 있으면 그 관계는 뻔해요. 저쪽으로 도피하거나 저쪽은 아무것도 아니라고 하거나 아니면 저쪽은 여기서 일어나는 어떤 일의 수단이라고 생각하거나 하는 것밖에 없어요. 이 모든 것이 내가 생각하기에 바람직한 것은 아니라고 봐요.

"창작과 비평의 관계는 문학장 내의 물적 토대 변화와 긴밀한 연관성을 가지고 있는 것…"

이종호

1980년대에는 문학을 수단으로 보는 관점이 우세했습니다. 실제성의 세계에서 뭘 하기 위한 수단으로 본 것이죠. 꼭 '수단이다'라고 말은 안했어도, 올바른 현실반영을 통한 인식의 획득을 통해 혁명을 한다고 생각했으니까 결국 수단으로 본 것입니다. 그런데 지금은 그렇게 보지를 않는 거지요.

이종호 정남영 선생님의 「비평이란 무엇인가」는 비평에 대한 일반론이라기보다는 어떤 비평에 대한 하나의 입장을 정리하셔서, 개진하신 것이라고 봅니다. 이에 대해서는 이충희 선생님과도 문답이 오고 갔지만 보다 이론적이고 원론적인 차원에서 비평을 묻는 작업이라고 생각합니다. 지금부터는 좀 더 현실적인 차원으로 내려와서 비평에 대한 논의를 진전시켜 보면 어떨까요. 실제 현실과 문학제도(혹은 문학장) 내에서 비평이 어떤 식으로 관계를 맺고 구체적인 작업을 진행해야 하는지에 대해서 같이 얘기를 해보면 좋겠습니다. 먼저 창작과 비평과의 관계에 대해서 물어 보고 싶어요. 이건 아주 고전적인 질문일 수 있겠지만, 그럼에도 불구하고 창작과 비평의 관계는 문학장 내의 물적 토대 변화와 긴밀한 연관성을 가지고 있는 것 같습니다. 단순히 일반론으로 수렴할 수 없는 어떤 긴장관계랄까. 시간을 조금 과거로 돌려 보면, 지도비평이라는 명목 하에 비평이 작품을 견인하기도 했었고, 주례사 비평이라는 표현이 암시하듯이 비평이 작품에 대한 단순한 해설로 전락하기도 했던 것 같습니다. 그리고 오늘날은 비평이 어떻게 보면 문화산업의 기획자 같은 역할을 하는 것이 아닌가 하는 생각도 합니다. 주요한 작가군과 작품군을 선별해내고, 그것의 유통주기를 결정하고, 기획 아이템을 생산하고 소비하면서 문학장 내지는 문학 산업의 결정권자로서 기능한다는 의미에서입니다. 물론 이런 비평 혹은 비평가의 역할이 주요한 메이저 출판사에 한정된 것이기는 합니다만, 이 메이저 출판사들이 문학장 내에서 현실적인 실세나 흐름을 만들어가는 것 또한 부인할 수 없을 것 같습니다. 다소 도식화의 위험을 무릅쓰고 얘길 한다면, 1980년대와 1990, 2000년대를 견주어 보면, 비평가는 문학의 정치적 혹은 이념적 지도자에서 문학의 산업적 트렌드를 기획, 생산, 소비하는 기획자로서 그 역할을 바꿔 오지 않았는가라는 생각을 합니다. 어떻게 보면, 비평은 창작에 기생해 온 부산물이라고도 할 수 있고, 또는 창작을 통제하고 제어해 온 하나의 관제고지라고도 할 수 있고, 아니면 일반적인 창작과는 구별되는 또 다른 창작 행위라고도 할 수 있겠지요. 이와 관련해서 창작과 비평의 관계에 대해서 논의를 진행해 봤으면 좋겠습니다. 그리고 같은 맥락에서 정남영 선생님께서는 비평이란 무엇인가에서 "이론비평과 작품비평, 즉 이론주의와 작품주의의 대립은 생산적인 것이 못 된다"라고 말씀을 하시고 계시는데, 이러한 대립이 생산적이지 못하다는 것에는 일단 동의합니다. 그런데 현실을 좀 더 들여다보면 이러한 대립들이 공공연하게 노출되고 있는 것이 사실인 것 같습니다. 말하자면 비평의 이론 중심성을 비판하기도 합니다. 예를 들어, 이론의 과도로 소통이 어렵다, 그건 뭐 비평가들끼리의 소통일 뿐이지 독자와 비평가의 소통은 아니다, 이론이 과도해지면서 비평과 작가의 소통도 제대로 이루어지지 못한다는 등의 비판도 있습니다. 그러한 의미에서 구체적인 근거를 작품에서 찾아야 한다는 작품중심주의가 주장되기도 하고요. 이런 것들을 염두에 두면서, 비평은 창작과 어떤 관계를 맺어야 하는가 하는 문제에 대해 이야기해 보면 좋겠습니다.

정남영 하나만 이야기를 하죠. 나머지는 얘기가 나오면 더 얘기를 하도록 하고요. '비평가는 문학의 정치적 혹은 이념적 지도자에서 문학의 산업적 트렌드를 기획, 생산, 소비하는 기획자로서 그 모습을 바꿔왔다,' 이렇게 얘기했잖아요. 문학권력이라든가 하는 것과 관련이 되는 거겠지요. 이걸 들으면서 대학교수로 따지면 보직교수와 같다는 생각이 들었습니다. 보직교

수는 연구를 일시 중지한 사람이지만 연구에 영향을 미쳐요. 왜냐하면 대학교의 운영방향을 바꾸는 데 일조할 수도 있고 (권력이 있으면 확 바꿔버릴 수도 있고) 누구를 연구자로 뽑느냐를 결정하는 데도 영향을 미칠 수 있죠. 마치 누구의 작품을, 비평을 싣느냐 하는 것을 결정하는 위치에 있게 되는 것과 같지요. 그런데 지금 대학은 보직교수들이 망치고 있어요. 물론 보직교수도 잘하면 좋아요. 그렇지만 실제로 많은 경우 잘하지 못한다는 것이 제 생각입니다. 첫째로는 대부분의 대학이 연구의 극대화보다는 상업적 이익의 극대화에 더 맞춰져 있기 때문에 못하고, 둘째로는 잘하려고 해도 이미 권력을 기반으로 하는, 권력을 전제하는 그런 조직 속에 있기 때문에 안 됩니다. 보직자가 아무리 잘하려고 해도 한계가 있어요. 자기가 진짜 권력자가 아니고서는요. 그런데 제대로 생각하는 사람이라면 권력자가 될 수 없죠. 사고방식이 아예 다르기 때문에요. 이게 대학교의 상황인데, '권력 있는 비평가'라는 것도 이런 식으로 두 가지 기능이나 위치가 겹쳐져 있는 게 아닌가 하는 생각이 듭니다.

이충희 끝으로 선생님께, 지금 변화된 지점에서 비평이 해야 할 역할에 대해 한 말씀 부탁드립니다.

정남영 이론 중심주의와 작품 중심주의의 대립 역시 아주 잘못된 대립인데 이것을 가지고 얘기를 하지요. 이 대립은 이론이나 문학작품이나 사유의 한 형태, 표현의 한 형태라는 걸 잊어버리게 합니다. 양태가 다를 뿐이지 둘 모두 삶의 표현이라고 생각하면 양자를 대립시킬 수가 없습니다. 두 개를 소통시키려고 노력해야 하죠. 나는 비평은 두 개를 소통시키는 역할을 담당하는 것이 아닌가 생각합니다. 이론은 새로운 개념들을 만들고, 작품은 새로운 의미와 감각들을 생성하며 비평은 이 새로운 것들을 연결하여 서로 소통시키는 것이지요. 그렇기 때문에 비평은 문학이론 자체와는 다르지요. 서로 다른 차원에 있는 이질적인 것을 소통시키는 것이기에 일종의 이접(disjunction)이에요. 또한 더 나아가서 카이로스의 비평은 이러한 소통의 과정에서 새로운 것을 창조하는 예술(art)의 성격을 띠어야 하지 않겠는가 하고 생각합니다. 그렇다면 비평도 하나의 작품이라고 할 수 있는 것이죠. 그것이 아무리 규모가 작거나 짧더라도 거기서 어떤 새로운 것을 표현한다면요. 물론 그것이 항상 성공한다고 말할 수는 없지만요.

조영실 저 역시 선생님께서 말씀하신 것처럼 비평가와 비평이 소통의 장인 것에 동감합니다. 그리고 비평이 하나의 독립된 문학영역이 되려면 비평가의 체험이 표현되어야 하는 것 같습니다. 문학작품을 단순히 해설하거나 요약, 설명하더라도 그건 비평가의 체험으로써 표현되어야 한다는 것이죠. 문제는 그것이 표현될 때 단순히 어떤 이론에 따라 도식화되거나, 아니면 작품 자체로만 소급되는 것입니다. 2000년대 이후의 한국 문학에서는 비평가들이 거대담론을 상실하고 무엇으로 문학작품을 얘기해야 하는가 고민하는 것 같아요. 과거에는 비평가들의 체험이 거대담론을 중심으로 구체화되어 왔다면, 오늘날에는 각자의 문제의식에 따라 다양한 비평적 사유들을 자유롭게 펼칠 수 있지 않는가 합니다. 물론 이러한 자유가 오히려 또 다른 거대담론을 찾아 헤매게 만들기도 하지만 결국 비평가는 문학작품과의 관계 속에서 자기의 사유와 체험을 적극적으로 표현해야 한다고 생각합니다.

김미정 아까 이종호 님이 비평가를 1980년대와 2000년대를 비교하면서 비평가가 '문학의 정치적 혹은 이념적 지도자에서 문학의 산업적 트렌드를 기획, 생산, 소비하는 기획자로서 그 역할을 바꿔 오지 않았는가'라고 하신 부분은 생각해볼만한 여지를 주는 것 같습니다. 본래 비평이라는 장르 역시 근대적 기획을 괄호치고 이야기할 수 없고, 어떻게 보면 극, 시, 소설, 비평 중 태생적으로 가장 산업, 상업적 배경에서 자유롭지 못한 장르이기 때문에, 비평가가 기획자요 생산, 소비의 매개자라는 진단은 그다지 틀릴 바는 없을 것 같습니다. 그런데 1980년대와 1980년대적 비평이라는 강력한 기준점을 염두에 둘 때 분명 지금 우리의 비평은 정치성을 탈각한 기획자의 역할만 문제적으로 더 커진 것처럼 보이는 거지요.

문제는, 이 비평이 이전처럼 폐쇄적 제도나 작가-비평가-독자와의 수직적 커뮤니케이션 구도 속에서 존재하지 않는다는 점도 현 단계 비평가의 모습에서 고려해야 할 것이라는 점입니다. 사실, '비평가의 역할'이라는 말 속에는 '비평가의 권위 회복'에 대한 요구도 다분히 들어 있다고 봅니다. '비평이 무엇인가 해야 한다'는 당위도 있구요. 이것은 단순한 역할의 문제는 넘어서는 어떤 비평의 상(像), 모델에 대한 이야기일 것입니다. 이 역시 고진이 전제로 삼고 있는 '소설은 무엇인가 해야 한다'는 이야기와 맞닿아 있을 것입니다. 결국 오늘날 소설의 문제는 비평의 문제를 함축하고 있고, 변화는 함께 이야기 되어야 하는 것이지요. 제가 말하는 것은 '비평을 방(放)하자'는 식의 주장이 아닙니다. 사실 이 부분은 '문학의 종언' 테제보다 더더욱 제게 실존적으로 와 닿는 부분인데, 여러 매체를 통한, 그리고 제도를 넘나드는 독자-비평가들의 존재를 떠올릴 때, 그리고 상대적으로 약화된 비평적 권위를 떠올릴 때 극명해집니다. 어쨌든 문제는 현재 비평가의 문제를, 비평가의 직무 유기, 상업주의와의 유착 식의 회로 속에서만 이해해서는, 어쩌면 핵심에 닿기 어려울 것이라고 생각합니다.

결국 '문학의 종언'은 '비평의 종언' 맥락과 불가분이 아닐 것이라고 보는데요. 이 문제는 우리 좌담의 자리를 좀 넘는 이야기일지 모르지만, 궁극적으로는 같은 기원을 가진 이야기라고 생각됩니다. 따라서 저도 고민 중이고 더 고민할 부분이지만, 근래 2000년대에 등장한 젊은 비평가들의 작업이 이전과 같은 비평제도의 룰을 얼마나 미묘하게 비껴가고 있는지 살피는 것도 필요할 것 같습니다. 근래 비평이 이전 시대에 비해 무력해졌다고 한다면, 아니 어떤 점에서든 변화했다고 한다면 그것이 비평가가 기획자, 해설자, 추수자로 전락한 탓인지, 아니면 비평과 비평가의 외적 변화 속에서 다시 다른 의미의 윤리와 정치를 고려해야 하는 것은 아닌지, 그 점이 문제일 것 같습니다.

이종호 기획자로서의 어떻게 자리매김할 것인가 하는 문제는 중요하다는 생각이 듭니다. 단순히 기획자가 되었기 때문에 문제라기보다는 어떤 기획자가 될 것인가가 관건일 것 같군요.

정남영 보직을 해도 거기서 가능한 한 최선을 다할 수 있도록…(웃음) 중요한 것은 개인이 하려는 것이 잘 먹히지 않는다는 거예요. 그것이 기성의 제도, 즉 이미 고정된 것이 됐기 때문이죠. 그렇다고 해서 그것을 기피할 필요는 없죠. 거기서 최선을 다해야죠. 그것이 하나의 체험이 될 테니까.

이종호 좀 애매한 문제이기는 합니다만, 권력이나 통제의 형태로 나타나는 기획은 문제시 해야겠지만, 보다 생산적인 형태로 논의를 활성화할 수 있는 기획은 강화될 필요가 있지 않을까 하는 생각이 듭니다. 예를 들어, 잡지의 경우만 보더라도 지금까지와는 다른 형태의 참신한 기획력이 요구되는 것 같아요.

정남영 거기에는 저도 동의하고 싶습니다. 우리 사회에서 상품화(상업화)의 진행을 막을 수 없다면, 우리가 바랄 수 있는 것은 다중에 좋은 것이

"리비스가 말하는 이 'life'는 들뢰즈가 말하는
'초험적 장'(transcendental filed)과 같아요.
특이성들의 세계…"

정남영

담긴 상품이 가능한 한 싼 값에 제공되는 일입니다. 이게 가능하다면, 자본주의가 발전하는 것이 나쁜 것만은 아닙니다. (크게 이야기 하는 자본의 문제점과 한계는 지금은 논외로 하고 말이죠.) 그런데 문제는 눈앞의 상품성만 보다 보니 그 너머를 보지 않게 되는 것입니다. (대학도 상업화가 진행될수록 코앞의 이익에만 신경을 쓰게 되고 그게 문제가 됩니다.) 그래서 잡지가 상품성의 관점에서 기획을 하다보면 기획력이 떨어지는 일이 생기는 것입니다. 그것은 자본의 관점에서도 문제가 될 것입니다. 낮은 질의 상품을 만들어 낼 테니까요.

조정환 카이로스의 비평이라는 관점에서 볼 때 우리가 상품 기획자의 가능성을 부분적으로 인정한다고 하더라고 오늘날 비평가의 역할을 논하려면 좀 다른 것을 찾는 것이 필요하지 않을까 싶어요. 칸트는 『순수이성비판』 서문에서 철학자는 입법가이고 판사여야 한다고 쓰고 있습니다. 철학자를 바라보는 칸트의 모델이론인데, 플라톤이 가졌던 생각과 비슷하지요? 이런 생각을 통해 칸트는 철학에서의 경험주의를 비판하고 있습니다. 경험주의자들에게 모델이론이 있다면 철학자는 변호사와 같다는 생각일 것입니다. 철학자는 현실적인 것을 인정하고 그것을 설명해 주는 역할을 한다는 것이지요. 저는 여기서 베르그송의 철학자관에 주목하고 싶습니다. 경험주의를 비판하는 점에서는 베르그송도 칸트와 생각을 같이 하는데, 베르그송은 경험주의뿐만 아니라 칸트의 입법가론도 비판하고 있습니다. 입법가나 판사를 모델로 보는 칸트의 철학자관을 철학자를 기하학자로 보는 관점이라고 보면서, 기하학자들은 원칙을 실제에 적용하는 사람들에 불과하다고 비판합니다. 베르그송은 변호사로서의 철학자들이라는 경험주의적 입장과 플라톤에서 칸트로 이어지는 입법가로서의 철학자들이라는 입장을 동시에 비판하면서 예술가로서의 철학가라는 생각을 적극적으로 제시합니다.

그런데 문학비평도 비슷한 길을 밟아 가는 것 같아요. 1980년대의 지도비평이라고 하는 것은 입법자, 판사, 권력자의 모델이지요. 거기로부터 1990년대에 신자유주의가 본격화되면서 비평은 주례사 비평으로, 다시 2000년대에는 트렌드 비평으로 넘어갑니다. 트렌드 비평은 주례사 비평의 극단화이자 일반화의 형태가 아닌가 싶어요. 주례사 비평이 스스로를 일종의 광고로, 출시된 상품을 널리 알리는 홍보자의 위치를 선택하는 것이라면 트렌드 비평은 이제 상품 뒤에 따라가는 것이 아니라, 상품 생산에 앞서서, 있을 수 있는 상품의 상을 상상하고, 그것을 생산 속에 부과하는 일종의 프로그래머인 것이 아닐까요? 비평이 이런 식으로 작동하는 현실 속에서 비평가의 위치는 무엇인가, 비평가는 무엇일 수 있는가라고 묻는다면, 저로서는 예술로서의 비평, 예술가로서의 비평가가 하나의 대안으로 의미를 가질 수 있다고 생각합니다. 이것은 카이로스의 비평의 정신과도 통한다고 봐요. 이 때, 기획자로서의 비평과 예술가로서의 비평가 사이에는 일정한 길항 관계가 존재할 수밖에 없을 것입니다. 기획자가 좋은 상상을 통해 예술가들이 활동할 수 있는 공간을 열어줄 때 그것은 하나의 환경적 요인으로서 예술로서의 비평이 성장할 수 있는 조건을 만들어 줄 수 있을 것입니다. 그러나 역시 비평가의 본령은 기획자보다는 예술가에 있어야 하지 않을까 생각해요. 특히 오늘날 노동 그 자체가 근대의 제작적 모델에서와는 달리 미적 모델로 되어가는 상황에서 비평의 예술가적 모델은 우리가 깊이 탐구할 필요가 있고 또 이것이 실제로 어떻게 실현될 수 있을지 깊이 성찰하는 것이 필요한 시점에 와 있다고 생각합니다.

불가능과 종언을 넘어서

이충희 지금까지 우리시대의 문학장의 동향과 새로운 경향, 이러한 경향 속에서 다시 문학 비평이란 무엇이어야만 하는가에 대해 심도 있는 이야기를 나누어 보았습니다. 그럼 이제 각자의 실제 비평이라고 할 수 있는 각론에 대해 논의를 하는 시간을 갖고자 합니다. 먼저 조정환 선생님의 글과 김미정 선생님의 글에 대한 저의 물음으로 시작해 보겠습니다. 저는 노동자 시인 박영근 시인이 후기에 보여준 시적 행보를 통해서 새로운 민중의 가능성을 탐문하는 조정환 선생님 글 「민중이 사라진 시대의 문학」이라는 글을 읽고 1980년대, 1990년대, 그리고 지금 2000년대 사이에, 극명하게 드러난 변화의 지점이 있으면서도 동시에 변화되지 않는 지점들이 있다는 사실을 선생님께서 분명하게 이야기하고 계신 것 같다고 느꼈습니다. 그 부분에 대해 직접 선생님의 생각을 듣고 싶습니다.

조정환 아까도 잠깐 언급했지만 1990년대 이후 문학 변화의 가장 근원적인 동인이 어디에 있는가 하는 문제를 이해함에 있어서 고진이 다소 피상적으로 접근했다고 생각합니다. 네이션-스테이트가 이미 완성되었다는 판단은 실제와 부합되지 않는다는 것입니다. 여전히 분단되어 있는 한반도에 대해 국민국가의 완성을 이야기하는 것은 지나치다고 할 수 있고 또 사회주의권의 붕괴 이후 동구에서는 기존의 네이션-스테이트들이 균열되어 작은 에쓰닉(ethnic) 집단으로 찢어진 경우들이 적지 않습니다. 그래서 그것과는 다른 지점에서 근대문학의 종언의 조건을 찾아야 한다고 봐요. 좀 더 깊은 동인을 찾아 나설 때 우리가 발견할 수 있는 것은 국가 수준에서의 변화가 아니라 그것들을 사회적으로 규정하는 주체성의 층위에서의 변화입니다.

그래서 저는 주체성의 재구성 문제와 문학의 변화(진화라고 표현하고 싶지만)의 관계를 고찰하려고 했고, 문학의 위기나 종언을 넘어서는 문학 진화의 가능성을 탐구해 보려고 했습니다. 이때, 민중이라고 이름 불렸던 근대적 주체성의 소멸이 가장 먼저 짚어져야 할 문제라고 보았습니다. 요컨대 '민중의 소멸'로 인해 1990년대의 문학적 표류가 시작되었고 그것은 지금까지 이어져 오고 있는 중이라는 것입니다. 1990년대의 후일담 문학 이후로 그치지 않고 계속되어 오고 있는 '민족문학의 위기'를 둘러싼 논쟁, 그리고 '리얼리즘 대 모더니즘의 논쟁' 속에서 리얼리즘 조류는 계속적으로 후퇴해 왔습니다. 마침내 최원식처럼 회통의 논리 속에서 리얼리즘의 입지를 자진 철회하는 경우까지 나타났지요. '리얼리즘의 이 경향적 저하'가 왜 나타났을까? 그 근거가 무엇인가? 등이 진지하게 탐구되고 규명되었어야 할 문제인데, 위기니 종언이니 하는 센세이셔널한 담론들이 냉정한 성찰을 곤란하게 만들었던 것 같습니다. 돌아보면 문학인들의 이익단체적 혹은 동업조합적 결속은 더 강화되었지만 이것이 내실 있는 탐구와 논의의 공백을 오히려 조장하면서 정작 풀었어야 할 문제를 반복적으로 유예하고 미봉해 온 것이 지금까지의 비평사가 아니었나, 거칠게 정리할 수 있다고 봅니다.

이것은 대단히 중요한 의미를 갖는 불행입니다. 최근 들어 2000년대 문학을 1990년대 문학과 대비하면서 비평이 창작 속에서 감각성, 상상, 익살과 같은 새로운 특징들을 짚어 내기 시작했는데, 왜 그러한 문학적 특징들이 새롭게 나타나고 주목을 끄는지에 대한 심층적 동인은 아직 규명되지 않고 있는 것이 아닌가 생각됩니다. 그런데 만약 1990년대 문학의 표류가 민중의 소멸과 관계가 있고 2000년대 문학의 모색은 그 소멸을 뒤따르는 사회적 주체성의 재구성과 연관되어 있다면 이 연관의 규명은 우리가 문학과 사회적 삶을 통일적으로 바라볼 수 있는 하나의 유효한 관점을 확보하는 셈이 아닐까 생각해요. 요컨대 우리가 지금까지 멀티튜드(multitude),

다중이라고 불러온 다양한 특이성의 힘들이 문학에서도 어느 정도 가시적이고 가지적인 세계로 떠오르고 있고 우리 삶에서 실감 가능한 힘으로 부상되어 오는 현상, 이것이 바로 2000년대 문학의 새로운 경향들의 밑바탕에 있는 동인이라고 봐야 하지 않는가 생각했지요. 제가 박영근의 후기시를 분석하면서 말하고자 했던 것이 바로 이것입니다. 박영근은 민중이 사라지고 난 후, 다시 민중을 찾는 장거리 여행을 한 셈인데 그 귀추가 어떻게 나타나고 있는지 그 탐험의 성과가 어느 정도인지, 그것이 어디에서 막혀 버렸는지를 밝히려고 한 것이 제 글의 요지였습니다.

이충희 선생님께서는 글에서 박영근 시인의 민중 모색이 새롭게 창조되고 있는 민중, 다중의 형상을 발견하는 지점까지는 나아가고 있지만 그것이 초월적 잠재주의의 함정에 빠져 버렸다고 그 한계를 지적하고 계십니다. 그런데 그러한 지적이 박영근 시의 어떠한 측면에서 가능한지 들어 보고 싶습니다.

조정환 이미 글 속에서 서술한 문제라서 약간 다른 각도에서 이야기해 보겠습니다. 최근의 박민규, 황병승 등의 작가들과 비교해 볼 때, 박영근 시인은 변화해 가는 시대 속에서 어딘가에 숨어 있을 진리를 자신의 온몸을 바쳐 찾아 나가는 태도를 취합니다. 커다란 어려움이 따르는 길이었죠. 이에 비해 최근 주목받고 있는 소설가들이나 시인들은 단번에 이것을 뛰어 넘어버렸다는 느낌을 줍니다. 물론 그들이 박영근 시인의 탐구와 모색이 생산한 가치들까지 모두 보존하면서 뛰어 넘었느냐고 묻는다면 당연히 그렇지는 않다고 말해야겠지만 말입니다. 하여튼 박영근 시인이 보여주었던 비장한 1980년대적 정서, 그 비장한 추구, 요컨대 비장의 미학은 담벼락과 철조망의 이미지, 그것을 타고 넘다가 거기에 아프게 걸려 있는 꽃의 형상으로 나타납니다. 그 고독한 모색이 얼마나 힘들고 도달하기 어려운 것인지를 느끼게 해주지요. 반면 익살이나 즐거운 상상 혹은 새로운 감각의 방식으로 접근하는 사람들은 숨어 있는 진리에 대한 고독한 추구가 아니라 우리를 둘러싸고 있는 현실에서의 가벼운 이탈, 현실 표면으로의 활공을 통해 진리 패러다임을 넘어서 버리는 것 같다는 것입니다. 그렇게 해서 복수적 진리랄까요, 아니면 다중적 실재성이랄까 하는 것을 환기시키는 효과를 불러일으킨다고 할 수 있을 것 같애요.

내가 박영근 시가 초월적 잠재주의로 나아갔다고 말했던 이유는 단적으로 말해 민중을 찾으려한 시적 몸부림이 결국 역사적 민중 대신에 초월적 자연에 귀착하고 말았다는 생각 때문입니다. 박영근 시인이 철저한 고독 속에서 구도적 자세로, 그리고 비장의 정서로 찾았던 그 역사적 민중은 이미 사라진 뒤였습니다. 시인은 오늘날 그 어딘가에 숨어 있다기보다 여기저기 분산되어 눈에 직접 들어오지 않는 다중적 실재성을 자신의 진리로 받아들이기 힘들어지자 결국 자연 속에서 민중을 찾는 쪽으로 시적 사유를 전개하기 시작하는 것으로 보였습니다. 아까 '울타리에 걸린 꽃'이라는 표상이 그것인데, 자연을 그 자체로 부정적 의미에서 초월적이라고 할 이유는 없지만, 시인이 더듬는 자연은 우리 시의 전통 속에서 오래 유전되어 온 '순수 자연'에 점점 더 접근해 가는 느낌이거든요. 우리가 자연이라는 말로 흔히 갖게 되는 표상들, 자연에 대한 오래된 기억들, 그래서 사람들이 무력해지면 흔히 돌아가 안기려고 하는 그 자연 말이지요. 민중을 찾아 나선 시인의 진지한 탐색 속에서 우리 앞에 새롭게 전개된 현실이 감지되기 시작하는 어떤 지점에서 갑자기 길이 끊긴다는 느낌을 받게 되는 것이 바로 이 때문이 아닌가 싶어요.

이충희 선생님께서는 민중의 소멸을 민중 일반의 소멸이 아니라 새로운 주체성의 구성과 재구성으로 이행해 가는 이행기로서 파악하시는 듯한데, 작가들이 새로운 민중을 밝히는 것이 가능한 조건 즉, 재현이나 반영이 불가능한 이 시대의 문학이 그 새로운 민중과 관계 맺을 수 있는 새로운 가능성의 조건은 무엇이겠습니까?

조정환 그러니까 민중성을 유지하려고 하는 문학적 노력이 1980년대 이후에도 몇몇 부분에서 지속되었는데, 지금 이야기한 박영근 시인도 그 중의 하나입니다. 박영근 시인이 추구한 민중은 과거의 민중과 또 달랐습니다. 분명히 커다란 진전을 이루어 내는 방식으로 새로운 민중이라고 부를 수 있는 것에 가까이 다가갔다는 느낌을 주거든요. 또 다른 부분이 노동문학입니다. 구로노동자문학회를 비롯하여 전국의 노동자문학회에 소속된 사람들에 의해 창작된 노동문학은 새로운 민중에 대한 추구보다는 1990년대 들어 고달파진 노동자의 소외된 삶의 현실을 드러내는 데 더 큰 힘을 쏟아 부었고 그래서인지 비장은 줄고 비애가 강화되는 느낌을 줍니다. 비평에서 이런 흐름을 받아 안은 것이 민중성을 문학의 핵심적 심급으로 고수하려고 했던 리얼리즘 고수파였던 것으로 기억합니다. 그런데 가만히 살펴보면 이 창작적 비평적 흐름 모두에서 생명이나 도래할 기쁨을 강하게 환기하는 비극적 비장미는 점점 약화되고 슬픔이나 죽음을 환기하는 비애가 지배적 정조로 자리잡아간 것이 아닌가 느껴집니다. 노동문학에서 민중의 이미지는 비장하지 않으며 박영근의 시에서조차 비장이 비애 쪽으로 미끄러지는 경우가 적지 않은 것 같거든요. 리얼리즘 비평이 민중을 다시 부르지만, 빈 메아리만이 돌아올 때 받는 느낌도 이와 유사한 것입니다. 민중이 사라진 시대에 민중적 삶에 대한 애착을 많이 표현하면 할수록 아까 말한 것과는 다른 의미의 냉소주의가 그림자처럼 따라붙게 됩니다. 한편은 민중을 '버린' 지식인들에 대한 원망들이 표현되는가 하면, '우리라고 해서

"주체성의 재구성 문제와 문학의 변화의 관계를 고찰하려고 했고, 문학의 위기나 종언을 넘어서는 문학 진화의 가능성을 탐구…"

조정환

별 볼일 있나' 식의 냉소성이 곧 뒤따르는 것이지요. 그래서 노동문학이 민중의 전통적 공동체를 관념적으로 강하게 긍정하면 할수록 역설적이게도 새롭게 변화해 가는 현실로부터 점점 고립되어 점점 외딴 섬처럼 되어간 것이 그간의 현실이었다는 생각이 듭니다. 비평의 경우에는 이전의 이론적 전통을 고수하면서 그것을 문학적 현실에 투사하려고 했지만 적절한 대상을 발견하지 못함으로써 결국 스스로 기치를 내리는 쪽으로 기울었다는 생각입니다. 요컨대 민중과 관계하려는 창작적 비평적 노력들이 1990년대 내내 지속되었으나 민중이 소멸해 가는 상황에서 그것이 이루어질 수 없는 꿈으로 그친 것은 당연하다는 생각입니다.

반면 2000년대 나오는 문학은 '새로운 민중'을 이해할 개념적 장치를 갖고 있지 않지만—특히 창작가들이 '다중'이라는 이름을 안다고 생각하기는 어려울 것입니다—변화된 현실을 감각하는 촉수를 갖고 있는 것 같습니다. 오히려 비평들이 그 감각 능력에 의해 표현된 것들을 개념적으로 받아 적으면서 번역하고 있는 것 같아요. 이것이 이름 부를 수 없는 다중이 지금 문학세계에서 나타나는 방식이 아닐까요? 뭐라고 이름붙일 수 없는 어떤 변화무쌍하고 창조적인 힘들의 움직임이 지금 감지되고 있는 상태라는 것입니다. 이 감지가 창작 속에서 앞으로 어떻게 표현되어 나올지는 아직은 미지수라는 생각이 듭니다. 그래서 창작이나 비평이 이 미지적인 것과 더 적극적으로 관여하려고 하는 노력이 필요하다는 점을 강조하고 싶습니다. 지금까지 우리가 작업하고 또 논의해 온 것도 이런 작업의 일부가 아닐까 싶습니다. 비평의 역할은 무엇이고 최근 문학에 등장한 상상력, 감각, 익살 등이 어디에서 유래하고 있고 어떤 새로운 삶을 열어가고 있는가 하는 것들에 대한 탐구랄까요 ···.

이 작업에서 한 가지 분명히 경계해야 할 것이 있습니다. 시장입니다. 신자유주의적 시장이 우리를 에워싸고 있거든요. 이것은 우리를 소용돌이와 같은 위험에 노출시킵니다. 다중의 저항적이고 도주적이고 구성적인 모든 삶의 활동에 늘 시장의 힘이 더불어 작동하고 있기 때문에, 이것과 단단히 의식적으로 대결할 수 있는 힘을 갖추지 못할 때에는 그 쪽으로 항상 흡수될 수 있는 상태에 있다는 의미입니다. 상상력, 감각, 익살⋯. 이것들의 새로움, 이런 식으로 말한다고 해서 충분한 것이 아니지요. 과연 어떤 감각이 그러한 위험을 극복할 수 있는 감각이고, 어떤 상상이 그런 것을 극복할 수 있는 상상력인지, 이런 것들이 예민하게 짚어져야 하지 않을까라는 생각이 듭니다.

이충희 다음으로 김미정 선생님께 질문을 드리도록 하겠습니다. 김미정 선생님께서는 1980년대부터 최근까지 문학적 주체들의 변전을 고아들의 발생론이라는 관점에서 살펴보고 있는 것 같습니다. 그 관점에서 자발적 고아와 태생적 고아를 구분하셨는데, 그것의 의미가 무엇인지 그리고 그러한 구분이 왜 필요했는지에 대해 설명을 부탁드립니다.

김미정 제 글의 고민이 시작된 계기를 먼저 말씀드려야 할 것 같네요. 저는 개인적으로 소위 1990년대적 포스트 담론이 익숙한 세대인 것 같습니다. '포스트(post)', '탈(脫)' 혹은 'de-' 등을 접두어로 가지는 담론 속에서 근대를 회의하고, 자본주의를 회의하고, 했던 세대라고 할 수 있을듯해요. 돌이켜보면, 어디에선가 'X세대'라고 불러주기도 했고, 동의할 수 없어 하기도 했구요. 또, 억압이나 집단이나 혁명과 같은 말은, 무거운 채무 같은 것이고 기억해야 할 것이었지만, 거리감으로 따지자면 일종의 풍문 같은 것이기도 했습니다. 주체의 죽음, 문학의 위기 등을 둘러싼 풍문들도 기억하구요. 이 와중에, 세대는 다르지만 배수아라는 작가와 한유주라는 작가가 제가 경험한 시대와 그로 인한 분열된 실존의 문제를 소설 속에서 유사하게 다루고 있다고 생각하게 되었습니다.

    제가 글 속에서 '자발적 고아'와 '태생적 고아'를 나눈 것은 엄밀히 말해서 작가 배수아와 한유주의 소설들을 지칭하는 것이지만, 그 이면에는 각각이 거느리는 시대의 흔적과 세대와 세계관 등이 있습니다. 우선, 제 글에서 '고아'란, 단단함과 객관현실과 상징적 아버지로부터 자유로운 이들을 의미한 것이었습니다. 스스로를 계통발생적인 혈통이나 집단에서 절연시키거나(배수아의 소설들) 혹은 절연된 상태(한유주의 소설들)로 살아가는 이들이라는 점에서 말이죠. 따라서 배수아와 한유주의 소설은 분명 이런 의미의 고아들에 대한 소설입니다. 상징적 아버지에 대해서는 글 속에서 설명했던 것 같네요. 그럼 '자발적'이란 말과 '태생적'이란 말 사이에 차이가 있을 텐데요. '자발적 고아'란 상징적 아버지에 대한 부정과 반항을 통해 고아가 되겠다고 자청한 이들을 설명하는 개념이었고, '태생적 고아'란 부정과 반항의 대상이 이미 사라진 시대에 아예 태어날 때부터 계통발생적인 수직적인 적대구도를 몰랐던 이들을 설명하는 개념이었습니다. 그러니까, 소위 1980년대적인 것들을 기억하면서 아버지에 대한 양가적 감정을 지니고 있던 이들에게 '자발적 고아'라 명명 할 수 있겠구요. 여기에 배수아 작가를 포함시킬 수 있겠네요. 그리고 그 기억과 경험도 없는 이들, 처음부터 자유롭다고 여긴 이들이 태생적 고아에 해당될 텐데, 이건 곧 한유주 작가와 그 세대들에 대한 설명이기도 하구요. 어쨌든 세대는 다르지만 각각이 체감하는 시대에 밀착해서, 자기의 존재론적 기반을 탐색하는 과정들이, 저에게는 더없이 윤리적이라고 여겨졌습니다.

    백소연 저는 이종호 님께 질문 드리고 싶습니다. 이종호 님은 최근 소설에서 새로운 저항적 주체성의 출현을 알리는 '트랜스-내셔널' 현상에 주목하셨습니다. 하지만 결과적으로는 이 소설들이 현실을 극복할 수 있는 잠재적 힘을 포착하지 못했다고 평가하셨는데요. 하지만 전성태의「여자이발사」에서 주인공인 '에이코'에 대해서 다르게 생각해 볼 수 있지 않을까요? 에이코의 삶을 비참의 형상에 고착시켰다는 점에 작품의 결정적 한계가 있다고 지적하고 계신데, 사실 소설 안에서 구체적으로 에이코가 그려지는 방식은 이와는 다르지 않나 싶어요. 비참의 형상이라는 심급을 넘어서, 그러한 삶 속에서도 꺾이지 않는 에이코 개인의 활력과 삶을 개선시키고자 하는 끊임없는 노력, 생명력이 분명 작품 안에 존재하는 듯합니다. 이러한 점들을 간과하시고 주인공의 비참한 죽음 그 자체에만 초점을 맞추어 해석을 하신 건 아닌지 의문이 듭니다. 두 번째는 트랜스-내셔널의 징후로 파악하고 계신 최근의 문학 경향에 관한 것입니다. 문학장 안에서 벌어지고 있는 이러한 징후, 말씀하신 것처럼 국민국가 단위를 넘어서는 존재를 포착하고 형상화하는 것은 그 자체만으로도 매우 소중하다는 점에는 쉽게 동의가 됩니다. 그러나 이러한 현상이 단순한 소재적 확장을 넘어서는 것이 되려면, 재현 방식에 관한 미학적 논의가 꼼꼼하게 이루어져야 하지 않을까요? 단순히 현재 벌어지는 사건과 존재를 있는 그대로 재현해 내는 방식이 아닌, 새로운 미학적 방식과 가능성에 대해서 생각해 볼 수 있는 구체적 기법과 작품들에 대해서 이야기 해 주셨으면 합니다.

이종호 전성태의「여자이발사」에 등장하는 에이코나 이진식 모두 주어진 '현실'과 지속적으로 맞서고자 합니다. 그리고 작가 역시도 그 '현실', 그러니까 괴물과 같은 민족주의를 소설을 통해 극복하고자 했던 것 같습니다. 국경이나 경계에 초점이 맞추어져 있는 전성태의 최근 작품들에 비추어 볼 때, 「여자이발사」에서 작가가 의도했던 바는 명확했던 것 같아요. 그런데 소설에서 에이코나 이진식 모두 그러한 현실을 넘어서는 잠재적 형상을 드러내지는 못한 것 같아요. 작가의 표현을 빌자면, 소설의 인물들은 '자율적

인간으로서의 본성'(말하자면 활력이나 생명력 등에 해당하는 것일 테지요)을 전개하기보다는 '역사의 격랑에 휩쓸린 숙명론자'로 귀결된 감이 있습니다. 에이코라는 경계에 선 존재가 지니는 잠재성이 소설 내에서 풍부하게 형상화되지 못한 점이 아쉽습니다. 이러한 의미에서 에이코의 삶은 비참의 형상에 머무르고 있는 셈이지요. 우리 문학에서 전성태가 발견한 '역사의 결락'들은 소중하다고 생각합니다. 그렇지만 그것들이 지니고 있는 잠재적 형상이 풍부하게 현실화되는 것도 역시 중요한 문제인 것 같습니다. 글에서도 언급했습니다만, 작가가 의도했던 바가 소설 내에서 충분히 형상화되지 못한 것은, 민족주의를 승인하면서 개인적 차원에서의 윤리성으로 민족주의의 역기능을 극복하려고 하는 것과 관련이 있을 것 같습니다. 민족이라는 정체성을 계속 유지하는 가운데, 트랜스내셔널한 문제를 풀려다 보니까, 그 특이성과 잠재성이 온전히 발현되지 못하고, 결과적으로 또다시 민족이라는 경계로 수렴되어 그 자체를 벗어날 수 있는 가능성을 열어놓지 못했던 것 같습니다. 그리고 트랜스-내셔널한 문제는 개인(individual)이라는 층위의 윤리성만으로는 해결하기 힘든 것이라고 생각합니다. 그것은 과거의 민족이나 민중과는 차원으로 달리하는 새로운 집단적 주체성을 기반으로 할 때, 새로운 문턱으로 진입할 수 있을 것입니다. 피상적인 형태로 개별자의 윤리에 호소하는 것만으로는 부족하다고 생각해요. 요컨대 새로운 공통성이 필요합니다. 「여자이발사」를 비롯해서 전성태의 최근 작품들에서 경계에 서 있는 존재들을 의미하는 상징물들이 다소 빈번하게 등장하는 것은, 앞서 언급한 난점을 해결하기 위한 미학적 장치라고 생각합니다. 「여자이발사」에서도 경계에 사는 염생식물들이 빈번하게 등장하는데, 이러한 장치는 현실 영역과 코스모폴리턴적 지향 사이에서 발행하는 괴리를 좁히는 데 일조를 하기도 합니다. 그렇지만 그러한 상징과 의미화가 구체적인 현실의 삶과 직조되지 못하고, 초월적이고 외부적 형상에 그치고 만다는 한계가 있는 것 같아요.

  트랜스-내셔널한 경험과 삶은 국경을 넘는다는 차원뿐만 아니라 그로 인해 발생하는 여러 문제들을 환기하는 것 같습니다. 특히 언어들의 맞부딪침은 서로 다른 사유체계의 충돌, 소통의 문제, 번역의 문제 등 다양한 문제들을 발생시킵니다. 트랜스-내셔널한 존재와 사유는 궁극적으로는 언어의 문제로 수렴되는 것 같아요. 단순하게 보면 소통의 층위에서도 언어는 중요하고, 세상을 재현하고 표현해 냄에 있어서도 언어는 필수불가결한 요소입니다. 그리고 국경을 가로지르는 집합적 주체들의 직접적 연합이나 공통적인 것을 생성하기 위해서 언어의 문제는 매우 중요해 보입니다. 이는 과거와는 다른 새로운 주체성의 창출과 관련된 문제이지요. 고종석 같은 작가가 언어 문제에 많은 관심을 기울이고 있는 것도 이 때문일 것 같습니다. 고종석은 「고요한 밤, 거룩한 밤」 등과 같은 소설에서 권력으로서 작동하는 언어와 소통과 평등의 언어를 섬세하게 구분해 내어, 후자에 의미를 부여하고 경계를 가로지르는 언어의 가능성에 주목합니다. 공통성의 생성이라는 측면에서 보면, 고종석의 사유가 충분하다고는 할 수 없지만, 트랜스-내셔널에 대한 새로운 가능성을 열어 놓고 있는 것 같아요. 「고요한 밤, 거룩한 밤」과 관련하여 한 가지 더 덧붙이자면, 회귀할 장소나 떠나온 장소 등과 같은 어떤 근원에 구속되지 않는 존재들과 삶의 형식들을 형상화하는 것도 흥미로운 점이었습니다.

  박필현 저는 이명랑의 작품을 다룬 조영실 님께 질문을 드리고 싶습니다. 조영실 님은 소설의 서사에 관심을 기울이면서 버추얼리즘이 자본의 논리 안에서 탈주하며, 탈근대의 다기한 풍경을 표현할 수 있는 구체적인 서사 방식의 하나로 말걸기를 제시하셨습니다. 구체적으로 보자면 서사 주체의 연민과 해학의 시선 너머의 경계에 선 존재들과 서술자와의 관계가 바로 '말걸기'로 설명되는 것으로 보입니다. 조영실 님도 언급하신 바와 같이 말걸기는 가야트리 스피박의 '대표와 재현'에 대한 문제의식과 연관된 것이기도 한데, 조영실 님께서 '말걸기'로 명명한 서사의 양태는 스피박이 제기한 것과는 조금 달라 보여요. 조영실 님께서 규정한 '말걸기'의 개념은 '인다라의 언어' 혹은 공명 가능성, 공통성의 구축과도 연관이 되고 있는데요. 조영실 님께서 생각하시는 '말걸기'의 개념은 어떤 것인지 조금 더 이야기를 들어보고 싶습니다. 같은 것과 다른 것을 구분해 내는 것은 언제나 어려운 문제인 것 같은데, 사실 저는 기존의 서사 방식과 이명랑 작품의 서사 방식이 구분되는 지점이 있는가라는 의문도 들었거든요. 조영실 님께서는 말걸기를 "해학적 시선을 미끄러져 표현되는 서사 대상들의 특이성과 잠재성이 서사화 되는 방식"이라고 규정하고 있습니다. 그러니까 제가 말걸기 개념이 어떤 것이냐고 질문 드린 것은, 이명랑 소설을 말하자면 '표현'의 언어로 읽어 내신 것인데, 표현의 언어로 읽어낼 수 있는 지점은 어디인가라는 질문과도 맞닿아 있는 것 같습니다.

그리고 두 번째로, '영등포 시장'이라는 것이 이명랑 작품의 성취이자 한계가 아닌가 하는 이야기들이 있었던 것 같습니다. 이것은 결국 '시장'이라는 것을 구성하고 있는 구성원이 기본적으로 소시민일 수밖에 없다는 점에서 기인한 것이라는 생각이 듭니다. 조영실 님 글에서 저는, 지금까지 한계로만 지적되어 온 소시민이라고 하는 사람들 즉 소시민적인 시장 상인들이 보여주는 행동의 모습 속에서 잠재적인 것의 현실적 이행을 읽어내려고 하신 부분이 눈에 띄었어요. 굉장히 소시민적인 방법이라고 표현하시면서도 결론적으로는 "그런 방법으로 현실화하고 있는 삶의 탈주들 속에서도 잠재적인 것의 현실적 이행이 드러나고 있다"고 보고 계십니다. 그런데 이 부분과 관련해서, 이것이 의미 있는 부분이라고 생각하면서도, 작품 속에 그려진 시장 상인들의 행동들이 '탈주'일 수 있는가 하는 의문이 들기도 했습니다. 왜냐하면 등장인물들이 지키고자 하는 혹은 확보하고자 하는 것이 결국은 돈, 금목걸이, 주민등록증, 통장 등으로 표현이 되고 있는 것 같거든요. 실제로 조영실 님께서도 이명랑 작품의 탈주가 조금 소극적이라고 지적하고 있기도 하지요. 그리고 글의 결론 부분을 보면, 이런 문제 지점을 이명랑이라는 특정 작가의 문제가 아니라 결국은 1990년대 한국문학에 공통적인 것으로 곧 일종의 경향의 문제로 확대해 이야기하고 계신 것 같기도 합니다. 이와 관련해서 조영실 님이 생각하시는 이명랑의 작품이 보여주는 새로운 가능성, 의의나 한계라고 생각하는 부분이 있으면 어떤 것이 있는지를 좀 더 들어보고 싶습니다.

조영실 먼저 말걸기 개념은 근대소설의 서사 방식과 비교하여 탈근대적 서사 방식의 가능성을 보여준다는 점에서 주목했습니다. 소설은 근대의 산물이고, 근대소설 자체가 서술자의 간접화법에 의해 서술 대상들을 모두 서술자의 시선으로 환원시킨다는 문제의식을 갖고 있었습니다. 특히 근대소설의 서술자는 서술 대상의 특이성들을 지우면서 한편으로는 독자들에게 서술자의 존재를 은폐해왔던 것이지요. 이것이 근대소설이 현실적인 권력을 작동시키는 방식이었다면, 저는 서술자의 간접화법으로 환원되지 않는 타자들의 목소리가 소설이라는 장르에서는 어떤 식으로 드러날 수 있을까에 대해 고민하고 싶었습니다. 그래서 주목한 것이 가야트리 스피박의 말걸기 개념이었는데, 지식인들은 마치 자신들이 대표와 재현의 주체가 아닌 것처럼 말한다는 스피박의 문제의식에 동감했던 것 같습니다. 그런데 이명랑의 소설들에서는 서술자 스스로가 대표와 재현의 주체라는 것을 은폐하지 않고 끊임없이 자신의 시각을 초점화하고, 그 시각 속에서 변화하는 대상의 특이성들을 표현하고 있다는 생각이 들었습니다. 서술자가 은폐되지 않고 전면적으로 등장함으로써 서술 대상들의 특이성이 서술자의 시각으로 환원되지 않는다는 것이죠.

다음으로 이명랑 소설에 등장하는 소시민들의 행동이 탈주일 수 있을까라는 문제인데요. 시장에서 살아가는 소시민들이 자본주의의 경계를 부수고 넘어서는 존재는 아닐지라도, 소설 안에서 자본주의에 내재된 배제의 메커니즘을 드러내는 하나의 경계 지점을 보여주는 존재들이라고 생각했습니다. 자본주의의 추상적인 경계가 아니라, 삶 자체의 실질적인 경계를 드러내고 그 경계를 넘어서는 현실적인 움직임을 보여준다는 점에서 탈주라는 다소 적극적인 의미를 부여했던 것입니다.

이종호 박필현 님은 박민규의 소설을 "현실적 삶의 개연성이라는 시각"으로는 이해할 수 없다고 말하면서, "비현실적이고 황당한 내용을 '현실'로 그려내고 있다"고, 그리고 그것이 "우리가 살아가는 바로 이 곳, 그 현실을 직시하는 것에서 시작된다"고 언급하고 있습니다. 박민규의 상상력이 현실을 환기하고, 그것에 문제를 제기하고 있는 것만은 분명한 것 같습니다. 그런데 필현 님의 표현인, 그 '상상력의 황당한 응대'를 어떻게 이해할 것인가를 두고, 최근에 엇갈리는 견해들이 있는 것 같습니다.

이를테면, 박민규의 최근작 『핑퐁』에서 주인공들은 "인류라는 인스톨을 유지할 것인가, 언인스톨할 것인가"라는 질문 앞에서 '언인스톨'을 선택하고 있습니다. 그런데 소설의 마무리를 두고, 가령 "혁명이 불가능한 시대를 향해 퍼붓는 신경질적 농담"이라거나 "'불가능한 것' 속으로 너무 쉽게 투신해 버린" "박민규식 허무주의"라고 한, 한 평자(신형철)의 견해는 박필현 님의 의견과 사뭇 배치되는 듯 보이기도 하는데, 이를 어떻게 이해해야 할지. 그러니까 황당한 현실에 대한 박민규의 황당한 응대를 어떻게 이해하고 해석할 것인가가 문제일 것 같습니다. 즉, 박필현 님은 박민규 식 상상력에 가능성의 의미를 부여하면서, 그것이 지니고 있는 역동적 힘에 주목했고,

이를 정치적이며 현실대응적인 강력한 힘으로 독해하고 있는 점이 인상적이었습니다.

이와 관련하여, "너구리나 기린이 되어야지. 오리배 세계시민연합에나 가입해야지"라는 방식이나, 방금 언급한 『핑퐁』의 결론에 대해 우리는 어떻게 해석하고 판단해야 하는지, 말하자면 황당한 상상력의 가능성이 실재의 영역과 어떻게 관계 맺는지 등에 대해 좀 더 자세한 의견을 들어 보고 싶습니다.

박필현 질문을 조금 바꾸어 보면, '박민규의 작품이 현실에 대해 문제를 제기하고 있는 것은 분명하다, 그러나 박민규가 펼쳐내고 있는 이 상상이라는 것이 과연 문제적 현실에 대한 대안을 제시하고 있는가'라는 질문이 되지 않을까 싶습니다. 결국 상상이라는 것이 과연 대안이 될 수 있겠는가라는 것이 될 수 있을 텐데요. 앞서서 우리가 상상에 대해 이야기한 바도 있고, 박민규의 상상에 대해서도 지금까지 많은 논의가 있어 왔던 것 같습니다. 물론 비판적인 접근도 많이 있었는데요, 그런 것들 중 하나가 환상 혹은 상상이라는 것은 세계와 맞서는 것이 아니라 회피하는 것이라는 이야기였습니다. 냉소나 우울 같은 것을 통해서 결국 자기 연민 아니면 이데올로기 같은 것으로 귀환한다는 식의 이야기였던 것 같습니다. 지적하신 "신경질적 농담", "허무주의" 등등의 평가가 이러한 관점에서 나오는 것이겠지요.

박민규의 상상력에 대한 비관적인 접근에서 벗어나기 위해서는 현실을 바꾸는 것은 어떤 것인가에 대해 근본적으로 다시 생각해 볼 필요가 있지 않을까 생각합니다. 비물질노동의 시대, 다중의 시대로의 이행을 고려할 때, 현실이라는 것이, 조금 과장해서 얘기하면, 무장투쟁이라든가 정권교체 같은 것들로 이루어질 수 있을까 하는 것이지요. 현실을 어떻게 변화시킬 수 있느냐 하는 질문은 현실을 바꾼다는 것은 어떤 것인가와 관련해서 고민되

"상상을 통해서 '지금-여기'의 현실 자체에 대해서
질문을 함으로써 새로운 배치를 가져오려는 것…"

박필현

어야 할 것 같습니다. 박민규의 상상에 대해서 접근을 할 때에는 이것이 어떤 식으로건 현실로 돌아오는 상상이라는 것을 잊지 말아야 할 것 같아요. 저는 박민규의 상상은 노마드적인 것이라고 생각합니다. 국경을 넘는다는 것이 다른 국가를 향해가는 것이 아니라 국가 자체에 대해 질문하는 것이라면 또 노마드의 핵심이 이동에 있는 것이 아니라 새로운 배치, 새로운 분배를 가져오는 데 있는 것이라면, 박민규의 상상도 결국은 현실을 숙고하고 있는 상상일 텐데, 이런 상상을 통해서 '지금-여기'의 현실 자체에 대해서 질문을 함으로써 새로운 배치를 가져오려는 것이 아닌가 하는 것이지요.

"너구리나 기린이 되어야지. 오리배 세계시민연합에나 가입해야지"를 잠깐 말씀하셨는데, 박민규의 작품을 보면 그가 견디는 것을 싫어한다는 느낌을 받습니다. 그러니까 우리가 동시다발적으로 같이 안 견디기로 하면 어떤 일이 벌어질까 하는 질문을 던져볼 수 있을 것 같습니다. '노예의 산수' 아니면 '억울함'이라고 이야기되고 있는 것을 우리가 버려버리면, 어느 날 갑자기 모두가 기린이 되어 버리면, 아니면 이주노동법이나 이런 것에 연연할 것이 아니라 '오리배시민세계연합'에 가입을 해버리면 어떻게 될까. 단순한 생각인 것 같기는 하지만 현실을 분열시키고 현실을 바꾸는 것은 상상을 믿는 작은 행동들이 아닐까 하는 생각도 듭니다. 박민규가 신경질적 농담이나 허무주의라고 생각하지는 않지만, 설사 그렇다 하더라도 이런 것 뒤에는 우리가 살고 있는 어떤 매트릭스 아니면 일반화된 가치의 전환에 대해 생각해 볼 수 있는 근본적 계기를 가지고 있다는 것이 제 생각입니다.

그리고 박민규에게서 한 가지 더 가능성을 보게 되는 것은 이것이 공통성과 이어지고 있다는 점입니다. 이건 상상에 대한 공감이나 감응 같은 것일 수도 있겠어요. 박민규 소설에서 상상이 차지하고 있는 지점이 공감과 통한다고 할까요? 진짜 황당한데 작품 속에서는 전혀 황당한 것으로 다루어지고 있지 않거든요. 작품 속의 인물들은 다 같이 상상을 공유하고 같이 감응하고 있는데요, 이것은 개인적으로 작품의 독자인 저 역시도 마찬가지입니다. 그래서 박민규의 상상이라는 것은 결국은 공동의 경험 가능성을 갖는 상상, 그래서 개인만의 헛소리 이런 것들이 아니라 실질성에 입각한 그런 상상인 것 같습니다.

마지막으로, 『핑퐁』을 말씀하셨는데 저도 처음 읽고 나서는 좀 당혹스러웠습니다. 결론이 인류를 언인스톨해 버리는 것이니까요. 그런데 이런 질문을 다시 던질 수도 있을 것 같습니다. 그것이 왜 문제일까. 인류를 언인스톨해 버리면 뭐 어때서, 인류를 인스톨해야 되는 이유가 무엇일까. 아주 단순하게 말하자면 『핑퐁』의 결말이라는 것은 옛날식 구호로 따지면, "못 살겠다 갈아보자"일 수도 있을 것 같습니다. 조금 전에 말씀드린 것처럼, 그러면 인류가 인스톨되어야 하는 이유는 무엇인가 하는 것을 다시 생각하게 하는 것도 같고요. 또 『핑퐁』에서는 '못'과 '모아이'의 관계, 이 둘과 다수라고 분류되어 있는 사람들과의 관계, 이런 부분들도 중요하지 않을까 합니다. 못과 모아이가 있고 나머지 인류를 다수라고 봤을 때, 이 다수가 진짜 다수도 아니거든요. 다수인 척하고 있는 거지요. 그러니까 『핑퐁』에서 정말로 언인스톨해 버리고 싶었던 것은 '척 하는' 인류가 아닌가 하는 것이 제 생각입니다. 다수인 척하고 살아가는 인류. 인류의 대표로 등장해서 못과 모아이와 경기를 펼쳤던 상대팀 구성원이 '새'와 '쥐'인데요. 새와 쥐가 결국은 과로사를 했기 때문에 못과 모아이가 승리를 거둡니다. 결국은 다수인 척하고 살아가는 인류, 그리고 과로사할 지경이면서도 계속해서 견디는 인류, 이런 식의 인류를 언인스톨하고 싶었던 것이 아닌가 싶고……. 우리 모두도 사실은 다수인 척하지만 못과 모아이 쪽일 수 있다는 생각입니다. 다수인 척하는 인류의 대척점에 놓여 있는 왕따, 잊어버린 존재. 말이 너무 길었는데요, 다수인 척하는 인류를 언인스톨해 버림으로써 다수가 아니라 반대쪽에 놓여 있는 개개의 특이성들에 대해서, 이 사람들이 맺고 있는 공통성에 대해서 오히려 강조를 하고 있는 것이라고 할 수도 있지 않을까, 이런 과(過)해석으로 답변을 마무리 하겠습니다.

조영실 저는 백소연 님의 글에 대해 질문을 하겠습니다. 백소연 님은 장진 희곡의 수다스러움 속에서, 수다스러움이 아니라 '수다의 사이'에 주목하고 있습니다. 수다의 사이에서 달변이 아니라 눌변의 특성을 발견한 것이 흥미로웠는데요, 생각해 보면 저 역시 장진 희곡 혹은 영화의 인물들이 펼치는 다소 과장된 행동이나 수다 자체가 아니라, 그 사이의 침묵 그리고 침묵의 긴장감 속에서 나타나는 삶에 대한 진지함 등을 감지하고 다소 놀랐던 적이 있던 것 같습니다. 하지만 아직까지 장진 희곡에 대한 기존 평단의 관점은 달변의 미학과 대중성에 집중되어 있고, 그래서 비교적 평단의 관심 영역으로부터 벗어나 있는 것은 아닌가 합니다.

백소연 장진 연극에 대해서 기존 연극계의 평가가 어떠했다고 단정 지어서 이야기 할 수는 없을 듯합니다. 평가 자체가 거의 전무하다고 해도 과언이 아니거든요. 물론 비슷한 시기에 활동하고 있는 연극 연출가나 희곡 작가의 상황도 크게 다르지는 않습니다. 이러한 현상은 아마 연극이라는 장르가 지니는 특수성과 무관하지 않을 것 같아요.

특히 1990년대 중반 이후부터는 연극을 만드는 과정에서 희곡의 서사가 갖는 역할, 문학적 역할 자체가 많이 축소됩니다. 소위 공연성, 연극성이라고 불리는 것들이 연극 안에서 핵심을 이루게 되었기 때문입니다. 연극사적으로 보더라도 1990년대 이후 한국에서 연출가가 직접 작품을 쓰는 상황은 훨씬 더 일반화 된 것이 사실입니다. 따라서 표현 양식도 언어에만 의존하는 것이 아니라, 몸짓이나 소리, 빛, 이미지 등의 총체적이고 종합적인 방식으로 전환되는데요, 그러다보니까 희곡은 공연의 일부분으로 수용되어야만 이해 가능한, 불안정한 텍스트, 의존적 텍스트로 놓이게 되었습니다. 따라서 연극 비평 역시 전과는 다른 공연 환경을 고려해서 보다 더 입체적인 방식으로 이루어지지 않으면 안 되는 어려운 상황에 놓이게 되었지요. 게다가 소설이나 시를 대상으로 하는 문학비평과 달리 연극비평은, 더구나 시의성 있는 공연에 대한 단순 리뷰 수준을 넘어서는 전문비평은 정기적으로 지면을 얻을 만한 매체 자체가 턱 없이 부족한 형편입니다. 장진을 포함한 최근 연극과 희곡에 대한 평가가 전무한 데에는 이러한 외부적 요인도 간과할 수는 없겠지요.

제가 장진의 수다와 그 사이에 위치한 공백에 주목했던 것은 최근의 연극 경향이 보여 줬던 측면들과도 무관하지 않습니다. 가장 많이 논의되는 경우가 연출가 겸 희곡작가인 박근형인데요, 물론 그의 연극은 장진과는 전혀 다른 극적 세계와 분위기를 갖고 있습니다. 그러나 대사가 매우 압축되어 있고, 대사 사이의 논리적 비약이 빈번하다는 점에서 장진과는 또 다른 맥락에서 묶일 수 있는 요소가 있는 것 같습니다. 이들의 경우처럼, 논리적으로 잘 짜인 플롯이나 서사가 약화되고 공연적 요소가 강화되다 보면, 희곡 자체를 기계적으로 읽는 것만으로는 연극에 대한 몰이해를 가져올 위험을 안고 있습니다. 관객으로서 공연의 현장에 있을 때에도 마찬가지입니다. 눈앞에서 펼쳐지는 무수한 의미의 틈새들을 적극적으로 상상하고 메워야만 합니다. 이전 사실주의 연극들이 보여주었던 것, 다시 말해 작가 혹은 연출가의 일방적 권위로 재현된 세계를 그대로 받아들일 수는 없는 상황이 된 것이지요. 연극 내에 존재하던 언어의 일방적 권위 역시 굉장히 다양한 표현 방식들에 자리를 내줄 수밖에 없게 되었습니다. 결국 의미의 틈새를 적극적으로 구성해 내는 일은 그날그날의 다른 공연환경 속에 있는 관객과 독자의 몫으로 남겨졌다는 점을 주목하면서 수다가 지니는 달변과 눌변의 특성에 대해서 논의해 보았던 것입니다.

김미정 서창현 선생님께 질문하겠습니다. 오래 전 작가 이인성이 선취한 실험성과 실험을 둘러싼 내적 고투에 대해 개인적으로도 매혹된 바가 컸습니다. 선생님의 글에서 표현하신 것처럼 "어떤 '의미'와 '대답', '진실'을 갈망하는 독자들의 요구를 배반"하기도 하고, 따라서 "궁극적인 의미의 제시를 거부"하는 등, 어떤 단일한 진리의 세계로부터 끊임없이 이탈하려는 욕망이 가득한 텍스트였음을 기억합니다. 따라서 이인성 소설 식의 해체는, 이미 우리에게 주어져 있는 것을 무너뜨리는 것이기도 하지만, 아예 소위 '이야기'가 성립할 수 없는 상황들을 증명하고 있는 것에 가깝다고 생각합니다. 이런 의미에서 그의 작업은 이미 주어진 것들을 지우는 작업보다 좀 더 어렵고 근본적(radical)이라는 생각을 하게도 됩니다. 재현할 수 없는 난포착적인 삶의 웅성거림을 어떻게든 드러내고자 하는 작업이겠지요. 그런 의미에서 제가 형용해 내지 못한 작품의 융화력과 어떤 감동을 선생님께서 설득력 있는 언어로 잘 제시해 주신 것 같아 공부가 많이 되었습니다. 그리고 역시 공감하게 되는 것이지만, 이인성 소설의 현재성이 새삼 부각된 글이었던 것 같습니다. 그런데 글의 내용과는 별도로 선생님께서 실감하시는 이인성의 소설의 현재성에 대해서 선생님의 육성으로 듣고 싶습니다. 이인성 소설의 실험들이 2000년대에도 유효하고 요청된다면 어떤 점이 그러할지 더 듣고 싶습니다. (선생님께서 이 소설을 택하신 이유랄까요? 그런 말씀으로부터 시작해 주셔도 좋을 것 같습니다.)

서창현 모든 텍스트가 그러하겠지만 특히 이인성의 소설이야말로 바로 '오래된 미래'가 아닐까 생각해 보았습니다. 시간 속에서 주체가 형성되듯이 매번 새롭게 읽히면서 새로운 의미를 발생시키는 잠재성의 텍스트. 아마도 이런 점이 저를 강하게 붙잡았던 것 같습니다. 거의 단선적인 문학적 경향만이 힘을 얻고 있었을 때 전혀 새로운 소설 문법으로 현실의 좀 더

"존재와 삶이 매번 새로운 사건과 실험이듯이
이인성의 작업 또한 '문학의 진화'를 진단해 볼 수 있는
하나의 사례로 적극적으로 평가해도 좋다…"

서창현

근원적인 타개를 꿈꾸었던 이인성의 실천은 큰 매력이었습니다. 어찌 보면 이인성의 작업은 '소설로 쓰는 소설론'의 성격이 짙다고도 할 수 있을 것 같습니다. 그러나 물론 이것은 어떤 정태적이고 명령적인 '소설의 본질'을 추구하는 것과는 거리가 먼 것이죠. 마뚜라나 식으로 표현하자면 '소설하기를 통해 소설의 형성과 작동'을 실험하고 성찰했다고 할까요?

흔히들 이인성의 작품은 읽기가 어렵다고 합니다. 그런데 이것은 그동안의 소설 독법이 관성에 빠진 '이미지 리딩'이 아닌가 하는 이인성의 언어적 공격에 대한 우리의 반응일 뿐입니다. 역설적이게도 이인성의 언어는 매우 정교하고 정확합니다. 이런 표현을 허락할 수 있다면, 이인성은 '가장 정확한 한국어의 구사자'입니다. 가장 정확한 한국어의 구사를 통해 가장 낯선 한국어로 소설하기. 이러한 언어적 실험은 언어의 새로운 가능성을 탐색하고, 존재와 삶의 새로운 가능성을 탐색하는, 또 마뚜라나 식으로 표현하자면(^-^), '있음에서 함으로'의 성찰의 결과라고 할 수 있습니다. 바로 이 점이 이인성의 작업이 여전히 유효할 수 있겠다는 저의 판단입니다. 존재와 삶이 매번 새로운 사건과 실험이듯이 이인성의 작업 또한 '문학의 진화'를 진단해 볼 수 있는 하나의 사례로 적극적으로 평가해도 좋다는 게 제 생각입니다.(불가피한 사정으로 좌담에 참석하지 못했던 서창현 필자와 김미정 필자의 대담은 이후에 메일필담으로 이루어졌다. – 편집자)

이충희 마지막까지 좋은 말씀들 감사합니다. 너무 시간이 오래 지나서 여기서 『민중이 사라진 시대의 문학』을 위한 좌담을 마쳐야 할 것 같습니다. 그 간의 꽤 긴 시간에 걸친 준비와 우리 시대의 주요한 문학적 현안들에 대해 두루두루 진지하게 생각해 본 이 좌담이 우리 문학과 삶의 진화를 위한 유익한 계기가 되기를 바랍니다. 모두들 수고 많으셨습니다.(함께 박수)

민중이 사라진 시대의 문학

1987년 이후 계급 재구성과 문학의 진화·조정환
비평이란 무엇인가?·정남영
이인성의 문학 세계-『낯선 시간 속으로』를 중심으로·서창현
트랜스-내셔널의 감각과 형상들·이종호
경직화를 부수는 '삶문학'의 오프닝-박민규를 중심으로·박필현
수다와 거짓의 '열린' 무대-장진의 극세계·백소연
인다라의 언어-'말걸기'와 공명 가능성·조영실
어떤 고아들의 행보-'나'의 변천과 윤리에 대해·김미정
민중이 사라진 시대의 문학·조정환

시인 박영근

1987년 이후 계급 재구성과 문학의 진화

조정환

머리말

지난 20년 동안 한국에서 이루어진 문학세계의 변화는 뚜렷하다. 그 변화는 1987년 이전의 문학세계를 형성해온 주요한 패러다임의 위기와 붕괴를 수반하는 것이었다. 무엇이 위기에 처했고 무엇이 붕괴했다는 말인가? 문학세계의 변화가 그토록 급격한 것이었다면 그 변화를 가져오는 조건과 원인은 무엇이었는가? 이 변화를 통해 무엇이 생성되고 있는가? 이 변화는 어디로 향하고 있는가? 그것의 의미는 무엇인가?

물음이 제대로 던져졌는지, 내가 이 물음들에 제대로 답할 수 있을지는 아직 불확실하다. 하지만 이렇게 물음을 던지지 않으면서, 그리고 이러한 물음들에 대한 응답을 통하지 않고서 지난 20년의 문학세계의 변화와 그 의미를 이해할 수 있을까? 내 생각에, 그것은 가능하지 않다. 다양한 문학

현상들의 출몰과 교체를 실증적 방식으로 서술하는 것 이상으로 나아가려면 그 출몰과 교체를, 그것들 너머에서 그것들을 규정하면서 또 그것들에 의해 영향을 받는 어떤 경향과의 관계 속에서 고찰할 필요가 있다. 경험적 상태를 경험 너머의 경향과의 관계 속에서 서술함으로써 비로소 문학을 진화의 관점에서 고찰하는 것이 가능해지는 것이 아닐까? 이것을 통해서 문학을 그 창조적 약동의 운동 속에서 이해하고 또 그것에 참여하는 것이 가능해지지 않을까?

다른 분야에서도 그러하지만 문학의 경우에서도 1987년은 근대성의 운명이 드러난 시기이다. 최근에 우리가 듣는 근대문학의 종언에 대한 선언은 때늦은 것이 아닐까? 근대성의 황혼은 오래 전에 시작되었는데 이제야 부엉이가 황혼을 알리기 시작하는 것이 아닐까? 무엇이 근대문학의 종언을 가져오고 있는가? 그것은 문학 자체의 종언을 의미하는가? 아니면 문학의 새로운 가능성을 시사하는가? 나는 이 물음들에 답하기 위해 이 글에서 사회의 재구성, 특히 계급 재구성에 주목하고자 한다. 사회적 주체성의 재구성에서 지난 20년 동안 문학의 진화를 규정한 경향을 찾아보고자 한다. 단적으로 말해 그것은 '민중의 소멸과 다중의 출현' 혹은 '민중에서 다중으로의 이행'이라고 부를 수 있는 역사적 경향이다. 이 역사적 경향 속에서 문학이 어떻게 진화하고 있는가, 다시 말해 문학이 이 경향에 의해 어떻게 규정되면서 다시 이 경향을 역규정하고 있는가를 밝히는 것이 이 글의 과제이다.

1987년 이전 문학과 능동적 민중

한국에서 1987년 이전의 문학은 스스로를 민족문학으로 세우기 위한 투쟁의 역사였다. 그것은 일본에서 미국으로 이어진 제국주의의 지배 하에서 민중이 갖게 된 욕망에 부응하기 위한 것이었다. 민중이 제국주의적 주권에서 독립된 자신의 주권을 갖기를 원했고 이것을 통해 자신들의 삶을 향상시키기를 원했기 때문이다. 이렇듯 자립적인 민족국가의 수립은 민중의 요청이었고 이에 부응하기 위한 문학의 노력은 통일된 민족의 형성에 복무하는 근대문학을 수립하려는 것으로 나타났다. 이런 의미에서 근대문학의 역사는 민족문학의 역사로 나타난다. 그렇다면 '왜 국민문학의 역사가 아니고 민족문학의 역사였을까?'라는 질문이 가능할 것이다. 물론 한반도에 자립적이고 통일된 국민국가가 형성되어 있지 못했던 것이 그 이유일 것이다. 하지만 근대적 민족형성 운동은 부단히 근대적 국민국가의 구축을 위한 노력으로 나타나며 이런 의미에서 민족문학은 국민문학의 잠재태로서 기능한다. 이 점은 한국의 근대문학사에서 민족문학 운동이 국민문학 건설운동으로 나타나는 몇 번의 단속적 경험을 통해 확인할 수 있다. 첫째 일본에 합병되기 전에 시작된 애국계몽기의 애국문학, 둘째 만주전쟁과 중일전쟁의 승리 이후 일본의 패권적 지배가 뚜렷해지고 조선이 이른바 '대동아(大東亞)'의 하위 지배자로 재배치되었을 때 출현한 황국 국민문학!, 셋째 해방 이후 미소의 한반도 분할 지배가 예상되는 상황에서 민주주의민족문학의 구국문학으로의 전환, 그리고 넷째, 2000년 이후 통일을 전망하면서 이루어진 민족문학의 한국문학으로의 전환. 여기에서 보이듯 한국에서 국민문학은 때로는 민족문학의 위기상황에서 혹은 민족문학의 필연적 전개로서 출현하며 때로는 현존하는 국가권력의 강화와 확대를 위한 문학으로 나타난다. 이 사실은 국민문학이야말로 민족문학이 지향하는 내적 경향임을 뚜렷이 보여 주는 것이 아닐까? 우리는 여기에 민족문학/국민문학이 계급

---

1. 이것은 민족주의적 관점에서 '친일문학'이라는 이름으로 불려 왔다.

문학이 지향하는 내적 경향이었음도 덧붙일 수 있다. 1920년대의 프로문학은 1930년대 말에 쉽게 황국 국민문학의 일부로 편입되었으며 1940년대에 그것은 민주주의민족문학으로 나타났고 1980년대의 노동문학 역시 처음부터 민족문학의 일부임을 부인하지 않았다. 이러한 사실은 계급문학-민족문학-국민문학이 그 차이와 갈등에도 불구하고 본질적으로는 국민문학을 정점으로 하는 근대문학의 상보적이고 중층적인 구성계기였음을 의미하는 것이 아닐까?2

이러한 역사는 민중과 어떤 관계에 있는가? 우리는 민족 개념과 국민 개념의 반복된 균열과 재접합에 대해 살펴보았다. 그런데 이 개념들은 실제로는 민중을 그 기반으로 삼고 있다. 어떤 의미에서 그러한가? 민중은 일반적으로 정치적 피지배집단으로 이해되어 왔다. 민중은 해당 시대의 지배집단과의 관계에서 볼 때 확실히 정치적 피지배 상태에 있는 집단이다. 그러나 이러한 민중 개념은 드러난 현상을 설명하는 실증범주에 지나지 않는다. 민중을 적극적으로 규정하기 위해서는 그것을 경향으로서, 요컨대 욕망과 운동으로서 규정할 필요가 있다. 이럴 때 민중은 당대의 사회적 생산의 주요한 영역을 담당하는 집단이며 동시에 그 자신의 주권적 자율성을 추구하는 집단으로 이해할 수 있다. 이런 의미에서 노동자와 농민은 근대 민중의 핵심적 구성부분이다. 그리고 이들은 민족과 국민을 구성하는 핵심적 집단이기도 하다. 이런 의미에서 민중은 단순한 희생자, 즉 피지배집단만은 아니며 그 나름의 기획을 추구하는 **능동적** 집단으로 이해할 수 있다. 근대 민중은 독립국가의 건설을 자기주권형성의 경로로 이해하며 이를 위해 민족적 통일을 추구했다. 민중의 추구가 국가와 민족이라는 경계 속에서 전개되는 것은 유통영역에서 세계시장이 구축되고 있었지만 생산영역

---

2. 조정환, 「한국문학의 근대성과 탈근대성」, 『상허학보』, 2007년, 128~168쪽 참조.

에서 국가 간 분할이 강고했던 현실에서 비롯된다. 다시 말해 민족에 기초한 강한 국민국가의 구축과 그 외연의 확장으로서의 제국주의가 지배적 정치논리로 되어 있었기 때문이다. 한편에서는 방어의 필요에서 다른 한편에서는 발전의 필요에서 발생한 이러한 추구 속에서 좌우를 양극으로 하는 다양한 정치노선들이 경합을 벌여왔는바, 제국주의, 국수주의, 자유주의, 민족주의, 사회주의 등은 근대에 민중의 기획이 좌우의 여러 전문적 정치집단을 매개로 대의되어온 정치양식들이다. 나는 여기서 이들의 차이를 구체적으로 살피지는 않을 것이다.3

  1987년 이후 문학의 진화가 갖는 성격을 민중 개념과의 연관 속에서 규명하기 위해 우리에게 필요한 것은 1980년대 문학의 성격을 규명하는 일이다. 우선 1980년대의 한국문학은 역사상의 그 어느 시기보다도 강하게 민중성에 의해 이끌렸다. 우선 1970년대 문학에서 피지배집단으로 규정되었던 민중형상이 1980년대에는 역사의 주체로서 능동적인 모습으로 나타나기 시작했다. 주로 '전형' 개념에 근거하여 발전했던 민중형상의 능동화는 이후 도식주의라는 비판을 받을 정도로 널리 확산되었다. 둘째 민중을 위한 문학뿐만 아니라 민중의 문학이 만개하기 시작했다는 점에 의해서도 이 사실은 분명해진다. 문학은 민중을 대상으로 지식인 작가가 쓰는 대의활동의 맥락에서 벗어나 농촌, 공장에서 생산자들이 직접 창작하는 활동으로 전화했다. 셋째 민중문학 중에서도 노동문학의 영향력이 강화되면서 민중문학은 노동해방의 전망을 표현하는 민족문학으로 발전해 갔다. 그 결과 농민적 정서에 기반을 두어 발생했던 1960~70년의 공동체문학은 주변적인 것으로 되었다.4 노동문학이 그것의 작품적 질 혹은 성과와는 별개로 민

---

3. 이에 대해서는 조정환, 『제국기계 비판』, 갈무리, 2005 주로 제2부 참조.
4. 물론 그것이 사라진 것은 아니며 노동문학의 쇠퇴를 배경으로 부활하는 것으로 보인다. 1990년대 이후의 생태문학, 생명문학을 생각해 보자.

족문학, 민중문학의 가능성을 대변하게 된 것이다.

이처럼 1980년대 문학이 근대문학 진화의 한 정점을 보여주는 것은 분명하다. 하지만 그것이 근대문학을 넘어서는 경지를 구축한 것은 아니다. 그것은 민족문학의 민중적 재편, 즉 민중적 민족문학의 수립을 지향했고 또 실현했지만 이러한 진화는 '근대문학 = 민족문학'이라는 틀 속에서의 발전이었다. 근대문학은 그것이 민족형성 혹은 국민형성을 위한 문학[5]인 이상 본질적으로 도구적 성격을 갖는다. 즉 문학은 **행동/실천**과 **유용성**의 차원에 자리 잡는다. 이것은 1980년대에 자유주의적이건 민족주의적이건 사회주의적이건 간에 모든 문학들이 공유했던 문학의 위상에 대한 공통관념이었다.

당대의 문학들이 이렇게 강한 공통성을 갖고 있다면 모더니즘과 리얼리즘 사이의 미학적 갈등은 어떤 근거에서 출현했던 것일까? 우리는 그것을, 유용성을 추구하는 두 가지 방식의 차이에서 찾을 수 있다. 모더니즘은 언어와 형식을 통한 문학의 **직접적 효용성**에 강조점을 두었다면 리얼리즘은 현실의 반영적 형상화를 통한 매개적 효용성에 강조점을 두었다. 그러나 어느 것이건 문학을 **국가정치** — 이것은 민중에 토대를 두고 민족을 형성하기 위한 필수불가결한 전제이다 — 의 일환으로 사고했다. 그리고 이것들은 문학을 통해 민중을 민족과 국민의 형태를 띤 주체집단으로 형성하려는 전위적 문학양식들이었다.[6] 리얼리즘이건 모더니즘이건 문학의 전위적 역할을 공통적으로 승인했다. 노동대중과 문학의 관계가 마치 대중과 전위의

---

5. 예컨대 민족문학은 "〈민족〉이라는 단위로 묶여져 있는 인간들의 전부 또는 그 대다수의 진정으로 인간다운 삶을 위한 문학"(백낙청, 『민족문학과 세계문학』, 창작과비평사, 1978, 125쪽)으로 이해되었다.
6. '근대문학 = 민족문학'이라는 생각이 근대문학사에 민족문학에서 탈주하려는 경향이 전혀 없었음을 의미하는 것은 아니다. 1930년대의 이상, 1960년대의 김수영 등에서 그러하듯이 지배적 흐름과 긴장을 이루는 소수적 문학흐름들을 찾아보는 것은 가능하며 이것을 찾는 노력은 이후의 문학 진화를 위해서도 중요한 참조점이 될 수 있을 것이다.

관계처럼 구조화되었던 것이다. 그리고 이것이 문학이 문화의 선두, 전위에 섰던 시대를 가능케 했다. 이후 갑자기 나타난 문학 위기(전위로서의 문학의 불가능성)론은 이 시대의 종언을 알리는 징후이다. 그러면 왜 이 시대가 끝나게 되었을까? 이후 문학의 표류(그리고 진화)를 규정하는 이 문제를 노동의 재구성 및 산업노동의 중심성 상실과의 관계를 중심으로 살펴보도록 하자.

민중이 사라지는 징후들 : 1987~1997

1980년대 한국에서 민중의 부상은 활화산 같은 모습이었다. 1980년 광주에서의 항쟁이 국지화되었지만 새로운 주권에 대한 민중의 갈망은 폭력을 앞세운 군사독재를 통해서 간신히 억제될 수 있을 정도로 강도 높은 것이었다. 지하에서 결집되어온 민중은 1983년 이후의 유화국면을 계기로 조금씩 그리고 간헐적으로 사회의 표면에 나타났으며 1985년 구로 동맹파업을 전환점으로 학생, 노동자, 농민, 빈민 등의 조직화가 본격화되었다. 1986년 말 건대사건을 빌미로 한 전두환 정부의 전국적 탄압조치에도 불구하고 1987년 6월 민중의 항쟁은 전 사회적 규모로 분출했다. 군사적 유형의 독재를 붕괴시키면서 사회를 민주화하는 힘으로 분출한 민중의 항쟁은 1987년 7월 이후 1990년까지 노동자들의 파업투쟁에 의해 주도되고 또 계속되었다. 이 시기만큼 노동계급의 헤게모니가 뚜렷하게 나타난 적은 없었다. 노학연대는 결코 수평적 연대가 아니었다. 그것은 노동자들이 선도하는 투쟁을 학생들이 보조적 위치에서 지지하는 양상으로 나타났다.[7] 지식인, 농

---

7. 조정환, 『지구제국』, 갈무리, 2002 참조.

민, 빈민 등의 경우도 보조적 위치에서 노동자들이 선도하는 운동에 연대했다.

분명했던 사실은 노동계급의 헤게모니가 산업구조 상에서 산업노동, 주로 공장노동의 헤게모니에 상응하는 것이었다는 점이다. 특히 1970년대 말 이후 중화학공업에 대한 집중투자의 영향으로 제조업 대공장노동자들의 조직적 힘이 뚜렷하게 목격되었다. 1991년 경공업 및 중소기업 노동자들을 중심으로 구축되었던 전노협이 대기업 노동자들이 주도하는 민주노총으로 흡수된 것은 이 사실의 조직적 반영이었다. 그리고 1989년, 1990년으로 이어진 울산 현대중공업 노동자들의 격렬하고 장기적인 대규모 파업투쟁을 우리는, 당시의 제조업 노동자들이 민중의 중핵으로서 민중권력의 가능적 형상을 보여준 것으로 이해할 수 있다.

그러나 민중의 투쟁이 정점에 이르렀던 1987년을 정점으로 산업노동의 시대가 저물기 시작한다는 점을 바로 덧붙여야 한다. 어떤 의미에서인가? 한국에서 자본주의는 내부적으로는 첨단산업 및 통신산업으로 산업을 재구조화하고 대외적으로는 세계화 흐름에 동참한다. 이 산업재구조화와 세계화는 산업노동의 선도 하에서 일어난 민중의 봉기와 반란에 대응하는 자본의 반격방식이었다. 이것은 세계자본주의 속에 한국자본주의를 깊숙이 삽입하면서 세계시장의 요구에 상응하는 산업의 재편을 가져왔다. 산업의 재편은 곧 노동의 재구성을 의미한다. 우리는 1990년대에 노동의 정보적, 소통적, 정동적 재구성이 진행되는 것을 곳곳에서 확인할 수 있다. 이에 따라 산업노동은 노동계급 속에서 그것이 지녔던 중심성을 점차 상실하며 점차 유연하게 재구성되는 노동의 바다에서 조금씩 가라앉아가는 섬처럼 되어간다. 1991년 이후 대기업 노동조합의 헤게모니 하에 놓였던 민주노조운동이 1995년 그것의 전국조직을 출범시키자마자 아이러니하게도 진로를 잃고 사실상 표류를 시작하게 되는 것은 따라서 결코 우연이 아니다.

1996/7년의 총파업은 민주노조운동이 광범한 사회적 연대를 이끌어 낼 수 있었던 마지막 투쟁이었다. IMF 위임통치를 가져온 1997/8년의 부채위기는 산업노동의 입장에서 보면 자신이 일국에서의 노동재편뿐만 아니라 전 지구적 노동재편의 광대한 바다로 떠밀리게 된 것을 의미한다. 1998년 노사정 체제에의 참여를 둘러싼 내부 논쟁은 산업노동에 기원을 둔 민주노조운동이 어디에 있으며 어디로 갈 것인가를 놓고 벌인 논쟁이었다. 이것은 민주노조운동이, 왼편에는 광대한 비정규, 이주, 정동, 지식 노동의 소용돌이가 일기 시작하고 오른편에는 권력의, 그것도 점차 세계화하는 권력의 깎아지른 절벽이 우뚝 서 있는 해협에서 표류하고 있는 모습을 잘 보여준다. 이 논쟁은 이후에도 여러 차례 반복되는데, 논쟁이 반복될 때마다 민주노조운동은 정규직, 대기업, 남성이라는 특권적 정체성을 강화하는 쪽으로, 그리고 오른쪽의 절벽 쪽으로 가까이 다가갔다. 그래서 노사정 협약을 통한 안정된 권력 분점에 채 이르기도 전에(혹은 그러한 형식을 피한 채) 그것은 이미 기업단위에서 스스로 권력체로서의 성격을 뚜렷이 드러내게 된다. 이렇게 민중의 중핵 부분이 스스로 권력에 동화됨으로써 민중에 대한 사회적 지도력을 상실할 때, 민중은 더 이상 혁명적 힘으로 존재할 수 없게 되는 것이다. 헤게모니적 집단이 없을 때 근대 민중은 구성될 수 없기 때문이다. 이처럼 민중의 소멸은 산업노동의 헤게모니 소멸의 직접적 결과이다.

그렇다면 산업구조의 재편에 상응하여 나타난 노동의 재구성과 민중의 소멸이 문학세계와는 어떤 관계에 있는 것일까? 무엇보다도 노동운동의 표류와 함께 나타난 1990년대 문학의 표류 그 자체가 산업노동의 헤게모니 하에 구축되었던 민중이 소멸함으로써 문학이 근대에 지녔던 안정된 위상과 역할이 위기에 처했음을 보여주는 징후이다.

먼저 언급해야 할 것은 1990년대에 민중이 자립성을 잃고 국민 개념 속으로 흡수되는 과정[8]이 문학에서 나타나는 양상이다. 민중이 민족을 자신의 이념으로 삼을 때조차도 그것이 내적으로 국민을 지향하는 경향이 있다는 점에 대해서는 이미 말한 바 있다. 따라서 민중의 국민으로의 흡수를 민중이 약화된 결과로만 볼 수는 없다. 여기서 한국이 비록 전 한반도 수준에서 구축된 통일된 국민국가는 아니라 할지라도, 그것을 더 이상 민족적 위기에 처한 종속된 식민지로는 보기 어려운 국제 정치경제적 상황전개가 고려되어야 한다. 그리고 이로 인해 현존하는 국가에 대한 민중의 일체감이 증대한 것도 중요한 요인이다. 이것은 문학에서, 한국의 근대문학의 본령이면서도 현존하는 국가와는 일정하게 길항하는 관계를 유지해 왔던, 민족문학운동의 위기라는 현상을 가져왔다.9 1990년대에 흥행한 후일담 문학은 민중적 정체성을 받아들였던 작가들이 스스로 민중의 소멸을 확인하는 문학적 양식이었다. 이것이 사소설적 형식에 의존했던 것은 주의해 볼만한 현상이다. 이 현상 속에서 작가들은 국가적 삶을 둘러싼 공론(公論)의 영역에서 사적 영역으로 자리를 옮긴다. 물론 그 영역에서 작가들을 덮치고 그 창조성을 포박한 것은 시장이었다. 후일담 문학에서 민중은 추억의 형상으로 액자화 되고 그렇게 됨으로써 상품화되었다. 그래서 민중의 소멸 이후에 무엇이 오는가 하는 물음은 제기될 수 없었다.

포스트모더니즘 조류는 민중이 단자적 개인으로 분열되고 민중적 서사 공간이 해체되며 과거에서 미래로 이어지는 직선적이고 진화적인 민중적 시간관이 붕괴되고 있음을 선언하면서 등장했다. 그것은 민중의 문학이 집요하게 달라붙어 왔던 현실적인 것, 유용한 것, 목적적인 것에 대한 강한 거부를 표현하면서 문학을 환상, 취미, 쾌락의 세계로 옮겨놓았다.10 분명

---

8. 민주노총에 기반을 둔 민주노동당의 전신이 〈국민승리21〉(강조는 인용자)로 나타났던 것은 상징적 사건이다.
9. 민중의 소멸 이후 문학적 요구와 민족문학운동의 기존 조직 사이의 괴리는 최근 〈민족문학작가회의〉의 개칭문제를 둘러싼 쟁점을 낳고 있다.
10. 그러나 이것은 실천(= 유용성) 모델에서 벗어난 것이 아니라 큰 유용성에서 작은 유용성으

히 포스트모더니즘은 이전과는 다른 감각, 다른 리듬, 다른 힘이 등장하고 있음을 징후적으로 보여준다. 하지만 그것은 전통적 주체성인 민중의 소멸에 안주하고 기생하면서 그것을 주체성의 소멸 자체와 동일시했으며 미적 새로움은 실제적으로 불가능하다는 관념에 묶여 있었다. 이전 것 혹은 현존하는 것을 복제하고 변형하고 조립하는 것에 의지하는 방법론은 미적 보수성의 표현이다. 이처럼 포스트모더니즘에서도 민중의 소멸은 신비화되며 민중의 해체 속에서 이루어지는 재구성의 계기는 은폐된다.

산업노동의 헤게모니 체제에서 하위적인 위치에 놓였던 많은 것들이 작은 목소리들을 내기 시작한 것도 민중이 사라지는 과정의 효과이다. 생태문학은 산업노동의 붕괴를 전통적 농업노동, 자연주의적 생태노동의 긍정성을 부각시킬 계기로 삼는다. 산업노동의 남성중심주의가 동요하는 상황에서 여성성(신경숙, 김인숙, 공선옥, 공지영 등)이 문학을 통해 분출하고 또 힘을 얻는다. 민중과 민족을 떠받치던 하위조직인 가족에 대한 비판, 그리고 권력 일반에 대한 비판이 증대된다. 분명히 이러한 문학들이, 지난날 공론(公論)으로서 기능했던 이전의 문학 속에서 상대적으로 억압되었던, 내면성과 개인성의 영역을 감각적으로 뛰어나게 가공했다. 하지만 그것이 결과적으로는 점점 깊은 냉소주의와 나르시시즘 혹은 과거회귀에로 빠져들었음은 부인할 수 없는 사실이다. 바로 이러한 부정적 사실 때문에 그것을 이유로 민중의 소멸을 받아들이지 않으려고 하는 비평가들의 주장이 계속해서 설득력을 가질 수 있었다. 그래서 비평이 반사적으로 민중성이나 당파성과 같은 실천적 유용적 문학이념들에 더욱 집착하는 것이 정당화되었던 것이 아닐까? 결과적으로 비평이 실천적 유용성을 강조하고 창작이 그것에서 멀어지는 현상, 요컨대 비평과 창작의 탈구 현상이 나타났지만

로 전환한 것에 지나지 않음을 덧붙여야 한다.

그것이 오래 지속되었던 것은 아니다. 곧 비평은 민중문학 시대의 지도비평을 벗어나 창작의 행보를 무비판적으로 독려하는 주례사 비평으로,[11] 그리고 이어 상품화 가능한 창작의 특수한 경향들을 이슈화하여 유행으로 만드는 트렌드(trend) 비평[12]으로 나아갔다. 이것이 문학의 자본에의 포섭을 더욱 깊게 만드는 것임은 물론이다. 한편에서 여전히 한국문학, 통일문학 등의 국민문학 담론들, 또 그것을 지역적으로 확장한 아시아문학 등등의 담론들이 만들어지고 있는 것은 사실이지만 문학이 이미 공적 영역을 벗어나버린 상황에서, 그리고 전 지구적으로 공적 공간 자체가 와해되어가는 상황에서 재생산되는 이러한 공적 비평담론들이 그것에 상응하는 공적 공간을 확보하기는 점점 어려워지고 있다.

이처럼 창작이 비평에 앞서 그것의 예민한 감각으로 민중의 소멸을 빠르게 감지하고 표현했음에 반해 상대적으로 비평은 지체되고 창작을 추수했다. 그럼에도 불구하고 오늘날 문학이 놓인 시장 지배적 조건은, 창작인가 비평인가를 막론하고, 민중의 소멸의 의미와 그것의 주체적 재구성을 진지하게 파악하지 못하도록 막는 조건이다. 그래서 이 역사적 시간의 실체는 여전히 오리무중에 있다. 민중의 소멸에 대한 감각경험적 파악은 문학을 국가정치적 공론(公論)에서 시장적 사담(私談)으로 바꾸어 놓았을 뿐이다. 하지만 우리의 삶은 국가에 의해 규율되었고 시장에 포섭되었지만 분명히 그것과는 다른 내재적 평면을, 무사심성(無私心性)의 차원을 갖는다. 1987년 이후의 변화를 전체적으로 드러내고 삶의 진화가 문학의 진화로 표현되기 위해서는 문학이 다른 자리로, 즉 국가와 시장을 동시에 넘어서는 내

---

11. 이에 대해서는 김명인 외, 『주례사 비평을 넘어서』, 한국출판마케팅연구소, 2002 참조.
12. 비평가들이 상업적 트렌드, 즉 일종의 유행적 추세를 만들면서 기존 작가들을 시장에서 퇴출시키고 새로운 작가들을 신상품으로 만드는 현상을 지칭하기 위해 이 용어를 사용한다. 이것은 문학을 시장에 종속시키는 새로운 방식이며 비평이 시장에서 작동하는 새로운 양식이기도 하다.

재적 삶의 자리로 옮겨가야 했다.

다중의 출현과 문학의 진화: 1997~2007

국가적 삶(민중)이나 시장적 삶(시민)과도 구분되는 내재적 삶의 자리라는 것이 과연 있는가? 있다면 그것은 어디에 있는가? 민중이 소멸된 후에도 주체성이 가능할 것인가? 그 가능한 주체성의 자리가 바로 그 내재적 삶의 자리인가? 우리는 이 질문들에 응답하기 위해 IMF 이후 포스트모더니즘의 갑작스런 침몰에서 시작할 필요가 있다.

1991년 이후 득세하던 자본주의 시장의 영원한 승리 관념, 포스트모더니즘을 떠받치고 있던 그 관념을 IMF 위기가 붕괴시켰기 때문이다. 오직 거시적으로만 파악할 수 있는 거대한 사회적 위기가 다시 출현하고 한편에서 초국적 자본이 거대한 몸집을 드러내는 가운데 다른 한편에서는 대다수 사람들의 하루하루가 정리해고, 실업, 노숙, 강요된 자살로 향하는 길임이 드러났을 때, 사회적 적대가 더 이상 존재하지 않는다는 포스트모더니즘의 관념은 설득력을 잃었다. 물론 이것이 현존하는 적대를 넘어 사회를 혁명할 가능성과 주체성을 즉각 드러낸 것도 아니며 위기를 벗어날 다른 대안을 가져온 것도 아니다. 종속에서 벗어났다는 국민국가는 오히려 미디어뿐만 아니라 폭력까지 동원하여 사람들을 세계시장의 거친 파도 속으로 밀어 넣었다. 적어도 표면적으로 IMF는 신자유주의를 사회의 원리이자 삶의 생리로 정착시켰던 시기로 보인다. 그것은 탈민족주의를 고취하면서, 민족과 국민을 목적형상으로 삼았던 민중의 마지막 흔적까지 씻어내었다.

신자유주의의 이 탈민족주의 채찍질에 대한 대응은 정치적 경향에 따라 달랐다. 점점 위축되어 가고 있던 좌파는 아이러니하게도 민족(주의)적

방어의 전술을 내놓으며 신자유주의적 지구화에 대한 수세적이고 보수적인 대안만을 내놓았다. 하지만 이것은 민족 이념에서 이미 어떠한 적극적 가치도 발견할 수 없었던 사람들을 설득할 수는 없었다. 중도파는 확대된 지역주의로서의 아시아주의를 통해 자신의 민족주의를 확장함으로써 신자유주의를 지역화 했다. 우파는 신자유주의에 대한 적극적 지지를 보냈고 민족으로부터 국가를 분리시키면서 신자유주의를 한미동맹 강화를 통한 국가 강화의 조건으로 받아들였다.13

신자유주의가 노동사회에 미친 가장 직접적인 효과는 정리해고이다. 정리해고의 과정이야말로 민중이 최종적으로 그리고 강제로 해체되는 표면과정이었다. 많은 노동자들이 실업자로, 노숙자로, 행상으로, 그리고 비정규직 시간제 노동자로 재편되었다. 정리해고된 노동자들이 구체적으로 어떤 변화를 겪었는지는 실증적 사회조사의 과제로 남아 있다. 그렇지만 분명한 것은 인구의 대다수가 매우 다양한 노동현실에 강제로 편입되었다는 사실이다. 여기에 해외에서 건너온 이주노동자들이 합류함으로써 노동현실의 복잡성, 이질성은 그 어느 때보다도 심화되었다. 그러므로 민중의 소멸을 가져온 산업노동의 쇠퇴는 **노동의 쇠퇴**를 의미하는 것이 결코 아니었다. 정리해고 역시 노동의 축소가 아니었다. 아니 오히려 그것은 노동을 모든 인구의 보편적 운명으로 만들었다. 누구도 노동 외부에서 살아갈 수 없는 조건이 도래했다. 각종의 비정규노동이 노동의 주류형태로 될 만큼 확장되었다. 학생들의 수업이 직접적으로 노동사회가 필요로 하는 노동력을 양성하는 과정으로 되면서 성장기의 모든 세대가 노동과 연결되었고 여성들은 가사노동 외에 다양한 사회적 노동을 짊어지게 되었으며 실업자는 노

---

13. 이때의 국가는 비록 환상적일지라도 민족구성원 전체의 이익을 대변하는 국민국가라기보다 소수 기업의 이익에 철저하게 방점을 찍는 기업국가이다. 이와 관련해서는 김일영 외, 『해방전후사의 재인식·1, 2』, 책세상, 2006 참조.

동자 못지않게 구직노동, 직업전환을 위한 재교육 노동, 혹은 가사노동에 종사하게 되었다. 이외에도 이전에는 노동으로 평가되지 않던 다양한 활동들이 노동으로 평가되고 심지어는 핵심부문으로 부상하기 시작했다. 예컨대 정보노동, 오락노동, 성노동 등이 그것이다. 노동의 이와 같은 사회화 외에 노동의 지성화, 정보화, 정동화가 진행된 것도 중요한 점이다. 컴퓨터를 매개로 한 생산이 보편화되면서 사람들은 노동들 사이를 쉽게 이동할 수 있게 된다. 근대사회를 짜고 있었던 다양한 경계들(남과 여, 국경들, 육체와 지식, 인종들, 경제와 정치 등)이 허물어지는 것은 노동의 이러한 보편화와 공통화 때문이다. 이를 통해 **노동**은 **삶**과 겹쳐졌고 이 양자의 근대적 경계선이 엷어졌다. 삶-노동의 평면이 형성된 것이다. 다중은 이 삶-노동의 평면 속에서 그것에 저항하면서 새로운 삶을 구축하려는 힘으로 출현한다. 우리는 이것이 사회적 존재 차원에서 다중(multitude)이 형성되는 역사적 조건이라고 말할 수 있다.

위로부터 자본의 세계화가 진행되고 아래로부터 노동의 재구성이 진행되는 이런 상황에서 문학판을 덮친 것은 유례없이 강력한 시장주의였다. 시장에서의 성공여부가 작품의 생사를 가르게 되었기 때문이다. 가속된 세계화는, 노벨상 수상이야말로 한국문학 선진화의 진정한 지표라는 식의 희화적 분위기를 조성했다. 문학적 중도파에 의해 주도된 아시아문학 담론은 세계화의 하위담론으로 자리 잡았다. 한류와 결부되어 한국의 대아시아 영향력을 강화시키면서 동시에 아시아를 하나의 지역권으로 만들려는 노력은 『아시아』지의 창간을 비롯하여 아시아 수준에서의 다양한 작가교류라는 모습으로 나타났다. 이미 국민문학(즉 한국문학)으로 성격이 바뀌기 시작한 민족문학은 아시아문학 구축 흐름의 국민적 마디로 기능하기 시작했다.

세계화의 권력풍향에 조응하는 이러한 문학 경향이 신자유주의적 세계화 속에서 삶의 위기를 경험하는 다중과 연결되기란 쉽지 않았다. 다중의 삶의 요소가 이러한 작품들 속에 반영되지 않는다고 말하는 것이 아니다. 지역적으로 확장되었으나 여전히 새로운 경계구축에 기반하는 문학이, 국가, 민족, 지역은 물론이고 모든 경계를 넘는 내재적 삶의 자리에서 움직이기 시작하고 있는 사회적 존재로서의 다중이 만들어 가는 삶-구성의 욕망들 및 기획들과 결부되기가 어렵다는 것이다. 상황이 이럴수록 문학의 이러한 시장화, 권력화를 거부하는 진지한 작가들의 노력은 그만큼 소중해진다. 예컨대 백무산은 노동-시간의 밑에서 흐르고 있는 범람하고 폭발하는 삶-시간을 그리기 시작했고[14] 박영근은 민중의 해체가 돌이킬 수 없이 분명해진 세계에서 민중을 가야할 미래로 생각하면서 도래할 민중을 찾아 나섰다.[15] 그리고 널리 알려졌다시피 박민규는 소설양식을 통해 세계화하는 자본주의에 대한 해학적 비판을 제시했다.

이러한 시도들은 민중의 소멸과 재구성의 상황에 대한 진지한 응전의 몇몇 사례들에 속한다. 이 응전이 새로운 상황에 대한 단호한 거부로 나타나는 경우도 있었다. 그런데 이 흐름에서 우리는 종종 낡은 관념체계에의 강한 집착을 목격하게 된다. 그것의 결과는 안타깝게도 새로운 실재적 흐름으로부터 작가의 고립으로 나타났고 그것은 창작에 깊은 비애의 정조를 각인했다. 예컨대 전통적 노동문학 조류를 고수하는 흐름이 그러했다. 이 경향은 오늘날의 현실에서 여전히 반복되고 있는 고단한 노동(특히 육체노동)의 삶을 분명하게 확인해 냈지만 그 노동의 삶을 둘러싼 맥락의 변화를 파악하는 데는 실패하곤 했다. 그럴수록 이 조류는 점점 고립된 섬처럼 되어가는 민중의 자리에 남는 길을 선택했던 것으로 보인다.[16]

---

14. 이에 대해서는 조정환, 『카이로스의 문학』, 갈무리, 2006, 323~342쪽 참조.
15. 이에 대해서는 정남영, 「길 위에서, 새 길을 찾으며」, 『실천문학』 73호, 2004년 봄; 이 책 『민중이 사라진 시대의 문학』에 실린 조정환, 「민중이 사라진 시대의 문학」 참조.
16. 1987년 이후 노동문학에 대한 분석으로는 조정환, 『카이로스의 문학』, 갈무리, 2006, 제5부 '모색기의 노동문학' 참조.

『근대문학의 종언』의 저자 가라타니 고진은 이렇게 고립을 각오하고 창작을 해나가고 있는 소수의 작가들에게 지지를 보내고 싶다고 썼다.[17] 하지만 그가 실제로 긍정하는 것은 근대문학의 불가능성을 확인하면서 문학에 대한 절망과 절필로 나아가는 흐름이다. 그는 근대문학의 종언을 선언하면서 그 실감을 '한국에서 문학이 급격히 영향력을 잃어갔던 것'[18]에서 얻었다고 전한다. 문학이 개인적 문제에서 정치적 문제까지 모든 것을 떠맡았던 시대의 급속한 쇠퇴의 징후는 문학평론가 김종철을 필두로 많은 문예비평가들이 문학에서 손을 뗀 것에서 찾아진다. 결국 그는 "문학으로 사회를 움직일 수 있는 것처럼 보이던 시대", "문학이 윤리적 지적인 과제를 짊어지기 때문에 영향력을 갖는 시대"는 "기본적으로 끝났다"고 단언하게 된다.[19] 그는 이러한 상황의 원인을 네이션-스테이트가 세계각지에 이미 확립된 것에서 찾는다. 즉 문학이 더 이상 네이션으로서의 동일성을 상상적으로 만들어낼 필요가 없게 되었다는 것이다. 문학이 민족/국민적 동일성을 형성하는 과업에서 후퇴한 것은 우리가 이미 살펴본 바대로 사실이지만 그것은 네이션-스테이트가 세계 각지에 확립되었기 때문이라기보다 네이션-스테이트를 통해 자신의 정치적 이익을 추구하려는 주체집단이 사라지고 있기 때문이다. 다시 말해 민족/국민을 통해 해방과 권력을 추구하던 민중적 동일성 자체가 사라지고 있기 때문이다.[20] 이것은 문학의 위치와 역할의 변화를 가져오게 되는데 이것이 근대문학 종언의 진상이다.

---

17. 가라타니 고진, 『근대문학의 종언』, 조영일 옮김, 도서출판b, 2006, 65쪽 참조.
18. 같은 책, 48쪽.
19. 같은 책, 64~65쪽.
20. 신자유주의적 세계화 이후에도 부단히 출몰하고 있는 민족주의들은 더 이상 동일한 정체성의 민중에 기반하고 있지 않다. 그것이 아래로부터 나올 때에는 세계화가 가져오는 가공할 사회현실에 대한 민중의 공포에 기반하고 있으며 위로부터 나올 때에는 자신의 자산을 보호하려는 기업가들 및 자본가들의 필요에 기반하고 있다.

따라서 시장화, 권력화에 매몰되어 삶의 새로운 경향을 단지 대상과 수단으로만 파악하는 창작조류를 거부하면서도 낡은 세계상의 창작적 투영에 머물지 않는 문학, 오늘날 부단히 재구성되면서 나날이 새로운 욕망을 창출해가고 있는 다중의 삶과 내재적으로 결부되어 그것의 역동적 표현으로 될 문학, 요컨대 다중되기의 문학을 창조하는 것이 문제로 주어지게 되었다. 국가정치적 기능에서 벗어나되 삶에 대한 성찰과 삶 내재적 경향의 표현을 포기하지 않는 삶정치적 문학의 가능성은 역설적이게도 바로 근대문학의 종언을 통해서 열리게 된다.

따라서 2000년대의 새로운 문학, 이른바 '젊은' 문학을 이 문제에 대한 문학적 응전이라는 시각에서 바라보는 것은 중요한 의미를 가질 수 있다. 2000년대의 문학은 서정 행위의 재편('다른 서정'), 환상, 공상, 판타지, 상상 등의 적극적 도입, 새로운 감각의 창출, 자연에 대한 새로운 태도의 구축, 경직된 경계를 넘어서는 노마드적 정서의 표현 등을 통해 이 문제에 대한 주목할 만한 응전의 성과를 보여주고 있다.

우선 서정문학에 다성성(多聲性)과 복수성을 도입하려는 젊은 문학의 시도에 대해 생각해 보자. 이 시도는 전통적 서정주체가 동일성의 형성을 추구하는 독재적 서정주체였다는 인식에 기초하고 있다. 새로운 서정시들은 동일성에 기초한 시적 서술이 억압해 왔던 하위서정들을 시적 서술의 표면으로 가져옴으로써 서정과정을 복수화 한다. 서정 행위를 단성(單聲)적 주체의 행위에서 다성적이고 이질적인 과정으로 만드는 것이다. 이렇게 함으로써 시는 집중과 집권을 추구했던 민중적 서정과는 달리 서정의 혼종을 표현할 수 있게 되며 다중적 서정에 접근할 능력을 갖추게 된다.[21]

---

21. 이에 대해서는 이장욱, 『나의 우울한 모던 보이』, 창비, 2005, 15~42쪽, 그리고 황병승, 강정, 김기택 등의 시를 집중적으로 분석한 김수이, 『서정은 진화한다』, 창비, 2006 참조.

둘째 새로운 문학은 상상력을 적극적으로 사용함으로써 민중의 시대에 현실 범주를 중심으로 이해되었던 실재성을 확장하려는 시도를 한다.[22] 실재(realo)는 현실(aktualo)보다 훨씬 더 크고 풍부한 것이다. 현실은 무한한 실재의 소용돌이 속에서 행위주체의 지각력이 선별한 세계이다. 이것은 행위의 필요, 유용성에 의해 제한된 실재의 일부이다. 그러므로 현실계는 그 이면에 바로 그 선별로 인해 잠재적인 것으로 된 광대한 실재계를 남겨두게 되는데 바로 이것이 현실적인 것은 아니지만 분명히 실재하는 내재계, 즉 잠재계이다. 상상력은 현실 너머의 것을 그려볼 수 있는 힘인 한에서 일차적으로는 현실계의 제약에서 탈주할 수 있는 기회를 제공하고 또 한편으로 잠재계의 힘을 현실적인 것으로 전환시킬 기회를 제공한다. 즉 상상력은 문학이 현실성에 매몰되지 않으면서 잠재성을 그릴 수 있는 수단을 제공한다. 이것은 유용성의 노동세계를 넘어 그것에 내속하는 삶의 세계에 접근하기 위해 필수적인 수단이다. 하지만 모든 상상력이 현실에 내속하는 삶을 표현하는 것으로 되는 것은 아니다. 상상력은 현실로부터의 탈주인 만큼 실재로부터 이탈할 위험이 상존한다. 특히 그것이 종교적 상상, 기호의 유희에 탐닉할 때 그러하다. 현실적인 것의 필연성을 인식하는 이성과의 유대를 잃어버린 상상력은 공허해진다.[23] 오직 사물들의 공통개념을 발견하는 이성의 힘과 연대하면서[24] 내재적 삶의 리듬과 힘에 대한 직관으로 나아가는 상상력만이 실재적인 것을 표현하는 적극적 힘으로 기능할 수 있다.

셋째로 2000년대 문학들에 나타난 것은 새로운 감각을 그리려는 노력이다.[25] 민중문학은 감각을 사유의 보충물로 생각했다. 하지만 민중문학에

---

22. 『지구영웅전설』(2003), 『삼미슈퍼스타즈의 마지막 팬클럽』(2003), 『카스테라』(2005), 『핑퐁』(2006) 등으로 이어져 온 박민규의 소설들이 그 대표적 사례일 것이다.
23. 이에 대해서는 질 들뢰즈, 『스피노자와 표현의 문제』, 이진경 외 옮김, 인간사랑, 2003, 400쪽 참조.
24. 이것이 이성과 상상의 자유로운 조화이다. 질 들뢰즈, 같은 책, 401쪽 참조.

서도 사실에의 충실성이 세계관을 이기는 경우가 발생하듯이 감각은 흔히 생각되는 것보다 중요한 기능을 담당한다. 하지만 민중문학의 감각은 사실에의 감각이며 행위의 감각이고 유용성의 감각이다. 이러한 의미에서의 감각은 지각과 마찬가지로 외부세계로부터 들어오는 자극을 수동적으로 재현하는 것을 넘어서기 어렵다. 그것은 감각의 두 방향(주체적인 것과 대상적인 것) 중에서 주체적인 것이 동일성의 민중으로 고정되어 있고 사실들만이 다르게 나타나기 때문이다. 민중문학 이후의 포스트모더니즘은 사유에서 감각으로 방향전환을 했지만 주체로부터도 대상으로부터도 분리된 시뮬레이션 감각을 주조했다. 그래서 감각은 끊임없이 쉬운 것, 상투적인 것, 피상적인 것의 반복으로 되어갔다. 그렇기 때문에 몸과 사실 두 방향을 동시에 향하는 역설적 감각을 살려내는 것은, 포스트모더니즘이 아닌 방향에서 민중문학의 대안을 찾기 위한 중요한 과제로 남아 있다. 이것은 오늘날 자본이 부과하는 가상적 감각의 틀을 넘어서 현실 너머에 실재하는 다중의 삶의 역능과 리듬에 결합되어 그것의 약동(elano)을 표현하는 일일 것이다. 2000년대의 작품들이 가상감각의 유혹에 시달리면서도 이 잠재적 감각의 약동을 표현하는 방향으로 한 걸음 더 접근하고 있는 것은 근대문학의 종언 이후 문학 진화의 중요한 양상의 하나이다.

넷째 새로운 문학들은 개인, 가족, 시민, 민족, 성별, 국경 등의 경계를 넘어서는 사고법을 발전시킨다.[26] 현존하는 이 지배적 경계들은 민중의 욕

---

25. 이에 대해서는 김수이, 『서정은 진화한다』, 창비, 2006, 84~104쪽 참조.
26. 이에 대해서는 이 책에 실린 이종호, 「트랜스-내셔널의 감각과 형상들」 참조. 이외에 『문학판』 2006년 봄호 특집 '탈영토의 흐름들 – 이동, 이주, 이산의 문화정치', 『실천문학』 2006년 가을호 특집 '세계화 이후의 약소자들', 『문학동네』 2006년 겨울호 특집 '길 위의 인생 — 이동, 탈출, 유목', 『문학수첩』 2006년 겨울호 기획, '디아스포라와 세계 여성문학을 말한다', 그리고 『작가와 비평』 2006 하반기 특집, '경계를 넘어서' 등에 수록된 여러 평론들 참조.

망을 근거로 하지만 그것이 중앙집권적 권력체제에 종속되어 있는 한 권력의 구성물들이며 권력에 봉사하는 형식이다. 근대문학에서 이 경계들은 실재적이거나 상상적인 국가를 정점으로 배치되어 왔다. 그러나 새로운 문학들은 개인적 정체성을 허물면서 그 내부의 복수성을 드러내고 가족의 폭력기구적 성격을 밝히며 시민과 비시민 사이의 구획을 철폐하며 민족관념의 허구성을 폭로하고 국경으로 가로막힌 세계를 가로지르는 새로운 감성과 사고를 표현한다. 이것은 근대의 정주적 삶에서 벗어나려는 욕망과 결부되어 있으며 정주적 삶을 가꾸어온 민중 소멸의 또 다른 측면이다. 이것이 이주민을 가져올 것인가 유목민을 가져올 것인가? 아직 이 점은 불확실하다. 이주민은 마치 유목민처럼 이동하지만 정주민과 유사하게 이동 후에 영토화된다. 이 점에서 유목민은 오히려 절대적 속도 속에 있을 뿐 이동하지 않는다고 하는 편이 나을 것이다.[27] 경계를 넘어서는 운동이 새로운 경계를 확정하는 것으로 그칠 수도 있다. 그럴 때 민중의 소멸은 신자유주의적 제국에 포획된 개인들의 끊임없는 이동의 물결로 나타나고 말 것이다. 즉 노동의 영토가 민족국가에서 제국으로 바뀌었을 뿐 삶을 노동으로 전환시키는 주권의 메커니즘 자체와는 전혀 싸우지 못하는 존재가 되고 만다. 물론 우리는 이주민과 유목민을 쉽게 구별하기 어렵다. 양자는 늘 서로 뒤섞여 있기 때문이다. 하지만 주권의 메커니즘에 대한 부단한 전쟁을 통해 절대적 운동, 순수한 속도의 삶을 실현하는 것은 민중 소멸의 조건에서 다중을 구성하는 길일 것이다. 새로운 문학이 이 문제에 참여하기 시작한 것은 분명하다. 하지만 그 싸움의 결과가 어떻게 나타날 것인가는 명확하지 않다.

다섯째 새로운 문학의 주된 정동은 1980년대의 비장, 1990년대의 비애

---

27. 질 들뢰즈·펠릭스 가타리, 『천 개의 고원』, 김재인 옮김, 새물결, 2001, 731쪽 참조.

와는 구별된다.[28] 그것은 해학과 유머의 정동을 표현한다. 비장은 뚜렷한 외부의 적을 설정하고 그것과 목숨을 건 내기를 벌이는 정동이라면 비애는 적을 상실하고 내면성의 갈등을 드러내는 정동이었다. 해학 혹은 유머는 외부와 내부, 두 방향으로 동시에 향하는 정동의 움직임이다. 그것은 역설의 정동이다. 민중은 다양한 의견들을 하나로 종합하여 통일시키는 일방향적 양식과 공통감각적 상식의 정동에 따라 움직였다. 민중의 소멸은 양식과 상식의 근거를 붕괴시킨다. 새롭게 등장하는 다중들은 민중처럼 높이와 깊이의 구조를 구성하는 것이 아니라 전개체적이고 전인칭적인 노마드로서 표면을 따라 움직인다. 여기서 해학, 익살의 정동이 발생한다. 그러나 웃음을 주는 모든 것이 유머는 아니다. 기존 구조에 대한 상상적 와해, 현실의 평면에서의 상상적 탈주, 임의적인 형태변경이 웃음을 줄 수도 있다. 그러나 그것이 삶의 경향들, 출현하는 다중의 속도 혹은 강도의 표현으로 되지 못할 때, 그래서 개인의 지적 상상적 유희에 머물 때 그 효과는 반감되며 일시적 위안을 제공하는 데 그친다. 이러한 웃음은 지형의 새로운 분배를 가져오지 못하고 기존의 지형을 고착시키는 것으로 귀착된다.

새로운 문학의 모색이 이상의 것에 한정되는 것은 결코 아니다. 그것이 무엇을 하고 있고 무엇을 할 수 있을지, 그리고 무엇에서 막혀 있는지는 중요한 탐구의 과제로 남아 있다.[29] 지금까지의 고찰만으로 우리가 확인할 수 있었던 것은 시장에 흡수될 위험 속에 노출되어 있음에도 불구하고 새로운 문학들이 1987년 이전의 문학과는 다른 새로운 주체성, 새로운 감각, 새로운 리듬, 새로운 정동을 발전시키고 있다는 점이었다. 민중의 소멸과

---

28. 이에 대해서는 이 책에 실린 박필현, 「가능성과 익살의 삶문학」 참조.
29. 이에 대한 집중적 탐구의 성과는 이 책 『민중이 사라진 시대의 문학』 외에, 『창작과 비평』 2006년 여름호 특집 '2000년대 한국문학이 읽은 시대적 징후'와 2006년 겨울호 특집 '2000년대 한국문학이 읽은 시대적 징후2', 그리고 해석과 판단 공동체, 『2000년대 한국문학의 징후들』, 산지니, 2007 등 참조.

그 재구성의 경향은 이러한 새로움들이 모색될 공간을 열어준다. 만약 이 과정이 없었다면 아마도 극소수의 예외적 작가들만이 주변에서 이러한 새로움에 다가가는 강도를 보일 수 있었을 것이다. 그렇지만 최근 문학에서는 새로움의 이 요소들이 일종의 유행처럼 복제되고 전염되고 증식되는 현상을 보여준다. 우리는 이로부터 민중을 대체하는 새로운 주체성이 구성되었다고, 문학은 이 새로운 주체성의 자기향유이자 자기표현의 장으로 되었다고 말해도 좋을까? 이 물음 앞에서 우리는 두 가닥으로 갈라지는 목소리를 듣게 된다. 한 가닥은 밝은 어조로 이렇게 말한다. '분명히 다중이라고 부를만한 새로운 주체성의 움직임이 감지된다. 그것은 민중이 해체되고 민족문학-국민문학의 틀이 와해되는 공간에서 삶을 재구성하는 새로운 감각과 사유의 모델을 생산하고 있다'고. 그렇지만 또 한 가닥은 어두운 어조로 이렇게 말한다. '이 새로운 문학들이 국민국가와는 다른 전 지구적 주권의 건설을 지탱하기 시작했다. 근대문학처럼 이것들이 국민국가를 강화시키지는 않지만 이것들은 국가를 자신의 마디로 삼는 제국의 정신적 정서적 사상적 기둥들을 세우는 것으로 기능한다'고.

　　두 가지가 모두 우리가 회피할 수 없는 진실을 담고 있다. 그러나 우리가 높이 뛰어야 할 로두스 섬은 바로 이 두 방향으로 갈라지는 역설의 현장 자체가 아니겠는가?

삶문학: 문제와 전망

　　지난 20년을 거치면서 문학의 위상과 역할은 바뀌었다. 그것은 명백하게 민족형성, 민족통일에 복무하는 국가정치에서 탈퇴하기 시작했다. 그것은 더 이상 이미 **전개된** 현실로부터 당위적으로 **전개되어야 할** 현실로 나아가는 수준, 즉 현실정치의 수준에서 움직이는 것에 만족하지 못한다. 새로운 문학은 상상력, 역설, 유머 등을 동원하면서 감각, 정동의 다른 차원을 향해 진화했다. 그것은 근대를 조건지운 민중적 민족적 공동체로부터 벗어나는 새로운 사유법과 삶의 리듬을 찾아 나섰다.

이것은 흔히 이야기되듯 공적 삶에서 사적 삶으로의 이행인가?[30] 고진으로 하여금 근대문학의 종언을 상상하게 만든 사소설의 발흥이 그러하듯, 그간 문학의 변화는 사적 영역에 전과는 다른 가치와 위엄을 부여하는 것으로 보인다. 변화된 문학을 통해 사소한 것, 일상적인 것, 주변적인 것, 억눌렸던 것 등이 새로운 시각에서 조명되며 그것이 삶의 본령으로 복귀하는 것 같기 때문이다. 그렇지만 만약 근대문학의 종언이 공적인 것에서 사적인 것으로의 이행에 불과하다면 그것은 국가에서 시장으로의 게걸음 이외에 다른 무엇일 수 있겠는가? 시장은 주권 밖의 영역이 아니라 주권을 떠받치는 하부구조가 아니었던가? 만약 문학의 행선지가 시장이라면 그것은 오늘날의 문학이 세계시장과 그것에 기초한 제국적 주권의 정신적 기술적 힘으로 되고 있다는 것 외에 무엇을 의미하겠는가?

이제 잠재적 삶 자체가 문학의 장으로 도입된 것, 아니 문학이 잠재적 삶의 장으로 진입한 것은 분명하다. 이것은 문학 앞에 무한한 가능성을 열어 놓는다. 그런데 시장은 그 잠재적 삶 가까이에 달라붙어 국가주권쪽으로 사람들의 역능을 걸러주는 기능을 담당해 왔다. 민중에 기초하는 국가주권이 문학의 최종심급의 역할을 수행했던 시대가 끝난 지금, 세계시장은 전과는 다른 방식으로 사람들의 역능을 재현하고 절합하며 통합하는 제국 메커니즘의 주요요소로 기능한다.[31] 그렇기에 오늘날 문학은 국가정치로부

---

30. 이광호, 『사소한 것의 정치성』, 문학과지성사, 2006 참조.
31. 안토니오 네그리·마이클 하트, 『제국』, 윤수종 옮김, 이학사, 2001, 403~409쪽.

터 삶정치로 나아가는 것만으로는 자신의 가능성을 충분히 실현할 수 없다. 삶의 장은 문학이 새로이 확보한 자산이 아니라 **경향들의 전장**(戰場)이다. 제국에 흡수되어 제국의 에너지로 될 것인가 도주선을 열면서 자신의 삶의 터전을 증식시키는 전쟁기계가 될 것인가?

정치성이 공적 정치성과 대립되는 의미에서의 사적 정치성으로의 이행으로 보이기 시작한 이 지점에서 우리는 두 가지 **삶정치** 사이의 차이와 갈등을 생각하지 않을 수 없다.

우선 제국의 삶정치가 있다. 그것은 새로운 유형의 주권이 전개하는 정치이다. 그것은 국가라는 상층 영역에서 움직이던 가시적 권력의 탈근대적 진화물이다. 새로운 주권은 비가시적인 삶의 지평으로 내려와서 잠재적 삶의 역능을 흡혈한다. 그것은 신체적 정서적 정신적 삶시간 전체를 노동시간으로 전환시키는 장치이다. 이것은 새로운 유형의 엔클로저를 수행하며 **삶권력**을 구축한다. 문학은 삶권력의 가상영혼으로 될 위험 속에 노출되어 있고 실제로 자주 그렇게 되고 있다.

하지만 다른 삶정치가 가능하며 또 실재한다. 다중은 제국의 삶권력에 이끌리고 또 그것에 포획당하면서도 제국에서 벗어날 잠재성을 갖는다. 삶의 역능은 끊임없는 약동이자 폭발이며 미분이기 때문이다. 그것은 저항, 탈주, 구성을 통해 삶권력의 기존 배치를 위기에 빠뜨리며 재배치의 선을 긋는다. 이때 노동력으로서의 프롤레타리아트의 시간은 노마드로서의 프롤레타리아트 시간에 의해 절단된다.[32] 문학은 이 노마드의 시간을 드러내고 표현하는 창조의 기계로 나타난다.

여기에서 공과 사의 대립이 의미를 가질까? 이것은 공적 문학의 붕괴

---

32. 노동력으로서의 프롤레타리아트와 노마드로서의 프롤레타리아트에 대해서는 질 들뢰즈·펠릭스 가타리, 『천 개의 고원』, 740쪽 참조.

뒤에 나타나는 사적 정치성의 문학일까? 노마드의 문학은 공과 사의 경계 너머에 있다. 문학은 창조를 통해 지도를 바꾸는 특이한 주체성의 하나로서 느끼고 생각한다. 일상적 삶의 정치성의 현현이 사적인 것에로의 중심이동으로 이해될 때, 그것은 신자유주의가 선호할 시장 속의 대중을 옹호하는 것으로 귀결될 것이다. 그리고 그것이 이미 미만해 있는 냉소주의와 결합되는 것은 얼마나 쉬운 일인가! 경계를 유연화하고 새로운 분배의 선을 창출하는 노마드적 흐름은 기존의 질서와의 전쟁을 수반하지만 오늘날 이 전쟁은 노마드적 개체들, 주체성들의 네트워크의 구축 없이는, 즉 그들을 공통기계로 전화시키는 노력 없이는 성공하기 어렵다.

그렇지만 분명한 것은 문학이 근대문학의 종언을 넘어서 더 나아가고 있다는 것이다. 근대문학은 국민문학으로서 존립해 왔고 국가건설에 복무해 왔다. 주체적으로 그것은 민족적 공용어, 즉 국어 가공을 통해 민중을 형성함으로써 국가를 건설하는 문학이었다. 따라서 민중의 소멸이 근대문학의 종언, 근대문학의 불가능성을 가져오는 것은 자연스럽고 또 필연적이다. 그러나 이것이 문학의 종언으로 될 것인가? 지난 20년간의 문학의 진화에 대한 지금까지의 검토는 우리로 하여금, 문학이 다중의 생성 및 진화의 흐름에 합류하여 그것의 정신적 힘을 표현하려는 노력을 그치지 않는 한에서, 근대문학의 종언은 오히려 문학 진화의 새로운 계기로 될 수 있을 것이라고 말하기를 주저하지 않도록 만든다.

비평이란 무엇인가?

정남영

글을 시작하며

우선 이 글은 창작의 '본질'과 구분되는 비평의 '본질'을 확정하여 제시하는 것이 목적이 아님을 분명히 해두고자 한다. 물론 비평을 논하는 이 글에서 비평과 창작의 차이가 주요하게 고려되지 않을 수 없다. 그러나 이 차이가 어떤 고정된 '본질'의 형태로 제시될 수는 없다. 또한 차이 자체의 제시에 그쳐서도 안 될 것이다. 이보다 더 나아가서 공통적인 것에 기반을 둔 양자의 연관에도 주요하게 주목하고자 하는 것이 필자의 의도이다.

여러 형태의 비평들이 있다. 이 글은 이 여러 비평유형들을 분류하여 개괄하는 일은 사양하며, 오로지 특정 유형의 비평을 추천하는 데 집중할 것이다. 이 유형을 이 글은 가설적으로 '카이로스의 비평'이라고 부르고자 한다. (필자는 이렇게 부름에 있어서 '카이로스의 문학'이라는 이름을 염두에 두고 있음을 명시적으로 밝힌다.)

필자는 작품의 창조성의 핵심을 특이성의 생성으로 보는 데서 출발하고자 한다. 맨 먼저 반영이론의 핵심인 특수성(전형성)과 특이성의 차이를 설명할 것이며, 이 과정에서 영국의 비평가 리비스의 비평에 초점을 맞출 것이다. 이어서 예술가적 자질의 두 측면인 창작 측면에서의 특이성과 수용 측면에서의 특이성의 연관을 중심으로 비평을 정식화할 것이다. 그 다음으로 특이성의 창조를 추적하는 비평, 즉 이 글에서 추천하는 카이로스의 비평의 한 사례로 로렌스의 세잔 비평을 소개할 것이다. 뒤이어 비평이론의 활용에 대해서 논할 것이며, 마지막으로 카이로스의 비평을 실행하는 것 자체가 바로, 아무런 매개 없이 다중의 형성의 일환임을 주장할 것이다.

특이성과 전형성 — 리비스의 디킨즈 비평

작품의 창조적 핵심을 특이성(singularity)으로 본다는 것은 루카치가 대표하는 반영론에서 작품의 핵심을 특수성(Besonderheit, specificity) 혹은 그 구체적 육화(肉化)인 전형성(Typicality)에서 찾는 것과 근본적으로 다르다. 특수성은 루카치에 의하면 개별성과 보편성의 통일로 정의된다.[1] 예컨대 어떤 인물의 행동이나 성격(개별성)이 사회발전의 어떤 법칙(보편성) 혹은 우세한 경향을 집중적으로 나타내는 경우이다. 바꾸어 말하자면, 특수성은 보편적인 것의 특수한 양태이다. 루카치는 보편성과 개별성을 점과 같은 것으로 파악하고 특수성을 점과 점 사이의 '장'(場) — 3차원적이 아니라 2차원적으로 표상된다 — 과 같은 것으로 파악함으로써 특수성에

---

1. 이 범주들과 그 관계는 헤겔에게서 온 것이다.

잠재적으로 무한한 다양성을 부여하였지만, 특수성은 결국 보편성에 준거하는 까닭에 '동일성'에 속박되는 운명을 벗어나지 못한다. 보편성이란 동일성의 관점에서 개별자들의 연관성을 파악하는 개념이기 때문이다. 다만 특수성에 보편성이 분포되는 정도가 다르거나(더 자본가 같은 자본가와 덜 자본가 같은 자본가) 보편성을 띠는 개별자들이 다를 수 있을 뿐이다(자본가다운 자본가와 그러한 자본가의 사고를 그대로 받아가지고 있는 노동자).

이에 반해 특이성은 개별성(예컨대 특정의 인격체)과도 관계가 없고 보편성과도 관계가 없다. 특이성은 법칙의 특수한 구현이 아니라 법칙 너머에서 일어나는 사건이다. 아니, 네그리의 통찰을 빌어서 말하자면 법칙 너머로 날려진 '시간의 화살'(카이로스)이라고 할 수도 있다. 바꾸어 말하자면, 특이성은 전례없는 것이다. 따라서 특이성은 반영의 관점에서는 접근할 수 없다. 그것은 이미 존재하는 그 어느 것의 반영이 될 수 없기 때문이다. 그렇기에 "실상 모든 창조적인 작가의 작품은 새로운 길의 발견이라고 할 수 있다"(it may be said that every genuine creative writer's work is the discovery of a new way)[2]

그런데 이러한 '전례없음', 또는 '새로운 길의 발견'은 기존의 성취가 완료된 바로 그 지점에서, 네그리의 말을 빌자면 '존재의 가장자리'(the edge of being)에서 일어나는 사건이다. 그렇기에 특이성은 원자화된 개별성과는 근본적으로 다르다. 오히려 특이성의 생성에는 완료 시점에서 구축된 공통적인 것 전체가 관여된다. 그래서 네그리는 "공통적인 것은 특이성이 영원한 것을 생산하면서 취하는 형태이다."[3]라고 말하는 것이다.

특수성의 경우에는 카이로스의 시간이 없다. 시간이 사회의 역사적 발

---

2. F. R. Leavis, *Thought, Words and Creativity* (London : Chatto and Windus, 1976), p. 45.
3. 안또니오 네그리, 『혁명의 시간』, 정남영 옮김, 갈무리, 2004, 106~7쪽.

전법칙으로 포착되는 순간 그것은 공간화되는데, 특수성은 이렇게 공간화된 시간을 제시한다. 이이 반해서 특이성은 공간화된 시간(법칙)으로부터의 탈주로서, 언제나 그 자체가 "아까와는 다른 時間"(김수영, 「꽃잎 (二)」) 즉 카이로스이다.

특이성의 생성이 특수성의 포착을 무조건 배제하는 것은 결코 아니다. 주로 소설의 경우이지만 당대의 지배적인 경향들을 대표하는 전형적인 인물들과 상황들을 풍부하게 배치하여 '존재의 가장자리의 이쪽'(this side of the edge of being)을 비교적 두텁게 드러낼 수도 있으며, 이것이 특이성 생성의 바탕이 될 수도 있다. 그러나 특이성이 작품의 핵을 이루지 못한다면 특수성의 포착만으로는 작품의 창조적 활력이 기본적으로 제한될 수밖에 없다.[4]

이것을 19세기의 대표적 리얼리스트 중 하나로 꼽히는 디킨즈의 작품을 예로 들어 설명해보기로 하자. 그의 가장 걸작인 『리틀 도리트』(Little Dorrit, 1855~57)에서 주요 인물들의 관계는 루카치가 말하는 '전형들의 위계구조'의 탁월한 예이다.[5] 상류사회를 대표하는 머들 부인(Mrs Merdle)과 가우언 부인(Mrs Gowan), 제너럴 부인(Mrs General) 등은 정치계를 주름잡는 정치인들인 바나클 일족(the Barnacles)과 사회적으로 긴밀한 인물들이다. 헨리 가우언(Henry Gowan)은 양쪽과 겹치면서도 예술가로서 (진

---

[4] 실제 작품비평에서 특이성과 특수성의 차이를 두부 자르듯이 구분하기가 어려울 수도 있다. 어떤 인물에 특이성과 전형성이 공존할 수도 있으며, 이 공존의 방식은 무한히 다양할 것이기 때문이다. 그리고 재현과 표현의 관계처럼 특수성과 특이성의 관계도, 개념상으로는 구분되지만, 실제로는 일정한 연속성을 띨 수 있다.

[5] 루카치는 전형적인 인물들이 그와 상대적으로 유사한 전형들 혹은 절대적이거나 상대적으로 반대되는 전형들과 함께 '전형들의 위계구조'(Typenhierarchie)를 이루며 이들의 역동적인 상호관계가 작품창작의 토대를 이룬다고 한다. Georg Lukács, "Über die Besonderheit als Kategorie der Ästhetik", *Georg Lukács Werke* Band 10 (Neuwied und Berlin: Luchterhand, 1969), p. 759 참조.

정한 예술가로서가 아니라 사이비예술가로서) 작품에서 특별한 기능을 갖는다. 대자본가인 머들은 바나클 일족 및 상류사회와 연합하고 있으면서도 일면 후자의 희생물이기도 하다. 임대업자 캐스비(Casby)는 바나클 일족 밑에 있는 준지배층이다. 한편 주인공들인 아서(Arthur Clennam)와 에이미 도리트(Amy Dorrit), 그리고 발명가인 도이스(Daniel Doyce) 등은 이들과 가치체계상 대립적인 관계를 맺고 있다. 이런 식으로 작품의 인물들 전체는 어떤 복합적인 관계들의 망 속에서 서로 연관을 맺는다. 루카치에게 있어서 이 역동적 위계구조는 현실반영의 측면에서는 인류의 특정 발전단계를 나타내는 것으로 파악된다.[6]

그러나 루카치의 이러한 파악은 큰 맹점을 가지고 있다. 그의 반영론으로는 예컨대 여자 주인공 에이미 같은 인물의 중요성을 파악하기 힘들기 때문이다. 이 점에서 우리의 주목에 값하는 것이 리비스의 비평이다. 리비스는 전형적 인물들의 가치를 결코 부정하지 않는다. 오히려 적극적으로 수용하여 이 소설이 "빅토리아 시대 영국에 대한 포괄적인 보고서와 같은 것"을 제시한다는 점을 기꺼이 높이 평가한다.[7] 그러나 그의 비평의 진정한 핵심은 다른 데 있다. (그리고 이 핵심에 기반을 해서만 전형성도 의미심장해진다.) 리비스는 『리틀 도리트』를 무엇보다도 '삶의 긍정'(affirmation of life)으로 보며 동시에 삶에 대한 탐구로 본다.[8] 이 탐구에서 중심적인 인물

---

6. 루카치, 앞의 글, pp. 758~9.
7. F. R. Leavis, "Dickens and Blake: *Little Dorrit*", in F. R. and Q. D. Leavis, *Dickens: The Novelist*,(London: Chatto & Windus, 1970), p. 228.
8. 리비스는 일찍이 창조적 작가들의 중요성을 "예술의 가능성을 변화시킬 뿐만 아니라" 또한 "삶의 가능성들에 대한 깨달음"을 증진시키는 데서 본 바 있다. F. R. Leavis, *The Great Tradition* (1948; Harmondsworth: Penguin Books, 1974), 10쪽. 문학의 가능성을 삶의 가능성과 결합시키는 이러한 문학관은 줄곧 그의 비평의 바탕이 되었으며, 그가 '기술공학적·벤삼적 문명'이라고 말하는 정보화 초기의 서유럽 자본주의의 논리 및 문화와의 싸움의 토대가 된다.

이 바로 에이미인 것이다.9

에이미는 부모가 빚을 지고 채무자 감옥에 갇히는 바람에 감옥에서 태어났다. 어려서부터 못 먹어서 몸이 왜소하지만, 생활력이 뛰어나고 막내이면서도 책임감이 강하여 이일저일 하면서 무책임한 가족(아버지, 언니, 오빠)을 부양한다. 그녀는 노동을 한다고 할 수는 있겠지만 전형적인 의미의 노동자는 결코 아니며, 따라서 이른바 '계급의식'이라 할 것도 없다. 그녀는 소설에서는 중심인물이지만, 사회적으로는 주변적 인물인 것이다. 그리고 작가는 바로 이 주변적 인물을 자본이나 국가의 논리와 대립되는 삶의 창조성을 구현하는 인물로 제시한다.10 (물론 에이미 혼자서만 삶의 창조성을 대표하는 식은 아니다. 리비스는 이 소설의 창조성은 총체적인 것이어서, 어느 한 부분이나 한 인물이 창조성을 유일하게 대표하지 않는다고 말한다.11)

에이미는 지적으로도 그렇게 뛰어난 인물은 아니다. 아니, 정확하게 말하자면 일반적으로 말하는 지성과는 다른 유형의 지성을 지녔다. 그녀에게는 감정과 인식이 분리되어 있지 않다. 그래서 그녀는 사람의 마음을 헤아리는 데 있어서 탁월한 직관적 능력을 지녔는데, 이 능력은 사람을 구체적인 상황에 놓고 상상하는 능력과 결합되어 있다.

이 이외에 에이미의 특성으로 거론할 것은 그 순진함과 사심없음(disinterestedness)이다. 여기서 순진함이 흔히 부정적으로 이해되는 그러

---

9. 이 탐구의 핵심은 '어떤 것이 실재인가'를 포괄한다. 에이미는 실재(reality)의 중심이자, 시금석이자, 생성자로서 파악된다. 리비스가 말하는 실재란 바로 상호협동적 창조성이다. "실재는 상호협동적 창조이다"(Reality is a collaborative creation). "Dickens and Blake: *Little Dorrit*", p. 256.
10. 에이미는 사회적으로는 평범한 여성이므로 자본 및 국가와의 대립이 직접적인 충돌의 형태로 일어나지는 않고, 남자주인공 아서가 에이미라는 존재가 가진 힘을 서서히 깨닫는 식으로 제시된다.
11. "Dickens and Blake: *Little Dorrit*", p. 246.

한 종류의 것이 아님은 에이미의 야무진 생활력과 20살의 나이차를 넘어서 아서와의 사랑을 관철시키고 마는 끈기를 보면 알 수 있다. 또한 리비스의 사심없음이란 인격(personality)에 할당되는 미덕이 아니라, "소유될 수 없는 것에 대한 책임감"(a responsibility towards what can't be possessed)12 즉 삶에 대한 책임감에 다름 아닌 것으로서, 인격의 차원을 넘어서는 것이다.13

에이미는 일반적인 의미에서 혁명적인 사상을 가진 인물은 당연히 아니다. 그러나 그녀의 생각이 근본적으로 저항적일 수 있음을 나타내주는 대목이 있다. 어떤 친척으로부터 유산을 상속받아 빚을 갚을 수 있게 되어서 아버지가 석방되게 된 상황에서 이렇게 말한다.

리틀 도리트는 말했다, '아버지가 그렇게 많은 세월을 잃고 또 그렇게 많은 고생을 하고 나서 마침내 빚도 다 갚아야 한다는 것은 냉혹한 것 같아요. 아버지가 삶과 돈 모두로 갚아야 한다는 것은 냉혹한 것 같아요.'14

---

12. 같은 글, p. 269.
13. 리비스는 에이미의 순진함과 '사심없음'을 블레이크의 '열린 자아'(identity)로 설명한다. 이는 (사적) 소유를 기반으로 하는 ('누가 소유하는가'를 기반으로 하는) 근대적 인격적 주체인 '닫힌 자아'(selfhood)와 대조되는 것으로서, 네그리와 하트의 말을 빌자면 '특이성들의 다중'으로 이해된 바의 개인이다. 로렌스의 "나는 불일치하는 부분들의 아주 이상한 집합이다. (…) 이러한 모든 변화 속에서도 나는 어떤 온전성을 유지한다"라는 발언, 혹은 "통합적 자아"에 대한 다음의 발언도 이 '열린 자아'에 대한 한 설명이 될 수 있다 : "인간은 자신을 의식하게 되는 순간 자신이 되기를 그친다. 그 이유는 명백하다. 어떤 개별적 존재가 자신의 개별적 고립성을 깨닫게 되는 순간 그 존재는 즉시 자신의 바깥에 있는 것을 깨닫게 되어 자신의 한계를 형성한다. 즉, 정신이 주관적 현실과 객관적 현실의 양자로 갈라지는 것이다. 이 일이 일어나자마자 원초적인 통합적 자아(the primal integral I) — 이는 대체로 다른 모든 살아있는 것들과의 살아있는 연속체이다 — 는 붕괴되고 자신이 아닌 현실을 창문으로 내다보는 자아가 생긴다. 이것이 어린아이 때부터 처하게 되는 현대적(우리의 입장에서는 근대적 — 정남영) 의식의 상태이다." D. H. Lawrence, *Phoenix* (London : William Heineman Ltd, 1936), p. 536, p. 761.
14. Charles Dickens, *Little Dorrit*, ed. and intro. John Holloway (Harmondsworth : Penguin Books, 1967), p. 472.

이런 말을 듣고 아서는 꾸짖는 태도를 보인다(빚을 안 갚는 것은 비윤리적이라는 뜻이리라). 그리고 에이미는 그러한 꾸짖음에 수긍한다. (정말로 수긍하는 것이 아니라 자기가 사랑하는 남자의 꾸짖음이기에 받아들이는 것이다.) 그리고 화자의 논평이 이어진다.

아주 많은 것들을 더럽힐 수 있는 감옥도 리틀 도리트의 정신을 이 정도밖에는 더럽히지 못했다. 그 혼란이 불쌍한 수감자인 아버지에 대한 연민 때문에 나온 것이라 해도 그것은 감옥의 분위기가 그녀에게 묻힌 얼룩으로서 클레남이 본 첫 번째 것이었고, 마지막 것이었다.
그는 이런 생각을 하고는 더 말을 하지 않았다. 이 생각을 하자 그녀의 순수함과 착함이 환하게 그의 앞에 떠올랐다. 그 작은 얼룩은 그녀의 순수함과 착함을 더 아름답게 만들었다.15

이 대목에 대하여 비평가들의 해석은 엇갈린다. 화자(작가)와 아서의 생각이 동일하다고 보는 사람은 에이미가 틀리고 아서가 맞는 것으로 본다. 이에 반해서 F. R. 리비스는 이 대목에서 화자와 아서의 평가기준은 다른 것으로 본다. 그리하여 오히려 '얼룩'은 아서에게 묻어 있다는 것이다. 이러한 견해의 차이는 미시적으로는 "아주 많은 것들을 더럽힐 수 있는 감옥도 리틀 도리트의 정신은 이 정도밖에는 더럽히지 못했다"라는 대목을 반어적으로 읽느냐 아니냐에 달려 있다. 그러나 다른 한편 이는 이 작품의 전체 주제와의 연관이 없이는 결정하기 힘들다. 바로 여기서 리비스의 견해가 경청할 만하다. 리비스는 아서의 특별한 위치를 상세히 설명한 다음16, 이

---

15. 같은 책, 같은 쪽.
16. "아서는 『커다란 기대』의 주인공 핍(Pip)처럼 일인칭 화자도 아니고 그렇다고 어디에나 스며들어 있는 '직접적 의식'도 아니면서 어떤 전체에 퍼져 있는 존재로서 혹은 그에 근접하는 것으로서 느껴진다는 것이다. 다시 말하자면 우리는 아서가 되는 경향이 있다고 한다.

모든 것을 다음과 같은 판단으로 모은다.

> 그녀는 바로 전체 코드(code)에 대해서 항의하고 있는 것이며, 그녀의 아버지가 겪은 말할 수 없는 어떤 것에 대해서 항의하고 있는 것이다.[17]

여기서 전체 코드(code)가 바로 삶을 삶 외부의 초월적 권력들이나 가치들(국가, 자본, 이윤논리, 상업적 교환논리, 복수復讐의 논리, 권위주의 등등)에 종속시키는 바의 것을 의미함은 리비스의 디킨즈 비평에서 설명이 불필요할 정도로 명백하다.

이렇듯 에이미는 주변적인 인물이면서도 그 어떤 전형적인 인물들보다 삶의 창조성을 구현하는 인물이며, 그러한 의미에서 소수적인 인물이고 특이한 인물이다. 마찬가지로 삶의 창조성을 구현하는 인물들이라고 할 수 있는 발명가 도이스와 수다쟁이 플로라(Flora) 등도 특이한 인물들이다. 또한 집세 징수자인 팽크스(Pancks)는 일종의 마름으로서의 역할이나 상업활동의 찬양 등 그 전형적 측면과 함께 에이미 집안을 이유도 없이 도와주고 나중에 자신을 고용한 캐스비에게 반란을 일으키는 등 그 특이한 측면이 의미심장한 인물이다. 이 이외에 이 소설에는 다른 많은 특이한 인물들이 등장하고 또 특이한 디테일들이 풍성하게 존재한다.[18] 조지 오웰(George

---

그러나 리비스는 위의 대목을 논할 때에는 아서의 특별한 위치를 경직되게 고수하지 않는다. 그는 감옥 안의 채무자는 상환수단을 버는 일에 착수하지 못한다는 '불합리성'을 지적하고, 에이미가 돈에 신경을 쓰는 사람이 아니라는 명확한 사실을 강조하기도 한다." 정남영, 『리얼리즘과 그 너머』, 갈무리, 2001, 76쪽.

17. "Dickens and Blake: *Little Dorrit,*" p. 224.
18. 여기서는 주로 인물들을 논의하는 데 국한되었지만, 리비스의 비평은 언어의 차원에서의 특이성의 생성을 주목하는 데서도 탁월한 성취를 보인다. 리비스는 특이성을 생성하는 창조적 언어사용을 시적 언어사용, 탐구적 언어사용, 극적 언어사용 등으로 부르며 이를 작품을 통해 상세하게 분석한다. 이에 대해서는 정남영, 「리비스의 작품비평과 언어의 창조적 사용」, 『SESK』 6호, 영미문학연구회 참조. (정남영의 글은 그의 홈페이지 http://noolbyun.net/에

Orwell)은 이 작품을 명시적으로 논의하면서는 아니지만, 디킨즈 소설의 이러한 측면에 '불필요한 세부'(unnecessary detail)라는 묘한 이름을 붙이기도 했다. "그의 상상력이 일종의 잡초처럼 모든 것을 압도한다"라는 오웰의 발언[19]은 은연중에 사실성의 차원, 현실반영의 차원에서는 포착하지 못하는 디킨즈 소설의 특징을 지적한다고 볼 수 있다.

에이미가 구현하는 특이성을 통과하지 않고서 전형성만으로 자본주의를 극복한다는 것은 거울만으로 빛을 발생시킬 수 있다고 주장하는 것과 같다. 특이성은, 비유를 계속 밀고 나가자면, 거울이 아니라 빛이다. 그렇기에 네그리는 "공통적인 것의 영원성은 특이성들이 별처럼 빛나는 하늘이다"라고 말할 수 있는 것이다.[20]

예술가적 자질의 두 측면

작품의 창조적 핵심을 이렇게 특이성으로서 본다면, 즉 작품을 하나의 카이로스로서 본다면 비평가로서는 무엇보다도 특이성을 감지할 줄 아는 능력이 필요할 것이다. 이 능력은 결코 소수의 전문가들에 의해 독식되는

서 읽을 수 있다.) 들뢰즈·가따리가 말하는 소수언어, 더 정확하게는 언어의 소수화(minorisation of language)는 리비스가 말하는 시적 언어사용과 전적으로 동일하지는 않지만 특이성의 생성이라는 근본적인 측면에서는 통한다. 네그리의 다음과 같은 발언은 들뢰즈의 소수언어의 더듬거림을 특이성의 표현으로 본 것이다 : "들뢰즈가 우리에게 상기시키듯이, 특이성은 항상 더듬거린다. 그런데 이 더듬거림이 공통적인 것을 창조하는 것이다. 특이성은 더듬거림을 부인하지 않는다. 그것을 풍요롭게 하고, 뚜렷이 표현한다." *Negri on Negri* (New York and London : Routledge, 2004), p. 150. 『혁명의 시간』, 16쪽 각주에도 인용되어있다.

19. George Orwell, "Charles Dickens", *Decline of the English Murder and Other Essays* (Harmondsworth : Penguin books, 1980), p. 130.
20. 안또니오 네그리, 『혁명의 시간』, 164쪽.

것이 아니다. 로렌스는 자기 고향의 광부들에게서 예술가적 자질의 단초가 있음을 발견한다.

> 그러나 나는 광부들이 자기 집에 딸린 정원에서, 눈앞에 있는 아름다움에 대한 진정한 인식을 보여주는, 아주 이상하고도 막연한 종류의 정관(靜觀)에 빠져서 꽃을 바라보는 모습을 많이 보았다. 그것은 찬탄이든 즐거움이든 기쁨이든 소유본능에 매우 자주 뿌리를 두고 있는 것이라면 그 어느 것도 아닐 것이다. 그것은 일종의 정관이며 예술가적 자질의 단초를 보여주는 것이다.[21]

로렌스가 보기에 이러한 단초는 광부들의 삶의 자율적 충족감에서 온 것이다.

> 이러한 광부를 동정하는 것은 커다란 오류다. 광부는 선동가들이나 감상주의자들이 그러라고 가르치기 전에는 자신을 동정하는 것을 꿈꾸지 않았다. 그는 행복했다. 아니 그 이상이었다. 그는 충족되어 있었다. 보다 정확히 말하자면, 그는 표현의 측면에서는 아니더라도 수용의 측면에서는 충족되어 있었다.[22]

비평이란 아마도 인간이면 누구에게나 잠재해있을 이러한 '수용의 측면'의 연장선상에서 일어나는 사건에 다름이 아니다. 스피노자의 말을 빌자면 비평이란 '영향받을 수 있는 힘'(power to be affected)의 표현이다. 그

---

21. D. H. Lawrence, "Nottingham and Mining Countryside", *Phoenix*, p. 137.
22. 같은 글, 136쪽. 에이미도 예술가는 아니지만 그녀가 가진 창조성이 예술가적 창조성과 연속성을 이루는 인물, 예술가적 자질의 단초를 가진 인물이다. 일용직 노동자인 플로니쉬(Plornish) 부부도 마찬가지이다. 이에 대해서는 『리얼리즘과 그 너머』, 108~119쪽 참조.

리하여 "문학비평은 자신이 비평하는 책이 비평하는 이에게 불러일으킨 감정을 조리있게 제시한 것에 다름 아니다."[23] 그런데 '영향받을 수 있는 힘' 또한 항상 특이하다. 그래서 "비평은 과학이 될 수 없다. 비평은 무엇보다도 대단히 개인적이며, 다음으로는 과학이 무시하는 가치들에 관여한다. 시금석은 정서이지 이성이 아니다. 우리는 예술작품을 그것이 우리의 진솔하고도 활력있는 정서에 미친 영향으로 판단하지 다른 것으로 판단하지 않는다. 문체와 형식에 관한 비평의 그 모든 시시껍질한 소리들, 식물학을 모방한 듯이 작품을 분류하고 분석하는 이 모든 유사과학적 작업은 순전히 부적절한 것이며 대개가 따분한 전문용어일 뿐이다."[24]

이제 우리의 논의는, 비평은 두 유형의 특이성[25] 즉 표현의 측면에서의 특이성과 수용의 측면에서의 특이성의 관계라는 정식화에 도달하였다. 그런데 여기서 우리가 빠질 수 있는 위험이 있다. 수용의 측면으로 표현의 측면을 가리는 것이 그 하나이다. 이 위험에 대해서는 니체가 지적한 바 있다. 그는 보통 사람은 받아들일 때 감수성의 정점에 달하는 반면 예술가는 줄 때 정점에 달한다고 하면서, 이 두 능력 사이의 대립은 자연스러울 뿐 아니라 바람직하다고 한다. 문제는 예술가에게 청중(비평가)의 관점을 행사하도록 요구하는 데 있다. 이는 예술가 자신과 그의 창조적 힘을 궁핍화하도록 요구하는 것을 의미하기 때문이다. 아울러 니체는 지금까지의 미학은 예술수용자들이 '무엇이 아름다운가?'에 대한 경험을 정식화했다는 점에서 오류였다고 한다. 예술가는 뒤돌아보아서는 안 되고, 보는 것 자체도 안 되고, 오직 주어야 한다는 것이다.[26]

---

23. D. H. Lawrence, "John Galsworthy", *Phoenix*, p. 539.
24. 같은 글, 같은 쪽.
25. 특이성이란 곧 특이한 힘(활력)이다.
26. 이상 니체의 논의는 Friedrich Nietzsche, *Will to Power,* Trans. Walter Kaufmann and

실상 니체의 발언의 핵심은 예술의 힘은 오직 '주기'의 관점에서만 파악될 수 있다는 데, '주기'(표현)가 '받기'(수용)보다 더 근본적이라는 데 있다. "줄 수 없는 자는 아무 것도 받지 못한다."[27] 따라서 로렌스가 보았던 광부는 자신이 받은 것을 다시 주는 형태로—다른 광부들과의 대화라는 가장 일상적인 형태로라도—표현하지 못하는 한 그냥 '단초'에 머물고 말 것이다.

또 하나의 위험은 수용(과 표현)이 재현에 의하여 침식되는 것이다. 여기서 재현이란 들뢰즈에 의하여 줄곧 비판되고 있는 바의 것을 지칭한다. 들뢰즈의 복잡한 논의를 여기서 다 소개할 수는 없다. 여기서는, '재현에 의해 침식된다'함은 작품에서 발생하고 있는 사건 즉 카이로스의 사건을 이미 고정된 개념들이나 범주들에 귀속시킴을 의미한다는 것[28], 다시 말해서 동일성 혹은 닮음의 관점에서 작품의 창조성을 이해함을 말한다. 들뢰즈가 "예술작품의 반복은 개념 없는 특이성과 같"으며 "시를 외워야한다는 것은 우연이 아니다"고 말했을 때[29] 이는 예술작품의 창조성이, 비록 겉으로는 같은 것의 반복인 것처럼 보이더라도, 재현과는 다른 차원에서 일어나는 것임을 통찰한 것이다.

수용의 측면, 즉 '영향을 받을 수 있는 능력'이 재현에 침식되지 않으려면 수용의 차원에서 감수성의 정점에 이르러야 할 필요가 있다. 다시 말해서 새로운 것을 낡은 인식으로 환원하지 말고 그것에 자신을 열어놓는 능력이 필요하다. 이는 수용의 차원에서 시간의 화살을 날리는 일, 표현의 차원으로 끌어올리는 일이 될 것이다. 그렇다면 이제 카이로스의 비평가는

R. J. Holingdale, Ed. Walter Kaufmann (New York : Vintage Books, 1968) § 811; p. 429 참조.
27. 같은 책, p. 422.
28. 마치 자본이나 국가가 삶의 사건을 자신에게 귀속시키려 하듯이.
29. Gilles Deleuze, *Difference and Repetition*, Trans. Paul Patton (New York : Columbia University Press, 1994), pp. 1~2.

수용자로서의 감수성의 정점에서 자신에게 미쳐진 영향을 토대로 그 영향력의 원천인 작가의 창조적 힘 혹은 작가의 특이한 힘을 파악하고 그 힘과 상호작용하는 또 하나의 특이한 힘으로서 자신을 표현하는 과제를 떠안게 된다.[30] 우리는 로렌스의 세잔론에서 그 한 사례를 볼 수 있다.

로렌스의 세잔 비평

로렌스는 세잔의 창작활동이 두 가지로 구성된다고 한다. 그 하나는 상투형들(clichés))과의 싸움이요 다른 하나는 새로운 표현을 위한 노력이다.

상투형이란 "정서적이고 직관적인 뿌리를 잃어서 습관이 된, 닳아빠진 기억"이다.[31] 로렌스는 이보다는 조금 복잡한 것으로서 "상투형들의 새로운 모음, 습관화된 기억들의 새로운 배열"(576)을 '참신함'(novelty)이라고 부른다. 그러나 '참신함'이라는 말이 줄 수 있는 의미에 혼란되면 안된다. 로렌스가 말하는 '참신함'은 진정한 의미의 새로움 ─ 특이성의 생성, 카이로스의 열림, 존재의 혁신 등등 ─ 을 말하는 것이 아니다. 그것은 새로운 것처럼 보일 뿐이지 새로운 것이 아니다. 상투형들을 그저 새로이 배열한 것일 뿐이기 때문이다. 로렌스는 '참신함'은 "정서적이고 직관적인 자아를 건드리지 못하며" "새로운 것을 아무 것도 보지 못하게" 한다고 한다.(576)[32]

---

30. 이는 스피노자가 그의 『윤리학』에서 말하는 '적실한 지식'(adequate knowledge)의 형성과정과 동일하다.
31. "Introduction to these Paintings", *Phoenix*, p. 576. 앞으로 이 글에서의 인용은 본문에 쪽수만 표시할 것이다.
32. 로렌스가 말하는 '정서적이고 직관적인'이란 단순한 주관적인 감정이나 아니면 말초적인 감각을 말하는 것이 아니라 스피노자가 말하는 '정동'(affect)과 근본적으로 통한다. 로렌스는 '두뇌적 의식'(mental consciousness)에 대립하여 '혈류의 의식'(blood consciousness)의 중시하는데, 전자는 '도구적 이성'과 거의 같은 의미인 반면에 후자는 몸(그리고 삶의 활력)

우리는 이것이 들뢰즈가 비판하는 '재현'의 전형적 형태임을 알 수 있다. 상투형이란 이미 알려져 있고 만들어진 것들을 재현하는 방식으로만, 다시 말해서 이미 존재하는 것으로의 환원 혹은 동일화를 통해서만 유통되기 때문이다. 로렌스는 "상투형들은 우리와 삶 사이에 완벽한 차단막처럼 끼어든다"고 한다.(582) 다시 말해서 우리로 하여금 삶을 삶으로서 살지 못하게 하는 것이다.

그렇다면 "삶에 충실"(true to life)하려고 하는 예술가—로렌스가 보는 세잔이 바로 그렇다—에게 상투형들은 투쟁의 대상이 아닐 수 없다. 이런 의미에서 상투형과의 싸움과 새로움의 창조는 개념적으로는 다르지만, 양자의 연관성은 긴밀하다. 상투형들과의 싸움을 통하지 않고서는 존재의 가장자리에 서서 진공을 마주하기—이것이 시간의 화살을 날리는 조건이다—가 힘들기 때문이다. 그러나 바로 이 상투형들의 존재로 인해서 예술의 분야에서 새로움의 창조, 혹은 존재의 혁신이란 그렇게 쉽게 획득되지 않는 것이 사실이다. "그는 무언가를 표현하기를 원했다. 그럴 수 있기 전에 그는 히드라의 머리를 가진 상투형들과 싸워야했다. 그 마지막 머리를 그는 종내 쳐낼 수 없었다."(577)

세잔은 양적으로만 보면[33] '아주 조금' 성공할 수 있었다. 인간에게서 '사과스러움'(appleyness)을 포착하여 표현하는 것이 바로 그것이다. 여기서 '사과스러움'은 사과만이 아니라 인간에게서 세잔이 포착·표현하려고 하는 그 무엇이다. "예술가로서 그는, 그녀에게 있어서 오늘날 기성의 상태를 벗어날 수 있고 이미 알려진 상투형의 상태를 벗어날 수 있는 유일한

과 불가분하게 연결된 의식을 말한다. 로렌스가 창조적인 인식을 지칭하는, '접촉의 깨달음'(the awareness of touch) 혹은 '삶과의 실제적 접촉'(the actual touch of life)이라는 어구들도 '정서적이고 직관적인'이 뜻하는 바를 이해하는 데 참조되어야 할 것이다.
33. 물론 양적인 관점은 예술의 창조성의 파악에서 적절하지 않다.

부분은 바로 사과스런 부분(appley part)임을 알고 있었다."(579) 그런데 '사과스러움'은 '인간스러움'의 제거이기도 하다. "그가 사과스러움을 그릴 때 그는 또한 의도적으로 이른바 인간스러움, 인격, '닮음,' 육체적 상투형들을 제거하며 그린다."(579) (이렇게 볼 때 '사과스러움'이란 들뢰즈라면 '사과되기'becoming-apple라고 불렀을 바의 것이다.)

우리는 '사과스러움'이 세잔이 화가로서 창조한 특이성의 이름이라고 할 수 있다. 로렌스는 진정한 사과스러움은 흉내 낼 수 없고, "모두가 각자 자기로부터 새롭게 그리고 다르게 만들어내야 한다"고 한다.(580) '사과스러움'은 창작가에 의하여 표현되는 것일 뿐만이 아니다. "물론 모든 사람들은 상투형을 사랑한다. 대부분은 사람들은 그 자신이 상투형이기 때문이다. 그럼에도 불구하고 사람에게는, 심지어는 나체의 여성에게도, 세잔이 포착할 수 있는 것보다 많은 사과스러움이 있을 것이다."(581) 그렇다면 '사과스러움'이란 일반적인 인간 개인에게 존재하는, 상투형을 벗어나서 스스로의 존재를 자신의 너머로 투사할 수 있는 능력 즉 특이한 삶의 활력이 아니고 무엇이겠는가.

이런 의미에서 세잔이 표현한 '사과스러움'은 세잔이 그 표현적 감수성의 정점에서 모델의 '사과스러움'과 만난 결과이다. 이러한 만남을 로렌스는 이렇게 말한다.

> 예술이 할 일은 살아있는 순간에 맺어지는 인간과 주위세계의 관계를 드러내는 일이다. 인간은 항상 옛 관계의 그물 속에서 몸부림치고 있으므로 예술은 항상 '시대'에 앞서 있으며 이 시대는 또한 살아 있는 순간보다 훨씬 뒤쳐져 있다.[34]

---

34. "Morality and the Novel", *Phoenix*, p. 527.

"살아있는 순간에 맺어지는 인간과 주위세계의 관계를 드러내는 일"은 바로 우리가 삶의 표현이라고 부르며, 존재의 혁신이라고 부르는 것이다.[35] 이렇게 볼 때 예술이란 삶의 표현의 한 형태에 다름 아니며, 비평 또한 예술작품의 존재를 전제할 뿐 삶의 표현의 한 형태에 다름 아니다. 조금 바꾸어 말하자면 그것은 두 개의 특이성이 관계를 맺어 하나의 카이로스를 이루는 것이다. "카이로스는 새로운 존재를 표현하기 때문이다."[36]

우리가 여기서 주목할 것은 로렌스가 세잔을 바라보는 방식, 로렌스의 세잔 비평 방식이다. 로렌스는 세잔의 회화가 가진 기법적, 형식적 측면에 주목하는 것도 아니고[37], 그의 그림이 현실 속의 어떤 대상을 재현하였는가에 주목하지도 않는다. 그는 세잔의 그림에서 일어난 '혁명'을 다룬다.

> 아내와 누이와 예수회 소속의 아버지 뒤에 숨어있는 이 소심하고 조그맣고 평범한 사람 세잔은 순수한 혁명가였다. 그가 그의 모델들에게 "사과가 되시오! 사과가 되시오!"라고 말했을 때 그는 예수회 및 기독교 관념론자들 전부의 몰락만이 아니라 우리의 의식방식 전체의 몰락, 그리고 다른 방식으로의 대체에 서언을 붙이고 있는 것이다. 만일 인간이 세잔에게 있어서처럼 무엇보다도 사과가 된다면 우리는 새로운 세계를 갖게 되는 것이다 … (578)

이 글에서 추천하는 비평은 바로 이렇게 작품에서 일어난 '혁명'을, 사

---

35. 과거 반영론 미학의 중심이었던 재현, 들뢰즈가 그토록 공들여 비판한 바의 재현은 들어설 여지가 없다. 로렌스는 '재현'(representation)이라는 말을 사용하기는 한다. 그러나 이는 이 글에서 비판적으로 사용되고 있는 재현과 다른 의미로 사용되고 있다. 표현의 한 형태로서의 재현에 대해서는 조정환, 「카이로스의 시간과 삶문학」, 『카이로스의 문학』, 갈무리, 2006, 53~69쪽 참조.
36. 안또니오 네그리, 『혁명의 시간』, 43쪽. "카이로스에서 현존이란 표현이다. 그리고 이름은 표현의 산물이다."(같은 책, 44쪽)
37. 로렌스는 그림도 그렸으며 회화의 기법에 대해서도 아주 잘 알고 있었다.

건을, 창조를, 카이로스를, 특이성의 생성을, 삶의 표현을 포착하여 (비평의 방식으로) 표현하는 비평이다.

비평이론과 비평

삶의 표현이란 이미 알려진 것을 넘어서는 것이며 척도를 넘어서는 것이다. 따라서 이미 알려진 것, 이미 만들어진 범주, 이미 만들어진 개념에 준거하는 방식은 재현에 근본적으로 속박된 것으로서 삶의 표현에 접근하는 방식이 아니다. 모든 작품은 특이하기에 그 접근법도 각각 특이할 수밖에 없다. 따라서 많은 비평들에서처럼 문학이론을 작품에 '그냥 적용하는 것' 즉 작품평가의 척도로 삼은 것만으로는 삶의 표현을 포착하는 비평이 될 수 없을 것이다. 특이성의 생성이란 척도 너머에서 일어나는 사건이기 때문이다.[38]

그렇다면 '이론'은 모두 재현의 속박에서 벗어나지 못한 것인가? 그렇다고 할 수는 없을 것이다. 들뢰즈·가따리는 『천 개의 고원』에서 소수과학(유목과학, 이동과학, 전쟁기계과학)을 다수과학(국가과학, 왕립과학)으로부터 구분한다.[39] 다수과학은 미리 고정된 본질 혹은 정체성을 재생하고 재현하는 데 집중하며, 이에 반해서 소수과학은 물질의 특이성들을 찾는 일

---

[38] "배제에 대한 저항이 갖는 '척도 외부'의 속성을 새로운 공통적인 것을 구성하는 힘이 갖는 '척도 너머'의 속성과 연관시키는 것은 바로 특이성이다. (…) 그러나 공통적인 것은 측정불가능한 것이다. 그래서 특이성은 측정불가능한 것의 힘인 것이다."『혁명의 시간』, 145쪽.
[39] 이하 과학의 두 유형에 대한 논의는 Gilles Deleuze and Félix Guattari, *A Thousand Plateaus : Capitalism and Schizophrenia*, Trans. Brian Massumi (Minneapolis: University of Minnesota Press 1987), 12장 "1227: Treatise on Nomadology — The War Machine" 참조.

에 집중한다. 다수과학은 대상도 고정시키고 관찰자인 자신도 고정시킨다. 따라서 들뢰즈·가따리는 이를 '둑에서 강물 바라보기'라고 부른다. 이에 반해서 소수과학은 이동적이다. 그래서 들뢰즈·가따리는 이를 '소용돌이에 휩쓸리기'라고 부른다. 카이로스의 비평은 소수과학과 근본적으로 통한다. 대상이 다를 뿐이다.

앞의 인용문에서 로렌스는 비평이 과학과는 다르다고 하였다. 그러나 과학에서 창조가 일어나지 않는다는 말이 아니다. 그는 같은 글에서 이렇게 말한다.

> 창조적 행동은 어떤 것이든 거기에 인간의 의식 전체가 관여된다. 이것은 예술에만이 아니라 과학의 위대한 발견들에도 해당된다. 과학의 진정으로 위대한 발견들과 진정한 예술작품들은 인간의 의식 전체가 하나로 합하여 작동함으로써 이루어진다. 본능, 직관, 정신, 지력(智力)이 모두 융합하여 하나의 의식이 되며, 우리가 완전한 진실, 혹은 완전한 비전, 혹은 소리로의 완전한 드러남이라고 부를 수 있는 것을 포착하는 것이다. (573~4)

따라서 문학이론을 활용하는 비평이 카이로스의 비평에서 미리부터 배제될 이유는 결코 없다. 이런 의미에서 이론비평과 작품비평, 이론주의와 작품주의의 대립은 생산적인 것이 못된다.[40] 다만, 이론의 영역에서도 소수과학의 태도를 취하는 것, 그리하여 재현의 감옥에 갇히지 않고 그로부터 탈출하여 삶의 표현이라는 차원에 도달하는 것이 중요하다. "현재의 계급투쟁과 관련된 이론적 전개라면 그 어떤 것일지라도 리비도적 생산과의 연

---

40. 창작과 비평을 대립시키는 태도도 마찬가지이다. 한편, 조정환이 비판하고 있는 최원식의 비평담론의 자진해체 주장은 수용자의 창조성(카이로스)을 부정한다는 점에서 작품을 정보론자들의 말하는 '정보'와 근본적으로 같은 것으로 보고 있는 셈이다. 물론 최원식 본인의 직접적인 의도는 그 반대일 것이지만 말이다.

관에 관심을 가져야 하며, 그것이 대중의 창조성에 미치는 영향에 관심을 가져야 한다"고 말했을 때의 가따리나[41] "이론은 본성상 권력에 대립한다"고 말했을 때의 푸코[42], 그리고 "이론은 총체화하지 않는다. 이론은 번식의 도구이며 또한 스스로도 번식한다"고 말했을 때의 들뢰즈[43]는 모두 삶의 표현 — 이는 권력에의 저항인 동시에 새로움의 창조이다 — 의 차원에서 이론을 말한 것이다. 창작, 비평, 이론 — 이 모두가 저마다의 실천이고 싸움이며 특이성들이다. 그리고 이 특이성들은 하나가 다른 것을 장악하거나 아니면 하나가 다른 것에 일방적으로 복무하는 식('실천에 복무하는 이론')으로 관계를 맺는 것이 아니라, 수평적 네트워크의 방식으로 연결된다.

글을 맺으며 — 특이성, 공통적인 것, 삶정치

'영향을 받을 수 있는 능력'은 사람마다 다르다. 따라서 작품에 대한 '감'이 사람마다 다름 또한 당연하다. 사람마다 차이가 나는 '감'은 작품에 대한 '적실한 지식'으로 발전하지 못하고 단편들의 혼란 — 스피노자가 말하는 첫번째 종류의 지식 — 에 머물 수도 있다. 그런데 더 많이 발생하는 것은 '감'이 로렌스가 말하는 상투형들로 환원되는 경우이다. 전자가 새로운 이해의 맹아가 될 수 있음에 반해서 후자는 새로운 이해를 위해서는 파괴되거나 극복되어야 한다. 이와는 달리, 신실한 문학논의에서처럼 작품이해의 차이들이 (비록 때로는 서로 대립되는 경우일지라도) 앞의 두 위험에서 벗어나

---

41. "Regimes, Pathways, Subjects," *Soft Subversion*, Ed. Sylvere Kotringer, Trans. David L. Sweet and Chet Wiener (New York: Semiotext(e), 1996), p. 190.
42. "Intellectuals and Power: A Conversation between Michel Foucault and Gilles Deleuze," http://slash.autonomedia.org/article.pl?sid=03/01/13/0056200
43. 같은 글에서.

서 서로 연결되어 일종의 네트워크를 이루고, 그 네트워크 속에서 변화하거나 더 적실해질 수 있다. 우리에게 중요한 것은 바로 이 경우이다.

　이러한 경우에 작품은 하나의 장소로서, 만남의 장소로서 파악될 수 있다. 그런데 이는 일반적인 의미로 이해된 바의 공간, 사적인 것과 공적인 것으로 분할되는 공간은 아니다. 이런 까닭에 리비스는 작품에 의하여 열리는 공간을 '제3의 영역'(the third realm)이라고 부른다.[44] 리비스에 따르면 '제3의 영역'은 상호협동을 통한 창조적 변화의 연속으로 이루어진다. 네그리에게 있어서도 이는 마찬가지이다. "시간 속에서는 특이성의 생성(즉 영원한 것의 가공할 혁신)에 해당하는 것이 바로 공간 속에서는 협동이다."[45]

　리비스에게 있어서 창조적 상호협동을 통해 생성되는 것은 '진정으로 실재적인 것'(the really real), 즉 삶이다. (물론 예술작품은 창조적 상호협동의 한 탁월한 사례일 뿐이지 유일한 것은 아니다. 리비스가 항상 예술작품의 창조성과 일상생활에서의 창조성을 연속적인 것으로 본다는 점을 주목하자.) 네그리에게 있어서 공통적인 것 — 이것이 특이성이 영원한 것을 생산하면서 취하는 형태임은 앞에서 이미 거론한 바 있다 — 의 구축은 바로 삶정치의 핵심이다.

　공통적인 것이란 회계(會計), 공존가능성, 체계화가 결코 아니다. 오늘날 공통적인 것의 전투성이 정치를 대신한다. 이 전투성의 본성은 무엇이고 어떻게 작동하는가? 공통적인 것의 구축으로서의 전투성은 공통적인 것 속에서 의미를 생산함으로써 행동한다. 이것을 '정치'라 부르고 근대 정치가 차지하는 바로 그 공간을 차지하는 것으로 간주하는 것이 여전히 가능한가? 공통적인 것의 전투성은 정치의 지형과는 다른 지형 즉 삶의 총체성이

---

44. 네그리는 '유물론적 장'이라고 부른다.
45. 안또니오 네그리, 『혁명의 시간』, 166쪽.

라는 지형에서 행동한다. 이 관점에서 볼 때 '삶정치'가 이미 공통된 이름에 더 그럴듯하게 근접한다.[46]

리비스와 네그리의 통찰에 기대자면 비평은—이 글에서 추천되는 '카이로스의 비평'은—있어도 좋고 없어도 좋은 '잉여'활동이 아니라 실재의 생성 과정이고 삶의 생성과정이며 삶정치적 과정이다. 여기에는 문학을 정치, 사회, 경제와 매개 혹은 환원의 방식으로 연관시켰던 과거의 속류 유물론적 비평이 들어설 여지가 없다. 만일 이것이 '유물론'적 비평이라면 네그리에 의해 혁신된 바의 유물론의 입장에서만 그러할 것이다.

유물론적 문학 비평은 시적 형식들을 경제적, 정치적, 또는 사회적 조건들로 환원시키는 문제가 아니라 오히려 언어적 생산으로서의 문학이 어떻게 이러한 현실의 일부인지를 인식하는 문제이자 표현하는 주체를 이 관계들의 세계 속에서 포착하는 문제이다.[47]

---

46. 같은 책, 187쪽.
47. Michael Hardt and Antonio Negri, *Multitude: War and Democracy in the Age of Empire* (New York: The Penguin Press, 2004), p. 209.

이인성의 문학 세계
『낯선 시간 속으로』를 중심으로

서창현

들어가며

　　문학이라는 무기를 통해 다양한 언어적 실험을 시도하여 1980년대 이래 한국 소설사에서 매우 낯선 풍경을 펼쳐 보이고 있는 작가들 중의 하나가 바로 이인성이다. 그는 첫 중편집『낯선 시간 속으로』(1983) 이후『한없이 낮은 숨결』(1989),『미쳐버리고 싶은, 미쳐지지 않는』(1995),『강 어귀에 섬 하나』(1999)를 잇따라 펴내면서 독자와 평단의 주목을 받아 왔다.
　　그는 일상적이고 관습적인 언어로 현실을 매끈하게 재현해 놓는 데에 그다지 관심을 보이지 않는다. 그의 작품에 등장하는 현실은 뒤틀려 있고, 뒤섞여 있으며, 모호하다. 작품에 등장하는 인물들은 대부분 하나의 이름으로 부르거나 규정할 수 없을 정도로 분열되고 해체된 존재들이다. 사건들은 이질적인 항들의 우발적인 마주침과 그 계열에 의해 순간적으로 발생하고, 단절되며 접합된다. 이인성 작품들이 갖는 이러한 고유성은 바로 그의 독특한 언어적 실험이 낳은 효과들이다.

이인성의 낯선 언어들과 그것들이 창조해내고 있는 낯선 세계들은 역설적이게도 참다운 소통의 길을 찾기 위한 집념의 결과물이다.[1] 그것은 매끄러운 언어로 재현되는, 그래서 의심의 여지없이 확실한 것으로 재인되는 세계의 모습이 실제로는 어떠한 권력의 효과에 의한 것이 아닌지를, 현실과 잠재의 결정체인 삶의 단면을 보지 못하도록 가로막는 권력의 전략이 아닌지를, 그리하여 창조와 구성을 가능하게 하는 소통을 방해하는 거짓된 소통이 아닌지를 의심하고 묻는 데에서부터 시작한다.

한편, 이인성의 언어와 그것이 빚어내는 작품들이 낯설고, 심지어는 읽기의 괴로움을 주는 까닭은 그것들이 소설의 '독법 자체를 문제 삼고'[2] 있기 때문이다. 그의 소설은 독자들로 하여금 능동적이고 적극적인 주체적 독서를 하도록 요구한다. 이인성에게 소설은 소설 양식 자체에 대한 끊임없는 질문이자 전복의 결과물이다. 전통적이고 인습적인 소설 미학과 낯익은 소설 구조를 깨뜨리고자 하는 노력이 바로 그의 소설쓰기인 셈이다.[3] 이인성은 소설의 본질과 소설쓰기의 이유를 끊임없이 천착함으로써, 1980년에 등단한 이래 항상 한국 소설의 전위의 자리에서 활동할 수 있었다.[4]

그러나 이인성의 문학적 행위에 대한 평가가 항상 호의적인 것만은 아니었다. 그의 첫 소설집 『낯선 시간 속으로』가 발표되고 출간된 1970년대 말과 1980년대 초는 그 어느 때보다도 문학의 실천성이 강조되던 때였다. 그래서 '리얼리즘의 승리'라는 말이 일종의 마술적 효력을 갖는 주문처럼 작용하였고, 최상의 문학에 이르는 지름길이자 보증수표로 인정받고 있었

---

1. 이동하, 「1989년의 소설들」, 『혼돈 속의 항해』, 청하, 1990, 250쪽.
2. 권오룡, 「새로운 독법을 위한 글쓰기」, 『애매성의 옹호』, 문학과지성사, 1992, 154쪽.
3. 권성우, 「문화적 게릴라들의 형태 파괴적인 열망」, 『리뷰』, 1996 봄, 85쪽.
4. 성민엽, 「21세기 작가란 무엇인가」, 『21세기 문학이란 무엇인가』, 민음사, 1998, 33쪽.

다.5 현실에 대한 즉각적이고도 단선적인 대응을 더욱 가치 있는 것으로 인식했던 리얼리즘 계열에게 이인성의 『낯선 시간 속으로』는 이단까지는 아니더라도 별종으로 인식되었다.6 그러나 한편으로 보다 행동적으로 맞서는 '실천적인' 문학적 운동이 있었듯이, 다른 한편으로 소설 자체의 근본적인 변화를 통해 현실에의 대응성과 해방에의 지향성을 찾으려는 다양한 시도들을 통해 스스로에게 부과되어져 있었던 시대적 과제를 수행하고자 하는 움직임들 또한 엄연히 존재했다.7 이인성은 언어가 지니는 실질적인 문제들과 그것들이 갖고 있는 중요성을 온전히 인식하고, 그것을 내부로부터 해결하려는 의지를 보여줌으로써 현실변혁을 꾀한 작가라고 할 수 있다.8

문학은 새로운 삶과 세계의 가능성을 언어를 통해 탐색한다. 문학은 하나의 삶 안에서 또 다른 새로운 삶을 가능하게 한다. 그런 의미에서 하나의 문학 작품은 새로운 종류의 삶을 생산하는 기계라고 할 수 있다.9 그러므로 모든 문학 작품은 어떤 하나의 단일한 의미로 고정되지 않으며, 매번 새롭게 읽히고 새롭게 해석된다. 이 글에서는 문학 작품의 이러한 생산성에 주목하여 『낯선 시간 속으로』가 한국 소설사에서 이룩한 문학적 성취와 그 의의를 탐색해 보고자 한다.

---

5. 남진우, 「리얼리즘을 넘어서」, 『바벨탑의 언어』, 문학과지성사, 1989, 319~320쪽.
6. 『한없이 낮은 숨결』은 이러한 당시의 상황에 대한 작가의 소설적 대응이라고 할 수 있다.
7. 권오룡, 「소설 공간의 확대, 혹은 형식의 모험」, 『애매성의 옹호』, 문학과지성사, 1992, 81쪽.
8. 클로드 뮈르시아, 『누보 로망, 누보 시네마』, 이창실 옮김, 동문선, 2003, 37쪽.
9. 이진경, 「문학-기계와 횡단적 문학」, 고미숙 외, 『들뢰즈와 문학-기계』, 소명출판, 2002, 15쪽.

낯선 세계로 들어가기

이인성의 『낯선 시간 속으로』는 제목만큼 낯선 독서 체험을 독자에게 제공한다. 기존의 소설 문법에 익숙한 독자들에게 『낯선 시간 속으로』는 신선하면서도 매우 거북스럽고 이질적인 마주침으로 다가온다.

몽타주 기법

가장 먼저 눈에 띄는 것은 서로 이질적인 것들의 중첩이 이루어지는 몽타주 기법이다. 중첩이 이루어지는 양상은 매우 다양해서 시간, 공간, 사건, 인물, 의식 등의 다양한 요소들이 뒤섞이며 공존한다.

「길, 한 이십 년 - 1974년 봄, 또는 1973년 겨울」에서는 서로 다른 두 시간대가 아무런 구별의 표지 없이 중첩되어 서술되고 있다. 한 단락이 거의 50여 쪽에 이르는 이 부분은, 그러나 쪽모이(patchwork)를 하듯이 정교하게 짜맞추어져 있어서 그것들은 마치 하나의 단일한 시간대의 사건들의 연쇄인 것처럼 보인다. 그래서 외형적으로는 '매끄러운' 서사를 가장하고 있다.

그때, 그가 돌아오려 했던 곳은 어디인가? 여기인가? 그렇다면, 여기서, 그가 여전히 돌아가려 했던 곳은 어디인가? 어디론가 돌아가야 한다는 막연한 절실함, 그는 지나는 길에 잠시 머문 춘천을 떠나 돌아오기 위해 서울행 직행 버스에 앉아 있었다. (중략) 그러면 그 순간의 긴 그림자가 오랜 시간 남은 몸 안에 드리워질 것이었다. 겨울이었다. 그리고 봄이었다. 그는 여전히 어디론가 돌아가려 하고 있었다. 어디로? 낯익은 거리를 내다보던 그는 다시 뜻 모를 조바심을 느꼈다. 그리고 버스가 창경원 돌담을 끼고 고가도로를 넘어 '弘和門' 앞에 멈추었을 때, 황급히 버스를 내렸다. (중략) 어둠의 안개 속에서는, 고삐 풀린 말이 방향 없이 날뛰는 소리와 허공을 마구질치는 채찍 소리가 들려왔고 …… 귓속이 웅웅거렸다. 통증의 여운 때문인지, 아니면 하루종일 버스에 시달리는 데서 오는 피로 때문인지. 춘천의 외곽 지대를 꾸미는 주택가의 그런그런 풍경들이 차창을 지나가고 있었다. (중략) 그는 억지로 눈을 감았다. 눈을 감는다고, 거리에 선 그가 다른 곳에 있을 수는 없었다. (중략) 초조함이 목구멍 근처로 모여들었다. 그는 꿀꺽 침을 삼켰다, 남모르게. 저 혼자 표정 없이 간직한 마음의 어려움을, 누가 담담한 모습으로 귀향하는 한 평범한 제대병에게서 찾아볼 것인가? (중략) 그저 보이는 거나 보면서. 보이는 것은 오가는 사람들, 오가는 차량들, 공중변소, 아직 잎을 피우지 못한 가로수들…, 길 건너 홍화문과 돌담, 그 앞에 쪼그리고 늘어앉은 행상들, 공중전화 박스…, 따위였다. (중략) 길을 따라 싸늘한 흙먼지가 휘몰려왔다.[10]

여기에는 의가사 제대를 하는 제대병의 행로와 종로에서 방황하는 복학생의 행로의 이중서사가 펼쳐져 있으며, 각각의 서사는 교묘하게 얽혀 있다. 이와 같은 얽힘은 작품의 여러 군데에서 드러난다. 그 얽힘의 고리는 특정한 사물일 수도 있고, 어떤 행위일 수도 있다. 그리고 각각의 서사가 서로 다른 서사적 맥락 속에 있는 사건임을 알려주는 소재를 배치함으로써, 뒤얽힘 속에서도 일정한 흐름을 파악할 수 있도록 고려하고 있다. 그러나 그것이 항상 명확하게 제시되는 것은 아니다. 영화에서 이미지들이 중첩되는 특정한 지점에서는 두 장면을 구분하기가 어려운 것과 마찬가지로 회귀의 시점과 방황의 시점은 혼란스럽게 뒤섞여 있다.

그래서 이 작품은 난해하기보다 어지럽다. 인물의 기본적인 동선은 과

---

10. 이인성, 『낯선 시간 속으로』, 문학과지성사, 1997, 9~13쪽. 이하 본문 괄호 안에 해당 쪽수만 표기함.

거와 환상(착시, 착각, 상상)의 예측할 수 없는 출현에 의해 끊어지고 흐트러진다. 이것들은 이야기의 기본 축에서 구별할 수 없을 정도로 뒤섞여 있기 때문에 독자들은 단번에 의미를 파악하기가 어렵다. 더구나 겉으로 보기에, 두 개의 이야기가 섞이고 전환되는 마디는 너무도 매끄럽게 가공되어 있어 그 전환을 파악하기가 쉽지 않다. 소설을 읽다보면 어느새 과거로 밀려나고 또 현재로 돌아온다. 분명하게 다른 시공간적 차원을 빈번하게 넘나들게 되는 것이다. 그러나 그 전환의 매듭은 이음새가 너무도 매끄러워서 풍경이 바뀌었음에도 불구하고 그것을 쉽게 파악할 수 없게 되어 있다.[11]

이러한 언어적 장치는 이질적이고 복잡한 새로운 시공간을 구축함으로써 일체의 단일성을 파괴하고 서술적, 지시적인 혼란을 야기한다.[12] 그리하여 이러한 몽타주 기법은 연대기적인 삶의 연속성과 안전성에 대해 문제를 제기하는 이 작품의 전체적인 의도를 관철하는 효과적인 장치로 기능한다.

눌변의 기호들

두 번째로 확인되는 것은, 과도한 쉼표의 사용이다. 「그 세월의 무덤 – 1974년 여름」은 첫 문장부터 심상치 않은 쉼표의 활용을 보여준다.

무덤으로 가기 위해, 그는, 잠에서 깨어났다. 문득 잠의 안에서 밖으로 건너뛰는 순간, 그렇게 의식되는 순간, 또는 의식보다 더 빠른 무엇이 자신을 깨어났다고 믿게 하는 순간, 그는, 무슨 까닭인지, 자기가 깨어난 것이 바로 무덤으로 가기 위해서라는 기이한 느낌에 사로잡혔다.(64)

---

11. 김동원, 「궁극적 인간 해방을 위한 자리매김」, 『세계의 문학』, 1989 여름, 158~159쪽.
12. 클로드 뮈르시아, 앞의 책, 53쪽.

…… 거울 속에서, 나는, 거울 밖의, 그를, 마주본다.(68)

내게 마지막 꿈이 있다면, 내 자신이 그 연극으로서, 그 공연 전체로서, 무대 위에서 한 번만 더 되살아보고 싶다는 거야.(113)

돌아서며, 나는, 아득히, 내던져진다. 아득히 내던져져서, 나는, 천천히, 너에게로, 다가선다. 벽에 등을 대고, 너는, 다가서는 나를, 텅 빈 눈으로, 올려다본다 … (178)

여기에서 쉼표는 단순한 문장부호 이상의 의미와 기능을 갖는다. 여기에서 쉼표는 독자의 호흡을 의도적으로 끊어, 자연적이고 관습적인 의식과 이미지의 형성을 가로막는다. 호흡은 끊어지고 의미는 단절된다. 그렇게 열린 휴지의 공간에서 전혀 낯설고 새로운 의미가 발생한다.[13]

말줄임표 또한 매우 빈번하게 사용됨으로써 언표와 언표 사이에 공백을 만들어 놓는다.

어둠의 벽 뒤에서는, 자욱한 안개가 꾸역꾸역 밀려나왔었고 … 어둠의 안개 속에서는, 고삐 풀린 말이 방향 없이 날뛰는 소리와 허공을 마구질치는 채찍 소리가 들려왔었고 … (10)

아침부터 기진했으므로, 그는 누워진 몸 그대로 누워 있었다. 풀어 헤쳐진

---

[13]. 장석주는 이에 대해 다음과 같이 적극적으로 해석한 바 있다. "이인성은 우리나라 소설가 중에서 소설 속에 쉼표를 가장 많이 쓰는 작가다. 소설의 구문 속에 쉴 새 없이 출몰하여 문맥의 자연스러운 흐름을 인위적으로 끊어놓는 쉼표는 이인성 소설의 트레이드 마크가 된 지 오래다. [……] 이인성에게 쉼표는 단순한 문장 부호가 아니다. 이는 야만스럽고 기괴스럽게 하나의 틀 속에 세상을 쓸어 담으려는 시대의 폭력에 맞서 그것을 끊임없이 흐트러뜨리고 분화시키려는 한 지식인 소설가가 지닌 오기의 자취를 보여준다." 장석주, 「이인성, 또는 실험 소설의 현단계」, 『20세기 한국문학의 탐험·4』, 시공사, 2000, 464~465쪽.

잠시 사이 … , 다시 그는 무덤으로 가기 위해 몸을 일으켜야겠다고 생각했다.(67)

…… 무대다, 그가 있게 될, 그의 '있음'이 시작될 무대다. 극도로 희미한, 희슴푸레한 조명이 그대로 무대 위에 널려 있다. 무대는 여전히 비어 있다. 얼핏 그렇게 보인다. 그러나, 흐르는 시간이 희미한 빛의 더 희미한 가장자리에 세워진 어떤 형태들을 찾아내게 한다. 어렴풋함에 위장된 무대는 비어 있지 않다. 그 사실이 이제 절대적인 사실로 드러난다. 바짝, 입술이 타며 체념이 완성된다 … 순간(!), 간신히 묶여 있던 사고력의 괄호가 머릿속에 풀어진다. 풀어져, 돌연히, 흩어진다. 중심을 이탈하는, 생각, 조각들. 폭풍처럼 거칠게. 돌연히, 유동체처럼 끈끈하게. 질척인다, 어지럽게. 어질어질, 머릿속의, 빛과 어둠이, 무질서하다. 돌연히, 보이는 게 보임, 사라짐. 떠오르는 게 떠오름, 사라짐 … 순간(!), 나는, 기척처럼, 의식의 최소한도를 수습한다.(120)

저 철자들의 결합이 … 기호가 … 약속이 … 완전히 녹아 사라진다 … 눈앞에는 붉은 불덩어리뿐 … 그리고 … 불덩어리조차 … 멀어져간다 … 시야가 빈다 … 없음 … 없음 … (245)

이렇게 만들어진 공백은 그러나 아무 것도 없는 진공의 텅 빔이 아니다. 이 안에는 획정되지 않은 무수한 욕망이 움직이고 의미들이 꿈틀거리는 생성의 공간이다. 여기에서의 '말줄임', 혹은 '말없음'은 단어들 사이뿐만 아니라, 작자와 텍스트, 텍스트와 독자 사이에도 공백을 만들어 놓는다. 그 안에서 아직 분화되지 않은 특이성들이 요동치고 있다.

문학 작품에서 하나의 문장부호는 반드시 어떤 의도를 담지하게 된다. 『낯선 시간 속으로』에서 사용된 문장부호들은 그것들이 통상적인 발화 상황에서 의미의 전달을 수월하게 하는, 자신에게 주어지는 애초의 기능을 배반한다. 여기에 사용된 문장부호들은 의미를 단번에 파악해내는 데에 오히려 방해의 요소로 작용한다. 우리는 여기에서 작가가 매끄러운 '달변'의 전략이 아니라 껄끄러운 '눌변'의 전략을 사용하고 있음을 알게 된다. 이러한 전략을 선택한 까닭에 대해서 작가 스스로 다음과 같이 밝힌 적이 있다.

> 문학은 눌변으로부터 시작되는 것이 아닐지. 달변은 믿을 수 없으므로, 그것은 '저들'의 체계이자 함정이므로. 문학은 더듬거리며 허우적거리며 자기 말을 찾아 나서는 것이 아닐지. 마치 모든 것을 처음으로 그토록 어렵게. 눌변이란 침묵이 최선이라는 걸 알면서도 침묵할 수 없는 자들의 서투름이라고나 할까. 더듬거리는 꼴에도 결국 삶을 사랑하므로 침묵으로 초월하지 못한 자, 또는 그런 초월을 거부한 자가 침묵하듯 말하는 방식. 덧붙여, 이 모순을 끝끝내 밀고 나가는 방식. 고쳐지지 않는 서투름 때문에 그는 언제나 실패하겠지만, 그렇지만 … [14]

그에게 눌변은 하나의 전략으로 선택된 것으로, 그것은 매끄럽게 관철되는 '저들'의 달변을 깨뜨릴 수 있는 무기로서 기능한다. 달변은 동(일)화의 전략이다. 달변은 차이를 무차별로 환원한다. 달변은 의미를 발생시키지 않고 일정한 정보를 매끄럽게 전달하는 것을 일차적 목적으로 삼는다. 달변의 목적은 소통이 아니라 명령과 질서의 강제이다. 그와 달리 눌변은 차이와 생성의 전략이다. 눌변은 정보의 전달이 아닌 의미의 발생을 위한 시간과 공간을 창조한다. 그래서 눌변은 동일한 것의 확인을 목표로 하지 않고, 이질적인 항들 사이에서 공통적인 것의 구성을 목표로 한다.

이와 달리 말줄임표를 제외한 모든 문장부호들을 제거한 경우도 있다.

---

14. 이인성, 「문학에 대한 작은 느낌들」, 『식물성의 저항』, 열림원, 2000, 13쪽.

이는 문장의 흐름을 방해할 만한 모든 요소들을 제거한 무중력 상태의 꿈이나 환상의 상태를 효과적으로 표현하기 위한 장치로 기능하고 있다.

너의 머릿속에선 무엇이 보일까? … 그것은 사라지지 않는다 오히려 그것은 불길처럼 머릿속에 번진다 뇌는 금방 하얀 불덩어리가 된다 그것이 용암처럼 목을 타고 흘러내린다 뜨겁게 온몸의 기관이 녹아 뒤섞인다 열이 오관을 통해서 스며나온다 딱딱하게 굳어 있는 내 갑충의 살갗 위로 진땀이 번들거인다 … (203)

내려간다 … 천천히 아주 천천히 깊디깊이 바다 모를 깊이를 향하여 투명한 빛이 솟아오르는 곳을 향하여 이름 모를 색깔들이 숨김을 이루지 못해 헤쳐나오는 곳을 향하여 먹먹한 귀청에 울리는 무슨 합창 소리를 향하여 물무늬 아득한 화음을 향하여 물풀들의 윤무를 향하여 … 잠겨든다 … 천천히 아주 천천히 얼 없이 청람의 물빛을 휘감고 물의 꿈에 실려 물의 숨소리를 들으며 지느러미로 헤엄치며 아가미로 숨을 쉬며 몸의 비늘을 빛내며 바다풀처럼 머릿결을 흔들며 물의 젖가슴에 안겨 물의 살결을 열면서 … 그러면 희디흰 물안개 자욱해오고 … 안개에 잠긴다 발목이 손목이 허벅지가 허리가 가슴이 얼굴이 … 물 속의 물 찬 곤두박질 충만한 알몸을 휘감는 황홀한 경련 … (260)

인위적으로 설정된 호흡과 휴지의 장벽들은 모두 사라지고 남는 것은 자유로운 독자의 상상력이다. 그리고 독자의 상태에 따라, 독자의 심리에 따라, 의미와 이미지는 막힘없이 출렁거린다.

감각의 회복

이인성의 언어적 실험은 온전한 감각의 회복에 바쳐진다. 그는 자동화된 언어적 이미지를 해체하고 새로운 감각의 형성을 위한 언어적 실험을 시도한다.

차창의 틀이 만든 풍경화의 초현실적인 모습은, 아주 사실적인 산수화의 저 중심에 펼쳐진 기이함 때문이었다. 산세와 물줄기가 아련히 멀어지며 모여드는 거기서, 까닭 모르게 더욱더 비현실화되어가던 태양은, 이제 언젠가 현미경의 작고 둥근 시야로 확대되어 보이던 핏방울과도 같았다. 아까까진 꽃이었는데, 왜 피인가? 피, 그것이 그가 남모르게 키워온 어떤 환상적인 꽃의 정체였던가? 그러나 저 풍경을 초현실화로 완성시키고 있는 것은, 허공에 둥글게 응집되어 쏟아지지 않는 핏방울 아래, 옆으로 뉘어 세워진 사다리였다. 구분되지 않는 먼 하늘빛과 강물빛 사이에 걸린 사다리는 강 건너편과 이쪽을 위·아래로 구분하는 듯싶었다. 그래서 풍경 속에는(28)

풍경은 완벽하게 정지된다. 멀리 산등성이들은 몇 겹의 부드러운 붓길처럼 잔잔히 겨울 햇살 위에 떠 있다. 그 밑으로 이십 리가 넘는 호수 둘레를, 잎새 없이 가지만으로 얽힌 맨몸의 나무들이 환상의 테두리처럼 둘러치고 있다. 호수의 먼 윤곽이 아련히 선명하고, 얼어붙은 물껍질의 너른 벌판 위에 햇살이 눈부시다. 그 환한 햇살 속으로, 연록색 빛안개가 번져 있다. 예감을 넘어, 나는,

          모든 것을 수락한다, 그는.
순간(!), 마침내 기다림은 채워진다. 한 순간의 극심한 현기증을 넘어, 불현듯 트여오는 한없이 맑은 의식으로, 그는, 예기치 못한, 새로운, 완전히 새로운, 두렵기조차 한, 어떤 감각 속에 휘말려든다. 무심히 손을 뻗친 나무에서 뜻밖의 촉감이 밀려오고, 이상한 발음과 내음이 가득차오고, 돌과 나

무와 또 모든 사물들이 믿을 수 없는 … 아! 지금, 그는, 저 스스로 충만한 감탄의 느낌표다! … 그런데, 거의 동시에, 아!, 하는 한탄의 느낌표가 되며, 그는,
감각의 한 모퉁이가 무너짐을 느낀다, 나는. 일어선 바람이 풍경을 흐린다. 급격한 침몰, 내 저항은 쉽사리 무너진다. 무슨 까닭일까, 나는 마지막으로 빠져나가며 여울지는 그 느낌의 뒤끝에 안타까움을 느낀다. 그 찰나적인 풍경, 그것은 어딘가 다른 곳임에 틀림없다. 나는 무언가 다른 것을 감각한 것이다. 그러나 이제, 그 믿을 수 없는 저 너머를 드러냈던 풍경은 단순한 하나의 물리적인 대상으로 환원되어 있다.(181~182)

예술은 감각들의 집적, 지각들과 정동들의 복합체이다.[15] 감각들, 지각들, 정동들은 스스로의 힘에 의해 가치를 지니며, 모든 체험을 넘어서는 존재들이다.[16] 예술가는 체험의 지각적 상태들과 감정상의 전이들을 넘어서 있다. 그는 견자(見者)이며 생성되어가는 자이다.[17] 지각이 지각작용들을 넘어서듯이, 정동은 감정들을 벗어난다. 정동이란 체험된 상태로부터 다른 상태로의 전이가 아니라, 인간의 비인간적 생성이다.[18] 위대한 소설가란 무엇보다도 알려지지 않은 혹은 잘못 인식된 정동들을 창안해내고, 그것들을 자기 인물들의 생성으로 발현시키는 예술가이다.[19] 예술가란 지각들과 시각들을 우리에게 제공해 준다는 점에서, 정동들의 제시자이자 창안자며 창조자이다. 이것들과 더불어 독자인 우리 또한 새롭게 생성된다.[20] 예술가들

---

15. 질 들뢰즈·펠릭스 가타리, 『철학이란 무엇인가』, 이정임·윤정임 옮김, 현대미학사, 1995, 234쪽. '정동' 개념에 대해서는 질 들뢰즈·안또니오 네그리 외, 『비물질노동과 다중』, 서창현 외 옮김, 갈무리, 2005을 참조.
16. 앞의 책, 234쪽.
17. 앞의 책, 246쪽.
18. 앞의 책, 249쪽.
19. 앞의 책, 251쪽.
20. 앞의 책, 253쪽.

이 언어를 뒤틀고, 진동시키며, 부둥켜안고 쪼개는 목적은 바로 이러한 과제를 달성하기 위함인 것이다.[21] 이인성은 '숨어 있던 미지의 감각들'(259)을 불러내어 독자를 전율케 한다.

이외에도, 단어들을 시각적으로 배치하여 어떤 이미지를 구축한다든지, 소리를 잃어버린 언어의 한계를 뛰어넘어 운율을 회복시키고자 하는 시도를 한다든지, 아예 단어들을 해체하기도 한다.

  우리는
    그날의 행각처럼
        또다시 바닷가로 나아간다 ⋯⋯ (227)

 가득히   열린
   바다가
      유일한   진실처럼
    황홀한 죽음처럼
           출, 렁, 거, 린, 다 ⋯ (258)

선율이었으면, 모든 것이 선율이었으면. 하찮은 손짓, 우연히 던지는 한마디 말까지도 우리의 모든 것을 담고 미래로 나아가는 선율이었으면 ⋯ 순간, 그림 속의 남자가 갑자기 격렬하게 기타를 튕기기 시작한다. 디제이의 장난인지, 스피커의 볼륨이 급작스레 높아져 있다. 네 상체가 앞으로 앞으로 일어선다. "아 ⋯" 하는, 너의 짧은 탄식. "이거 ⋯" 네 목소리가 음악을 타고 튀어오른다 ⋯ 레지가 다가온다 ⋯ 붉게 노랗게 푸르게 흔들리며 다가오는 그녀의 어깨 위로 춤추는 가수의 목소리이이가아 우우울리일 때(,) 그

---

21. 앞의 책, 254쪽.

녀의 웃음진 표정 앞에 휙 던지는 말 "커피 둘. 그리고 메모지 좀 주세요"와 동시에 돌아서는 그녀(,)의 잔등을 부드럽게 타고 내리다가 한 순간 폭포처럼 곧이어 튀어오르는 물방울처럼 선율을 탄 내 시선 앞에 뿌옇게 일어나는 소리이 먼지가 푸른 조명 속에 스미고 그 너머로 멀어지는 탈 탈 탈의 입(,)과 입 속의 어어둠(!) 쿵 쿵쿠쿵 쿵 드럼 소리(!) 테이블을 두드리는 내 손(,)가락 끝에 묻어나는 작은 단단함 ♩♪♪♩♩ 노래를 따르는 네 작은 목소리 ♩♫♩ 끝없어라~ 끝없어~ 를 ♩♩ 헤치며 레(,)지(,)가 다시 ♩ ♩ 다가오고 가볍게 건네진 흰 메모지 달그락거리며 내려진 커피잔 찰랑이는 커어피 소오리의 향기 번져라~ 번져~ 가벼운 걸음과 허리의 교태로 거듭 떠난 저 아가씨(,)를 배웅하듯 웃음과 웃음 몸을 굽히면(?) … (196)

이와 같이 『낯선 시간 속으로』에는 언어가 단순한 텍스트에 머물지 않고, 파도치는 바다의 물결이 되기도 하고, 악보가 되기도 한다. 작가는 언어의 지배적인 재현적인 이미지에서 벗어나고자 시도한다. 이러한 시도들을 통해, 아직 어떠한 특정한 꼴을 갖추지 않은 욕망의 언어들이 그 안에서 꿈틀거린다.[22]

이러한 감각의 회복은, 감각을 판단보다는 실험의 문제로 만든다. 그것은 기존의 개념이나 담론에 감각을 종속시키는 것으로부터 '보기의 예술'을 해방시키는 일이다. 이 안에서 시간과 공간에 대한 우리의 관계, 그리고 우리의 공간성 또는 시간성이 변화를 겪는다.[23] 그리하여 무어라 이름붙일 수 없는 새로운 풍경과 주체성들이 탄생한다.

---

22. 김인호, 「허구와 현실 사이의 존재론적 성찰」, 『탈이데올로기와 문학적 향유』, 열림원, 2001, 165쪽.
23. 존 라이크만, 『들뢰즈 커넥션』, 김재인 옮김, 현실문화연구, 2005, 219~220쪽.

익명의 인물들

『낯선 시간 속으로』에 등장하는 인물들은 고유명사를 할당받지 못하고, 모두, '나', '너', '그', '그들', '저들'의 익명적인, 혹은 무명적인 존재로 등장한다. 이들이 맺는 관계 또한 우리가 일상적인 생활에서 경험하는 '거리'의 관계들과 반드시 일치하는 것은 아니다.[24]

> 나, 자신? 내가 나이기 이전에, 나는 그였다. 그때, 그 역시 막연한 그때, 그가 거기에 있었다. 언젠가 무수한 시간의 그때그때에, 거기 어딘가 도처에. 그는 나였다. 그러나 나는 그가 아니다(이것도 내가 그렇게 믿고 싶은 것뿐일까?). 지나가버린 나인 그가 나를 나이게 한 때가 언제였을까? 언젠가 나는 그와 한 몸으로 있었다. 내가 나를 나라고 의식하면서, 그는 내가 아니기 시작했다. 그리고 완전히 내가 나로 있게 되자, 그는 없었다(왠지, 이 진술이 자꾸 의심스럽다).(117)

조금 성급하게 이야기하자면, 바로 이 '나', '너', '그'의 관계에 대한 해명, 혹은 존재물음에 대한 탐색이 이 작품들의 핵심적인 과제라고도 할 수 있다. 이 익명의 대명사는 심지어는 M1, F1 등의 기호의 사용으로 확대되기도 한다. 이에 대해 권오룡은 1980년대 소설을 다루는 자리에서, 이러한 기호를 통한 익명화가 "폭력적 억압이 사회 정의와 인간적 가치에 대한 존중을 심각하게 가로막고 있는 사회에 대한 사람들의 대항과 대결의 자세를 형태화하려는 시도에서 결과된 변화"로 평가한 바 있다.[25]

고유명사를 폐기하고 인칭대명사를 혼란스럽게 사용하는 것은 고정된

---

[24]. 예컨대, '너'는 '나'의 대화를 듣는 청자로서의 2인칭 대명사가 아니다. 여기서의 '너'는 '그'와 마찬가지로 다양체로서의 '나'의 분신에 해당한다고 말할 수 있다.
[25]. 권오룡, 「소설 공간의 확대, 혹은 형식의 모험」, 앞의 책, 73쪽.

정체성이 아니라 생성하는 무한한 정체성을 드러내기 위한 전략이다. 이는 이인성의 문학이 재현을 목표로 하는 문학이 아니라 비재현적 문학임을 일러주는 하나의 지표가 된다. 재현적 문학에서는 "고유명사 또는 단수명사는 한 지식의 항구성에 의해 그 정체성을 보장받으며, 이 지식은 일정한 고정적 관계를 유지할 수 있도록 해주는, 정지와 휴지를 가리키는 일반명사들 속에 구현되기 때문이다."[26] 『낯선 시간 속으로』를 관통하고 있는 인칭적인 불확실성, 혹은 동요는 바로 정체성(동일성)의 동요에 다름 아니며, 그것이 바로 사건(삶) 자체의 객관적인 구조이다.[27] 이러한 무한한 정체성 속에서야말로 전복이 일어난다.[28]

사실상 어떤 특정한 이름을 갖지 않는다는 것, 즉 어떤 고정된 자아를 포기한다는 것은 자기의 얼굴을 갖지 못한 집단 속의 하나로 수동성, 익명성 속에 함몰된 채 남아 있다는 것을 뜻할 수도 있다. 그래서 자신의 내면을 살아보지 못한 일차원적인 존재로 살아가는 것을 의미할 수도 있다. 그러나 한편으로 이러한 익명에의 욕망은 자아의 집착에서 벗어나 여러 자아를 나의 내면에서 실현하고 싶은 욕구를 나타내는 것일 수도 있으며, 따라서 그것은 인간의 보편적 내면을 두루 살아내고 싶다는 능동적 욕망의 표현이 되기도 한다.[29]

뷔토르에 따르면 "[인칭]대명사들의 작용은 단지 인물들을 서로 구분하게 하는 것뿐만 아니라, 그들 각자를 구성하고 있는 의식이나 잠재의식을 다양한 층위로 적절히 구분해내고, 그것들을 타인들 사이에 그리고 우리

---

26. 질 들뢰즈, 『의미의 논리』, 이정우 옮김, 한길사, 1999, 46~47쪽.
27. 질 들뢰즈, 앞의 책, 47쪽.
28. 민진영, 「질 들뢰즈의 문학론 연구 – '차이'와 '생성' 개념을 중심으로」, 전남대학교 대학원 불어불문학과 박사학위논문, 2005, 28쪽.
29. 진형준, 「처절한 자아탐색, 그리고 소설탐색」, 『서평문화』, 1999, 겨울, 19쪽.

사이에 위치시키는 유일한 방법이다."30 이인성은 이러한 인칭대명사들을 적극 활용함으로써 고정된 주체성의 분열과 해체를 꾀한다. '나', '너', '그'의 현란한 교체는 바로 하나의 정체성으로 고정될 수 없는, 다양체로서의 주체를 사색하기 위해 작가가 선택한 고도의 전략으로 볼 수 있다. 이 익명의 전략은 또한 서술 자아의 지위(심지어는 작가의 지위)조차 혼란에 처하게 만든다.

주제의 노출

한편, 이 작품에는 작가가 중점을 두고 있는 문제의식이 무엇인지를 다양한 방식으로 드러내 보여주고 있는데, 고딕체 및 볼드체의 제시가 그것들 중의 하나이다.

> 그것이 없다는 것을 알면서도 그 '없음'의 '있음'에 빠져들 수밖에 없는 어떤 상태를, 그는 헤매고 있었다.(29)[밑줄은 인용자]

> 어쩌면 볼 수 있으나 본 것이 아닌, 어쩌면 본 것이 아니라 본 것일 수도 있는… 그의 '나'와 '너', 언젠가는 만나 하나가 되어야 할 그의 떨어진 두 몸.(49)

> 그는 활짝 열린 연극회실의 문기둥에 기대어 섰다. 그들이 있었다. 그들의 '그들' 전체로 거기에 있었다.(79)

---

30. 미셸 뷔토르, 『새로운 소설을 찾아서』, 김치수 옮김, 문학과지성사, 1996, 146쪽.

믿음의 편차와 의혹과 그들 내부의 사사로운 관계와 저 혼자의 몸짓을 숨기고, '그들'은 여전히 그들의 '우리'로 남을 것인가? 꺼져가는 '우리'의 불을 되살리기 위해서라도 그들은 다시 시작해야 하지 않겠는가? 아직도 무엇을 더 유보시키려는 것일까? …… 그러면 막연히 그들에게 돌아와 있는 그, '그'의 '나'는 이제 무엇을 바라고 있는 것일까?(82)

그의 깊은 곳에 숨겨두고 '저들'의 단위법으로 자기 자신을 재어보는 자막대기, 제 마음의 그림자, 그림자의 수렁.(89)

그의 무대가 된, 어쩌면 저 무대보다 더 크게 '저기'를 담고 있는 내 몸의 눈이 저곳의 그와 이곳의 나 자신을 동시에 들여다보고 있었던 게 아닐까? 그렇다면 내 무대가 된, 어쩌면 이 무대보다 더 크게 '여기'를 담고 있는 그의 몸이 이곳의 나와 저곳의 그 자신을 들여다보고 있는 게 아닐까?(172)

모든 것을 수락한다, 그는. 그러자. 세찬 바람이 방향 없이 엇갈리더니, 갑자기 큰 물결 하나가 밀어닥친다. 검푸른 바다의 언덕 위로 배가 떠오른다. 솟구친 배가 느리게 떨어진다. 순간(!), 그는, 가슴 한곳에서 온몸으로 밀려나가는 전율에 휩싸인다. 날카로운 빛 한 줄기가 머릿속을 지나간다. 오오! 숨어있던 무수한 미지의 감각들이, 순식간에, 몸부림치는 작은 벌레들이 되어, 시간의 한점 한점을 물고, 온몸의 구석구석에서, 꿈틀꿈틀, 피부의 숨구멍을 기어나온다. 그는 착란의 소리를 듣는다. 저 보랏빛 수평선 밑에 가라앉아 있는 어떤 환성이 그를 불러 일으킨다. 그는 흔들리는 배 위에 일어서서 몸을 가누려고 애쓴다. 그리고 뱃머리 쪽으로 한 발 움직인다. 쨍한 햇살이 저 보랏빛 수평선으로부터 뱃머리까지 새하얗고 눈부신 길을 만든다. "조심" 하는 어부의 소리와 동시에, 그는 까마득한 혼수상태로 빠져든다. 물길 위의 햇살이 물결 결결마다에 부서져 출렁인다. 그는, 그 너른 바다 위에, 하나의 햇조각이 되어, 어쩔 줄 모르며, 다만 흔들리며 빛나며, 떠 있

는다 … (259~260)

다시 볼 때마다, 그 아픔의 과거가 '여기'에 살아나고 미래인 다른 하늘이 '지금' 속에 가득 펼쳐지는 곳.(312)

보는 바와 같이, 강조된 단어들은 모두 이 작품집에서 핵심적인 지위를 차지하는 것들로서, 이 작품들이 일종의 존재론적 성찰을 하고 있음을 강력하게 시사하고 있다. 그가 독자들과 함께 나누고자 하는 것은 '나', '너', '그', '그'라는 개체적 주체성의 발생과 구성에 대한 성찰, '우리', '그들', '저들'을 둘러싸고 전개되는 힘(권력과 역능)의 관계들과 공통적인 것의 구성에 대한 성찰, '있음'과 '없음'이라는 화두로 풀어나가는 현실적인 것과 잠재적인 것에 대한 성찰, '여기'와 '지금'을 통해 펼쳐지는 삶에 대한 성찰이다.

우리는 지금까지 이인성이 『낯선 시간 속으로』에서 시도한 언어적 실험의 양상들을 살펴보았다. 작가가 사용한 이러한 기법들은 '언어를 그 길들여진 활용법에서 벗어나게' 하기 위한 장치들로 기능함을 알 수 있었다. 이제까지의 주도적인 문학적 관습을 거부하고 새로운 형식을 탐색하며, 세계와의 새로운 관계를 설정하려는[31] 이인성의 시도는 바로 언어의 재현 기능에 문제를 던지는 것이라고 할 수 있다.

이인성은 일련의 소설 창작을 통해 문학 언어의 한계를 실험하고 새로운 서사체를 모색한다. 현실과 언어와의 관련성을 살피고 무의식의 지대에 담긴 욕망의 구조를 밝혀냄으로써 정체성을 어떻게 새롭게 구성할 수 있는가를 살피는데, 그런 자의식적인 요소 때문에 소설의 시간성이 무화되고

---

31. 클로드 뮈르시아, 앞의 책, 25쪽.

서사성이 약화됨으로써 다분히 실험적인 양상을 띠게 되는 것이다.[32]

　이인성의 이러한 언어적 실험은 '새로운 리얼리즘'을 위한 시도로 읽을 수도 있다. 세계와의 새로운 관계의 출현을 위한 언어적 창조 기능의 극대화. 그리하여 그의 '지속적인 탐구와 끊임없는 문제제기'로서의 소설쓰기는 부동의 정체성의 확립이 아닌 역동적인 과정이 된다.[33] 이인성은 이러한 언어의 탈영토화를 통해 모국어를 외국어처럼 구사하는 '소수문학'[34]의 전략을 쓴다.

걸어가며 묻기

　『낯선 시간 속으로』는 물음의 소설이다. 외부로부터의 강제에 의해 발동, 혹은 분만되는 사유의 탐험, 물음의 연속체이다. 그러나 이 물음은 어떤 대답을 전제하고 던져지는, 동일성을 확인하기 위해 만들어지는 물음이 아니라, 오직 새로운 생성만을, 차이만을 인정하는 물음들이다. 소설에서 '나'는 끊임없이 이동하고 부유하면서, 마주치는 모든 것들과 함께 물음을 생성시키는, 물음의 역량을 갖춘 물음-존재이다. 이 물음-존재는 물음의 대상뿐만 아니라 물음을 던지는 스스로도 위험에 빠뜨리고, 자기 자신을 물음의 대상으로 만든다.[35]

　그렇다면 『낯선 시간 속으로』 안에는 어떤 물음들이 내장되어 있고, 그것은 무엇을 파괴하며, 그리하여 결국에는 무엇을 새롭게 세우려 하는가?

---

32. 김인호, 앞의 글, 139쪽.
33. 클로드 뮈르시아, 앞의 책, 38쪽.
34. 소수문학에 대해서는 질 들뢰즈·펠릭스 가타리, 『카프카 - 소수적인 문학을 위하여』, 이진경 옮김, 동문선, 2001를 참조.
35. 질 들뢰즈, 『차이와 반복』, 김상환 옮김, 민음사, 2004, 424쪽.

물음으로 꽉 차 있는 소설의 세계로 들어가 보자.

확실성의 종말

이 작품을 지배하는 주된 정서 중의 하나는 막연함이다. 그러나 그 막연함은 체념의 막연함이 아니라 어떤 절실한 막연함이다. 멈춤 없는 여행, 중단 없는 여행에 필연적으로 동반되는 것으로서의 막연함이다.

> 그 때, 그가 돌아오려 했던 곳은 어디인가? 여기인가? 그렇다면, 여기서, 그가 여전히 돌아가려 했던 곳은 어디인가? 어디론가 돌아가야 한다는 막연한 절실함, 그는 지나는 길에 잠시 머문 춘천을 떠나 돌아오기 위해 서울행 직행 버스에 앉아 있었다.(9)

이렇게 시작하는 소설은, 마치 모든 확실함을 날려버리기라도 하려는 듯이 곳곳에 지뢰처럼 막연함과 불확실함의 요소들을 매장하고 있다.

> 막연한 절실함(9)/ 뜻 모를 조바심(9)/ 모습을 가늠할 수 없는 괴로움(11)/ 더듬이를 잃은 벌레(11)/ 대답할 수 없음의 막막함(18)/ 뜻밖의 써늘함(27)/ 막연함, 막연함(32)

> 그는 스스로 기미를 느끼면서도 모른 척하며, 얼굴 모를 제 주인공과 그를 둘러싼 **막연함**이 어느 날 형태로 드러나기를 끈질기게 기다리고 있었다. 그런데 이제 막 어떤 시작을 부여할 수 있을지도 모른다는 생각이 들었던 것이다. 만일 그─**막연함** 자체로 연극을 만든다면 … 언뜻 스친 그 생각에, 모든 것은 여전히 ─ 막연했지만, 그는 약간 가슴의 생기를 얻었다.(31~32;

강조는 인용자)

의문문만 가득찬 상황, 제 안팎의 아무것도 모를 때처럼 가혹한 상황은 없을지도 모르지. 헉헉거리도록 허우적거리도록, 주인공 놈을 그런 늪에 풀어놔야 할 텐데, 제풀에 꺾이도록.(32)

결국 정체를 알 수 없는 징그러운 뱀의 포승에 온몸을 맡겨 친친 감기는 양, 그의 주인공은, 때때로 뒤를 돌아보며 도망치다 막다른 곳에서 뿔 들이대기를 포기한 사슴이 죽음으로 가증스런 맹수와 살을 섞는 양, 그렇게? … (33)

어제는, 여덟 시간의 기차 여행까지 겹쳐 완전히 지쳤음. 여덟 시간, 그 헤어온 시간만큼 멀리, 그래서 나는 이 땅의 동쪽 끝까지 왔음. 기차 안에서는, 다행히 옆자리의 사람이 나를 방해하지 않았으므로, 차창을 신속히 스쳐지나가는 풍경의 이편에서 편안히, 될 수 있는 대로 편안히 몸을 내맡겼음. 서울을 막 벗어났을 때 서리 얹힌 들판 위에 극도로 투명한 주홍빛 아침햇살이 나리던 걸 기억하는데, 그때 아마 나는 좀 긴장했었던 모양임. 그 밖에는, 수없이 지나쳤을 어떤 풍경들이 이상스럽게도 나의 언어로 대치되지 않음. 마치 이번 여행 내내 내가 몸담고 있을 것만 같은 **절대적 막연함**처럼.(182)

'막연함'은 이 작품집을 끌고나가는 힘이다. 수없는 물음이 던져지지만, 결정적인 대답은 주어지지 않고 계속 유예되며, 그 물음 자체가 주인공이 된다. 다시 말해, '어디론가 돌아가야 한다는 막연한 절실함'(9)이 그의 '낯선 시간 속으로' 떠나는 여행/탐험의 추동력이 되고 있는 것이다. 이 추동력이야말로 시간/주체 탐험을 가능케 하는 힘이다. 그리하여 결국은 이 막

연한 절실함이 '그 너머로 가는 것'(41)을 가능케 하는 것이다.[36]

이러한 물음은 어떠한 대답을 전제하지 않고 던져지며, 또 실제로 어떠한 대답도 주어지지 않는다. '모습을 가늠할 수 없는 괴로움'(11)이 덮쳐올 뿐이다.

> 대답할 수 없음. 대답할 수 없음의 막막함.(18)

그렇다면 왜 작가는 막연함을 작품의 모티프로 삼은 것일까? 왜 확실하고 안정적인 것에 파열을 내고자 한 것일까? 그것은 기존의 소설들이 지향하는 '이야기가 조리 있게 진행되는 소설'이 가짜 질서의 세계를 보여주고 있다는 인식에 기초하고 있는 때문이 아닐까? '예정된 목적지'가 '그가 돌아가야 할 곳'(10)이 아닐 수 있다는 인식. 현실 자체가 이미 질서 있는 공간이 아니며 그 의미가 뚜렷하게 드러나지 않는 복합적 공간이라는 인식. 여기에서 이인성의 물음과 언어적 실험이 시작된다. "세계가 과연 단일한 의미를 갖고 있을까? 세계가 갖고 있다는 단일한 의미란 공식 문화가 강요한 의미가 아닐까?"[37]

> 버스 안의 온갖 소리들이 저렇게 엉겨붙었나? 어지럽게 얽혀 있던 잡음이 문득 주파수를 찾으며 어떤 목소리가 되었다. " … 라고 정통한 소식통이 전했습니다." 라디오 뉴스였다. "쿠웨이트에서 유 피 아이 동양. 아랍 석유 수출국 기구 오페크 소속 아랍 산유국들은 이십오일 새해 일월 일일부터 오 퍼센트 추가 감산키로 한 종전의 결정을 번복하고 오히려 십 퍼센트 증산

---

36. 소설에서 탐색되고 있는 막연함, 불확실함은 어떤 논리적 결함이나 비정합성이 아니라 일종의 역량이나 우연이며, 아직은 습관이나 법에 의해 한정(규정)된 것으로 만들어지지 않은 것의 신선함이라 할 수 있다. 존 라이크만, 앞의 책, 105~106쪽.
37. 김현, 「실험시·실험소설의 공간」, 『김현문학전집 14』, 문학과지성사, 1993, 310쪽.

키로 함에 따라…" 뉴스를 들으며, 그는 비로소 돌아온 현실을 실감했다. 현실로 들어가는 길은 공동 묘지를 이룬 산과 산 사이 가운데를 휑하니 가로지르고 있었다. (중략) 방금 이것을 현실감이라 했던가? 그렇다면 보충되어야만 한다. 틀에 박힌 말을 통해 주어진, 체험되지 않고 주입된 현실감. 뉴스와 광고와 도처의 안내판과 도로 표지와 또 그 밖의 그런 것들로 만들어진 현실감. 누가 그것을 우리에게 주고 있을까? 그 누구를 지나쳐 더 먼 곳으로 되돌아가야 할 텐데.(55~56)

이인성에게 "우리를 둘러싸고 있는 세계는 이미 질서 있는, 단정하게 구획되고 건설된 모습을 상실했다. 그 세계는 서서히 붕괴되어가고 있는 폐허이며 끝없이 방황할 수밖에 없는 미로이다."[38] 이 미로는 구원의 빛에 의해 인도되어 언젠가 벗어날 수 있는 고전적인 의미의 미로가 아니다. 아무렇게나 얽혀 있는 이 미로는 유클리드의 질서 정연함을 상실한, 실마리가 풀리지 않고 재현 불가능하다. 거기에는 중심도, 시발점이나 출구도 없다. 내부/외부의 이분법을 폐지시키고, 무한히 확장되면서 어떤 해결책도 제시하지 못하는 이 미로는, 불투명하며 수수께끼 같고 비합리적이며 제시와 설명이 불가능한 세계의 이미지로 기능한다. 이 미로로 인하여 소설의 공간은 설레고 유쾌한 여행이 아니라 혼란스럽고 어지러운 방황의 공간이 된다.[39] 삶 자체가 '예측할 수 없이 변모하고 생성'(172)하는 사건이기 때문이다.

…… 나는 쫓긴다, 나는 미로를 헤맨다, 나는 너에게로 가려는 것이다, 나는 너를 죽여야 한다, 그러나 너를 만나기 직전에 나는 저들 속에 갇힌다, 더

---

38. 남진우, 「리얼리즘을 넘어서」, 앞의 책, 327쪽.
39. 클로드 뮈르시아, 앞의 책, 142~143쪽.

이상 도망칠 수 없는 그곳에서 그때 어둠의 한 모퉁이로 빛이 떨어진다, 그 순간 거기에 네가 있다, 다음 순간 너는 거기 있지만 없다. !. 나는 너로부터 가로막힌다, 나는 저들 속에 갇힌다, 나는 너를 죽여야 한다, 나는 너에게로 가려 한다, 나는 미로를 헤맨다, 나는 쫓긴다, 그러면? 그러면 최초의 나는 무대 위에 있다. 무대의 조명 속에, 나는 내던져진 거다. 나는 내가 누군지 모른다. 젊은이, 이십대 남자. 나는 정체를 알 수 없는 누군가에게 이유 없이 쫓긴다, 나는 환상과 현실을 구별할 수 없는 미로를 헤맨다, 나는 누군지 알지도 못하면서 사랑하고 있는 너를 찾아간다, 나는 너를 내 손으로 죽여야 한다, 그러나 나는 너를 만나기 직전에 미로의 끝에 있는 저들의 무리 속에 갇힌다, 그때 어둠의 한 모퉁이에 빛이 떨어진다, 동시에 거기에 네가 있다, 한 순간!(225)

『낯선 시간 속으로』에서 우리는 어떤 조리 있는 이야기를 기대할 수 없다. 그의 소설은 한 주인공의 생애를 연대기적으로 따라가는 것도 아니고, 하나의 사건의 전말을 자세히 기록하는 것도 아니다. 그의 소설은 우리의 일상적 현실 속에서 일어났던 사건들에 대한 논리 정연한 보고서가 아니다. 어떤 사건들을 체험한 작중인물의 '의식하는 의식에 대한 의식'으로 충만하다. 그래서 『낯선 시간 속으로』에서의 사건들은 유기적 일관성을 갖춘 총체성의 부분으로 제시되지 않고 토막토막 단절되어 나타난다. 단절된 사건들을 이어 붙여 놓으면 이야기 자체는 전혀 새로울 것이 없다. 사실상 그것은 우리의 일상생활에서 젊은 날 겪을 수 있는 사건이며, 그 사건에 대한 의식하는 의식의 기록이다. 그러나 연속되는 물음에 의한 기술의 방법에 의해서 작가는 모든 것을 불확실한 상태에 빠뜨린다.[40] 어떠한 판단도

---

40. 김치수, 「새로운 소설의 시대를 향하여」, 『공감의 비평을 위하여』, 문학과지성사, 1991, 17쪽. 소설에서의 서술의 불연속성과 혼란에 대해서는 다음을 참조. "현대적 사고는 새로운 과학적 성과물들에 힘입어 형성되며, 이들 속에서 인간 의식에 영향을 미치는 분열의

확실한 지반 위에 서 있지 못하고 다시 물음에 회부된다.

> 우리는 지금 여기에 있다. 우리는, 지금, 여기에, 있다. 아니, 우리는 지금 여기에 진정 '우리'로서 있는 것일까?(197)

물음의 연속체인 『낯선 시간 속으로』는 고정된 대답과 확정적인 의미를 허락하지 않는다. 모든 의미는 흔들리며, 현실의 묘사는 혼란 속에 빠져 버린다. 현실은 확정된 어떤 것이 아니라 끊임없이 생성되고 변화하는 어떤 것이므로 그 묘사도 불투명해질 수밖에 없다. 언어에 대한 신뢰마저 사라진 이러한 묘사는 따라서 주인공의 모험이 아니라 언어의 모험으로 보인다.[41]

이 작품에서는 모든 이항대립적인 명료함과 그 경계선이 사라진다. 또한 명석한 확신도 사라진다.[42] 확고한 사고의 중심으로서의 '나'에 대한 확신이 의심받듯이, 모든 명석한 것들이 물음의 대상이 된다.

> 내가 막 세 번째 술잔에 손을 대었을 때, 그녀가 갑자기 생각났다는 듯 말을 꺼냈다. "전 **확실한** 걸 좋아해요. 정말 혼자 오셨어요?" "네." "왜 그랬을까? 무슨 비밀을 가진 남자 같애 …"(214; 강조는 인용자)

> "뭘 생각해요?" 그녀가 묻는다. "그냥, 모든 걸." "모든 거?" "여기 있는 모든 거." "여기 있는 사람들?" "그것도 포함해서." "아유, 왜 이렇게 사람이 **불확**

방향을 발견한다. 이 현대적 사고는 제1차 세계대전까지 위세를 떨쳤던 지속성의 철학 대신, 세상에 대한 단편적이고 구멍 난 의식을 토대로 한 불연속성의 철학을 들여놓게 된다. 그로 인해 공간에 대한 인식이 뿌리째 흔들리는 한편, 마음 놓이는 균질된 공간의 유동성이 사라지고 단편적이며 비정형적인 현실 — 단절과 공허로 이루어져 혼돈에 지배당하며 번민을 자아내는 — 이 들어서게 된다." 클로드 뮈르시아, 앞의 책, 125~126쪽.

41. 김치수, 「한국 단편소설 1982년」, 『문학과 비평의 구조』, 문학과지성사, 1984, 335쪽.
42. 권성우는 다른 소설을 논하는 자리에서 이에 대하여 '혼란의 세계관'이라 칭한 바 있다. 「문학적 게릴라들의 형태 파괴적인 열망」, 『리뷰』, 1996, 봄, 86쪽.

실해요? 대체 뭘 알고 싶은 거죠?" "손짓, 눈빛, 담배 연기, 술맛, 술잔의 촉감, 말소리, 또 그런 것들을 감각하게 만드는 거. 그리고 뭐랄까, 그 뒤에 숨어 있는 거, 그 이상의 무엇인가…" 그런데 말 탓인가, 감각의 불길이 갑자기 사그라들어버린다.(216; 강조는 인용자)

"아직도 그 철학적인 생각중이세요." "아니." "그럼 **확실하게** 재미있는 얘기 하나 들어볼래요?" "해준다면." 그러자 무슨 비밀이라도 털어놓으려는 듯, 그녀가 손으로 입을 가리며 목소리를 낮췄다.(217)

그녀가 여러 번 되뇐 **불확실함과 확실함**은 무엇인가?(224)

모든 것으로부터 비껴나 물음을 던지는 것, "그것은 확정적인 것들을 거부하고 불확정성을 선택하는 삶이라고 할 수 있다. '예정 없는 삶', 그것은 모든 연속적인 시간의 흐름을 '단절의 순간'으로 치환시키는 삶이다."[43] 명령을 거부하는 것, 상투성을 거부하는 것, 그리하여 당연한 것으로 부여된 역할(배역)을 거부하고 '예정에 없는 연기'(167)를 펼치는 것이야말로 새로운 삶의 가능성이 열리는 순간이다.

사물에 대한 확신과 믿음이 사라졌다고 하는 것은 현실에 대한 자신의 태도가 의혹과 불신 속에 휩싸여 있음을 의미한다. 다른 말로 하면, 현실을 이미 주어진 관념이나 제도화된 관점으로 바라볼 수 있는 가능성이 사라졌음을 말한다. 좀 더 적극적으로 표현하자면 그것은 서술의 대상으로서의 현실의 불투명성을 깨달은 것이고 현실을 투명한 것으로 볼 수 있는 기성의 장치를 불신하는 것이다. 이러한 의혹과 불신은 소설에서의 이야기로서의 기능에 문제를 제기하는 것이며 동시에 명확하고 분명하기를 기대하는

---

43. 김춘식, 「물구나무 서는 존재」, 『문학정신』, 1996, 봄, 199쪽.

독자의 심리를 거스르는 것이기도 하다.[44]

이러한 불안을 통해서 작가는, 끊임없이 방황하며 자신의 '미지'의 시간을 향해 암중모색하고 있는 젊음의 불안과 절망, 그리고 아직도 확정되지 않은, 끝없는 움직임을 묘사하는 길을 열고 있는 것이며, 동시에 소설의 새로운 개념에 대해 생각하게 한다. 그것은 자신의 경험 자체가 흔들리고 있고 경험 자체에 확신을 가질 수 없는 젊음 특유의 불안의식과 관련을 맺고 있다.[45]

『낯선 시간 속으로』에서 제기되는 물음은 모든 확실성의 담론에 의문을 제기하고, 그것이 강요하는 폐쇄성을 깨뜨린다. 그러한 물음은 불안과 동요를 안정시킬 수 있는 '확실한' 대답을 전제하지도 요구하지도 않는 열린 체계이다. 물음을 통해 서로 이질적인 것들의 만남이 이루어지고, 그렇게 형성된 공간 속에서 사건과 의미가 발생한다.

우발적인 마주침과 사유의 전개

시간 여행에 나선 '나'는 끊임없이 외부의 사물들과 마주친다. '나'는 확고한 사고의 중심으로서 대상을 재인하고 확인하고 평가하는 것이 아니라, 오히려 그 마주침 속에서 사유가 전개되고 새로운 '나'가 재구성된다. 만남이라는 사건 속에서 뜻하지 않은 것, 예측할 수 없는 것, 새로운 것이 출현한다.

사유는 우리의 의지에 의한 것이 아니다. 사유는 비자발적이며, 우리는 항상 어떤 외부적 상황 때문에, 어떤 돌발적인 충격 때문에 사유하도록 강

---

44. 김치수, 「흔들림과 망설임의 세계」, 『문학과 비평의 구조』, 문학과지성사, 1984, 195쪽.
45. 김치수, 앞의 글, 199쪽.

요당한다.[46] 사유는 비자발적인 한에서만, 불법침입, 폭력, 적에 의해 강제적으로 야기되는 한에서만 사유일 수 있다.[47]

세상에는 사유하도록 강요하는 어떤 사태가 있는데, 이 사태는 어떤 근본적인 마주침의 대상이지 결코 어떤 재인의 대상이 아니다. 마주침의 대상은 오로지 감각밖에 될 수 없다. 마주침의 대상은 감각 속에 실질적으로 감성을 분만한다. 이것은 감각되어야 할 어떤 것으로 하나의 기호가 된다. 이 감각밖에 될 수 없는 것은 영혼을 뒤흔들고 막주름을 만들며, 어떤 문제를 설정하도록 강요한다. 감성은 마주침을 통해 감각되어야 할 것을 감각하도록 강요하지만, 이번에는 감성이 다시 기억을 강요하여 기억되어야 할 것, 오로지 상기밖에 될 수 없는 것을 회상하도록 만든다. 이 초월론적 기억은 다시 사유를 강요하여 오로지 사유밖에 될 수 없는 것, 사유되어야 할 것, 즉 본질을 파악하게 만든다. 감각되어야 할 것에서부터 사유되어야 할 것에 이르기까지 개봉되고 전개되는 것은 사유하도록 강요하는 것의 폭력이다.[48]

그러한 마주침은 우발적으로 일어난다. 마주침의 우발성이나 우연성이야말로 그 마주침이 사유하도록 강요하는 것의 필연성을 보증해준다.[49]

언제부턴가 때때로 그의 몸 한 점을 향해 기습해오는 그 지독한 아픔. 그것은 언제나 순간으로 왔다. 그러면 그 순간의 긴 그림자가 오랜 시간 남은 몸 안에 드리워질 것이었다.(10)

---

46. 질 들뢰즈, 앞의 책, 김상환 옮김, 296쪽.
47. 앞의 책, 310~311쪽.
48. 앞의 책, 311~314쪽.
49. 앞의 책, 323쪽.

파편화되고 조각난 이야기들의 전개는 회상이 결정적인 역할을 한다. 회상은 기습을 한다. 그것은 부지불식간에, 나의 의지와 상관없이 불쑥 찾아온다. 그리고는 사유를 강요하며 아픔을 강제한다. 회상은 일반적인 기억과 달리 바깥으로부터 강요받아서 무의지적으로 떠오르는 비자발적 기억이다. 회상은 영혼의 상태, 혹은 그 영혼의 연상의 고리들에서 출발하여 창조적 혹은 외재적 관점으로 나아간다. 회상은 연상의 고리를 깨고, 개인의 바깥으로 튀쳐나가서, 개별화된 하나의 세계의 탄생으로 옮겨간다.[50] 그러나 이러한 파편들은 하나의 전체 속에 강제로 통합되지 않는다. 이것들은 작품을 유기적인 전체로 만들지 않고 오히려 어떤 결정체를 만들어내는 하나의 조각처럼 작동한다.[51] 『낯선 시간 속으로』는 이러한 조각나고 파편화된 비자발적 기억들, 수많은 회상의 부분들로 구성되어 있다.

『낯선 시간 속으로』는 우발적 만남과 사건의 서사이다. '아직 사유되지 않은 새로운 것이 솟아나게 되는 조건들'의 가능성을 탐색하는 언어적 실험들로 가득하다. 이 만남들은 새로운 사유나 새로운 발명을 요청하는 새로운 물음들을 끌어들인다.[52] 이러한 만남들이야말로 자아를 초월하는 사건들의 원천들이다.

나, 자신? 내가 나이기 이전에, 나는 그였다. 그때, 그 역시 막연한 그때, 그가 거기에 있었다. 언젠가 무수한 시간의 그때 그때에, 거기 어딘가 도처에. 나는 그였다. 그러나 나는 그가 아니다(이것도 내가 그렇게 믿고 싶은 것뿐일까?). 지나가버린 나인 그가 나를 나이게 한 때가 언제였을까? 언젠가 나는 그와 한 몸으로 있었다. 내가 나를 나라고 의식하면서, 그는 내가 아니

---

50. 민진영, 앞의 글, 45~46쪽.
51. 민진영, 앞의 글, 47쪽.
52. 존 라이크만, 『들뢰즈 커넥션』, 김재인 옮김, 현실문화연구, 2005, 55쪽.

기 시작했다. 그리고 완전히 내가 나로 있게 되자, 그는 없었다(왠지, 이 진술이 자꾸 의심스럽다).(117)

저기가 내 분신의 투명한 몸공간이라면, 여기는 그의 분신의 투명한 몸공간이 아닐까? 내가 그의 몸을 싸안고 있듯, 그의 몸이 나를 커다랗게 싸안고 있다는 느낌이 휘몰려온다. [……] 혹시 그 두 몸은 하나가 아닐까?(172)

작가는 우발적인 마주침을 통해 사유의 틀을 치환하고 변형하며, 수용된 가치들을 변화시키고, 다르게 사유한다. 작가는 다른 무엇을 하기 위해, 그리고 나 이외의 타자가 되기 위해 자신을 심문한다. 그런 의미에서 사유는 실험이지 판단이 아니다.[53]

『낯선 시간 속으로』에서는 무수한 우발적인 마주침들이 일어나고, 그 안에서 새로운 감각, 새로운 사유가 풍요롭게 전개된다. 서로 이질적인 항들의 접속이 끊임없이 일어나고, 무수한 '아무개'의 '나'가 접속의 순간에 생성되었다가 해체된다.

시간의 해체와 자아의 분열

시간은 우리의 경험 가운데 가장 특징적인 양식이다. 그것은 어떠한 공간적인 질서도 부여될 수 없는 인상이나 감정, 관념들 같은 내면세계에 적용된다. 시간 개념은 더 즉각적이고도 직접적으로 주어진다. 그래서 연속과 흐름, 변화는 우리 경험의 가장 직접적이며 원초적인 자료에 속하는 것처럼 보인다. 바로 이러한 것들이 시간의 측면들이다.[54]

---

53. 앞의 책, 23쪽.
54. 한스 마이어호프, 『문학 속의 시간』, 이종철 옮김, 문예출판사, 2003, 13쪽.

시간은 오랫동안 문학하는 사람들의 마음을 사로잡아왔으며 현대 문학에서 특별한 주목을 받았던 관념들 가운데 하나이다. 그것은 시간이 주체 개념과 분리될 수 없기 때문이다. 우리는 시간 속에서 우리 자신의 유기적이며 심리적인 성장을 의식한다. 이른바 자아나 인격, 혹은 개별자라 부르는 것은 그것의 일대기를 형성하는 시간적인 계기들과 변화들의 연속이라는 배경 속에서만 경험되고 인식된다. 그래서 인간에 대한 탐구는 시간에 대한 탐구가 되며, 시간에 대한 탐구 또한 인간에 대한 탐구가 되는 것이다.[55]

소설은 시간적인 예술이다. 김윤식에 따르면, "소설에서는 시간이 주역이며, 형식 자체이기도 하다. 소설에서는 삶과 의미(본질)가 서로 분리되고 그럼으로 본질적인 것과 시간적인 것도 분리된다. 소설의 모든 내적 줄거리는 시간의 힘에 저항하는 하나의 싸움에 해당되는 것이다."[56] 그래서, 이인성이 '낯선 시간 속으로'라는 외침은 바로 '낯선 소설'을 찾고자 하는 열망을 반영하는 것이라고 할 수 있다. 소설이 서사시에서 분리되어 생겨났을 때, 그 소설을 가능케 한 근본적인 요인이 바로 시간이었다.[57]

시간은 끊임없이 움직인다. 이러한 시간의 끊임없는 움직임이야말로 진정한 존재론적 소여이다.[58] 화살처럼 쏟아지는 이 카이로스의 시간에서 바로 존재가 구성되며 새로운 주체가 탄생한다.

『낯선 시간 속으로』는 이 시간과 주체가 맺는 관계와 그 의미를 흥미롭게 탐색하고 있는 작품집이다. 작품에서 서술되고 있는 사건의 단편들은 정연한 인과 관계에 의해 엮여져 있지 않다. 『낯선 시간 속으로』는 관례적인 시간성, 즉 연대기적 인과 관계의 법칙에 의해 지배당하는 관례적 질서

---

55. 한스 마이어호프, 앞의 책, 13~14쪽.
56. 김윤식, 「글쓰기와 소설쓰기」, 『오늘의 문학과 비평』, 문예출판사, 1988, 268쪽.
57. 앞의 글, 267~268쪽.
58. 안또니오 네그리, 『혁명의 시간』, 정남영 옮김, 갈무리, 2004, 37, 39쪽.

와 갈등을 일으키며 서술과 독자를 동시에 혼란에 빠뜨린다.[59] 여기에는 전혀 다른 시간대에 일어난 사건들의 병존과 배치, 사실과 환상의 구분 불가능한 묘사, 과거·현재·미래의 공존, 서사의 지연과 차이적인 반복과 증식 등의 방법들이 사용되고 있다. 그리하여 '인과관계의 연속성에 지배되는 선형적 이야기, 사건의 연대기적 나열, 이데올로기적 전제에 따른 사건의 보존과 위계 질서화' 등이 거부된다.[60]

『낯선 시간 속으로』에서 시간은 해체되어 재구성된다. 작가는 이야기의 연대기적 전개와 시간의 범주화를 포함하는 합리적인 시간 개념을 거부한다. 시간은 마디에서 풀려나 있다. 우리의 내면성을 구성하는 이 비연대기적 시간은 주체에 관련해서 필연적으로 잉여의 시간이다.[61] 과거는 언제나 끊임없이 성장하는 그리고 새로운 재발명의 무한한 능력을 가지는 시간이다. 그리하여 과거의 상처는 극복해서 없애야 할 대상이 아니라 긍정하고 향유해야 할 가능성의 시간이 된다.

우리에게 필요한 시간은 해방의 시간이다. 그러한 시간은 척도로서의 시간이 아니라 삶으로서의 시간이다. '나'가 추구하는 시간은 시간의 축에서 일탈해 솟구치는 시간이다. 작품에서 반복적으로 보여주는 '멈춘 시계'의 이미지는 바로 척도로서의 시간에 대한 거부의 의미를 담고 있다. 일정한 길이로 측정되고 분할되는 계산 가능한 시간이 아니라, 존재의 역량이 꿈틀대는 계산 불가능한 '잉여'의 시간이다.

다시 볼 때마다, 그 아픔의 과거가 '여기'에 살아나고 미래인 다른 하늘이 '지금' 속에 가득 펼쳐지는 곳. 시간의 직선적인 흐름이 무너져 솟구치며 소용돌

---

59. 클로드 뮈르시아, 앞의 책, 80쪽.
60. 앞의 책, 108쪽.
61. 키스 안셀 피어슨, 『싹트는 생명』, 이정우 옮김, 산해, 2005, 73쪽.

이치는 곳. 상처를 통해, 마침내 우리는 다른 삶을 살기 시작할 것이다.(312쪽; 강조는 인용자)

'나'의 과거와의 조우, 과거로의 여행은 어떤 원형을 찾는 것과는 아무런 관계가 없다. 원형의 탐색은 '동일성으로의 회귀' 과정에 지나지 않는다. 그것은 '나'의 해체와 분열을 통해 끊임없이 새로운 '나'를 재구성하려는 시도와 전면적으로 대립되는 과정이다. 그래서 정체되고 박제된 과거가 아니라, 힘으로서의 과거, 잠재로서의 과거, 즉 영원으로서의 과거와의 조우가 이루어지고, 거기에서 바로 하나의 삶이 새롭게 시작되고 창조된다.[62]

이인성의 소설은 분열과 단절을 기초로 해서 축조된다. 그리하여 그의 소설쓰기는 그러한 단절에 근거해서 진정한 자아 또는 또 다른 나의 자아에 대한 끊임없는 탐색과정이 된다.[63]

『낯선 시간 속으로』는 확고부동하리라 여겨졌던 근대적 코기토에 대해 문제를 제기한다. 데카르트 이래 '나', 즉 일인칭은 의심의 대상이 아니었다.[64] 데카르트적 코기토는 규정(나는 생각한다)과 규정되지 않은 실존(나는 존재한다)이라는 두 가치에 따라 기능한다.[65] 데카르트는 "나는 생각한다" 안에서 '나'가 의식하는 자발성을 어떤 실체적이고 자발적인 속성으로 이해함으로써 '나'가 시간에 의해 발생하고 구성되는 것임을 이해하지 못한

---

[62]. 시간의 영원성에 대해서는 안또니오 네그리, 『혁명의 시간』, 정남영 옮김, 갈무리, 2004, 그리고 다음을 참조. 조정환, 「비물질노동과 시간의 재구성」, 『비물질노동과 다중』, 갈무리, 2005, 367쪽 참조. "영원은 자기반복하는 누승적 힘이다. 시간은 영원의 화살, 그 누승적 힘의 새로운 펼침이며 혁신적 드러남이다. 시간은 영원의 동적 단면, 즉 '때'이다. 영원은 때들을 통해 자신을 펼친다. 시간이 영원으로부터 움직일 때 영원은 이제 '때들'인 시간으로 구성된다. 때는 영원이 현실로 펼쳐질 수 있는 시간, 즉 구체적 상황 속에서 구체적 힘으로서의 영원의 시간이다."
[63]. 진형준, 앞의 글, 16쪽.
[64]. 이왕주, 「책 읽는 당신, 당신에 대해서」, 『소설 속의 철학』, 문학과지성사, 1997, 110쪽.
[65]. 질 들뢰즈, 『차이와 반복』, 김상환 옮김, 민음사, 2004, 202쪽.

다.[66] 나는 언제나 어떤 균열을 겪고 있는 발생적 존재이다. 나는 시간의 순수하고 텅 빈 형식에 의해 균열되어 있다. 그러므로 나는 '시간 안에서 나타나는 수동적 자아'인 것이다.[67]

자아란 주어지는 것이 아니라 습관을 통해 비결정의 세계로부터 형성되는 하나의 고안품이다.[68] 우리의 자아나 정체성은 결코 주어진 것이 아니며, 탄생하는 것이다. 그러나 그러한 주체의 탄생은 끝이 아니며 '생성의 주변에서 생성이 완료될 때' 잠깐 등장하는 연약한 과정이다. 『낯선 시간 속으로』에서 '나'는 끊임없이 요동치고 분열된다. 자아는 언제나 와해되어 있으며 균열된 '나'이다. "의식과 의식에 대한 의식 사이의 분열, 일상적 자아와 반성적 자아의 분열"[69]이 일어난다. '나'는 복잡한 시간 질서에 묶여 있는 균열된 코기토이다.[70]

가로막힌 생각은 진전하지 못했다. 그는 생각이 진전하지 못하고 있다고 생각했다. 그는 생각이 진전하지 못한다고 생각한다는 것을 생각했다. 그는 생각이 진전하지 못한다고 생각한다고 생각한다는 것을 생각했다 … 그러므로 그는 존재하지 않는다? 혹시 그도 떠나간 제 몸의 그림자에 불과한 것이 아닐까?(17~18)

그는 내키지 않는 걸음을 한길 쪽으로 향했다. 내키지 않는 그의 다른 마음은 그대로 그 자리에 서 있었다. 그러더니 다른 마음은 제 맘대로 발길을 돌렸다. 다른 마음은 다시 종묘의 돌담 길을 따라 나갔다.(44)

---

66. 앞의 책, 203쪽.
67. 앞의 책, 204쪽.
68. 존 라이크만, 앞의 책, 45쪽.
69. 권오룡, 「80년대 사회의 삶과 소설」, 『존재의 변명』, 문학과지성사, 1989, 82쪽.
70. 키스 안셀 피어슨, 앞의 책, 163쪽.

차창은 이제 완전한 어둠을 배경으로 또 다른 그의 얼굴을 뚜렷이 보여주고 있었다. 너구나. 하지만 그런 표정은 짓지 마라. 그가 소리없이 말했다. 나보다 네 표정이 더한 거 아냐? 창밖의 얼굴이 말했다. 뭐? 지금 네 표정, 뭐라고 형용할 수도 없어. 내 표정이? 내 표정이 무표정이 아니라구? 내 표정, 너의 네 표정? 네 표정, 나의 내 표정? 스스로 볼 수 없는 그 자신의 표정. 어쩌면 볼 수 있으나 본 것이 아닌, 어쩌면 본 것이 아니라 본 것일 수도 있는… 그의 '나'와 '너', 언젠가는 만나 하나가 되어야 할 그의 떨어진 두 몸.(49)

둘로 나뉘어, 셋, 넷, 다섯으로 나뉘어, 그는 얼마나 더 떠돌아야 할까? 그래야 떠나가 돌아갈 수 있을까?(53)

전통적인 소설에서 우리가 볼 수 있는 인물은 보통 사회역사적 맥락 속에 포함되며, 심리와 행동의 일관성을 지니고, 하나의 운명을 완수하며, 인물의 정체성은 그의 개인성을 증명하기 위해 고유명사를 부여받는다.[71] 『낯선 시간 속으로』에서는 전통적인 소설에서처럼 인물에 대한 '총체적 재현'이 이루어지지 않는다. 앞에서 살펴본 바와 같이 작가는 이런 정체성의 확립과 구축을 막기 위해 익명의 전략을 사용한다. 작품에서는 등장인물을 지칭하는 이름이 부재하고 모두 인칭 대명사로 지시되거나 M1, F1 등의 기호로 지칭된다. 또는 등장인물들이 동물들의 이름을 달고 있기도 하다.

그 어깨 너머로 흩날리는 머리카락과 무수한 머리들의 검은 율동 사이로 F2의 얼굴이 잠깐 조명 속에 빛났다. 그 왼쪽으로 몇 사람 떨어져, M1이 두 손을 머리 위로 치켜들고 손바닥을 펴 휘저으며 무엇인가를 밀어내는 모습

---

71. 클로드 뮈르시아, 앞의 책, 134~135쪽.

으로 춤추고 있었다. 그 바로 옆에 M1과 등진 F1이 꿈틀대는 지렁이처럼 요동하고 있었다. M2는 보이지 않았다.(219)

『낯선 시간 속으로』에서 주요한 인물들을 모두 대명사로 사용하고 있는 것은, '이름붙일 수 없는 것들'에 대한, 즉 동일성으로 회귀하지 않는, 회귀할 수 없는 사건적 주체, 의미발생적 주체를 드러내기 위한 전략으로 볼 수 있다.

'나'의 분열은 단지 인칭상의 변화(분열)만을 가리키는 것이 아니다. 그것은 새로운 '나'의 자기증식, 다양체로서의 '나'의 죽음과 탄생, 해체와 구성을 위한 실험들인 것이다.

그와 사내가 무대 위로 오른다. 비슷한 몸매. 그러나 대조적인 두 모습. 함께 움직이는 두 빛기둥. 그 찰나에, 무엇에 끌리듯, 내 몸의 형체가 나로부터 떨어져나가는 야릇한 뻐근함이 나를 기습한다. 나와 하나인 무엇인가가 문득 고체성의 껍질을 벗어나는 양, 삽시간에 분리되어나가는 내 몸의 다른 형상이 투명하게 내게서 일어선다. 끝의식의 더듬이가 내 몸 전체의 모습으로 일어서는 것인가, 무력한 망설임을 손쉽게 뿌리치고 떠난 내 다른 투명한 몸이 황급히 그들을 뒤따라 무대로 오른다. 그리고 그의 몸과 겹쳐진다, 겹쳐지지 않는다. 이런! 튕겨나온 내 투명한 몸이 당혹스레 무대 위 그의 빛기둥 밖에 버려진다. 어쩔 줄 모르는 내 다른 몸.(124)

…… 무대는 무대다. 무대는 연극이 연기되는 공연장이다. 당연하다. 당연함이 경이롭다. 단순한 경이로움이 내 의식을 충전시킨다. 그러자, 충전된 내 의식의 몸 속에서, 헤아릴 수 없는 세포들이 비등점을 향해 뜨겁게 달아오르는 듯하다. 부글부글, 마침내 걷잡을 수 없이 들끓어오르는 의식의 세포들 … 순간(!), 머릿속에 저릿저릿 튀어오르는 불점들. 액화되며 해체된

세포와 세포들이 흡사 뒤바뀐 제자리를 찾아 이동하듯, 이러저리 건너뛰고 엇갈리고 스치고 부딪치고 엎치고 덮치고 흩어지고 모이고. 눈이 맞은 암세포와 수세포는 순식간에 교접하여 새끼 세포를 낳아 증식하고. 운동하며 팽창되는 의식의 몸덩어리는 그래도 제 모습을 가누려 애쓰건만 … 순간(!), 터질 듯, 의식의 몸 어딘가가 뚫려나가는 아뜩한 현기증이 나를 몰아친다. 더 이상 몸의 부피 안에 들어 있을 수 없는 무엇인가가 문득 집을 떠나는 양, 삽시간에 빠져나가는 어떤 형상이 투명하게 내 앞에 선다. 그것은 이때껏 나와 하나가 아니었던, 새로 태어난 아기와도 같은 무엇이다. 전혀 새로운, 갓 태어난 어떤 의식 — 아니, 단순한 마음 — 의 투명한 아이가 첫 울음을 멈추고 환하게 웃음짓는다. 가라앉은 식은땀을 닦고 있는 나에게 손을 흔들어보인 투명한 아이가 불 밝혀진 무대로 쪼르르 뛰어간다. 구경거리를 찾아낸 순진한 꼬마처럼.(150)

이처럼 주체는 고정되고 통일된 자아가 아니라 차이와 생성으로 구현되는 다양체이다.72 작품 속의 '나'는 욕망의 흐름에 따라 끊임없이 분열을 일으키고, 바깥과의 마주침을 통해 새로운 계열을 형성해 나가는 다양체로서의 주체이다. 이러한 다양체로서의 자아는 통일되고 확정적인, 확고한 원리로서의 중심인 '나'가 아니라, 오히려 무수한 속성이나 양태를 지니면서 차이와 생성을 끊임없이 반복하면서 비인칭적이고 전개체적인 모습을 띤다.73 이렇게 균열되고 분열된 '나' 안에는 무수한 차이들이 우글거리고 창조적 생성이 범람한다. 그리하여 삶은 주체성과 대상성으로부터 자유로워진 순수한 사건으로서의 삶이 된다.74

---

72. 민진영, 앞의 글, 147쪽.
73. 앞의 글, 148쪽.
74. 작품에서 이상적인 등장인물은 고유의 형태를 피하려고 끊임없이 탈주하는 인물이다. 생성은 어떤 형태에 이르기 위한 것이 아니다. 여기서의 형태란 기존의 글쓰기에서 나타나는 동일성이나 모방, 미메시스 같은 재현을 말하는데, 생성의 글쓰기에서는 이러한 형태

『낯선 시간 속으로』의 주체들은 '욕망하는 기계'[75]이다. 욕망하는 기계에서 하나의 기계는 다른 기계에 접속되어 있고, 모든 기계는 흐름을 생산하고 또 흐름을 절단한다.[76] 『낯선 시간 속으로』의 욕망하는 기계들은 '산책', '여행'을 통해서 욕망의 흐름과 절단을 체험하고 탈영토화한다.

차이와 반복

예술의 본질은 차이이다. 우리를 우리 자신으로부터 벗어나게 해주는 것, 우리가 보고 있는 세계와는 다른, 딴 사람의 눈에 비친 세계, 차이의 세계를 알 수 있게 해 주는 것이 바로 예술이다.[77] 차이를 드러내는, 의미를 생성시키는, 사건을 발생시키는, 항상 새로운 시작인 소설, 영원회귀로서의 소설의 면모를 우리는 『낯선 시간 속으로』에서 찾아볼 수 있다.

『낯선 시간 속으로』는 형식에 있어서도 차이와 반복을 통해 의미의 발생과 변주를 꾀한다. 『낯선 시간 속으로』에서는 매끄러운 인과적 관계에 의한 소설 이해를 원천적으로 봉쇄한다. 동일한 것처럼 보이지만 전혀 다른 것들을 배치함으로써 기존의 생각들을 다시 허물어뜨리고자 한다. 여기에서 행위의 진전을 토대로 한 서술적 효율성의 원칙은 심각하게 손상당한

를 갖는 것을 추구하지 않는다. 형태를 갖는다는 것은 고정되는 것이며, 결국 동일성, 고정된 정체성으로 환원될 뿐이기 때문이다. 민진영, 앞의 글, 31쪽.
75. "그는 자연을 자연으로서가 아니라, 생산의 과정으로서 살고 있다. 이제 거기엔 인간도 없고 자연도 없으며, 오로지 이것이 저것을 혹은 저것이 이것을 생산하고 그리하여 기계들을 연결시키는 과정이 있을 뿐이다. 도처에 생산하는 욕망 혹은 욕망하는 기계들, 정신분열증적 기계들, 즉 유적 생명 전체가 있다 : 나와 나 아닌 것, 외부와 내부는 여기서 이제는 더 이상 아무 의미도 없다." 질 들뢰즈·펠릭스 가따리, 『앙띠 오이디푸스』, 최명관 옮김, 민음사, 1994, 16쪽.
76. 질 들뢰즈·펠릭스 가따리, 앞의 책, 20쪽.
77. 민진영, 앞의 글, 58쪽.

다. 그 대신 줄거리의 예상된 대로의 진전을 가로막는 지연 전략이 우위를 점한다. 모든 과정에서 이야기는 제자리걸음을 하거나, 심지어 다시 뒤로 돌아가기도 한다. 수많은 반복과 이형들은 끊임없이 담화의 선형성을 깨뜨리고 서술을 교란시킴으로써 이야기의 진전과 그 신뢰성을 의심하도록 만든다.[78]

「길, 한 이십 년」에서는 다음과 같이 반복, 변주가 사이사이에 일어난다. 여기에서 알 수 있듯이 젊음의 겨울과 봄은 구분불가능하게 뒤섞여 있다. 겨울이면서 봄이고, 봄이면서 겨울이며, 또 심지어 여름에도 겨울의 속성은 사라지지 않는다. 무더운 여름에조차 사라지지 않는 겨울은 그에게 무엇인가? 하나의 상처로 남은 계절. 이 계절의 혼효 속에서 그는 끊임없이 '돌아가야 할' 곳을 찾지만 어디로도 돌아가지 못하고 있다.

> 겨울이었다. 그리고 봄이었다.(10쪽)
> 겨울이었다. 그리고 차가운 봄이었다.(13쪽)
> 봄이었다. 그러나 겨울이었다.(18쪽)
> 겨울이었다. 그리고 여전히 겨울이었다.(24쪽)
> 겨울이었다. 그리고 여전히 겨울인 봄이었다.(28쪽)
> 싸늘한 비가 뿌려지는 봄이었다. 그러나 눈 덮인 겨울이었다.(37)
> 겨울이었다. 그러나 더 먼 겨울이었다.(38)
> 꿈속의 봄이었다. 그러나 현실의 겨울이었다.(49)
> 지겨운 봄이었다. 그러나 우선 그 지겨움으로나마 돌아와야 할 겨울이었다.(55)
> 겨울이었다. 그리고 훌쩍 봄이었다. 그러나 겨울은 가지 않았다. 여름이 와도 겨울은 가지 않을 것이다.(61)

---

78. 클로드 뮈르시아, 앞의 책, 108~109쪽.

「그 세월의 무덤」에서는 다음과 같이 '나 = 그'의 죽음-제의의 행로를 심화시키고 있다.

> 무덤으로 가기 위해, 그는, 잠에서 깨어났다.(64)
> 무덤으로 가기 위해, 그는, 집을 나섰다.(71)
> 무덤으로 가기 위해, 그는, 학교를 나왔다.(87)
> 무덤으로 가기 위해, 그는, 다시 땅 위로 올라섰다.(92)
> 무덤으로 가기 위해, 그는, 시외버스를 탔다.(102)
> 무덤으로 가기 위해, 그는, 영구차를 내렸다.(109)

「지금 그가 내 앞에서」는 삶과 연극의 관계에 대한 성찰을 계속 변주시키면서 심화시키고 있다.

> …… 무대다. 무대가 있다.(116) / …… 무대다. 무대인 무대다.(116)
> …… 무대다. 나에 의해 있게 된 무대다.(119)/ …… 무대다. 그가 있게 될, 그의 '있음'이 시작될 무대다.(120)
> …… 무대다. 분명, 무대다.(148) / …… 무대다. 무대는 무대다.(150)
> …… 무대. 연극의 시작과 함께 나로부터 분리되었던 내 다른 몸의 투명한 공간에 터잡은, 그의 무대다.(172) / …… 무대다. 그의 무대를 마주하고 있는, 나의 무대다.(172)

「낯선 시간 속으로」는 서로 다른 인물로 가정된, 그러나 소설에서는 동일하게 '나'로 기술되고 있는, 서로 다른 시간대의 행위자의 행동과 의식이 다음과 같은 방식으로 반복해서 변주되고 있다.

> 알 수 없는 충동으로부터 자신을 억제하듯 검게 꿈틀거리는 바다가 우리의

곁에 있었다. 나는 그것을 소리로 느꼈다. 기어이 그 충동을 견디어내지 못하는 바다의 가장자리에서, 보이지 않는 흰빛의 소리로 거품이 물리고 있었던 것이다. 차가운 겨울바람이 뺨을 쓸어갔다. 나는 천천히 너의 어깨를 끌어당기며 너의 눈을 찾았다. 그때, 내 귀가 "손들엇"하고 소리쳤다. 소스라치는 경련이 순식간에 온몸을 휩쓸었다. 빛이 하얗게 쏟아져 들어왔다. 그러면서 그 빛은 나의 극심한 낭패감을 밝히고 있었다. 나는 낭패감을 견디기 위하여 입술을 깨물며 너의 어깨와 허리로 건너가 있던 두 손을 거두어들였다. 그리고 어정하게 두 손을 들어올리려는데, "신분증 좀 봅시다" 하는 탁한 목소리가 내 동작을 저지시켰다.(178~179)

걷잡을 수 없는 충동에 검게 용솟음치는 바다가 내 앞에 있었다. 나는 그것을 소리로 느꼈다. 기어이 그 충동에 자신을 내팽개치는 바다의 가장자리에서, 보이지 않는 흰빛의 소리로 거품이 물리고 있었던 것이다. 차가운 겨울바람이 뺨을 쓸어갔다. 나는 몸을 굽혀 바람을 가리며 천천히 담배에 불을 붙였다. 그때, 내 귀가 "손들엇"하고 소리쳤다. 나는 갑자기 뒷골을 한 대 얻어맞은 듯이 휘청거렸다. 나는 담배를 떨어뜨렸다. 빛이 하얗게 쏟아져 들어왔다. 그러면서 나는 어떤 착각 속으로 몰고 들어갔다. 이게 뭐더라? 나는 어정하게 두 손을 들어올린다. 그러면, 나는… 그러나, "신분증 좀 봅시다" 하는 탁한 목소리가 내 예정된 동작을 저지시켰다.(185)

『낯선 시간 속으로』는 반복 속에서 미묘한 차이를 발견하게 하는 묘미를 준다. 차이와 반복은 뗄 수 없고 서로 상관적인 본질의 두 힘이다. 여기에서의 반복은 중심을 벗어난 미세한 차이들이 끊임없이 감지되는 반복, 상처를 치유하는 미래를 향한 반복이다. 이런 점에서 『낯선 시간 속으로』는 우리로 하여금, 동일하게 '나'로 불리지만 실제로는 무수한 차이들이 이글거리는 '나'가 영원회귀의 반복 속에서 끊임없이 '어떤 하나의 삶'을 창조하는가를 성찰하도록 해준다.

우회와 회귀

'나'는 어디로 돌아가야 할지 알지도 못하면서 막연하게 어딘가로 돌아가야 한다고 생각한다. 여기에서 '돌아가기'는 두 가지의 의미로 이해할 수 있다. 하나는 우회의 돌아가기이고 다른 하나는 회귀의 돌아가기, 즉 반복이다.

그렇다면 이인성은 무엇을 비껴가고 있는가? 그는 이제껏 당연시되었던 모든 가치들을 돌아간다. 그는 어떤 묵약을 의심하고 그것을 비껴간다. 조화롭고 안정되어 어떠한 회의의 대상이 되지 않았던 묵약들이 실제로는 어떤 안정적인 담론을 위해 구성된 것이라는 점을 우리는 이인성의 비껴가기에 동참하면서 이해할 수 있다.[79]

『낯선 시간 속으로』는 우선 '나'를 비껴간다. 이제 '나'는 확고하고 항구적인 중심으로서의 '나'가 아니라, 끊임없이 생성중인, 잠정적이고 일시적인, 무수한 겹(주름)의 마지막 순간의 '나'일 뿐이다. 유기적인 통합체에서 무수한 겹의 다양체로 비껴가기, 그것은 어떠한 동일성으로도 환원할 수 없는 존재의 잠재적 힘을 되찾기 위한 지난한 몸짓이다.

> 가로막힌 생각은 진전하지 못했다. 그는 생각이 진전하지 못하고 있다고 생각했다. 그는 생각이 진전하지 못한다고 생각한다는 것을 생각했다. 그는 생각이 진전하지 못한다고 생각한다고 생각한다는 것을 생각했다 … (17~18)

---

[79] 정혜경, 「불연속적인 얼굴들, 그 낯선 아름다움 속으로」, 『작가세계』, 2002 겨울, 67쪽.

그는 또한 할아버지의 세계를 비껴간다. 할아버지가 보여주는 세계는 절대의 세계이다. 구원이라는 지향점을 통해 인간의 현실이 계몽의 대상으로 편성되는 엄숙한 세계이다.[80]

'풀무배움집'의 돌담이 일직선의 굵은 선으로 흰 눈풍경을 가로지르고 있었다. 그 돌담은 야릇한 애착과 거부감을 함께 뻗쳐왔다. 돌담 뒤로 눈이 가득 고인 경사진 운동장은 그리 넓지 못했다. 운동장 건너편, 작은 교사의 맨 앞머리방에 불이 켜져 있었다. 낮은 찬송가 소리가 새벽빛 속으로 새어 나왔다. 여기가 당신께서 일군 밭인가?(23)

그는 서울 변두리의 한 황량한 밭을 일구기 시작했다. 그는 서툰 솜씨로 언 땅에 쟁기를 박았다. 근로 청소년들을 위한 밤학교에서 그가 맡은 과목은 영어였다. 히 이즈 언 앰비셔스 보이. 보이즈. 비 앰비셔스 … (24)

그런데 그가 다다른 곳이 결국은 그 바람의 목소리가 말하던 '우리의 밭'이란 말인가?(27)

할아버지의 세계를 벗어난 '나'는 이제 아버지의 세계를 비껴가려 한다.

"아버지, 저 돌아왔어요. 할아버지가 계셨던 산골 학교를 들러 오느라고 늦었어요. 거길 지나왔으니, 이제 아버질 또 지나가야지요 … " 어디로 떠나갈 것인가? 어디로 돌아갈 것인가?(62)

「그 세월의 무덤」에서 '나-그'가 아버지의 무덤을 통해 확인하고자 하

---

80. 앞의 글, 81쪽.

는, 그래서 비껴나고자 하는 아버지의 세계는 '수천 권의 책과 긴 역사'로 상징되는, 현실을 객관적인 인과성의 논리로 이해하는 이성적 인식의 세계이다.[81] 이성적 인식은 주체의 자기동일성을 전제하고 요구하는 세계이다. 이인성은 이 아버지의 세계를 무수한 '나-그'의 분열과 중첩, 해체와 재구성을 통해 비껴나고 있다

『낯선 시간 속으로』의 돌아가기는 또한 회귀의 의미를 갖는다.[82] 그러나 여기에서의 회귀는 어떤 근원으로의 복귀가 아니라, 항상 새로운 시작의 자리에 서는 것이다. 그러므로 그것은 어떤 의미에서 돌아가는 게 아니라 오히려 떠나는 것이다.

"여기야," 하고 네가 바다 소리처럼 탁 트인 목소리로 외친다. "우리가 멈추었던 곳. 이제 어디로 가지?" 네 질문에는, 그러나 망설임과 회한이 없다. 내가 너의 눈을 똑바로 쳐다본다. "이 파도가 부서지는 걸 봐. 이 흰 파열이 우리의 입구야." "입구? 이곳으로 들어가?" "돌아봐." 부서지는 파도의 흰빛이 눈으로 쌓여, 백사장과 숲과 그 너머의 먼 산과 […] 온 땅을 뒤덮고 있다. 그것은 햇살을 반사하는 희디흰 빛이 이 모든 지상을 파도로 파열시키는 모습이다. "이제 온 세상이 다 파도야. 우리의 문이야." 내가 말한다. 네가 내 눈을 똑바로 쳐다본다. "그럼 돌아가?" "돌아가는 게 아니야. 떠나는 거야."(302)

이것은 '천진한 웃음을'(302) 짓는 어린이가 되어 새로운 삶을 창조하기 위해 주사위를 던지는 영원회귀의 자리로 돌아가는 것이다. 그곳은 새로운

---

81. 정혜경, 앞의 글, 81쪽.
82. 『낯선 시간 속으로』에서 '돌아감'이 갖는 다양한 의미에 대해서는 이 작품집의 신판 해설로 실려 있는 김동식, 「상처의 계보학, 또는 생성의 의미론」, 문학과지성사, 1997, 338~340쪽을 참조.

'나'를 끊임없이 생성시키는 사건의 자리이다. 그곳에서 상처가 치유되고 새로운 시작이 이루어진다.

권력의 자리

『낯선 시간 속으로』는 한국의 근현대사에서 가장 폭압적인 시기를 배경으로 한다. 작품 속의 '나'도 유신 체제 하에서 최초로 반독재 시위를 전개하다 강제징집을 당한 대학생, 복학생의 신분으로 등장한다. 이 작품집에서 정치권력에 대한 직접적인 저항이 중심적인 서사의 핵심은 아니지만, 권력의 성격과 기능에 대한 좀 더 본질적인 탐색이 이루어지고 있다.

권력은 주체성을 생산한다. 물론 권력이 생산하는 주체성은 그것을 유지시켜줄 수 있는 부속물이나 수단으로서의 주체성이다. 그러므로 주체성은 권력과의 싸움의 행위자인 동시에 그 지형이 된다.[83] 권력은 '우리'를 끊임없이 특정한 지층에 배치하려 한다. 권력은 '우리'를 지배적인 현실 속에 고착시키고 고정시키려 한다.[84] 권력이 요구하는 주체성은 규율을 내면화하는 주체성이다.

> 버스가 다리 옆에 멈추어섰다. 그는 괜스레 헐렁한 제대복의 옷매무새를 고쳤다. 설명되지 않으며 받아들이기도 싫건만 스스로 이해할 수는 있는 어색함과 쑥스러움. 그가 다다른 첫 철장 — 그것은 어떤 새의 우리였다 — 앞에서, 그는 바로 그런 감정의 뒤범벅에 뒷얼굴이 뜨거워졌다. 주위에 아무도 없다는 — 어쩌면 보이지 않는 눈이 숨어 있을지도 모른다는 — 사실 때문에 더욱 뭉쳐오르려는 그 감정의 덩어리를 감당하기 위해, 습관처럼

---

83. 정남영, 「자본주의와 미적 생산」, 질 들뢰즈·안또니오 네그리 외, 앞의 책, 348쪽.
84. 질 들뢰즈·펠릭스 가타리, 『천 개의 고원』, 김재인 옮김, 새물결, 2001, 307쪽.

그는 제 앞의 철장에 붙어 있는 안내판을 읽어내렸다.(15)

권력의 이러한 기획은 학교, 군대, 감옥 등에서 가장 집약적으로, 강제적으로 관철된다.

너는 개다, 너는 개다, 너는 이미 개처럼 살기 시작했다, 우리가 너를 개처럼 살게 할 것이다, 우리가 너를 개처럼 죽게 할 것이다 … 통신을 보내는 자, 누구인가?(20)

만약 그러한 권력의 작동을 인식하거나 거부할 때, '우리'는 '일탈자'나 '떠돌이'가 될 수밖에 없다.[85] '고등학교의 철망 친 담장'(25)을 뛰어넘던 '나'가 대학생의 '본분'을 망각할 때, 그가 가야 할 곳은 군대였다. '꿈꾼다는 것이 죄'(145)가 되어버린 세상에서 그는 법에 의해 '파괴자'(145)라는 낙인을 받는다. 작품 속의 '나'는 권력이 요구하고 강제하는 주체성에서 벗어나려는 학생운동을 했다는 빌미로 강제징집을 당하고 그림자 같은 기관원의 감시를 당한다. 규율은 다양한 도덕적 강제와 법률 등 명령(order)을 부과함으로써 질서(order)를 수립하고자 한다.

뉴스: "이십대 청년이 부친을 살해하고 도주한 사건 연극이 발생하여 연극인들을 경악케 하고 있습니다. 지난달 공연 질서 파괴 모의 혐의로 입건되었다가 기소 유예로 풀려나온 젊은 … 즈즈즈 … " 채널이 바뀐다. 뉴스 해설: "네, 이번 사건 연극은 요즘 젊은 연극민들의 정신적인 황폐감과 극도로 타락한 윤리의식을 단적으로 드러내고 있다는 점에서 심각한 사회 문제를 내포하고 있다 하겠습니다. 더구나 이 문제의 청년이 범행 연극을 저지

---

85. 질 들뢰즈·펠릭스 가타리, 앞의 책, 306쪽.

른 게 인간 공연법, 약칭 인공법 위반 혐의로 입건되었다가 법이 베푼 관용으로 풀려나온 직후더군요. 인공법이라면 현재 우리 질서의 가장 골격을 이루는 법이고, 또 가장 엄격하게 다스려지는 규정 아니겠습니까? 연극 체계 속에서 연극민 개인의 자유스런 연기나 집단 연기 질서, 나아가 우리 연극 국가 질서가 형성되는 만큼, 그 연기 행위의 현실화인 공연의 기본 규율을 파괴하려 했다는 것은 곧 우리의 이성적 연극 현실과 그 이념을 폭력적으로 부정하려 했다고 해석될 수 있겠는데요. 이 정도의 불모의 정신 상태에 놓여 있는 연극민이라면 사실 어떤 의미에선 제 부친을 살해하는 연극을 저지를 만한 소지를 가지고 있었다고 여겨집니다만, 어쨌든 중요한 문제는 고등 교육까지 받은 젊은이가 어떻게 이토록 …"(135)

영사막 없이 들려오는 라디오 뉴스 : "즈즈즈 … 법홍보부는 새로운 연륜법 강화를 위한 일단계 조치로 이번 사건을 소재로 한 특별 공연을 마련하고, 윤리 의식 강화를 위한 대대적 계몽 활동을 즉시 펴나갈 예정이라고 밝혔습니다. 이에 따라 지역 연극구별로 시행될 이번 특별 공연을, 전 연극민이 의무적으로 관람해야 할 것이라는 담화문을 발표한 법홍보부는, 불행한 이번 사건을 계기로 … 즈즈즈 … " 툭, 소리가 꺼진다.(162)

권력은 '저들'이 되어, 측정될 수 없고 척도화될 수 없는 삶에 끊임없이 '자막대기'(89), 즉 척도를 들이댄다. '나'는 권력의 척도에서 벗어나려 몸부림을 친다. '나'는 바로 해체와 이행, 탈영토화를 실행하는 유목적인 주체성이다. 그러므로 이러한 '나'의 여정은 죽음 충동을 극복하고 새로운 삶으로의 이행 가능성에 몸을 여는 과정이라고 할 수 있다. '나'는 "죽음 충동과는 전혀 다른 자기-파괴를 발명"[86]한다. 그가 '길, 한 이십 년'을 지나 다다른 '그 세월의 무덤'은 죽음으로 종결되는 고통의 자리가 아니라, 새로운 삶이

---

86. 질 들뢰즈·펠릭스 카타리, 앞의 책, 306~307쪽.

시작되는 영원의 자리이자, 새로운 주체가 '환희의 탯줄'(93)을 끊고 탄생하는 창조의 자리이다.

『낯선 시간 속으로』는 근대적 이성이 강제하는 자기 동일성의 확고한 세계에 흠집과 파열을 내며 끊임없이 분열을 해 나가는 '나'의 형상을 보여준다. 그는 끊임없이 물음을 던지고 스스로 연속적인 변이의 한 과정에 놓인다. 이미 '나' 안에는 권력의 척도에 의해 측정될 수 없는 무수한 차이들이 우글거리고, 그것들은 매번 새로운 자리에서 새로운 주체성 탄생의 주사위 놀이를 한다. 이러한 생성의 영원회귀를 통해 『낯선 시간 속으로』는 경계를 넘어 새로운 세계로 이행한다.

경계를 넘어서기

『낯선 시간 속으로』에서는 기존의 모든 (이항)대립적인 사유들의 경계가 허물어진다. 이것은 어떤 것들을 둘로 나누어 하나의 가치에 특권과 우선권을 부여하는 이원론에 대한 거부로 이어진다.

현실과 환상

『낯선 시간 속으로』에서는 현실과 환상이 뒤섞인다. 그리고 그것들은 그 자체의 구분을 의미 없는 것으로 만든다. 현실이 환상 속으로 틈입해 들어오며, 환상은 현실과 살을 섞는다.

(전략) 그러나 저 풍경을 초현실화로 완성시키고 있는 것은, 허공에 둥글게

응집되어 쏟아지지 않는 핏방울 아래, 옆으로 뉘어 세워진 사다리였다. 구분되지 않는 먼 하늘빛과 강물빛 사이에 걸린 사다리는 강 건너편과 이쪽을 위·아래로 구분하는 듯싶었다. 그래서 풍경 속에는 우리가 살아온 위·아래·옆과는 다른 개념의 위상이 동시에 존재하는 듯싶었다. **그 다른 질서로 보자면**, 강 건너편은 그가 사다리를 타고 올라가야 할 높은 곳이었고, 그는 여태껏 그 질서에 수직으로 비껴 서서 옆으로 살아온 셈이었다. 어지러움도 없이. 겨울이었다. 그리고 여전히 겨울인 봄이었다. 그는 '들어가지 마시오'의 경고를 물리치고 그가 미리 보았던 명정전 안의 을씨년스런 공간 속으로 몸을 들였다. 그는 옥좌 앞에 무릎을 꿇고 앉았다. 그리고 그 옥좌를 뚫어지게 바라보았다. 왕이여, 모습을 나타내다오. 그는 시선에 정기를 모았다. 제발… 몸 안의 핏줄을 따라 흐르던 정연한 시간이 돌연 점점의 불씨로 흩어져 마구 부딪치며 불길을 지펴 불덩어리로 솟구치는가 싶더니, 이내 그 열기에 몸의 내벽 가득 뜨거운 물방울들이 송글송글 맺혀드는가 싶었다. 하지만 그는 몸을 흐트러뜨리지 않기 위해 이를 악물었다. 그러던 어느 순간, 바랜 단청을 입고 나무로 굳어 있던 천장의 용과 봉황이 잠을 깬 듯 무서운 울음 소리가 들렸다. 세월을 차단하던 격자문들이 북처럼 울리고, 옥좌 뒤에 함께 떠 있던 해와 달이 동시에 빛을 발하기 시작했다. 마침내, 그의 눈이 불을 뿜었다. 불길은 옥좌 위로 쏟아져 타올랐다. 아, 그러자, 그 불의 옷을 입은 한 형체가 투명한 모습을 눈부시게 드러내는 것이었다. 그리고 삽시간에 다시 사라지는 것이었다. 동시에, 그의 힘은 산산이 흩어졌다. 그는 장님처럼 캄캄해오는 시선을 떨궜다. 그는 본 것인가? 비록 돌아갈 곳을 물을 틈조차 없었지만, 보기는 한 것인가? … **그가 착각하고 있었던 것은 아니었다.**

그는 그 사다리가 다리와 물 위에 어린 다리 그림자의 대칭이 결합되어 빚어낸 모습임을 깨닫고 있었다. 그러나 사실이 사실로 있을 때, 몽상 또한 몽상으로 함께 있었다. 그것이 다리라는 사실은 그것이 사다리라는 몽상을 지우지 못했다. 그때 그것은 단연코 사다리였다. (중략) …… 악몽. 그는 나무에 기대어 숨을 가누었다. 몽상 속으로 잠입해 들어온 현실. 현실적 몽상의 보복.(28~30; 강조는 인용자)

이 작품에서 환상은 현실에서 벗어난 허황된 것으로 폄하되지 않는다. 그것은 현실, 또는 사실과 똑같은 존재론적 가치를 갖는다. 환상과 착각, 그것은 인식상의 오류나 실수가 아니라, 어떤 세계를 구성하는 사건으로 파악되고 있다.[87] 이인성이 현실과 환상 사이의 경계를 넘나들고, 또는 그 경계를 허무는 상상력을 발휘하는 것은 환상으로 도피하기 위한 것이 아니라 언제나 새로운 시작을 위한 것이다.[88]

그때, 언제 다가왔는지, 한 꼬마 아이가 쪼르르 그의 옆을 지나 철장으로 다가갔다. 아니, 아이는 철장으로 다가간 것이 아니었다. 아이는, 마치 철장 따위는 존재하지 않는다는 듯, 철장의 존재를 뚫고 그대로 지나쳐 그 커다란 에미우에게로 다가갔다. 에미우가 아이에게 몸을 굽히자, 아이가 그 잔등 위로 올라탔다. 갑자기 에미우는 무서운 속도로, 그것 역시 철장의 가로막음을 지워버리고 달려나갔다. 아이와 에미우가 삽시간에 그의 시야에서 사라졌 … 그는 눈을 비비고, 다시 철장 너머로 사라진 에미우의 자리를 바라보았다. 거기에 진정한 '있음'으로 있지 않은, 하지만 색감과 입체감과 동작을 그대로 지닌 에미우의 그림자가 어른거리고 있었다. 뛰쳐나간 제 몸을 쫓아가지 않은 그림자. 그 그림자가 움직이는 박제처럼 그에게로 다가와 그를 태우려는 듯 몸을 숙였다. 그러나 그림자의 동작은 철장에 제지당했다. 그는 고개를 끄덕였다. 그의 감각은, 무수한 마름모꼴로 그의 시야

---

87. 체험의 순간에 지각과 환각을 구분하는 것은 불가능하다. 환각이란 그것이 다른 체험에 의해 자격을 박탈당하기 전까지는 타당한 것으로 남아 있는 체험이다. H. R. Maturana & B. Poerksen, *From Being to Doing*, Carl-Auer, 2004, pp. 133~134쪽.[한국어판 ; 『있음에서 함으로』, 서창현 옮김, 갈무리, 2006].
88. 김인호, 앞의 글, 140쪽.

를 난도질하는 철장의 거슬림 때문에, 새우리 그 자체에 머물러 가로막혀 있었다. 그의 사고 또한 새의 속도와 철장의 크기가 갖는 상관 관계에 멈추어 있었다. 그래서 그는 무엇을 보았나? 한 짐승의 부자유를? 그뿐이라면, 단연코 그는 그 짐승의 현실을 꿰뚫어 본 것이 아니었다.(16~17)

그런데 우리가 여기에서 주의해야 할 것은, 작가가 강조해서 이야기하고 있는 '현실'에 관한 것이다. 여기에서 현실은 실재가 가지고 있는 어떤 본연의 힘을 상실한 현실로 그려지고 있다. 이것은 미디어에 의해 강제된 현실, 또는 공인된 의견으로 설명된 현실이다. 그래서 '무엇인가 다른 것'(16)을 보지 못하도록 차단막의 역할을 하는 현실인 것이다. 그래서 보이지는 않지만 엄연히 실재하는 것, 설명 너머에 있는 것, 그러나 초월적인 어떤 것이 아닌 또 다른 현실에 대해 작가는 그것을 상상, 착각, 착시, 착오의 형태로 끊임없이 독자에게 보여주려 한다. 그것이 바로 잠재적인 것의 실재성이다. 여기에서 새로운 삶의 가능성이 열린다.

있음과 없음: 카오스

『낯선 시간 속으로』의 '나', '너', '그'는 고정된 주체, 동일성과 유사성에 의해 재현된 주체가 아니라, 다양체이다. 이 안에는 차이와 생성이 우글거린다. 이 다양체는 수많은 차이와 생성이 잠재된 채, 그것이 어떻게 현실화될지 아직 미정인 상태에 놓여 있다. 이 다양체들은 '애벌레-주체'[89], 무수한 잠재성을 지닌 역동적인 주체이다.

---

89. 질 들뢰즈, 『차이와 반복』, 김상환 옮김, 민음사, 2004, 187쪽.

이러한 다양체는 이미 있음과 없음, 주체와 객체(대상)의 이분법을 뛰어넘는다. 이것은 하나의 카오스이다. 여기에서 카오스는 무질서가 아니라, '잠재태로서의 공백'[90]이다. 다시 말해, 아무것도 없는 텅 빔이 아니라 어떤 주체나 대상으로 확언할 수는 없지만 차이와 생성으로 가득 찬 상태를 가리킨다.[91]

> 그는 여기에 '없음'으로 있었단 말인가. 나는 지금껏 그의 '없음'의 '있음'을 마주본 것인가. (중략) 저렇듯 '없음'으로 있다는 것이란 도대체 무엇일까?(117; 밑줄은 인용자)
> '없음'으로 있는 그는, 그러나 끝까지 보이지 않는 무엇으로만 보일 수 없다. (중략) 이제 그것이 내 앞에 어떤 '있음'으로 있게 될 것이다(나는 그 '있음'의 모든 것을 안다고 믿었었다). (중략) 방금 내가 '없음'으로 있는 그를 보기 전까지, 그것을 봄으로써 내 앎이 흔들리기 전까지, 나 역시 그가 내 앞에 다시 '있음'으로 있게 되기를 원했었다. 한 번만 더, 여기 내 앞에, 내 눈앞에. 왜냐하면 이것이 하나의 확인이기를 바랐으므로. 그가 그임을 확인하여(그런데 '없음'으로 있는 그는 과연 누구란 말일까?), 내가 나임을 확인하고 싶었으므로(그러면 '있음'으로 있는 나는 또 누구란 말일까?). 그러나 허구로서, 연극이 끝나면 사라질 허구로서. 왜냐하면 나는 또한 여전히 나만의 나이고 싶었으므로.(117~118)
> 그러고보니, 그가 내 앞에 없다는 것은 차라리 그가 텅 빈 채로 있다는 것, 즉 그의 '없음으로-있음'이 실은 '비어-있음'으로 있는 것이라는 느낌이 든다. 그리고 지금의 내 불안은, 연극이 끝난 후의 그 '비어-있음'이 연극이 시작

---

90. 질 들뢰즈·펠릭스 가타리, 『철학이란 무엇인가』, 이정임·윤정임 옮김, 현대미학사, 1995, 170쪽.
91. 이것은 아무것도 없이 무한히 펼쳐져 있는 허공이 아니라 마치 어머니의 자궁이 태아의 발생을 허용하는 터를 제공하는 것처럼 그 안에서 생성, 소멸하는 것들이 나타나는 기반의 의미를 갖는다. 존 라이크만, 앞의 책, 75쪽 옮긴이 주 참조.

되기 전의 이 '비어-있음'과 또 다른 것이 될지도 모른다는 데 기인하리라는 생각이 이어진다. 그가 또 그가 아니게 된다면? 그러면 무엇이 달라지는 것일까? 그러면 그때의 그는 누구일 것인가? 그러나 사실, 나는 연극이 시작되기 전의 이 '비어-있음'의 '있음'의 '있음'이 무엇인지를 애당초 모른다. 그 것을 모르는 나는, 그러니까 결국, 연극이 끝난 후의 다른 '비어-있음'으로 '있음' 역시 무엇인지 모를 것이다. (중략) 이 공연을 의도하지 않았다면, 이 '비어-있음으로-있음'이 있다는 것조차 몰랐을 테지만 …… (118~119)
무대를 향한 확신이 흔들리면서, 차라리 나는 '지금-여기'를 벗어나고 싶었던 것이다.(119)
그리고 저 '비어-있음'의 정체를 드러낼 때까지 심문하고 싶었다.(120)
…… 그가 있게 될, 그의 '있음'이 시작될 무대다.(120)
무대는 무대다. 그 무대는, 지금, 어쨌든, 그의 '있음'의 밭이다.(148)
나는, 나에 의해 그가 '있음'으로 있게 되리라 믿었다. (중략) 내가 그를 텅 빈 '없음'으로부터 다시 있게 하고, 또 다시 없게 하리라는 것을 확인하기 위하여. 나에 의해 확인된 그에 의해, 내가 다시 확인되기 위하여. 그런데, 그 거 먼저 그곳에 '없음' 혹은 '비어-있음' 그 자체로 있었다.(149)
너는 그 느낌과 더불어 증발해버린 듯한 너의 '지금'과 '여기'를 둘러볼 것이다. 수많은 빈 의자들, 온갖 부재의 자리들 … 그 가득한 '없음'의 한가운데서, 그러나 너는 네 팔뚝을 꼬집어, 그 모든 '없음'을 의식하나는 너 자신의 '있음'을 스스로 상기시킬 것이다. 그러면 느닷없이 파고들 의혹, 그 모든 '없음'의 자리에도 네가 그 '없음'의 몸으로 편재해 있는 것이 아닐까 하는 의혹. 대답이 불가능한 그 의혹을 굳이 증폭시켜, 너는 네 의식을 스스로 균열시킬 것이다. 그리고, 그렇게 허물어지는 의식의 뒤켠에서, 마침내, 너는,
모든 것을 수락하리라, 그는. 그때, 그의 두 눈에는 맑은 액체가 가득차오리라. 그것은 눈물이 아니다. 그것은 눈동자 자체가 곧 증류수 같은 액체의 응집이 되어 환히 밝아오는 것. 어느 틈에, 그는 그 두터운 커튼 너머를 바

라보고 있으리라. 그의 시선은 틀림없이 그 커튼의 표면에 멈추어 있건만, 또한 틀림없이 그는 그 너머를 뚫어보고 있는 충족감에 몸을 떨리라. 그는 그 연극의 공연되지 않는 현재, 닫힌 커튼 뒤의 빈 무대에서 율동하는 '없음'으로 '있음'의 몸짓들을 세심히 관찰하게 되리라. 그러면서 그는 그 '없음으로-있음'의 '지금-여기'로부터 이어져나갈, 끊임없이 '지금-여기'의 삶으로 다가와 무대의 배면으로 넘어가는 매순간의 그 무엇을 예감하게 되리라 … 그런데, 또, 알지 못할 그 무엇이 끼어드는 것인가, 그는(275)
지금 우리가 바라보는 너른 호수는 희디흰 '비어-있음'의 공간이다. 그러나 그것은 가득찬 '비어-있음'이다.(311)

이 '비어-있음'에서 창조와 탄생이 일어난다. 이 세계는 수없는 차이와 특이성들이 분배되고 수많은 시뮬라크르들이 깨어나는 익명의 세계이다. 『낯선 시간 속으로』의 주체들은 무규정의 카오스적 주체, 차이와 생성을 드러내는 주체, 비인칭적 자아이다. 이들의 삶은 어떤 형식에도 동일성에도 속하지 않는 항상 생성 중인 삶이고, 차이의 무수한 다양함이 긍정되는 분열적인 삶이다.[92]
새로운 삶의 가능성이 열리는 이와 같은 카오스의 세계에서 나와 남, 자아와 타자의 배타적 구분은 이미 의미를 상실한다.

자아와 타자

이미 살펴보았듯이 『낯선 시간 속으로』의 '나', '그'는 있음의 '존재'가 아니라 됨의 '생성'이다. 그래서 여기에서의 주체들은 우글거리는 차이들이 들끓는 다양체의 모양을 띤다. 다양체는 "이미 공생하고 있는 다질적인 항

---

92. 민진영, 앞의 글, 35쪽.

들로 조성되어 있으며, 또는 각각의 다양체는 그것의 문턱들과 문들을 따라 일렬로 늘어선 다른 다양체들로 끊임없이 변형된다."[93] 주체에 대한 이러한 이해는 '나'와 '너', 그리고 '그' 사이의 경계선을 무의미하게 만든다.

'나'는 어떤 불변의 '나'를 거울을 통해 응시하려 하지만, 그것이 과연 '진정한' 나인지 확신할 수 없다. "이때 거울은 형체가 없이 불분명한 자신, 타자로서 현시된 자신을 비춘다. 그러므로 거울에 비친 자신의 정체성이란 시각적인 산물에 불과한 거짓 정체성이 되는 것이다. 그 거짓 정체성으로부터 현시된 것이 바로 타자이며, 그 타자는 자신의 분신에 불과한 것이 된다."[94]

> …… 거울 속에서, 나는, 거울 밖의, 그를, 마주본다. 후우우—하고 거푸 긴 숨을 내몰아쉰 그가 얼굴을 찡그리더니, 머리를 앞으로 기울여 내 이마에 그의 이마를 맞댄다. 자기 자신에게 확인시키듯, 그가 내게 말한다. 오늘, 마지막으로 무덤에 갈 참이야.(69)
> 여러 방향으로, 거울 속의 거울 속의 거울 속의 […] 거울들이 우리의 영상과 더불어 멀고 먼 점들을 향해 뻗쳐나가고 있다. 우리는 여러 개의 모습으로 찢겨져 거울 속의 점들로 수렴되는, 또는 그 아득한 여러 점들로부터 확대되어나온 갖가지 모습들이 뒤섞여 이루어진 혼돈의 무엇이다.(235)
> 우리는 거울 두 손을 얹고, 우리의 실재와 영상 사이에 놓인 그 가파른 단절을 더듬는다. (중략) 우리는 좁은 공간을 춤추듯 휘돈다 팔과 팔이 허공 속에서 얽히고 너와 나 사이의 어떤 힘이 우리의 발을 동시에 이끌고 우리의 두 몸은 비어 있는 공간의 완성을 위해 어떤 형태를 향하여 나아간다 우리는 이 모든 분열에도 불구하고 이 모든 분열의 한가운데에서 불굴의 실체로 존재하는 서로의 정신과 육체를 으스러지게 껴안는다 … (305)

---

93. 질 들뢰즈·펠릭스 가타리, 『천 개의 고원』, 김재인 옮김, 새물결, 2001, 473~474쪽.
94. 최성실, 「육체, 광기, 나비처럼 가벼운」, 『육체, 비평의 주사위』, 문학과지성사, 2003, 93쪽.

하이데거에 따르면 '타자'는 "나를 제외한, 내가 그것과는 구별이 되는, 남은 여타의 사람들"을 가리키는 것이 아니다. 오히려 타자는 사람들이 대개는 그것과 자기 자신을 구별하지 않고, 그 속에 같이 속해 있는 그럼 사람들을 말한다. '나'는 이미 타자와 함께 세계 안에 있다. 우리는 세계 안에 타인들과 함께 있다.[95] 들뢰즈에 따르면, 타자는 그 어떤 사람이 아니라 타자에 대한 자아이자 자아에 대한 타자로 이해할 수 있으며, 타자는 '가능세계에 대한 표현'이다.[96] 다양체는 항상 구성된 자아나 의식적 인격으로서의 '나'를 능가하며, 바로 그것들과 그것들의 다른 가능성이야말로 타자인 것이다.[97] '나'는 "배면의 자아에 대한 탐색의 끝에서 무수한 이타성의 내재성을 발견"[98]한다.

이렇듯 이인성은 "나와 나 아닌 것 사이에 견고한 경계를 세워 양자를 가르고 이를 토대로 안(내면)과 바깥(외부 현실)이라는 구분을 짓는 사고방식(의식)"[99]을 거부한다. 그것은 공통적인 것의 구축이 아닌 동일성의 확립이라는 폭력을 행사하기 때문이다.

잠재적 공존

'나'와 '그'는 분리되지 않는다. 부재하는 과거태로서의 '그'의 의식의 현전성을 대변하는 '나'는 잠재적인 공존 상태에 있다.[100] 주체가 시간의 화살

---

95. 마르틴 하이데거, 『존재와 시간』, 이기상 옮김, 까치, 1998, 166쪽.
96. 질 들뢰즈, 『차이와 반복』, 김상환 옮김, 민음사, 2004, 549~552쪽, 또한 질 들뢰즈, 『의미의 논리』, 이정우 옮김, 한길사, 1999, 485~486쪽을 참조.
97. 존 라이크만, 앞의 책, 151쪽.
98. 진형준, 앞의 글, 18쪽.
99. 정남영, 『리얼리즘과 그 너머』, 갈무리, 2001, 181쪽.
100. 김동식, 「상처의 계보학, 또는 생성의 의미론」, 『낯선 시간 속으로』, 문학과지성사, 1997,

끝에서 발생하는 것이라면, '나'와 '그'의 공존은 결국 시간의 공존 때문에 가능하다. 시간의 본질은 과거가 과거 그 자체로 현재와 공존하고 있는 것이지, 과거에 있었던 현재를 뒤따라오는 것이 아니다. 현재는 현재인 동시에 과거이며, 동일한 순간 자체는 현재이며 과거로서 공존한다. 이럴 때에만 현재가 지나갈 수 있으며, 새로운 현재가 도래하여 이 현재를 대체해준다.[101] 사라진 현재와 현실적 현재의 공존은 지금의 기억이나 옛날의 의식적 지각이 미치지 못하는 과거이며, 일종의 순수 과거로 떠오른다.

『낯선 시간 속으로』, 특히 「낯선 시간 속으로」는 매우 탈연대기적이다. 통시적으로 다른 층위에 놓여져야 할 시간의 층위들이, 그래서 동시적인 상황으로 제시될 수 없는 장면들이 공시적인 상황으로 제시되어 있다.[102] 그리하여 여기에서는 'A가 A이면서 동시에 A 아닌 다른 것이 될 수 없다'는 논리학은 작동하지 않는다. 부재와 현전, 타자와 동일자, 과거와 현재 그리고 미래는 잠재적으로 공존한다.[103]

그래서 「낯선 시간 속으로」에서의 시간 탐색은 어떤 '근원적인 시간', 기원을 찾는 것을 의도하지 않는다. 오히려 전혀 다른 시간, 말 그대로 '낯선' 시간, 잃어버린 시간 자체를 되찾게 해 준다.

과거나 현재는 미래를 향한 반복을 결정짓는 조건들에 지나지 않는다. 이 미래를 향한 반복이 바로 영원회귀의 반복이다. 영원회귀의 반복에는 차이나는 것들만이 되돌아온다. 영원회귀의 반복과 함께 차이는 자신의 최대의 역량에 도달할 수 있다.[104]

356쪽.
101. 민진영, 앞의 글, 66~67쪽.
102. 김동식, 앞의 글, 357쪽.
103. 김동식, 앞의 글, 358쪽.
104. 민진영, 앞의 글, 22쪽.

생성은 현재를 피해간다. 그래서 생성은 이전과 이후, 과거와 미래의 분리도 구분도 용인하지 않는다. 두 방향으로 동시에 가는 역설이 생성의 본질이다.

재현을 넘어 표현으로

이인성은 언어의 표현 가능성을 최대로 확장한다. 그것은 문학 언어가 현실을 재현하는 데 그쳐서는 안 되고 현실 너머의 세계를 보여주어야 한다는 인식을 토대로 한다.[105] 문학은 본질적으로, 어떤 표준화되고 중립화된 앎의 형태인 정보의 일방향적 전달을 목표로 삼지 않는다. 일방향적 전달은 재현에 국한된 소통이며, 존재의 특이성을 제거함으로써 표준화, 등가화, 중립화를 촉진한다.[106]

예술적 생산은 새로운 주체성의 생산을 목표로 한다. 존재의 새로운 가능성을 탐색하고 새로운 삶을 창조하는 것이 바로 예술적 창작행위의 목표인 것이다. "전례 없는, 예상치 못하고 생각지 못한 존재의 질을 생성"하는 것, 즉 존재를 끊임없이 (재)특이화시키는 것은 예술적 생산의 핵심적 원리이다. 그래서 (재)특이화는 항상 새롭게 시작하는 것이기에 전복적이다. 또한 이러한 (재)특이화가 담지하는 사유는 이미 존재하는 것을 단순히 전달하거나 가리키는 '재현'이 아니라 특이성을 생성하는 '표현'의 사유이다. 사유가 이미 존재하는 것을 지시하고 반영하고 전달하는 데 갇혀 있을 때 새로운 삶은 창조될 수 없다. 표현은 새로운 것을 잉태하고 발견하고 실험하는 사유이다.[107]

---

105. 김인호, 앞의 글, 140쪽.
106. 정남영, 「현대 자본주의와 미적 생산」, 『비물질노동과 다중』, 갈무리, 2005, 356쪽.

앞에서 여러 예를 통해 확인한 바와 같이 이인성은 분명하게 확정된 대상의 재현을 위해 언어를 사용하지 않는다. 표준화된 통사구조에 파열을 냄으로써 '불확정적인 의미 생성 공간'을 창조해낸다. 이러한 언어적 특이성의 생성을 위한 실험이야말로 새로운 주체성의 가능성을 위한 탐색이다.[108]

상처와 이행

앞에서 반복적으로 살펴보았듯이, 『낯선 시간 속으로』는 전통적인 근대적 주체성을 새롭게 이해해보려는 시도의 하나라고 할 수 있다. 이 작품집에서 탐색하고 있는 주체성은 독립적이고 자율적인 주체성이 아니라, '상처를 주는 사건, 상처를 주는 다른 사람이나 다른 대상과의 관계 속에서'[109] 발생하는 주체성이다.

'나'로 하여금 사유하도록 강요하고 폭력을 행사하는 것은 바로 기호이다. 이것은 근본적으로 우발적인 마주침의 대상으로서, '나'에게 상처를 안겨준다. 그러므로 사유 활동은 진리를 찾고자 하는 주체의 자발적인 의지의 활동이 아니라, 기호의 강제와 폭력이 상처를 입혔을 때 그 기호가 숨기고 있는 진실을 해석하기 위해 비로소 수동적으로 시작되는 활동이다.[110]

'나'가 바깥과의 끊임없는 접속을 통해 물음-존재로 계속 새롭게 생성되어 나가는 과정은 바로 이 기호와의 마주침 속에서 상처를 입고, 상처를

---

107. 정남영, 앞의 글, 350~356쪽.
108. 『낯선 시간 속으로』 이후의 작품 활동을 통해서 우리는 이인성의 언어적 실험이 갖고 있는 '표현'적 측면을 충분히 확인할 수 있다.
109. 서동욱, 「상처받을 수 있는 가능성」, 『차이와 타자』, 문학과지성사, 2000, 95쪽. "타자는 상처줌을 통해 개입하며, 상처를 입히는 이 타자의 손길을 통해서 비로소 주체는 발생한다."
110. 서동욱, 앞의 글, 104쪽.

확인하고 상처를 치유해 나가는 과정에 다름 아니다. 그러므로 상처를 받을 수 있다는 것은 바깥으로 나갈 수 있다는 가능성, 존재의 저편으로 갈 수 있다는 가능성, 언제나 새롭게 시작할 수 있다는 가능성을 지니고 있다는 표식이 될 것이다.[111]

그러므로 상처는 기억과 그로 인해 회한이 일어나는 자리가 아니라 새살이 돋는 카이로스[112]의 자리이다. 그러므로 상처는 단지 어떤 경험적 규정만을 가리키는 것이 아니라 삶의 사건을 가리킨다.[113] 이 상처를 치료하는 시간은 특이한 발명과 창조가 용솟음치는 시간이며 구성의 시간이다. 지금까지와는 전혀 다른 삶, 다른 세계가 가능해지는 시간, 그리고 영원의 삶이 새로운 몸으로 구성되는 시간인 것이다.[114] '돌이킬 수 없는 것은 돌이킬 필요가 없는'(313) 것이다.

삶은 동일성이 유지되는 것이 아니라, 매순간 끊임없이 재발생되고 창조되는 것이다. 그것은 장애물들을 넘어서고, 문제를 설정하고 해결하는 행위 그 자체이다.

'나'의 시작은 어느 한 단계를 건너뛰고 종료되는 시작이 아니라, 언제나 새롭게 출발하는 시작이다. 그것은 동일한 것이 아니라 차이나는 것이 반복되는 영원회귀이다.

그렇다, 그럼에도 아직 저들이 파악하지 못한 것이 있다. 아직 나는 저들에게 완전히 걸려든 게 아니다. 나는 저들의 그물이 지닌 촉감과 잠깐 접촉했을 뿐. 왜냐하면 그 편지를 써보냈던 나는 더 이상 내가 아니므로. 그 나는

---

111. 서동욱, 앞의 글, 135쪽.
112. 카이로스에 대해서는 안또니오 네그리, 『혁명의 시간』, 정남영 옮김, 갈무리, 2004, 제1부 참조.
113. 키스 안셀 피어슨, 앞의 책, 254쪽.
114. 조정환, 「비물질노동과 시간의 재구성」, 『비물질노동과 다중』, 갈무리, 2005, 380쪽.

지금의 내가 아니므로. 그 나는 여과되어버린, 지나가버린 나다. 그러므로, 지금의 나는, 다시, 또다시, 시작할 수 있을 것이다.(280)
"지나간 모든 것은 도리가 없다. 그리고 … 어쨌든, 이게 또 하나의 시작이야. 아주 먼, 아주 작은 시작이야." 지금 우리가 바라보는 너른 호수는 희디흰 '비어-있음'의 공간이다. 그러나 그것은 가득찬 '비어-있음'이다. 그 희디흰 공간 저쪽에서, 희디흰 물체들이 줄지어 번득이며 하늘로 떠오른다. 흰 물오리들의 날갯짓이 우련하다. "그래, 시작이야. 상처를 간직했으니."(311)
…… 상처란, 그 흔적이 지워지지 않음으로써만 상처일 것이다. (중략) 상처를 받는다는 것은 삶과 죽음을 하나로 만드는 넋굿이라고나 할까. 그리고 상처란 그 넋굿의 자리로서 그것을 현재 속에 간직하는 흔적이라고나 할까. 다시 볼 때마다, 그 아픔의 과거가 '여기'에 살아나고 미래인 다른 하늘이 '지금' 속에 가득 펼쳐지는 곳. 시간의 직선적인 흐름이 무너져 솟구치며 소용돌이치는 곳. 상처를 통해, 마침내 우리는 다른 삶을 살기 시작할 것이다.(312)

언어는 의미작용을 거쳐서 일상화되어버리는 자신의 한계를 인식하고 의미작용을 벗어나 바깥과의 마주침을 일으킬 때 진정한 차이와 생성의 언어로 태어난다. 이러한 기표기의적인 의미작용의 영토성을 벗어던지는 언어의 탈영토화는 반드시 언어의 탈주선 긋기를 필요로 한다.[115] 그것은 '기표-기의관계의 파열'을 통해서만 가능하다.[116]

이인성은 일상적이고 관습적인, 그리고 전통적인 언어의 통로와 코드

---

115. 민진영, 앞의 글, 132쪽.
116. 창조적인 언어가 파열을 내고자 하는 '기표기의적 기호화'는 기호가 이미 정해져 있는 담론적 연쇄, 즉 기표와 기의의 정해진 일대일 상응관계(재현 혹은 지시 관계)의 연쇄에 따르는 기호화를 말한다. 이러한 기호화는 재현 혹은 지시의 기능에 종속된다. 정남영, 앞의 글, 352쪽.

를 해체하고 언어의 탈주선을 그린다. 이 탈주선은 창조의 선이면서 끊임없이 새로운 삶을 모색하는 "삶-실험"이기도 하다.[117] 이인성의 언어는 바깥과의 마주침에 민감하고, 차이와 생성으로 새로운 영토를 창조한다.

결론

우리는 앞에서 『낯선 시간 속으로』의 소설적 공간이 "소설에 얽힌 기존 통념을 뒤흔들어 놓고 있을 뿐 아니라 소설양식에 대한 온갖 실험을 꾀하는" 창조와 생성의 공간임을 확인할 수 있었다.[118]

다양한 언어적 실험이 이루어지는 그 공간에서는 기존의 모든 전제와 묵약, 그리고 확실성들이 의심받고 해체된다. 이질적인 항들의 우발적인 마주침과 접속에 의해 사유가 전개된다. 시간은 해체되어 중첩되고 재배치되며, 그와 함께 주체 또한 분열되고 재구성된다. 차이들은 긍정되고 반복은 끊임없이 새로운 생성을 시작한다. 권력이 강제하는 자기 동일성을 비껴나면서 새로운 '나'를 향해 끊임없는 주사위 던지기가 행해진다.

차이와 생성이 들끓는 '낯선 시간' 속에서는 현실과 환상, 자아와 타자, 주체와 객체, 있음과 없음의 구분과 경계는 허물어진다. 상처는 새 살이 돋아나는 이행의 자리가 된다. 그리하여 『낯선 시간 속으로』는 현실을 반영하고 모사하는 재현적 기능에 만족하지 않고, 새로운 삶의 가능성을 모색하기 위한, '낯선 언어'들로 가득하다.

『낯선 시간 속으로』를 읽는 것은 바로 이 책을 읽는 우리를 '낯설게 하

---

117. 민진영, 앞의 글, 134쪽.
118. 조남현, 「메타픽션의 외로움과 보람」, 『우리 소설의 판과 틀』, 서울대출판부, 1991, 260쪽.

기'의 과정에 들어가도록 만들어, 우리 자신을 바꾸는 경험을 하도록 만든다. 시간의 해체와 재구성, 등장인물의 분열, 정연한 논리적인 인과 관계의 약화, 언어적 표현 형식에 대한 탐구 등으로 가득 찬 이 작품은 어떤 '의미'와 '대답', '진실'을 갈망하는 독자들의 요구를 배반한다. 작품은 궁극적인 의미의 제시를 거부한다. 작품은 우리를 어떤 단일한 원리나 진리로 유혹하지도 않으며, 그것을 증명하거나 강제하지도 않는다. 오히려 우리는 작품 속에서, 작품과 함께 동요하고 분열되고 불안에 던져진다. 그러나 바로 작품의 이 '일의적 의미의 부동성에 대한 반박'이야말로, 의미의 생성과 창조를 가능하게 해 주는 힘이다. 우리는 이 소설과 함께 물음-존재가 되어 삶의 의미를 찾아 나서게 된다.[119]

이 글에서는 이인성 문학이 가지고 있는 풍부한 가능성의 세계의 몇몇 측면만을 확인하는 데 그칠 수밖에 없었다. 1970년대를 시대적 배경으로 하고 1970년대 말과 1980년대 초에 걸쳐 발표된 『낯선 시간 속으로』는 우리에게 아직까지도 낯설다. 그리고 이 낯섦이야말로 이 작품집이 가지고 있는 무궁한 가능성의 원천일 것이다. 우리가 살펴본 '낯섦'은 『낯선 시간 속으로』가 가진 무궁한 광맥의 극히 일부에 지나지 않는다. 그리하여 '성장소설'로서의 이 작품집은 아직도 창조적 진화를 계속하고 있다.

『낯선 시간 속으로』가 흠이 전혀 없는 최고의 작품이라는 평가를 내리려는 것이 아니다. 가볍게 지나칠 수 없는 오류나 한계 또한 분명 지니고 있을 것이다. 예컨대, 소위 '민중'이 반드시 미화의 대상이 되어야 하는 것은 아니지만, 작품 속에서 그려지고 있는 '민중들'은 다소 과하다 싶을 정도로 정태적이고, 부정적인 형상으로 그려지고 있다. 그러나 이러한 점들 때

---

119. "동일화를 통한 소설로의 몰입이 불가능해진 독자는 끊임없이 주의력과 관찰력, 기억력, 해석능력을 발휘하지 않으면 안 된다. 이렇게 그는 작품의 존재에 대한 보증인이 되며, 작품은 매번 읽힐 때마다 새롭게 현실화된다." 클로드 뮈르시아, 앞의 책, 148쪽.

문에 우리가 『낯선 시간 속으로』가 우리 소설의 가능성의 영역을 더욱 넓게 확장시킨 성과를 적극적으로 평가하는 데 인색해질 필요는 없을 것 같다. 리얼리즘과 모더니즘이라는 잣대에 기대어 이 작품집을 어느 한 편으로 귀속시키는 것 또한 온당치 못한 일이 될 것이다. 이 작품집이 이루어 놓은 성과는 그러한 이원론적 대립을 훌쩍 뛰어넘는다.

『낯선 시간 속으로』 이후 계속되고 있는 이인성의 언어적 실험은 언어의 새로운 가능성에 대한 탐색이자 존재와 삶의 새로운 가능성에 대한 탐색이다. 가장 정확한 한국어의 구사를 통해 가장 낯선 '외국어로서의 한국어'를 선보이고 있는 이인성의 언어적 실험이 값진 까닭이 바로 거기에 있다.

푸코의 말을 빌려 표현하자면, 이 소설은 하나의 '경험-소설'[120]이 되어 우리들로 하여금 이 소설을 읽기 전 사물 및 타자들과 맺었던 관계를 새롭게 구성하도록 만들어, 새로운 삶을 가능하도록 만든다. 마치 '나'가 상처를 치유하며 새로운 시작의 길에 들어서듯이 말이다.

문학은 삶을 위한 가능성을 창조하는 것이고, 작가는 이러한 가능세계를 언어적 실험을 통해 실재적으로 보여주는 자이다.[121] 그리고 그의 실험은 아직 끝나지 않았으며, 그리하여 우리는 그와 함께 '또 다른 세계'의 가능성을 꿈꾼다.

---

120. 이는 책이 경험과의 조우를 통해 주체의 변화와 변모를 꾀할 수 있다는, 푸코의 '경험-책'의 용어를 빈 것이다. 미셸 푸코, 『푸코의 맑스』, 이승철 옮김, 갈무리, 2004, 46쪽 참조.
121. 민진영, 앞의 글, 5쪽.

트랜스-내셔널의 감각과 형상들

이종호

"나는 국가적 경계를 넘어서서 수평적인 충절을 보여주는 사람들을 격려하고자 한다. 따라서 이것은 아일랜드를 침략했던 영국에 대한 영화는 아니다. 사람들은 자기 사회의 상류층에 있는 사람들보다는, 다른 나라에서 자신과 동일한 사회적 지위를 차지하는 사람들과 더 많은 공통점을 갖는다."
— 켄 로치 (제59회 칸 영화제 황금종려상 수상 이후 인터뷰 중에서)

민중의 소멸과 월경의 징후들

'민중이 사라지고 있다'는 진단으로부터 길을 밟아 나갈 수 있을 것이다. 오늘날 현실 상황에 비추어 보면 이와 같은 진단은 때늦은 감이 있다. 민중이라는 집단적 주체를 둘러싼 강렬한 여운과 감동이 과거적인 형상으로 정태적으로 머물러 있는 동안, 그것의 한계를 극복할 새로운 주체성에 대한 탐구는 계속해서 지연될 수밖에 없었다. 그러는 사이, 마침내 체제와 자본에 대항하는 저항적 주체로 자리매김해온 민중을 둘러싼 담론은 좌초하기 시작했다.

1980년 광주를 하나의 전환점으로 하여 민중이라는 집합적 주체가 그 잠재적 형상을 시대의 전면에 드러낸 이래로, 1980년대는 가히 민중의 시대라고 할만 했다. 민중·노동운동의 흐름 속에서 민중의 형상을 통해 억압된 생의 에너지가 거친 입자로 분출하기 시작했고, 그러한 흐름은 쉽사리 멈추지 않을 것 같았다. 그러나 외적으로는 현실사회주의권이 붕괴하고, 내적으로는 파고 높았던 1987년이 하나의 체제로 포섭되어 '죽은 노동'으로 전화해 가면서, 그와 동시에 민중이라는 집합적 주체도 점차 그 존재론적 역능을 상실해 가기 시작했다. 사실상 1991년 이후 '민중'이라는 주체와 개념은 급속히 부패하기 시작했으며, 이것은 우리에게는 치명적이었다. 신자유주의라는 자본과 국가의 반격은 전방위적이고도 무차별적이었으며, 민중의 이름으로 그 공세를 막아내기에는 이미 역부족이었다.

다시 말해 민중의 소멸에 대한 진단은, 근대국민국가 시스템에서 '저항적 주체'로 그 형상을 구축해 온 민중이 오늘날은 더 이상 저항적 주체로서의 그 유효성을 상실했음을 말하는 것이다. 지금까지 '민중'에 개념적으로 접근할 경우에도 그리고 경험적으로 접근할 경우에도, 그것은 공히 국가의 지평 위에서 논해져 왔다. 근대의 시간 속에서 구획되어진 국경의 선을 따라 그 영토성을 구축해 온 민중은 사실상 국민국가 시스템 속에 갇힌 존재로 귀결되었다. 그리하여 민중(을 둘러싼 담론)이 아무리 급진적이고 역동적인 모습을 지니더라도 그것의 외연은 국민의 외연을 쉽게 벗어나지 못했다.[1] 그리고 그것이 지향했던 민중권력에 대한 열망은 대의(representation)되는 주권의 형상을 지닌다는 점에서 그것이 넘어서고자 했던 국가권력과 닮아 있었다. 따라서 단일성, 통일성, 동질성을 그 특징으로 하는 민중은, 국민국가의 경계를 따라 외부적으로는 차이를 배제하고 내부적으로는 차이를 무화해 왔다. 즉 민중이란 개념은 배타적이고 제한적인 이접적 종합

---

1. 문학에 있어서도 그것은 마찬가지였다. 식민지시대부터 1980년대에 이르기까지 많은 민중·민족·계급문학론들이 등장했음에도 불구하고, 그것의 변혁성은 항상 일국적인 국민국가의 지평에서 논의되었다.

의 메커니즘으로 작동해 온 셈이다. 이러한 메커니즘 속에서는 국가의 경계 외부에 위치한 존재들은 물론이고, 경계 내부에서도 민중적 동일성에 귀속되지 못하는 소수자적 존재들 역시도 또 다른 이방인으로서 억압당하거나 배제될 수밖에 없었다. 민중의 운명은 국민국가에 의거하고 있으며, 그 외연의 경계선은 국경을 따라 그리고 내적 동일성의 유무에 따라 이중적으로 구축된다. 즉 분할선은 국경의 내·외부 모두에서 새겨지고 있는 것이다. "재일조선인은 민중인가"[2]라는 한 재일조선인의 물음은, 민중 개념의 분할선이 지니고 있는 폭력성과 그 한계 지점을 정확하게 드러낸다.

저항적 주체이면서 동시에 국민국가에 감금된 형상으로서의 민중은 한국적 상황에서는 대략 1990년대 무렵부터 위기에 직면하게 된다. 그 위기는 외부적으로는 흔히 신자유주의, 세계화, 지구화 등으로 말해지곤 하는, 즉 국경을 초월하기 시작한 자본의 반격[3]으로 인해, 그리고 내부적으로는 민중의 동일성으로부터 탈주하는 새로운 저항적 주체성의 출현으로 인해 발생한다. 네그리와 하트의 말처럼 민족국가적 주권형태에서 제국적 주권형태로의 이행이라고 설명되는 오늘날의 상황[4]에서 민중은 제국적 주권에 대항하는 적실한 주체성으로서의 그 지위를 상실해 가고 있다. 오히려 제국적 주권 시스템의 한 마디로 절합하여 작동하는 민족국가의 주권합성 계열로 포섭되어, '국민'이라는 형상으로 그 모습을 드러내곤 한다. 이러한 가운데 근대국민국가 시스템 속에서-대항하고-넘어서는 새로운 주체성들이

---

2. 서경식, 『난민과 국민사이』, 돌베개, 2006, 171~196쪽 참고.
3. 이것은 한국적 차원에서는 1980년대 민중운동에 대한 자본의 반격으로, 그리고 전 세계적 차원에서는 1968혁명에 대한 자본의 반격으로 독해해야 할 것이다. 즉 "사회적으로 발전된 자본의 층위에서, 자본주의적 발전은 노동계급 투쟁들에 종속되게 된다."(「영국의 레닌」, 『자율평론』 3호, 이택진 옮김)는 마리오 뜨론띠(Mario Tronti)의 오랜 테제처럼, 자본과 노동에 있어 근본적인 규정력은 노동에 있음을 항상 염두에 두어야만 한다.
4. 안토니오 네그리·마이클 하트, 『제국』, 윤수종 옮김, 이학사, 2001; *Multitude: War And Democracy In The Age Of Empire*, Penguin USA, 2004 등 참조.

속속 그 모습을 드러내고 있다. 이들은 국경에 함몰된 민중 개념으로는 포착/설명 불가능한 존재들이다. 이들은 국가의 내·외부적인 국경을 가로지르거나 그 경계에 서 있는 존재들이다. 이와 같은 주체성은 국경의 내·외부를 구분하지 않고 무장소(non-place)적으로 등장하고 있는데, 이들은 국가와 민중이 구획해 놓은 경계를 허물고 분할선을 해체하며 그 균열을 따라 도주하기 시작한다. 탈주와 포섭이라는 긴장 속에서 발현되고 있는 이러한 주체성의 발생, 그리고 그로부터 생산되는 사유의 흐름은 근대라는 시간대에 기대어 있는 국가와 민중이라는 지절에 파열을 내고 있다. 삶/투쟁의 거처와 삶/투쟁의 주체성 모두 일국적 지평을 이미 충분히 벗어나고 있는 중이다.

민족국가적 주권형태 시기에는 잔여적인 형태로 음각화 되어 그 존재감을 드러내지 못했던 이들은 어떠한 매개도 없이 제국적 주권과 직접적으로 대면하는 존재들로 서서히 부상하고 있다. 이러한 존재들은 근대국민국가 시스템 속에서 항시적으로 미끄러지거나 배제되어 어디에도 그 거처를 두지 못하는 이방인들로 규정되면서 항상 주변부를 맴도는 잉여적 형상을 부여받았다. 그러나 오늘날 제국이라는 전 지구화의 흐름 속에서 경계를 가로질러 전면으로 나서면서 새로운 존재 양식을 생산하고 있는 중이다. 이름 없는 자들이 스스로의 이름들을 부르기 시작하고, 침묵해 온 자들이 더듬거리며 자신들의 목소리들을 내기 시작한 셈이다. 물론 이들은 현실적 차원에서는 제국적 주권이 부과하는 배제와 억압으로 인하여 가난과 비참의 형상을 완전히 극복하지는 못하고 있는 실정이다. 그렇지만 그 현실적 차원의 이면인(혹은 그것의 존재를 가능하게 하는) 잠재적 차원에서 지속적인 봉기와 반란 그리고 구성적 삶의 구축을 통해 새로운 존재 양식을 보여 주고 있음도 부인할 수 없는 사실이다.

여기서 한 가지 부연해 둘 점은, 이러한 민중의 소멸과 새로운 주체성의 등장은 저항적/집합적/구성적 주체성의 맥락에서 볼 때 일정한 연속성 위에 놓여 있다는 사실이다. 즉 민중의 소멸이 곧 집합적 주체성의 소멸로 이해되어서는 곤란하다. 여기서 소멸과 출현, 혹은 해체와 재구성이라는 주체성의 단속(斷續)은 민중이라는 형식으로 포착되었던 존재들이 그로부터 빠져나와 그와는 다른 형식으로 재구성되고 있다는 의미인 것이다. 그리하여 민중의 소멸이란 단순한 사라짐이 아니라, 그와는 다른 새로운 주체성의 출현을 말하고 있는 것이기도 하다.5

  이와 같은 새로운 주체성의 출현에 대한 문학적 반응 내지는 대응이었을까. 근자의 한국문학에서는 이주노동자들을 비롯하여 국경을 넘는 자의 삶들을 주요한 소재로 다루는 것이 하나의 흐름으로 자리 잡고 있다. 이와 같은 흐름은 분명 계속해서 확대될 것이다. 이러한 경향이 단순한 소재주의적 확장인지, 아니면 과거와는 다른 새로운 주체성에 대한 예각화된 시선인지는 좀 더 지켜봐야 할 문제이겠지만, 과거의 '민중'이라는 범주와는 그 성격을 달리하는 존재들이 한국문학 내에서 일정한 시민권을 획득해 가고 있음은 부인할 수 없을 것 같다. 민중이라는 정체성으로부터 빠져나오는 유연한 존재들에 대한 관심과 형상화의 이면에는, 의도했든지 그렇지

---

5. 이러한 흐름 속에서 민중문학의 국가/국민적 외연과 성격을 탈각시키고, 새롭게 성격규정하려고 하는 다음과 같은 서술은 경청할 만하다. "근년의 각종 사태와 파동에서 보듯이 남한 독점자본은 남한 국가권력의 물리적 보호에서 벗어나는 대신 좀 더 강력한 초국적자본(즉 세계화 세력)의 지배에 종속되어 가고 있다고 해야 할 것이다. 이런 점에서 우리의 민중현실은 ― 전세계의 민중현실이 그러하듯이 ― 지난날의 구식민지·신식민지와 단계적으로 구분되는 새로운 억압상태에 처하게 된 것이 아니지 의심해 볼 만하다. 만약 그렇다면 이제 우리는 해방적 삶을 지향하는 운동의 가장 적절한 이념적 지표를 민족개념 안에서 구하기 어렵게 되었음을 인정하지 않을 수 없다. 민족문학론 역시 이런 변화에의 적응을 강요받고 있다. 당면한 문제들의 세계적 성격에 비추어 일국적 연원을 가진 민족문학론은 그 시대정합성을 상당부분 탕진했다고 보는 것이 옳을 것이다. 민중문학은 어떤 점에서 민족문학보다 더 협애하고 낙후한 개념일 수도 있지만 국가적·민족적 귀속성은 처음부터 배제될 수도 있다."(염무웅, 「농민소설의 민중문학적 맥락」, 『문예미학』 제9호, 2002, 152쪽. 강조는 인용자)

않았든지 간에 낡은 주체성으로 몰락해 가는 민중에 대한 성찰과 그러한 민중의 외연을 형성하고 있는 국민국가에 대한 비판이 자리하고 있음을 유추할 수 있다.

이러한 맥락에서 국경을 넘는 이야기나 존재들, 혹은 사건들은 지난날의 '인터내셔널'의 전망과도 구별되는 것이기도 하다. 도달해야만 하는 궁극적 지향의 하나로 제시되곤 했던 인터내셔널의 전망은 전 세계적 관점 속에서 국제주의를 표방한 것이었지만, 축자적인 의미(inter-national) 그대로 국민국가 단위를 매개/기초로 하고 있었다. 따라서 이 역시 근대국가나 국민의 형상 속에 머물고 있었던 것임을 상기할 필요가 있다. 지난 세기의 좌파적 전망의 오랜 숙원이었던 인터내셔널의 흐름과 비교할 때, 이러한 흐름들은 어떤 의미에서 트랜스-내셔널(trans-national)의 흐름으로 변별·지칭할 수 있을 것이다. 물론 이 흐름은 완료형이라기보다 진행형, 아니 어쩌면 이제 막 제기되거나 시도되는 것인지도 모른다. 그리고 이것은 무엇보다도 지난 시대 식의 '전망'과 같은 완성된 하나의 상이 아니라, 무수한 시도와 시행착오 가운데 구축되고 구성되는 한 과정일 것이다.

기원을 넘어서는 이야기

국경 내·외부의 분할지대를 가로지르는 이야기는 매끄러운 제국적 평면 위의 시공간에만 한정되어 작동하는 것은 아니다. 오히려 제국주의/식민지 시대라는, 어떻게 보면 그러한 분할지대의 기원으로서 설정되어온 홈패인 시공간을 배경으로 작동하기도 한다. 이것은 홈패인 제국주의/식민지 시대의 지층을 매끄러운 제국적 평면에서 새롭게 재구성하려는 시도이다. 이를 통해 지층화된 시간의 규정은 해체되고, 분할지대에는 균열이 발생한다. 요컨대 이와 같은 이야기는 분할과 경계의 기원을 문제로 하여, 그것을 해체하여 넘어서고자 하는 것이다. 물론 이것이 단순한 거울이미지에 지나지 않는 것인지, 아니면 한발 더 나아가고 있는지는 아직까지 쉽게 판단하기 어렵다. 하지만 이러한 움직임들은 소설과 네이션(nation)의 공모라는 근대소설의 한 특징을 넘어서고자 한다는 점에서도 흥미로운 일이다.

이와 같은 경향성을 드러내는 소설 가운데 전성태의 『여자이발사』(창해, 2005)는 "가해국 출신의 피해자들", 즉 "일본인 처와 같은 역사적 결락"(5쪽)에 대한 감각으로부터 출발한다. 작가가 스스로 "애국주의 자민족 중심주의, 국가와 개인, 과거와 현재가 한데 뒤섞여버리는 불가해한 체험"(5쪽)이라고 밝히고 있듯이, 제국주의/식민지 시대에 조선인 남성과 결혼하여 전후(한편으로는 해방과 다른 한편으로는 패전 이후) 한국에 정착한 일본인 여성의 고난과 격정에 휩싸인 삶의 흔적들은, 지난날 우리의 자명한 통념이나 준거점으로 인식되어 온 민족, 국가, 국민 등의 근대적 가치를 흔들어 놓는다. 작가는 그 결락된 역사의 틈과 균열을 따라, 새로운 기억과 존재의 흐름을 직조 해 나간다. 그와 같은 작가의 작업은 마치 소설 내의 인물들이, 공간적 배경이 되는 갯벌에서 실종된 '일본인 처 = 야마다 에이코'의 사체를 건져 올리는 것과 유사하다. 작중 인물들이 실종된 사체의 유골을 갯벌에서 발굴하여 잊혀지고 사라진 존재에 숨을 불어 넣듯이, 전성태는 민족과 국가의 이름으로 지층화된 역사라는 심연으로부터 국경을 따라 배제되고 사라졌던 존재와 사건을 건져 올려, 그것을 둘러싼 시공간에 생기를 불어 넣는다. 이러한 과정을 통해 전성태는, 근대적 민족이나 국가의 홈패인 공간을 따라 구조화된 폐쇄회로와 같은 시공간이 아니라, '갯벌'이라는 공간을 내세워 생성과 혼동의 무한반복과 같은 카오스적 의미와 마주하고자 한다. 그것은 생과 사가 교차하는 '태초의 땅'이고 생성과 소멸이 조용히 들끓고 있는 거처이며, 표면적으로는 많은 걸 감추기도 하지만 그렇기 때문에 많은 것을 드러내기도 하는 그런 장소이다. 그리고 거기에서는 세계의 끝과 시작이 교차하고, 모든 시간의 흐름이 열린다(30~33쪽). 이 갯벌에서는, 내·외부에 각인되었던 분할선이 지워지고, 시공간은 익숙한 목적론의 사슬로부터도 느슨해지기 시작한다.

벌거벗은 상태로 유동하고 있는 과거의 시공간에서 작가가 구체적으로 포착하는 사건은 태평양전쟁 말기에 행해지곤 했던 일본인 여성과 조선인 남성의 결혼(52~53쪽)이다. 이것은 당시 빈번한 일이었음에도 불구하고, 우리 관념에 자연스레 형성된 국민국가라는 폐쇄회로 속에서는 낯선 일이기도 하다. 민족과 국가의 구획 속에서 감각 불가능했던 존재들과 사건들은 이처럼 표면 위로 끌어 올려지고, 동시에 오랫동안 하나의 심급으로 작동해 온 민족주의나 국가주의에 대한 비판과 성찰의 시선도 부상한다.

소설 속에 등장하는 야마다 에이코는 태평양 전쟁 말기에 일본에 거주하고 있었던 재일 조선인과 결혼하여, 전후에 조선인 남편을 따라 한국으로 건너와 자식을 낳는다. 그러나 남편으로부터 버림 받고, 일본인이라는 정체성으로 말미암아 일생동안 내내 한국 사회의 주변부를 맴돌며 한국인들로 인해 고통 받는 인물이다. 그리고 여기에는 또 하나의 존재가 있다. 에이코에게 애증의 감정을 표출하며, 민족이라는 굴레와 개인적 감정에서 방황하는 이진식이라는 인물이다. 에이코와 이진식은 '가해국 출신의 피해자', '피해국 출신의 가해자'라는 형상을 변주하면서 대칭적 관계를 형성해 나간다. 두 인물의 삶은 제국주의 시기나 해방 이후 시기나 여전히 고통스럽기는 매한가지다. 이 두 인물에게 덧씌워져 있는 일본인, 조선인이라는 정체성은 그들의 삶을 풍요롭게 하는 것이 아니라, 항상 활주하는 존재들의 삶을 홈패인 공간으로 떨어뜨려 고정화시키고 감금하는 덫으로 작동한다. 제국주의/식민지 시기에 에이코의 삶은 "십오 년에 걸친 전쟁으로 일본 전역에 안개처럼 덮고 있는 삶의 허무주의와 삶의 극단성이 가져다준 염세

주의"(86쪽)에 질식되고, 이진식의 삶은 제국 일본이 부과하는 죽음의 그림자가 드리워진 강제 노동에 침식(50쪽)된다. 해방 이후 이들의 상황도 크게 달라지지 않는다. "조선 쪽 무슨 연맹이란 데서는 일본인의 귀국선 승선을 막아서 조선인과 맺어져 살림하던 그쪽 여자들은 아예 배에 오르지도 못"(52쪽)하도록 하면서, 많은 야마다 에이코들은 새로운 분할선 아래에서 위기를 맞이한다. 이진식의 경우 그가 해방된 조국이라는 또 다른 경계 속으로 진입하는 순간, 그의 삶/죽음/노동과 강제로 교환되어진 일본은행권은 그 유효성을 상실(74쪽)하게 된다. 이것은 그의 삶의 유효성과 연속성이 국경을 따라서 단절되고 재편되는 것을 의미하는 것이기도 하다. 즉 제국주의 시기와는 또 다른 분할과 배제의 선이 작동하여, 그들의 신산한 삶과 신체에 그 경계를 새겨 넣고 있는 것이다.

경계에 선 이들의 삶을 위태롭게 하는 것은 위로부터 부과되는 국가 권력과 정체성만이 아니다. 제국주의 시스템과 대항하며 성장하고 구축되어져 온 아래로부터의 민중적 민족주의 역시 문제다. 민중적 민족주의의 저항성이 배타성으로 전도되기 시작할 때, 그것은 내·외부를 잠식하는 괴물로 작동하기 시작한다. 소설에서 "우리들 심정"으로 언표화되는 아래로부터 형성된 민족적 감수성 내지 연대감은 "꽤나 격정적이기까지 해 주위에 둘러선 사람들을 옴짝달싹 못하게 옭아매는 마력을 발휘하"(182쪽)며, 개인들 간의 분쟁을 민족 분쟁에 가까운 심리상태로 전도시키는 어처구니없는 상황을 연출하기도 한다. 그리고 "어른 아이 할 것 없이 막 불러대는 '쪽바리년'은 듣기에 따라 일본인들이 하던 '조센진'이라는 말과 다를 바 없었다"(185쪽)는 서술은 민중적 민족주의의 메커니즘이 지니고 있는 억압성을, 그리고 그것이 어떻게 제국주의와 닮아 있는지를 단적으로 드러내주는 것이기도 하다.

전성태는 이 소설에서 존재하지 않았던 자들의 이름과 목소리를 복원하고 그들의 이름과 목소리가 어떻게 그리고 무엇에 의해 지워질 수밖에 없었는지를 추적한다. 이러한 과정 속에서, 지워진 존재들이 스스로 자신의 이름들을 부르고 자신들의 목소리를 내는 자들이 그 존재들을 매장한 지층화된 역사의 격자를 뚫고 표면으로 부상한다. 비로소 이들은 이름과 목소리를 가지게 되고, 그럼으로써 현실적 층위에서 그 존재감을 드러낸다. 즉 현실에서 존재하지 않았던 자들이 비로소 존재하게 되는 것이다. 그리하여 내·외부적 분할선에 의해 배제되고 억압받았던 존재들에 대한 긍정으로부터 작가가 추구하고자 하는 삶의 형상은 "니뽄 여자 한국 여자 안 가리고 한 식구처럼 살"아가고, 정체성과 상관없이 "다들 동무처럼 이웃처럼 정겹게 살"(220쪽)아가는 그런 모습이다. 에이코의 발화를 통해 소박하게 제시되고 있지만, 그것은 말하자면 국경이나 민족의 구별 없는 코스모폴리턴적(혹은 넓은 의미의 코뮤니즘적) 삶의 지향인 셈이다.

그러나 코스모폴리턴적 삶의 지향과 현실 사이의 간극은 소설 속에서 쉽사리 좁혀지지 않는다. 이름과 목소리를 지니고 있지만, 현실적 측면에서 이들 — 수많은 에이코들과 이진식들 — 의 삶은 여전히 "간물이 오르지 않는 갯벌"(7쪽)처럼 척박하고 생기를 잃어버린 비참의 형상에 머물러 있다. 소설에서는 등장인물들이 현실적인 내·외적 경계를 넘어서는 것과 마찬가지로, 그러한 황폐한 존재를 넘어설 가능성은 쉽사리 드러나거나 포착되지 않는다. 작가는 하나의 기획과 지향으로서 월경(越境)을 시도하고 있지만, 그것을 가능하게 할 잠재적 힘을 포착하는 데까지 나아가지 못하고 있는 것이다.

물론, 소설에서는 그와 같은 간극을 좁히기 위한 수법이 제시되기도 한다. 그 가운데 하나는 미학적 층위에서 두드러지는 것으로, 작중인물의 삶과 상징들을 병치하는 것이다. 소설에서는 염생식물인 칠면초, 나문재 등이 상징으로 계속 등장한다. 이들은 "바다도 육지도 아닌 경계"(190쪽), 황무지 같은 곳이며, 무엇이라고 규정하기 힘든 경계의 장소에서 생명력을 확장해 나가기 시작하는 무리들로 볼 수 있다. 다시 말해 이들은 "한 해를 두고 일곱 빛깔로 색을 갈아입을 만큼"(7쪽), 뚜렷한 정체성보다는, 경계 속에 놓여 있는 존재들이다. 이질성과 혼종성으로 그 생명성을 증명하는 존재들인 것이다. 마치 국경의 틈새에 자리 잡고 있는 무수한 야마다 에이코들을 상징하는 이들은 정체성의 측면에서는 한마디로 정의내리기 어려운 것들이다. 그리하여 이들은 그 어디에도 속해 있지 않으면서도 또 모든 경계와 맞닿아 있기 때문에 역으로 모든 곳과 연결되어 있으며, 모든 물상이 지워진 죽음의 공간에서 질긴 생명력으로 전화하는 그런 존재들이기도 하다. 이와 같은 상징들을 통하여, 작가가 지향하는 경계를 넘는 혼종적 주체성에 대한 긍정적 의미는 충분히 발현된다.

그렇지만, 이러한 상징과 의미화가 에이코나 이진식과 같은 소설 내 인물들의 구체적이고 현실적 삶과 직조되지 못하고, 외부적 형상으로 머문다는 점에서 문제가 발생한다. 즉, 실질적으로 현실을 규정하고 현실의 비참을 극복할 수 있는 잠재적 힘을 발견하는 데까지는 나아가지 못하고 있는 것이다. 현실적 비참의 형상을 극복할 잠재적 힘이 현실의 표면을 구성하지 못하고, 초월적인 외부적 상징이 그 잠재적 힘을 대체해 버린다. 이렇게 되면 상징들에 대한 의미부여가 강하게 이루어질수록 현실적 삶과는 유리되는 효과를 낳고, 그 상징의 의미와 작가적 지향이, 현실적 차원에서는 발현되기 힘들어지는 공허함을 낳는다.

또 다른 한계는 정치적이거나 윤리적 층위에서 말해질 수 있는 것이다. 작가는 개인성에 대한 강조를 통해 삶의 지향과 현실 사이의 간극을 넘어서려는 듯이 보인다. 즉, 소설이 '조국'이나 '고향'과 같은 국가와 민족적 정서에 가까운 것을 탈각시키고, '집'이라는 개인적 범주에 초점을 맞춘다(69~70쪽)든지, '조직력'이나 '불굴의 투지' 대신에 '개인기'를 강조(14쪽)하는 것 등이 그것에 해당할 것이다. 작가는 민족적 혹은 집단적 감수성에 쉽게 영합할 수 있는 키워드들을 배제하고 단자화된 개인성의 영역에 주목함으로써, 현실의 비참을 야기하는 민족주의의 한계(혹은 역기능)를 극복하려고 한다. 이러한 개인성에 대한 성찰과 강조는 "내 영혼에 대한 정직함", "내 영혼의 자율성"(206쪽)이라는 에이코의 발화를 통해서 보다 선명하게 제시되기도 한다. 이러한 과정을 통해서 전성태는 민족주의에 대한 "내적 성찰"을 통하여 "민족 구성원들의 존재론적 자율성 획득"(〈작가의 말〉, 5~6쪽)에 이르고자 하는 것이다. 그러나 작가의 이러한 의도가 과연 그 코스모폴리턴적 삶의 지향과 현실 사이의 간극을 좁힐 수 있는 유효한 기제로 작용할 수 있을지는 의문이다. 여전히 민족주의를 승인하는 태도를 취하면서, 민족주의에 대한 내적 성찰의 계기로 개인적 차원의 윤리성, 혹은 자율성을 제시하고 한편으로 그것을 통해 국경의 내·외부적 분할선을 가로지르겠다는 사유에는 논리적 모순이 내재한다. 민족과 국가에 대한 지양이, 집단적 공동체나 공통성의 포기가 아님을, 즉 공동체 일반에 대한 상상이 민족국가적 단위로 환원될 수 없음을 작가는 완강히 거부하는 듯이 보인다. 그리고 우리는 민족과 같은 (나아가 민중을 포함한) 집단적 주체의 역기능에 대한 비판이 곧장 개별자(individual)로서의 개인이라는 층위로 후퇴하는 것에 대해서도 경계해야만 한다. 내·외부적인 분할지대를 횡단하는 것은 과거의 민족/민중과는 차원을 달리하는 새로운 집단적 주체성을 기반으로 할 때 가능한 일이지, 피상적인 형태로 개별자의 윤리에 호소하는 것에 머물러서는 요원한 일이 될 것이다.

『여자이발사』는 근대적 경계의 균열을 탐사하여, 지층화된 역사 속에 지워진 존재들을 현실적 표면으로 끌어 올리고 있다. 그렇지만 그 현실적 표면 위로 드러난 비참의 형상을 극복하는 데까지는 나아가지 못하고 있는 것 같다. 민족주의에 대한 내적 성찰과 개인적 차원의 윤리에 기대는 방식으로는 그것을 극복할 잠재적 힘을 포착할 수 없는 것이다. 잠재적 힘을 포착하지 못함으로써, 그것에 대한 소설적 형상화는 단지 상징으로 대체되어, 구체적 삶의 영역에서 직조되지 못하고 초월적인 형태로 현실적 영역과 유리되고 마는 것이다. 작가 스스로가 이 소설을 두고 "소설을 마쳤을 때 소설 속 주인공이 실재한 인격체처럼 여겨지는 체험은 나에게 각별했지만, 마치 막차 시간에 쫓겨 에이코를 외진 곳에 두고 온 것만 같다"(6쪽)라고 아쉬움을 토로하는 것은 그와 같은 한계를 은연중 노출한 것으로 보인다. 다시 말해 소설 속 인물들은 현실적 표면에서 "자율적 인간으로서의 본성을 늘 일깨우면서 가시밭길을 헤쳐가"는 역동적 삶의 존재 양식을 구축하지 못하고 '역사의 격랑에 휩쓸린 숙명론자'(6쪽)로만 귀결되고 있는 것이다.

내부의 경계와 분할선을 가로질러

제국주의/식민지 시대를 그 기원으로 하는 또 다른 이야기가 있다. '증언과 기록'을 바탕으로 재구성된, 고혜정의 『날아라 금빛 날개를 타고』(소명출판, 2006)는 '일본군 위안부'의 삶을 살았던 한 조선인에 관한 이야기인데, 전성태의 『여자이발사』와 나란히 놓으면 대칭적 짝패(double)가 될 법하다. 전성태의 소설이 가해국 출신의 여성수난사라고 할 수 있다면, 고혜정의 소설은 피해국 출신의 여성수난사 정도가 될 것이다.

이 소설은 크게 보자면 하나의 구심력과 또 다른 원심력이 마주보며 팽팽한 긴장을 이루고 있다. 즉 '일본군 위안부' 문제를 두고 민족이야기나 민족수난사로서 봉합하려는 구심력과, 모든 차이와 이질성을 국가/민족의 이름으로 봉합하려는 근대적 시선에 대한 저항적 원심력이 긴장감을 형성하고 있는 것이다.

소설의 서두에는 〈베르디 오페라 「나부코」의 '히브리 노예들의 합창'〉에서 발췌한 〈헌시〉가 제시되고 있는데, 이 소설의 '날아라 금빛 날개를 타고'라는 제목도 그것에서 연원한 것이다. 「나부코」는 잃어버린 조국과 억압받는 유대민족의 이야기로서, 전형적인 민족수난사이다. 이 헌시에서 단적으로 드러나듯이, 이 소설에서는 일본군 위안부 문제를 전형적인 민족수난사의 하위 범주로 배치시킨다. 그럼으로써 근대국민국가의 완성이라는 주제를 표방하는 구심력이 작품 전체에 걸쳐서 강력하게 작동한다. 이러한 구심력과 비교하여 주의 깊게 살펴봐야 할 지점은 해방 이후, 일본군 위안부를 둘러싼 정황과 흐름들이다. 제국주의 시대가 종결되고 식민지 조선이 독립하면서, 남태평양의 섬으로 징용을 온 조선의 남성들과 위안부로 끌려온 조선인 여성들은 고향에 대한 그리움과 귀환에 대한 기대감을 품게 된다. 그러나 이내 그들은 민족-민중의 진정한 구성원이 될 수 있는 자들과 그렇지 않는 자들로 뚜렷하게 나뉜다(316~318쪽). 제국주의에 의한 제국/식민지의 경계선이 사라지고, 새로운 민족국가가 탄생하자마자 그 곳에는 또 다른 분할선이 그어지며 선택과 배제의 메커니즘이 작동하기 시작하는 것이다. '순결한' 혹은 '순수한' 혹은 '단일한' 민족이야기가 새롭게 배태되기 시작하는 곳에는 그것을 훼손당했다고 분류되는 일본군 위안부 출신의 여성들이 설 자리는 주어지지 않는다. 소설에서 위안부들의 상황은, "광복된 조국을 향해 용솟음치는 그들의 붉은 피는 하얗게 질린 여자들의 피울음을 의식하지 못"하고, "새롭게 다시 시작하려는 조국의 미래를 앞에 놓고 신세한탄을 하며 초를 칠 수는 없"(321쪽)다고 그려지고 있다. 민족국가의 경계와 국민으로서의 정체성은 신체에 새겨지고, 일본군 위안부의 전력을 지닌 여성은 그 존재감이 박탈된 외부인, 혹은 경계인으로서의 삶을 강요받는다. 그들의 울음은 "벙어리 울음"(321쪽)으로 전락하고 마는 것이다. 우리는 이

지점에 주목해야 할 것이다. 일본군 위안부 문제는 결코 민족이야기와 한 자리에 놓일 수 있는 문제가 아니며, 그 양자 사이에는 봉합될 수 없는 적대가 가로 놓여 있다. 다시 말해 일본군 위안부 문제는 민족국가가 새겨 놓은 억압적인 내부적 경계에 대하여, 그것을 허무는 하나의 원심력으로 작동하는 것으로 정향시켜 바라보아야 하는 것이다.

그것은 한국에서 일본군 위안부를 둘러싼 논의가 공론화된 시기, 즉 이 소설을 가능하게 했던 조건들을 살펴보면 더욱 그러하다. 한국에서 본격적으로 일본군 위안부 문제가 논의되기 시작한 것은 1990년대부터였음[6]을 상기할 필요가 있다. 말하자면 일본군 위안부 문제가 본격적으로 거론되고, 그 피해자들이 주체로 나서기까지는, 그리고 그러한 일이 가능할 수 있었던 환경이 구축되기까지는 1945년 식민지 해방 이후 대략 반세기에 가까운 시간이 소요되었던 것이다. 이것이 한국적 상황의 특수성에서 연원하는 것은 아니다. 일본군 위안소제도와 유사한 시스템이었던 나치스 독일의 강제매춘시설을 둘러싼 논의가 진전되기 시작한 것도 1980년 무렵부터이며, 1990년 중반 무렵부터 각종 서적과 다큐멘터리가 방영되면서 커다란 반향을 불러일으키기 시작했던 것이다.[7] 제2차세계대전 당시 종군위안부 문제는 사건이 진행된 그 당시뿐만 아니라 종전 이후 반세기에 가까운 시기동안 침묵을 강요받아, 그 존재를 드러낼 수 없었던 것이다. 현실에서 존재하지 않았던 존재들이 자신의 이름과 목소리를 되찾기 시작한 시기는 민중,

---

6. 일본의 저널리스트 센다 각코우(千田夏光)의 『종군위안부』(1973)가 『분노의 계절』이라는 제명으로 1977년 발췌 번역되어 종군위안부 문제가 알려지기는 했지만, 한국 내에서 공식적으로 거론되기 시작한 것은 1990년대 초반 '한국정신대문제대책협의회'가 창립되고, 1992년 김학순 할머니의 증언이 이루어지면서이다.(고혜정, 「일본군 '위안부' 피해자들의 증언을 기록하며 — 진실을 찾아 떠나는 어두운 기억여행」, 『실천문학』, 2001 봄호, 317~318쪽 참조).
7. 다카하시 테츠야(高橋哲哉), 『일본의 전후책임을 묻는다』, 이규수 옮김, 역사비평사, 2000, 196쪽 참조.

산업프롤레타리아 등의 근대적 주체들이 침식당하기 시작한 시기와 맞물리고 있다. 이러한 시기적 중첩은 단순한 우연만은 아니다. 민중적 동일성을 뚫고 여성, 학생, 이주민, 실업자, 동성애자 등 다종다양하고 이질적인 주체성들이 출현하고 성장해 나가는 토대 위에서, 이 군위안부 문제는 속도감 있게 전개될 수 있었던 것이다. 근대 제국주의시기에 이 사건의 기원과 원인이 놓여 있지만, 종군위안부 문제가 실질적 존재감을 획득하고 그 존재들이 현실의 표면으로 등장할 수 있었던 것은 탈근대적 국면에서 새로운 주체성이 출현하는 것과 긴밀하게 연관되어 있는 것이다. 따라서 종군위안부를 둘러싼 담론은 엄밀히 말해 민족이야기나 국민이야기로 포섭되거나 소환될 성질의 것이 아니라, 그러한 민족/국민의 경계를 가로지르며 등장한 탈근대적 주체성과 더불어 논의되어야 할 문제인 것이다.

해방 이후, "귀향이 필연이 아니라 망설임이 되는 비극 속에서"(318쪽) 경계 내부에 분할선이 그어지고 구성원들의 신체 위에는 그 경계가 각인되기 시작한다. 소설에서는 그 경계선으로 말미암아, 종군위안부 가운데 어떤 이들은 귀향을 거부하고 남태평양의 섬에 남고, 어떤 이들은 귀환선에서 죽음을 택하고, 어떤 이들은 미쳐버리는 것으로 형상화(322~328쪽)된다. 제국주의/식민지 시대에 종군위안부의 삶을 살아가면서 보이지 않는 재갈에 입이 막혀 침묵 당하고, 이름을 잃어버릴 수밖에 없었던 그들의 존재론적 망각은 해방된 조국에서도 여전히 지속되었다. 이들의 시선으로 역사를 재구성한다면, 제국주의가 강요한 침묵과 망각이나 새롭게 건설된 조국이 강요한 침묵과 망각은 별반 다른 것이 아닐 것이다. 오히려 동일한 배제의 메커니즘 속에서 이들의 삶과 존재는 경계 밖으로 내몰려 오랜 침묵과 망각의 시간을 견뎌야만 했던 것이다. 그렇기 때문에, "아직은 근대 국가주의의 온전한 발현 양식이 필요한 시점에서 이 같은 역사적 시각을 경험한다는 것은 매우 중요한 일일 것이기 때문이다"[8]라는 방식으로 이 작품의 의의

나 종군위안부 문제를 근대 국가주의 담론으로 수렴하여, "국민국가 단위의 실천"(349쪽)으로 재포섭하려는 시도는 하나의 넌센스이며, 마땅히 재고되어야만 하는 것이다.

시간의 누적 속에 화석으로조차도 존재하지 않을 것만 같았던 그들이 스스로의 목소리를 더듬거리며 이야기하고 자신의 이름을 되찾기 시작한 것은 불과 15여 년 전인 최근의 일이다. 해방 이후 반세기가 넘는 시간동안 그들은 바로 그 "국민국가 단위의 실천"에 의해 역으로 침묵을 강요받았고, 잊혀졌던 것이다. 위계화된 국민국가 시스템의 가장 하부, 주변부에 자리잡고 있었던 이들의 존재가 그 위계와 경계를 벗어나 스스로의 존재를 드러내자마자, 그동안 배제의 메커니즘으로 일관해 오던 국가라는 장치의 괴물은 다시금 포섭의 메커니즘을 작동시켜 민족/국가의 문제로 재고착화하려고 안간힘을 쓰고 있다. 그러나 이 종군위안부 문제가 단순히 민족이나 일국의 문제로 포섭되어 버린다면, 오랜 망각의 시간을 견뎌온 그 존재론적 생명력은 오히려 위안부 할머니의 물리적 생명과 함께 소진되어 버릴 위험에 처하게 될지도 모른다. 이 문제는 국민국가 단위와 경계를 넘어 전 지구적 차원에서 논해지고 이야기화될 때, 그리고 모든 전쟁 폭력과 국가 폭력에 반대하는 흐름으로 나아갈 때, 축적된 시간 아래에서 다시금 망각되지 않는, 그리고 여전히 현재적 문제로 제기되는 존재론적 영원성을 획득할 수 있을 것이다.

실제로 일본군 종군위안부 문제는 한반도라는 일국적 시야에서 벗어나 살펴보면, 일본에서 발흥하는 네오-내셔널리즘과 긴밀하게 연관되어 있다. 그리고 이 네오-내셔널리즘은 제국적 군사질서 형성과 밀접한 연관을 맺

---

8. 유성호, 「이중의 망각에 저항하는, 기억의 정치학 혹은 미학」, 『날아라 금빛 날개를 타고』, 소명출판, 2006, 394쪽.

고, 제국적 주권의 하위마디로 절합되어 작동하고 있다. 이렇게 지평을 확대해 놓고 보면 이 일본군 종군위안부 문제는 근대국민국가 시스템의 일국적 경계나 민족/민중적 경계를 넘어 전 지구적 전망에서 제국적 주권과 직접 마주하고 있는 것이다.9 따라서 이 이야기를 민족 서사로 재구축하고 근대국민국가완성의 기획으로 전유하려는 시도는 이 이야기의 현재적 생명력을 갉아 먹는 일이 될 것이다. 그리하여 이 종군위안부를 둘러싼 이야기는 내부를 향해 그어져 있는 국경선, 경계선을 가로지르며 횡단하는 시도이며, 나아가 제국적 지평으로 확장되는 이야기이기도 한 것이다.

'이주'라는 유령의 출현

이제 이야기의 무대를 국민국가 경계의 홈패인 공간에서, 지금 우리가 숨 쉬며 살아가고 있는 매끄러운 평면의 '제국'의 세계로 옮겨와 보자. 제국주의에서 제국으로 전화하면서, 자본은 그 홈패인 공간을 벗어나 매끄러운 평면을 따라 전 지구적인 이동을 감행해 왔다. '죽은 노동'인 자본의 전 지구적 이동이라는 압도적인 현상 앞에서, 우리는 그러한 현상을 불러일으킨 근본적 규정력인 '산 노동'의 역능을 종종 잊어버리곤 한다. 그리하여 자본은 하나의 신화가 되어가고, 우리는 그 신화에 대한 숙명론자가 되기도 한다. 그럼에도 불구하고, 우리는 언제나 근본적인 규정력은 죽은 노동이 아니라 산 노동에 있다는 것을 상기해야만[10] 한다. 그리고 아울러 노동 역시

---

9. 이러한 맥락에서 야스쿠니 신사 참배 문제나 종군위안부 문제가 '과거사 청산'이라는 명목하에 근대국민국가 완성이라는 형식으로 호명되거나 수렴되어서는 곤란하다. "야스쿠니 신사에 대한 저항운동은 이 새로운 지구적 군사질서에 대한 투쟁의 한 강력한 상징이고 그것은 전 세계에서 계속되는 반전운동과 관련되"(Michael Hardt, 「帝國的軍事秩序の形成」, 『現代思想』, 青土社, 2006. 9, 30~31쪽)어 있는 것이다.

도 통제와 감시의 시선이 구축된 경계를 침식하며, 국경을 계속해서 넘고 있다는 사실도 직시할 필요가 있다.

그리하여, 국경을 넘는 것은 죽은 노동만이 아니다. 국경을 따라 감금되고 수용되어 있었던 산 노동이 그 통제와 분할을 넘어 탈주하고 전 지구적 표면 위에서 작동한다. 바야흐로 "하나의 유령이 세상에 출몰하는데, 그것은 이주(migration)라는 유령이다."[11]

이와 같은 맥락에서, 한국의 이주노동자의 출현은 대략 1987년 무렵까지 거슬러 올라간다. 하나의 운동이 정점에 달했던 시기에, 한편에서 그 모습을 서서히 드러내온 이주노동자들은 10여 년이 지난 현재 한국사회에서 더 이상 낯설지만은 않은 존재들로 자리잡아가고 있다. 한국문학에서도 이주노동자를 중심으로 하는 이야기는 이제 주요한 한 경향이기도 하다. 전통적 의미에서의 민중의 형상이 붕괴한 이후, 편재하는 마이노리티에 대한 형상화가 등장하기 시작했고, 최근 들어 익숙한 시공간으로 사유해온 국경을 넘는 존재들과 사건들로 문학적 관심이 확장되고 있다. 문학이 삶을 구축해 가는 양식 중의 하나라면, 오늘날 한국소설은 그러한 의미에서, 월경, 이주 등 국경을 가로지는 삶에 대해 깊고도 폭넓은 관심을 보여주고 있다. 앞서 살펴보았던 제국주의 시대의 삶을 재구성하는 것뿐만 아니라, 오늘날 바로 이 땅에서 벌어지고 있는 수많은 월경과 이주를 포착하고 그것의 의미를 가늠해 보는 중이다.

---

10. 실제로 통상 신자유주의라고 말해지곤 하는 자본의 전 지구적 이동은 전 세계적으로는 1968년 이후에, 그리고 한국에서는 1987년 이후에 발생한다. 1968년 혁명과 1987년 대투쟁에 의해 '위기'에 처한 산업자본이 금융자본으로 전화하여 전 세계의 국경을 넘기 시작한 것이 오늘날 말하는 신자유주의의 흐름이다. 죽은 노동(자본)은 산 노동에 의해 끊임없이 위기에 봉착하며, 그 위기를 타계하기 위하여 매순간순간마다 '목숨을 건 도약'을 감행하고 있는 것이다.
11. 안토니오 네그리 · 마이클 하트, 『제국』, 윤수종 옮김, 이학사, 2001, 285쪽.

김재영의 「코끼리」(『코끼리』, 실천문학사, 2005)는 이주라는 사건이 현실적인 영역에서 전개되는 빈곤하고 비참하며 억눌린 형상에 주목한다. 공간적 배경이 되는 한국의 '식사동 가구공단'에는 파키스탄 청년, 방글라데시 아주머니, 미얀마 아저씨들, 러시아 아가씨, 그리고 조선족 어머니와 네팔 아버지 사이에서 태어난 작중화자 '나' 등 많은 이주노동자들과 그의 가족들이 살아가고 있다. 말 그대로 "이 마을에선 불행이 너무 흔해 발에 차일 지경"이고 여기저기서 "절망과 분노에 찬 비명 소리"(11쪽)들이 들려 온다. 작중 화자 '나'의 조선족 어머니는 가난을 견디다 못해 집을 나갔고(33쪽), 네팔 아버지는 고된 노동에 폐가 나달나달해지고(31쪽), 혼혈의 '나'는 학교에서 왕따 당하는 신세(22쪽)이다. 뿐만 아니라 파키스탄 청년 '알리'와 네팔 청년 '쿤', 베트남 아저씨 등은 프레스에 손가락을 잘리고(19~20쪽), 파키스탄 '비재' 아저씨는 막내아들의 심장수술 비용을 도둑맞기(11쪽)도 하고, 공장에서 일하던 '꾸빌'은 심한 화상으로 인해 죽기(29쪽)도 한다. 정녕 이보다 나쁠 순 없을 정도의 사건이 발생하고 상황이 펼쳐진다.

　작가는 이와 같은 이주노동자들의 신산한 삶을 두 의미화 계열과 나란히 병치시킨다. 그 가운데에 하나는 이주노동자의 삶과 노동이 한국의 현실 속에서 어떻게 소외되고 있으며, 어떠한 억압적 구조 속에 놓여 있는가를 보여 주는 것이다. 예를 들어, "가구공장에서 일하는 비재아저씨와 3호실의 낡아 빠진 캐비닛, 총탄에 맞은 것처럼 구멍 뚫림 벽, 그리고 땅에 매여 우주를 떠받치고 있는 코끼리의 짓눌린 등"과 가구단지 "전시장 마다 내걸린, '수입 명품 특별전', '고급 엔틱 가구 할인'이라고 씌어진 플래카드", 전시장 안쪽의 화려한 가구들과 고급스러운 풍경(34쪽) 등을 나란히 놓는다. 그리고 전구를 만드는 노동으로 인해 나달나달해진 폐와 "휘황한 백화점 건물에서, 거리의 간판에서, 혹은 야시장에서 환호성을 질러대듯 반짝"이는 전구의 형상을 대비(31쪽)시킨다. 비단 이뿐만 아니다. 화자 '나'의 구질구질하고 냄새나는 집과 안온한 반 친구의 집의 환경을 대비(36쪽)시킨 다든지, 소설 전체에 걸쳐서 작가는 한국 현실에서 소외당하고, 착취당하며, 고통 받는 이주노동자의 삶과 그것에 대응하는 화려하며 고급스러우면서도 한편으로는 경박한(?) 한국의 현실을 나란히 놓는다. 이러한 병치와 대비는 현실적 영역에서의 빈곤과 비참의 극대화를 환기시킨다. (물론 소외나 착취의 메커니즘을 환기시키기도 하지만, 그 수법은 또한 너무나 익숙한 것이기도 해서 새삼스러운 것은 아니다.)

또 다른 하나는 빈곤과 비참으로 얼룩진 이주노동의 삶을 훼손되지 않는 완전한 삶의 형상과 견주는 것이다. 이를 통해 소설에서는 이주노동자들의 고향에서의 삶과 한국에서의 삶은 이분적 구도로 양립되어 형상화된다. 작가는 "네팔에서 천문학을 공부하다 온 아버지"를 한국에선 "별을 연구하는 대신 전구를, 하루에 수백 개씩의 전구를 만드"(31쪽)는 것으로 그려낸다. 그리고 그가 한국어를 사용할 때의 상황과 네팔어를 사용할 때의 상황을 서로 대비(14쪽)시켜 양자가 서로 다른 가치와 정서에 기반하고 있음을 드러낸다. 즉 네팔 아버지가 한국말로 발화할 때, 그 내용은 체념을 담고("사실이란 중요하지 않아. 아무도 우리 말을 믿어주지 않으니까.") 있으며 그 때의 모습은 어릿광대를 연상시키는 어눌함으로 묘사된다. 그러나 같은 상황에서 그가 다시 네팔말로 발화하기 시작하면서 그는 이내 곧 진지함과 긍지에 찬 모습으로 변화하며, 그가 발화하는 내용도 존엄을 표현("누군가 돌을 던지거든 꽃을 던져주라고 했다.")하는 것으로 나타난다. 나아가 이주노동자들이 떠나온 고향은 "투명하고 생생한 햇빛, 푸른 티크나무 숲, 눈 덮인 안나푸르나, 잔잔하게 물결치는 페와호, 그리고 사탕수수를 빨아 먹으며 환하게 웃는 아이들……."(22쪽)이나 "밤이면 만병초 그림자를 땅 위에 가지런히 뉘어놓고 세상을 휴식하게 한다는 히말라야의 달빛"(35쪽) 등과 같이 자연의 순수함과 완전함을 지닌 원형의 공간으로 형상화된다. 그리하여 이주노동 이전의 삶과 이후의 삶은 극명한 대비를 이루는데, 이러한 대립구도는 소설 전체를 아우르는 주요한 요소이기도 하다. 즉 이주노동자들의 삶은 "구름보다 높은 히말라야"의 형상과 "후미진 공장지대"(21쪽)의 형상으로 분할되고, 이 양자는 전혀 상이한 의미망을 구축한다. 말하자면 이주노동의 삶은 인간 존엄의 상태에서 추락하거나 타락한 형상으로 그려지고 있으며, 이것은 현실 영역에서의 이주노동의 삶의 빈곤과 비참이 더욱 강도 높게 전달되는 효과를 산출한다.

　이와 같이 작가는 두 의미화 계열 — 자본주의의 화려하고 빛나는 풍경과 이주 이전의 타락하지 않은 완전한 삶의 형상 — 과 이주노동이 지니는 빈곤과 비참의 형상을 병치하여 대비시키는 작업을 지속적으로 변주하면서 소설을 구축해 나간다. 이러한 병치와 대비를 통해 발생하는 격차만큼 소설 속에서 형상화되는 이주노동의 삶이 지니는 절박함과 모순은 강력하게 증폭되어 독자들에게 전달된다. 그리하여 소설에서는 이주노동이 펼치는 비참의 형상이 하나의 정점을 형성하고, 소설의 전반적 전개는 이 지점으로 수렴된다. 이것은 이 소설이 지니고 있는 하나의 특장이기도 하지만, 또한 동시에 한계 지점을 드러내는 것이기도 하다. 반복해서 현실적 영역으로 소환하고 그것을 겹겹이 에워쌈으로써, 현실 속에서 지워져 있었던 이주노동자라는 존재를 부각시키고, 그 비참의 형상을 두드려져 보이게 하지만, 또한 바로 그 지점에서 소설의 주제가 고착화되고 마는 역효과를 산출한다. 이렇게 되면, 이주노동의 삶은 현실 영역에 감금되고, 그 비참의 형상은 피할 수 없는 조건으로 고착된다. 이로써 현실의 영역에 감금된 이주노동의 삶이 그것을 벗어날 가능성은 요원해진다.

　이러한 지점에서 김재영의 「코끼리」는 멈춰 서 있거나, 작가 스스로가 마련해 놓은 현실적 영역의 '소용돌이'에 빠져 있는 셈이다. 물론 이주노동자들이 이주하기 이전의 고향을 자본주의적 질서에 포섭되지 않은 순수함과 완전함을 지닌 원형의 공간으로 형상화함으로써, 현실의 조건을 넘어설 수 있는 하나의 단초를 마련하기도 하고, 지향하는 가치와 의미를 보여주기도 한다. 그러나 현실과 지향 그리고 현실과 잠재는 서로 교접하고 있다기보다 그것들 간의 낙차가 얼마나 큰 것인가를 재차 확인하고 있을 뿐이다. 그리고 현실의 자본주의적 삶과 비교하여 타락하지 않은 순수하고 완전한 공간을 이주 이전의 삶의 무대로 설정하고 있는 것도 다소 문제가 있어 보인다. 이주노동은 주지하듯이 가난과 비참, 폭력, 기아 등과 같은 부정적인 조건에서 그것을 거부하고 넘어서고자 하는 삶의 역동적이고 적극적인 욕망에 의해서 추동되어 작동하는 것이다. 그런데 「코끼리」에서는 그러한 부정적인 조건의 공간을 자본주의적 욕망에 의해 타락하지 않은 순수하고 목가적 이미지를 부여함으로써, (방편적으로는 제3세계라고 칭할 수 있는) 그 공간을 신비화하여 초월시키는 전도된 형태의 오리엔탈리즘적 시선을 노출하기도 한다. 그리하여 작가가 현실적 영역을 넘어서는 지향과 가치로서 제시하는 그 이미지는 실재적 지평에서 작동한다기보다 그로부터 벗어나 초월적이고 피상적인 형상에 그침으로써, 실재적인 힘을 지니지 못하게 된다. 게다가 순수함과 완전함을 지닌 원형적 공간에 대한 강조는 이동성에 대한 이주노동자의 욕망을 "머리를 굴려 이 지옥에 떨어졌"(16쪽)다는 식의 왜곡되거나 굴절된 욕망과 동일시하는 것으로 귀결되는데, 이로써 이주노동과 삶이 지니고 있는 잠재적 힘이 역동적인 형태로 분출될 가능성은 사전에 차단되고 만다.

비참이라는 현실적 영역에 머물러 삶의 잠재적 힘을 발견하거나 구성하지 못하는 이러한 경향은, 이주노동을 주제로 하는 김재영의 또 다른 소설인 「아홉 개의 푸른 쏘냐」(『코끼리』, 실천문학사, 2005)에서도 반복된다. 러시아 이주노동자 '쏘냐'와 한국인('그'와 '윤경') 사이의 소박한 연대(?)를 그리고 있는 이 소설은 일견 현재를 이야기하고 새로운 연대의 가능성을 타진하고 있는 듯이 보이지만, 오히려 그 시선은 '사회주의'라는 과거의 어느 지점을 향해 멈춰 있다. 소설 내의 인물들을 (그리고 작가를) 직접적으로 연결시키며, 소설을 지탱하게 하는 것은 현재의 시간에서 역동적으로 전개되는 사건이라기보다는 (러시아) 사회주의에 대한 관념이다. 소설에서, '그'는 지난날 노동운동에 투신했던 지식인으로 "전망 부재의 자기 삶을 직시해야"(47쪽)만 했으며, '쏘냐'는 한국으로 이주해 와서 "방향감각을 잃은 나비"(46쪽)와 같은 삶을 살아갈 수밖에 없는데, 그와 같은 두 사람의 삶을 규정하는 것은 현실사회주의-러시아의 몰락이다. 이주노동자 '쏘냐'의 굴곡진 삶과 (넓게 보아 '윤경'을 포함한) '그'의 삶의 부침은 현실사회주의 러시아의 운명과 동형적 구조를 이루고 있으며, 궁극적으로는 현실사회주의 러시아의 운명에 근거 지워지고 있다. 이러한 운명공동체적 상황은 '그'·'윤경'과 쏘냐 사이의 소박한 연대를 실현하게 하는 주요한 거점이 되기도 하지만, 또 한편으로는 이주노동이라는 현재의 문제를 '사회주의'라는 과거지향적 문제틀로 인입시키는 함정으로 작동하기도 한다. 물론 작가는 러시아의 현실사회주의와 사회주의 이상을 분리하여 형상화함으로써 이와 같은 함정을 피해가려고도 한다. 그러나 작가가 형상화하는 사회주의 이상은 실재적 지평에서 작동하는 힘에 기반하고 있다기보다, 러시아 '자작나무 숲의 장엄한 풍경'이나 '자기희생적 낙엽수의 형상', '강인한 숲의 이미지', "자작나무 수피를 닮아 희고 아름다운 살갗의 처녀"(59쪽)의 순결한 이미지 등과 같이 추상적이고 관념적인 상징에 기대고 있다는 점에서 실효성을 획득하지 못하고 초월적 영역에 머물고 있다. 그리하여 사회주의라는 과거지향적 문제틀은 비참한 현실적 영역을 역전시킬 구성적 힘을 창출해 내지 못한다. 오히려 이러한 문제틀은 "혁명의 깃발을 들고 거리로 나설 수도 없고. 눈에 보이는 대로, 닥치는 대로 선행을 쌓는 거 …… 그게 요즘 나의 전략이고 전술이야"(60쪽)라는 윤경의 말처럼, 작중 인물들이 비참한 현실과 맞서는 방식을 개인적인 층위로 퇴행시키는 역효과를 산출하기도 한다.

이러한 상황에서는 이주노동이라는 현재적 문제가 지니는 고유한 특이성은 온전한 의미를 부여받지 못한다. 탈근대적 지반 위에서 전개되는 이주노동이라는 현상이, '사회주의'라는 화석화된 전망으로부터 자유롭지 못한 인물들의 관념과 접속하여 그러한 시선으로 재구조화되는 순간, 그것은 '사회주의'라는 시효 만료된 근대적 서사로 편입되며 이주노동이 지닌 활력과 가능성은 쉽사리 출구를 찾지 못한다. 말하자면 소설에서 작가는 이주노동이라는 "존재가 사실상 현실 속에서 사라지는"(76쪽) 것을 방지하며 지속적으로 배제되어 온 자들을 현실영역으로 끌어내고는 있지만, 그러한 현실을 넘어설 만한 구성적 계기에 대한 형상화는 소박한 편이다.

이러한 맥락에서 김재영이 소설에서 그려내는 이주노동자의 형상은 희생자로서의 얼굴에 가깝다. 그러나 이주노동자가 수동적인 희생자의 얼굴에 머무는 것은 아니다. 그와 동시에 능동적이고 강력한 행위자의 얼굴을 또한 지니고 있음을 염두에 두어야 한다. 일견 현실적 영역에서 보면, 이주노동자는 극도의 가난과 비참으로 인해 배제되고 소외되어 도주하는 앙상한 존재로 드러난다. 하지만, 그러한 현실적인 차원에서의 도주를 보다 근본적·잠재적으로 규정하는 것은 가공할 만한 착취와 가난에 대하여 저항하고, 자유의 새로운 공간을 창출하고자 하는 강력하고도 풍부한 욕망이다. 따라서 제국적 질서 내에서 쫓겨 가고 밀려나는 희생자의 얼굴에 주목하는 것도 중요하지만, 그와 더불어 현실사회주의와 노동계급의 적대 사이에서 현실사회주의를 붕괴시킨 이주노동의 강력한 힘에 대하여, 그리고 제국적 질서의 다양한 위계와 장벽 그리고 경계를 침식하며 구축하는 공통성에 좀 더 주목해야 할 것 같다. 실제로도 오늘날 이주노동이 존재하지 않는 전지구적 자본주의의 질서를 상상하기란 쉽지 않다.

공통적인 것의 생성을 위하여

김재영이 이주노동자들이 고통 받는 현실영역에 주목한다면, 고종석은 「고요한 밤, 거룩한 밤」(『파라21』, 2004 봄)에서 트랜스-내셔널한 존재들을 "공평하게 담아내는"(235쪽) 삶과 언어의 형상에 대해 사유한다. 이주노동에 대한 여타의 소설들은 회귀할 장소나 떠나온 장소들을 계속해서 의식하지만, 고종석의 사유는 귀환할 지점들을 염두에 두지 않는다. 즉 그의 소설은 귀환점이나 근원을 묻지 않음으로써, 그 근원으로부터 자유로워지는 존재들의 이야기이기도 하다. 이러한 의미에서 어떤 순수한 근원이나 과거의 시공간에 대하여 준거점을 마련하고자 하는 다른 소설들과 고종석의 사유는 구별된다. 소설의 화자로 등장하는 프랑스 출신의 의사의 경우, 그 집안 내력은 계속되는 이주와 노동으로 이어져 왔고, 그에 따라 그 집안의 언어 역시도 계속해서 변해왔다(231~232쪽). 그 역시 프랑스라는 국경으로부터 자유롭고, 그의 가족은 한국인 아내와 이른바 혼혈의 아이들로 이루어져 있다. 말하자면 '순수한 근원'은 계속해서 지워지고, 그러한 과정에서 근원에 구속되지 않는 존재들과 삶의 형식들이 끊임없이 만들어지고 있는 셈이다.

소설에서 모든 언어는 민족적 순수성에 갇힌 것이 아니라 끊임없이 서로 부딪히고 삼투하며, 간섭하는 것으로 형상화된다. 고종석이 「고요한 밤, 거룩한 밤」에서 주목하는 "영어는 게르만적 순수성에 갇혀 있지 않"으며, "그리스 자양에 침윤된 영어"(225쪽)이다. 그리고 그는 「이모」(『문학 판』, 2006 겨울)에서는 한국어 역시 중국어와 영어로부터 영향을 받아왔다는 사실(206~209쪽)을 환기한다. 다른 한편으로 그는 영어로 대표되는 언어제국주의의 경향에 대해서도 충분히 고려(218쪽)한다. 고종석의 표현을 빌리자면 모든 언어는 '감염된 언어'이며, 언어뿐만 아니라 모든 민족과 혈통은 그러한 식의 감염, 혼종, 잡종에서 결코 자유로울 수 없다. '순수한 민족, 혈통, 언어'와 같은 순수한 근원을 의심하고, 지우는 과정을 통해서 작가는 모든 존재들에 촘촘하게 새겨져 있는 근대적 경계를 지우며 넘어서고자 한다. 그리하여 그가 도달하는 지점은 '우리는 모두 그리스인이다'(225쪽)라는 다소 보편적이고 추상적인 명제이다.

이러한 고종석의 사유는 트랜스-내셔널에 대한 새로운 가능성을 열어놓는다. 즉 축적되거나 회귀하지 않은 월경이나 이주를 통해, 매순간마다 존재들의 언어와 정체성은 변화해 갈 것이다. 그리하여 동일자와 타자라는 구분이 착종의 지대에 들어서는 그 순간, 그 혼종의 감각 속에서 존재들은 척도로 규정되지 않는 특이성의 세계와 새로운 언어를 발명하고 구성할 가능성을 가늠해 볼 수 있을 것이다. 그런데 이와 더불어 그것이 말 그대로의 가능성에만 머물지 않고 현실화될 계기를 구성하기 위해서는, 고종석의 사유가 멈춰서 있는 지점에 대해서도 생각해 볼 필요가 있다.

고종석의 사유는 근대적 권력의 경계를 무화하며, 동일화의 원리로부터 차이를 생성하려는 것에는 유효한 전략으로 이다. 그렇지만 한편으로 새롭게 구축되는 제국이라는 탈근대적 주권에 대항하고 그것을 넘어서는 데에 그것만으로 충분한지는 다시 고려해보야만 할 것 같다. 다시 말해 근대적 경계나 구획으로부터 빠져나온 존재들이 그와 동시에 새로운 무경계의 권력인 제국적 주권에 재포섭될 상황에 직면할 수 있다는 것이다. 물론 소설에서 작가는 "미국인들의 언어제국주의"의 침윤된 "치사한 영어"와 "네팔인과 한국인과 프랑스인을 공평하게 담아내는 그릇"으로서의 영어(235쪽)를 섬세하게 구분해 낸다. 즉 척도와 규제로 작동하는 권력으로서의 언어와 그와는 다른 소통과 평등의 언어를 구분하여 후자에 의미를 부여함으로써, 새로운 구성적 계기를 창출할 잠재적 형상에 주목한다. 잠재적 형상에 대한 고려가 비단 언어의 문제에만 그치는 것은 아니다. 이주노동의 에너지를 가난에서 찾는 작가의 시선(235쪽)은 이주노동을 규정하는 근본적인 힘이 가난한 자들의 풍부한 욕망에 있음을 간접적으로 드러낸다. 이것은 자본주의와 제국적 주권을 규정하는 힘이 그것을 구성하는 존재들, 즉 산 노동에 있음을 의미하는 것이기도 하다. 그런데 고종석의 사유는 바로 이 지점에서 멈춰 있는 듯하다. 그가 발견하는 대항적 의미의 언어는 적극적으로 무엇인가를 기획하고 창조하는 생성의 언어라기보다는 "공평하게 담아내는" 평등과 소통의 언어에 가깝다. 그리고 그가 형상화하는 이주의 존재들은 집합적 주체성을 기반으로 하여 새로운 삶의 방식을 창출하는 것보다는 모든 권력과 경계로부터 자유로운 개인을 형성하는 것에 초점이 맞춰져 있는 듯하다. 다시 말해 그의 사유는 이른바 '소수파 되기'와 '공통되기'의 사이 가운데 어느 지점에 머물러 있는 듯하다.

'우리는 모두 그리스인이다'라는 다소 보편적이고 추상적인 명제가 아포리아에서 벗어나 구체적이고 실재적인 힘을 발휘하기 위해서는, 고종석의 사유는 좀 더 진전될 필요가 있지 않을까. 평등과 소통에 기반을 둔 언어와 삶의 형식을 넘어서 새로운 창조와 생성에 기반을 둔 언어와 삶의 형식으로 말이다. 그것은 고종석이 말하는 "인류의 기본적 단위로서의 개인, 궁극적 소수로서의 개인"[12]에서 집합적 주체성인 '사회적 개인'으로 나아가는 일이 될 것이다. 근대적인 경계로부터 자유로워진 존재들이 새롭게 부상하는 탈근대적 권력에 재포섭되지 않고 그 자체의 특이성을 발현하기 위해서는, 집합적 주체성에 기초하여 공통성을 생성하는 작업이 함께 병행될 필요가 있을 것이다. 아마도 그렇게 될 때, 고종석이 잠재적 형상으로 발견한 '궁극적 소수로서의 개인'은 그 본연의 특이성을 전개할 수 있을 것이다.

---

12 고종석, 『감염된 언어』, 개마고원, 1999, 182~183쪽.

한국문학에서 트랜스-내셔널한 흐름은 하나의 주된 경향으로 자리 잡아가고 있다. 인간적 연민 때문에 발현하는 소재적 관심(한수영, 「그녀의 나무 핑궈리」, 『그녀의 나무 핑궈리』, 민음사, 2006)을 비롯하여, 다종다양한 이주노동자들의 웅성거리는 삶을 포착하여 형상화하는 흐름들, 그리고 이주의 혼종성이 하나의 고유성으로 몸에 각인되어 버린 이주노동자2세의 고달픈 삶을 형상화하는 소설(김재영, 「코끼리」) 등에 이르기까지, 그 감도(感度)는 점점 더 예민해지고, 날카로워지고 있다. 그러나 여전히 그들의 삶은 비루하고 고단한 일상만으로 점철된 채 형상화 되며, 그것을 극복할 잠재적 형상에 대한 관심은 소박한 편이다. 또한 어떤 작품에서는, 사회주의와 인간에 대한 1980년대 식의 낡은 관념이 하나의 준거점으로 작동하거나, 현실과 이상의 채워지지 않는 간극 속에서 초월적인 상징들이 무리하게 열거되기(김재영, 「아홉 개의 푸른 쏘냐」)도 하는 등 일진일퇴를 거듭하고 있다. 그러나 이러한 사유와 시도가 계속적이고 지속적으로 진행되고 있는 것만은 분명한 사실이다. 광기어린 민족주의에 대한 성찰을 그 출발로 하여 의도적인 '국경 넘기'를 진행하다가, 그 어딘가 멈춰 서서 다시 그 사유를 가다듬기(전성태, 「국경을 넘는 일」, 『국경을 넘는 일』, 창비, 2005)도 하고, 다층적인 언어의 접속과 마주침 속에서 단순한 차이들을 공통적인 것으로 구축해 나갈 수 있는 언어적 공통성의 단초를 발견(고종석, 「고요한 밤, 거룩한 밤」)하기도 한다. 이와 같은 시도들은 여전히 진행 중에 있고 나아감과 물러섬을 반복하고 있지만, 우리는 그 진행과 반복 속에서 지난 세기와는 다른 삶의 양식과 존재의 양식을 구축하는 한 과정을 발견하게 될 것이다. 그러한 과정은 누구의 말처럼 땅위의 길과 같은 것이 아니겠는가.

경직화를 부수는 '삶문학'의 오프닝

박민규를 중심으로

박필현

'세계'와의 불화(不和)

'세상을 자신에게 맞추려는 자는 바보'라는 말이 있다. 왜 아니겠는가? 「하여가(何如歌)」 불러가며 세상과 사이좋게 어깨동무나 하고 살아가면 그 아니 좋으랴. 그러나 언제나 바보들은 있기 마련이다. 도무지 이 세상과 맞지 않는 사람들, 세계와 불화하는 바보들. 우공이산(愚公移山). 사실 모든 이야기는 늘 이런 불화 속에서 시작되곤 했었다. 박민규의 작품 역시 (외피를 달리하며 지속되어온) 이 오래된 불화를 다루고 있다. 어쩌면 그 누구보다도 진지하고 치열하게.

'제국(Empire)'의 정점에 자리한 미국과 그들이 내세우는 논리를 우스꽝스럽게 비꼰 『지구영웅전설』과 자본주의의 '프로'논리를 전복시키고 있는

『삼미 슈퍼스타즈의 마지막 팬클럽』에 이어 『카스테라』는 "지금, 여기"에 보다 주목하고 있다. 이들 작품 속 세상이나 그 속을 살아가는 인물들은 현실의 그것과 그리 멀지만은 않다. 박민규가 그려낸 '나'는 폐지를 수집하는 아버지와 빌딩 청소부 새어머니를 둔 지진아(『지구영웅전설』)이거나 이혼남에 실직자(『삼미 슈퍼스타즈의 마지막 팬클럽』)이고 혹은 일흔 세 번 취업에 실패한 청년(「아, 하세요 펠리컨」)이거나 자신의 산수를 자각하며 주유소와 편의점에서 아르바이트를 해야 하는 상고생(商高生)(「그렇습니까? 기린입니다」) 등이다. 이런 '나'들은 때로 아버지의 사업 실패로 관(棺)같은 고시원 방에서 살아가야 하기도 하고(「갑을고시원 체류기」) 때로는 시간당 삼천 원에 지하철 푸시맨이 되어 아버지를 객차 안으로 밀어 넣어야 하기도 한다(「그렇습니까? 기린입니다」). "심야전기처럼 저렴"한 이 가여운 청춘들에게 살아간다는 것은 결코 녹록치 않다.

사실, 이 시대의 나이든 아버지와 어머니들은 기적(이른바 '한강의 기적')을 일으킬 정도로 열심히 살아왔다. 그러나 이 박복한 전후 베이비 붐(baby boom) 세대는 한숨 돌려볼 새도 없이 IMF와 맞닥뜨리게 된다. 서민들로 하여금 한순간에 전락(轉落)을 경험케 한 IMF는 실업과 지속적 고용 불안정을 선물로 남기는 '센스!'를 발휘한다. 그 덕에 이들의 아들과 딸들은 청년 실업 오십만 혹은 백만의 시대를 살아가고 있다. 그래서 이 하나같이 비루하기 짝이 없는 소설 속 '나'들은 결국 나와 다른 그 누군가의 모습이 아니라 현재 대한민국을 살아가는 우리들의 초상화이기도 하다.

박민규는 이와 같은 '나'들의 삶을 통해 그야말로 비현실적인 세계의 모습을, 현실의 부정적인 면면을 드러내 보여준다. 그러니까 현실을 살아간다는 것은 차마 '인류'라고 부를 수도 없는 구토물이 되거나(「그렇습니까? 기린입니다」) '잠깐'이라는 말을 다섯 번이나 되뇌며 인사부장에게 몸을 내주는(「고마워, 과연 너구리야」) 그런 류의 것이다. 살아가는 것이 곧 고통과

슬픔과 모욕이 되는, 그런 현실이기에 '나'는 세계와 불화를 겪을 수밖에 없는 것이다. 이처럼 우리 사회의 근간을 이루는 저 초라하고 하잘것없는 사람들에게 시선을 주고 있다는 점에서 그리고 차마 타협할 수 없는 부정한 현실을 비판하고 있다는 점에서, '세계'와 불화하는 '바보'들을 그리고 있다는 점에서 어쩌면 그의 소설은 우리에게 이미 익숙한 것이다.

익숙한, 그러나 낯선

박민규의 소설은 분명 익숙하다. 그러나 또한 그의 소설은 여전히 낯설다. '나'들은 세상과 잘 맞지 않는 소외된 자들이지만 이들은 더 이상 진지하거나 심각하지 않고 하나로 묶이지도 않으며 소란스러운데다가 엉뚱하기까지 하다. 게다가 이 생뚱맞은 무수한 '나' — 마이노리티(minority) — 들은 기존의 문학 어법과 확연히 구분되는 새로운 음악을 연주해 보인다. 모든 새로운 것은 찬사와 혐오를 동반하는 법, 이 새로운 음악에 혹자는 열광했고 혹자는 불편함을 토로했다. 클래식에 익숙하다면 록(rock)은 시끄러울 테고 복잡한 코드와 현란한 테크닉에 익숙하다면 펑크(punk)는 유치하게 느껴질 터. 무엇이든 익숙하지 않은 귀에는 그저 '이상하고 낯선' 소음일 뿐, 소음 속에서 음악을 듣게 되기까지 귀는 괴롭기 마련이다. 그러나 이 불편함의 원인을 온전히 낯선 것에 대한 거북함만으로 치부해 버리기에는 미진함이 남는다. 그 기저에는 지금껏 문학을 구분지어 온 아주 오래된 두 대립적인 축이 자리하고 있는 것으로 보이기 때문이다.

지금까지 흔히 한국의 근대문학은 리얼리즘과 모더니즘이라는 두 대립적인 축을 중심으로 하여 발전해왔다고 설명되어 왔다. 거칠게 말하자면 정치적 지향성이 강한 리얼리즘의 입장에서, 모더니즘은 문학 역시 현실에 기반한 것임을 몰각하고 사회 발전을 위한 역할을 방기(放棄)한 것으로 인식된다. 이에 반하여 문학이 언어 예술임에 주목하는 모더니즘 입장에서는 리얼리즘이 내세우는 대표적 방법론인 재현의 단순성을 지적하지 않을 수 없으며, 리얼리즘의 정치적 지향성이 오히려 작가의 상상력과 문학의 예술성을 사상(死傷)시키는 것으로 인식된다. 소위 '포스트모던(post-modern)'의 시대에 이르러 그 대립의 결말은, 승세는 후자 쪽으로 기운 것으로 평가된다. 재현의 방식만으로는 다양하고 역동적인 문학적 요구들을 모두 담아내는 것이 불가능했기 때문이다. 박민규가 보여주는 독특하고 낯선 글쓰기 역시 이러한 흐름 속에서 대두된 '새로움'과 무관하지만은 않을 것이다. 그렇다면 박민규의 독특한 글쓰기는 포스트모던의 시대에 승기(勝機)를 잡은 모더니즘의 한 양태로 정리될 수 있을까. 문제는 그렇게 단순하지만은 않을 것이다. 홍기돈은 근래에 제기된 세대론과 새로운 문학론에 대해 "새로움을 과장하기 위해 문학에서 사회의 부분을 자꾸 지워버리고 있"지 않은가를 질문한 바 있다.[1] "새로움"이라는 것과 "사회의 부분"은 과연 함께 할 수 없는 것일까. 이제 이에 대해 다시금 생각해보아야 할 필요가 있는 것이다.[2] 파편화하는 스펙타클의 생산에 대항하기 위해서라도.

이야기는 불화에서 시작되고 불화는 문제를 낳는다. 그 중에서도 세계와의 불화는 난제(難題)를 낳는다. 이제 남은 것은 '어떻게'이다. 자, 이제 어떻게 할 것인가. 박민규의 독특한 글쓰기는 사실 이 '어떻게'에 대한 그의 대답, 오래된 혹은 익숙한 문제를 풀어갈 그만의 방법이기도 하다. 부정한 현실을 향해 비판의식의 날을 세운 박민규의 글쓰기는 양미간에 힘을 주고

---

1. 홍기돈, 「인정투쟁의 욕망과 '새로움'이라는 블랙홀」, 『문학수첩』 2005년 가을호.
2. 리얼리즘과 모더니즘 논쟁 및 그 이후의 전망에 대해서는 조정환의 「오늘날의 문학상황과 버추얼리즘 – 최근 리얼리즘/모더니즘 논쟁에 부쳐」, 『카이로스의 문학』, 갈무리, 2006를 통해 좀 더 자세히 살펴볼 수 있다.

핏대를 세워 내지르는 소리일까, 희희낙락 다리를 떨며 웅얼웅얼 씹어 뱉는 소리일까. '어쨌거나' 한 가지 기억해야 할 것은 그것이 어느 쪽이든 바라는 것은 모두 '삶의 경직화'를 부수는 것이라는 점이다.

대중문화의 브리콜라주, 그 특이성

근대 소설은 이성에 기반을 둔다. 건축가가 정확한 설계도를 그리고 그것에 의거해 건물을 지어 올리듯 작가는 합리적인 인과관계에 의거해 플롯을 짜고 합목적인 이야기를 풀어낸다. 다양한 논의들이 오가고 있지만 '소설'이라고 하면 아직 대부분이 이와 유사한 생각을 먼저 떠올리게 될 것이다. 어찌되었건 소설은 "확대된 허구적 산문"이며, 일반적으로 소설이란 작가의 상상력에 의해 허구적으로 구성된 삶의 모습을 담아내는 언어 예술이니까 말이다.

김영하는 "박민규에게서 뭔가를 빼앗아올 수 있다면 나는 주저하지 않고, 그가 창안하여 우리에게 덥석 안겨 준, 그 놀랍도록 새로운 문장을 가져올 것"이라고 말했다. 박민규의 글은 확실히 새롭다. 문제는 위와 같은 소설에 대한 일반적 시각으로 그 새로움이라는 것을 대하게 되면 당혹스럽지 않을 수 없다는 데 있다. 물론 '놀랍도록 새로운 문장'의 요소들은 여러 가지일 것이나, 그 중 한 가지로는 대중문화와의 관련성을 들 수 있겠다. 그런데 박민규가 보여주는 대중문화의 관련성이란 합리적인 인과관계나 합목적인 이야기는커녕 그다지 고상하지 못한 브리콜라주(bricolage), 즉 어찌 보면 대중적인 경험 혹은 인터넷 검색엔진을 이용해서 모을 수 있을 법한 관련 자료들을 거의 날것으로 이리저리 끼워 맞춰 내놓은 것에 불과한 것처럼 보이기도 하는 것이다.

바나나맨이 주인공인 『지구영웅전설』은 주요 등장인물부터 모두 낯익은 얼굴들이다. 슈퍼맨·배트맨과 로빈·원더우먼·헐크·아쿠아맨 등 우리의 귀에도 너무나 익숙한 이들, 지구를 지키는 영웅들은 미국의 만화산업 체인 DC 코믹스와 마블(Marvel)의 인기 캐릭터들이다. 『삼미슈퍼스타즈의 마지막 팬클럽』은 1982년에 벌어진 각종 사건들을 시시콜콜하게 늘어놓으며 시작하는데, 이 장광설은 무려 네다섯 페이지에 걸쳐 이어진다. 일관된 주제로 모아지는 충실한 서사 대신 만화 캐릭터와 사건사고 기사들, 각종 게임, 동물점과 홈쇼핑 광고, CM송, 인터넷 댓글 등이 그 자리를 차지한다. 엘리트 교복지와 민병철 생활영어와 '칙치기 포카포카 새우야'와 '그녀는 프로다. 프로는 아름답다'와 폼포코 너구리 게임과 프라모델, 인터넷에서 유행한 동물점과 한때 인구에 회자되었던 해묵은 유머시리즈와 테오도로 앵글의 『환상적인 냉장시대』와 아담 스미스와 케인즈 등이 아무렇지도 않게 뒤섞여 자리 잡고 있는 것이다.

이 '대략 난감'한 브리콜라주, 인터넷과 대중문화를 기저에 깔고 있는 박민규의 글쓰기는 그래서 '펌질'과 '리플'로 설명되기도 한다.[3] 자료를 늘어놓고(펌질) 그 자료를 재해석(리플)한 것이 박민규의 글쓰기 전략이라는 분석은, 풍속사를 연상케 할 정도로 다양한 자료를 그 종류에 구애받지 않고 아무런 주저 없이 작품 속에 그대로 끌어와 조합하고 해설하는 그의 글쓰기에 대한 적절한 설명으로 보인다. 이 '펌질'과 '리플'은 '짤방(짤림 방지)'으로 이어지는데 따라서 이때 중요한 것은 결국 정작 하고 싶었던 본래의 이야기 '짤방 그 후'가 될 것이다. 따라서 논의는 '펌질'과 '리플'이 '짤방'을 거쳐 '기린과 카스테라의 눈물'로 이어지는 것으로 마무리된다. 그러니 박민

---

3. 서영인, 「'슈퍼'한 세상을 향해 날리는 적막한 유머」, 『충돌하는 차이들의 심층』, 창작과 비평사, 2005.

규식 대중문화 브리콜라주는 결국 '펌질'과 '리플'과 '짤방' 저 너머의 우울과 눈물일까.

> 직접적인 친분은 없지만-나는 아담 스미스와, 그가 남긴 몇 개의 중요한 문장들을 기억하고 있다. 그의 문장은 하나같이 간결하고 힘이 넘쳤지만, 그 중에서도 특히-나는 위의 문장이 좋았다. 시장이, 모든 것을, 해결한다. 경제학의 아버지가 남긴 이 수려한 문장을 외다보면, 나는 언제나 한 마리의 도도새처럼 태평한 마음이 된다.
>
> ―「야쿠르트 아줌마」

> 잭필드 4색 3종 선택 면바지 세트를 구입한 사회학과 선배는, 마침 그중 베이지 컬러를 골라 입으며 이렇게 얘기했다. 아무래도 자본주의는 〈39,800원〉이 아닐까 싶어. 나는 요새 왜 자본주의는 〈40,200원〉이 될 수 없을까, 에 대해 골몰히 생각중이야.
>
> ―「몰라 몰라, 개복치라니」

질문을 바꾸어 보자. 아담 스미스나 야쿠르트 혹은 잭필드 4색 3종 선택 면바지 세트는 소설 작품을 위한 자료일까, 아니면 이미 작품일까. 농심 새우깡에 밀려 기억 속에서도 멀어진 '칙치키 포카포카 삼보 새우야' 혹은 완제품으로 통조림에서 나오는 무수한 아쿠아맨은?

문학에서 대중문화와의 관련성 그 자체는 이미 낯선 것이 아니다. 대중문화에 대한 관심이 높아지면서 문학에서도 대중문화 요소들을 찾아보기가 어렵지 않게 되었다. 한때 예술이 고고하기만 하던 시절이 있었다. 많은 사람들이 어린 시절 눈물로 보았을 『플란더스의 개』를 생각해 보자. 가난한 고아 소년 네로는 죽음에 이르러서야 그토록 보고 싶었던 루벤스의 〈그리스도의 강림〉을 볼 수 있었다. 생산자도 소비자도 소수였던 시대, 예술은 고상하고 귀한 것이었다. 그것은 누구나 향유할 수 있는 것이 아니었고, 삶과 직결되어 있다기보다는 땅에서 살짝 발을 뗀 것이었다. 그리고 드디어 '기술복제 시대'가 열렸다. 박물관에 걸려 있던 명화는 우산에 프린팅되었고 음악은 구태여 공연장을 찾지 않아도 거리를 걸으며 들을 수 있게 되었다. 예술은 한정된 분야에 머무르지 않으며 새로운 영역을 개척해 나갔고 그만큼 많은 사람들에게 더욱 가까워졌다. 이제 그것은 천상의 공간에서 지상으로 내려왔다. 대중은 대중문화를 향유하며 그것은 더 이상 부끄러운 일이 아니다.

그러나 기존의 대중문화적 요소를 담은 문학은 패러디나 상징으로 설명될지언정 '펌질'로 설명되지는 않았다. 패러디와 펌질의 간극만큼 작품에서 다루어지고 있는 대상도 차이가 있어 보인다. 박민규의 '펌질'은 주로 이 시대를 살아가는 사람이라면 누구나 알고 있을 법한 익숙한 것들을 대상으로 한다. 그리고 사실 그것은 고급한 것이라기보다는 하위문화에 보다 가까워 보인다. 그러니까, 〈자전거 도둑〉이나 〈바그다드 카페〉 등은 '시속 백 킬로로 오대양을 누비는 참치'같은 젊은이들에게도 어울려 보이지만 〈폼포코 너구리〉나 〈스타크래프트〉 등은 아무래도 일흔 세 번쯤 취업에 실패한, 줄무늬 '추리닝'을 입은 '현대생활백수'의 백수 젊은이에게 더 잘 어울릴 것 같다는 얘기다. 한동안 '하류'라는 말이 인구에 회자되었다. 그 논의들의 논리적 흐름이나 결론을 떠나 '90%가 하류로 전락한다'는 류의 얘기는 '중산층이 사라지고 있다'는 얘기가 심심치 않게 들려오는 우리 사회의 현실과 관련하여서도 눈길을 끈다. 만약 그렇다면 이때 하위문화란 극소수의 상류층을 제외한 절대다수가 공유하고 있는 문화이기도 할 것이다.

그렇다면 더더욱 박민규의 소설 작품들, 저 무수한 언어들을 박민규에 의한, 박민규 만의 것이라고 할 수 있을까. 식품의약품 안전본부와 아담 스미스와 케인즈와 DC 코믹스의 크리에이터(creator)들은? 박민규의 소설은 우리에게 그리 낯설지 않은 이야기를 다루고 있다. 그리고 그 이야기를 구성하는 요소들 역시 절대다수가 공유하고 있는 문화, 즉 모두가 공유하고 있는 기억인 대중문화이다. 익숙한 요소들로 구성된 익숙한 이야기. 그러나 그 만남이 낯설음을 만들어낸다. 마우리찌오 랏짜라또(Maurizio Lazzaarato)는 오늘날 노동양태의 변화를 언급하며 개성의 표현으로서 혹은 우월한 계급들의 세습 재산으로서의 창조성이라는 개념을 넘어설 필요가 있다고 주장한다. 두뇌들 간의 협동이, '대중지성'이 중요하다. 하나의 총체로서, 하나의 사회적 몸체로서의 대중지성은 살아 있는 주체들의, 그리고 그들의 언어적 협력의 분할불가능한 지식의 저장고이고 공통재이다.[4]

　예술의 대중화는, 대중문화 자체는 문제가 아니다. 문제는 그와 동시에 예술이 자본과 직결되어 버렸다는 데 있다. 명화는 우산에 프린팅되어 팔리고 무심결에 입에서 흘러나오는 것은 CM송이다. 앗차하다가는 게임을 하거나 홈쇼핑 광고를 보면서 걱정 근심을 잊고, 밤거리를 보며 고담시를 떠올리고 너풀대는 성조기를 보며 이상한 뿌듯함을 느끼기 십상인 것이다. 대중예술은 이렇게 분명 삶을 '감춘다.' 그러나 그것은 일방향적(一方向的)인 것이 아니다. 감춤은 항상 '드러내'는 것과 동시에 이뤄지기 때문이다. 기존의 문화를 토대로 한 소설과 박민규 소설의 주요한 차이점, 박민규의 글쓰기가 가진 하나의 독특성은 바로 이러한 지점에 있다. 모든 것이 아무렇지도 않게 뒤섞여 있다는 것, 끌어온 각종 자료들을 자료들로 분리해내는 것 자체가 불가능하다는 것, 이미 그 모든 것들이 그와 한 몸처럼 보인다는 것, 그리하여 박민규 소설에서 대중문화는 작품의 토대 같은 것이 아니라 이미 온전히 소설 그 자체가 되었다는 것, 그렇게 모두가 공유하고 있는 대중문화로 삶을 '드러내'고 있다는 것. 박민규의 절취(截取)를 닮은

---

4. 빠올로 비르노, 「일반지성'에 관하여」, 『비물질노동과 다중』, 갈무리, 2005, 218쪽.

이 '무규칙 이종 소설'은 그저 마구잡이식 요설(饒舌)이거나 '펌질'과 '리플'과 '짤방'같은 것일지도 모른다. 그러나 이것은 대중지성의 일면, '정보시대에 삶'[5]을 드러내 주는 하나의 징후적 글쓰기 일 수도 있을 것이다. 자기 자신의 언어 안에서 다중 언어를 이용하는 것, 그것으로 소수적 내지 강렬도적인 용법을 만들어 내는.

황당한 상상, 그 가능성(possibility)

소설을 접할 때 일반적으로 우리는 현실을 닮은 삶이, 잘 직조된 플롯과 인과관계를 따라 작품 속에서 충실히 재현될 것이라고 기대하기가 쉽다. 그러나 사실 최근의 소설 작품들에서 그와 같은 기대를 충족시키기는 그리 쉽지 않다. 현실적 삶의 개연성이라는 시각으로 박민규의 작품을 훑어보면 대부분이 이를 벗어나 있음을 알 수 있다. 한 '지진아'가 슈퍼맨 흉내를 가장해 자살을 결심하고 빌딩 옥상에서 뛰어내린다, 그러나 웬걸, 죽기는커녕 그야말로 슈퍼맨이 나타나 아이를 가뿐이 안고 미국 '정의의 본부'로 날아간다(『지구영웅전설』)는 식이다. '황당 시리즈'는 여기에서 그치지 않는다. 부패 방지를 위한 숭고한 축소, 아버지와 어머니와 미국과 중국 등을 모두 냉장고 속에 집어넣기도 하고(「카스테라」) 팀장은 너구리로(「고마워, 과연 너구리야」) 아버지는 기린으로 변하며(「그렇습니까? 기린입니다」), 오리배는 하늘을 날고(「아, 하세요 펠리컨」), 그 하늘에선 UFO가 날아와 젖소를

---

5. "이것은 현시대를 특징짓는 주요한 요소인 정보(inform+formation)가 다중의 지성(intelligence)을 드러내면서 동시에 감추는 것과 동일하다. 정보, 그것은 타자에 대한 앎이지만 그것이 타자와의 살아 있는 공동체적 관계의 산물이자 그에 대한 지식임은 감추어진다. 정보시대(바로 그렇기 때문에 다중지성의 시대)에 삶을 드러내는 것은 지난한 노력과 투쟁을 요구한다."(조정환, 앞의 책 273쪽).

터트리고 KS마크를 찍어댄다(「코리언 스텐더즈」). 거대한 개복치인 지구 (「몰라 몰라, 개복치라니」) 곳곳에서는 대왕 오징어가 출몰하는데다가(「대왕오징어의 기습」) 헐크 호건이 나타나 헤드락을 걸어대기도 한다(「헤드락」). 이쯤 되고 보면 그 내용이란 비현실적이다 못해 그야말로 황당무계하기까지 하다.

현실적 개연성 대신 지구영웅들과 기린이 된 아버지와 대왕오징어와 UFO와 훌리건 냉장고 등이 판을 치는 박민규의 작품은 어린아이가 되고 싶은 어른의 환상을 담은 '키덜트'(kidult)는 아닐까. 등장인물이 온통 만화 캐릭터라든가(『지구영웅전설』), 9호 구름을 타고 약간의 우여곡절을 거쳐 우주로 나가보니 지구가 거대한 개복치더라 거나(「몰라몰라 개복치라니」), 어릴 적 『소년중앙』에서 읽었던 대왕오징어가 사방에서 공격해온다(「대왕오징어」)는 류의 이야기는 확실히 어른의 세계 보다는 어린 아이의 세계에 가까운 것 같다. 키덜트는 1990년대 후반부터 대중문화의 한 코드로 언급되어 왔다. 키덜트는 '어른이 왜 다시 어린아이가 되고 싶어 졌는가'라는 질문을 던지게 한다는 점에서 분명히 문제적이다. 왜라니? 아무리 "산수"를 해봐도 결론은 뻔하고 "인생은 고시를 패스하는 것보다 힘들"기 때문이지. 그리고 문제의식을 던져준다는 점에서는 유의미하다. 그러나 어떤 어른도 어린아이가 될 수는 없다. 그렇기 때문에 키덜트는 제기된 문제의 해결책이라기보다는 일종의 도피이다. 바나나맨과 대왕오징어 등이 키덜트라면 박민규의 글은 결론적으로 꽤 우울한 편이라고 하겠다. 우울한 세상으로부터 도망치기 위해 일장춘몽(一場春夢) 어린아이를 꿈꾸어보지만 변한 것은 하나도 없을 테니.

일장춘몽일지도 모를 이 황당 시리즈를 접하면서 이 '황당 시리즈'를 접하면서 우선 주목하게 되는 것은 그것이 우리가 살아가는 바로 이 곳, 그 현실을 직시하는 것에서 시작된다는 점이다. 차비 정도의 월급을 받으며 날밤을 새며 일을 하는 것, 정식 사원이 되기 위해 일곱 명이 육 개월 간 무한 경쟁하는 것, 멀쩡한 젊은이가 일흔 세 번 취업에 실패하는 것, 마흔 다섯의 나이에 시간당 삼천 오백 원을 받는 것 이런 것이 그야말로 우리 주변에 실재하는 현실이다. 이쯤 되고 보면 "이미 세계는-어떤 거짓말을 해도 그렇고 그렇게 들릴 만큼, 그렇고 그런 곳이 되었다"고 생각하는 것이 지극히 당연해 보인다. "몸에서 사람의 귀가 자라는 쥐" 따위는, 다리조차 펼 수 없는 크기의 방에서 옆방에 들릴까 방귀조차 마음 놓고 뀌지 못하는 인간 쥐에 비하면 신기할 것도 없다. 인사부장에게 허벅지를 내준 당신은 정말 창문 밖으로 어른거리는 대왕 오징어의 다리를 본 적이 없는지? 홀리건 냉장고에게 어깨를 빌리고 앉은 '불쾌할 정도로 외로운' 당신은 저 멀리 날아가는 오리배와 쏟아지는 개복치 알들을 본 적이 없는지? 박민규 소설의 '황당함'은 현실의 '황당함'에 대한 그 나름의 응대인 것이다.

들뢰즈와 가따리는 소수문학의 특징을 설명하며 "모든 것이 정치적이라는 것"을 말한다. 각각의 개인적인 문제는 직접 정치적인 것으로 연결된다. 우리가 살고 있는 이 시기는 자본주의가 막 태동하기 시작한 때와는 다르다. 과거 자본주의적 삶의 층위들이 경제·정치·군사·문화 등으로 구분되어왔다면 오늘날은 이러한 여러 층위들이 혼종되어 나타난다. 게다가 자본주의의 세계화는 생산의 세계화, 주권의 세계화, 전쟁과 폭력의 세계화, 유연성의 세계화, 양극화의 세계화로 나타난다. 안또니오 네그리와 마이클 하트는 이러한 새로운 패러다임은 체계이자 위계제이고, 집중화된 규범의 구축이자 정당성의 광범위한 생산이며, 세계 공간에 퍼져 있는 것이라고 말한다. 체계적 총체성은, 이전의 모든 변증법과 단절하고 선형적이고 자생적인 것처럼 보이는 행위자들의 통합을 발전시키면서 전 지구적 질서 속에서 지배적 위상을 지닌다. 그리고 제국은 힘(무력) 자체를 기반으로 하여 형성되는 것이 아니라 힘을 권리와 평화에 기여하는 것으로서 제시할 수 있는 능력을 기반으로 하여 형성된다. 각종 지구영웅들은 이 같은 시기 새로운 패러다임에 대한 일종의 풍자다. 슈퍼맨이 힘이라면 그 뒤를 잇는 배트맨은 자본 정도가 될 것이다. 엠파이어스테이트는 "빨판이 달린 한 마리의 기생충"이고 헐크 호건은 배트맨과 크게 다르지 않다. 배트맨이 로빈과 바나나맨에게 마운틴을 하듯이 헐크 호건은 헤드락을 하는 것이다. 실상리(失像里)에 나타나 배추밭을 파헤치고 벼를 쭉정이로 만들고 젖소들을 태워 죽인 UFO의 탑승자 명단에도 배트맨과 헐크 호건이 포함되어 있지 않을까.

배트맨과 헐크 호건이 제국 피라미드의 정점이라면 여러 '나'들 혹은 그 주변 인물들은 그 피라미드의 저 아래쪽에 위치한다. '나'는 과장의 민방위 훈련까지 대신 받아가며 정식 사원이 되기 위해 몸부림을 치고 또 다른 '나'는 시간당 삼천 오백 원하는 아버지의 산수를 "고스란히 물려 받"는다. 또 어떤 '나'는 일흔 세 번 취업에 실패하고 '연천유원지'에서 오리배를 관리한다. 취업을 하기 위해 내가 감내해야 하는 일은 인사부장에게 허벅지와 몸을 내주는 것이고 그래서 세상을 산다는 건 "어둠 속의 누군가에게 몸을 떠밀리는 기분"이다.

> 세상의 외곽에선 보트를 타는 사람들이 있다. 심야전기가 흐르듯, 퐁당퐁당 퐁당 퐁. / 그것이 보트 피플이다. … 철새는 왜 날아가는 걸까요? 허밍을 멈춘 사장이 새 담배를 꺼내며 말했다. 별수 있니? 추우면 따뜻한 곳으로 가는 거지.
>
> ─「아, 하세요 펠리컨」

어떻게 할 것인가. 박민규는 질문에 이렇게 대답하는 것 같다. 별 수 있나. 너구리나 기린이 되어야지. 오리배 세계시민연합에나 가입해야지.

그렇고 그런 이 황당한 세계에서, 부정하고 부조리한 현실과 타협을 거부한 박민규는 탈주선을 탄다. 아무렇지도 않게 훌쩍 너구리와 기린이 되어 버림으로써, 하늘을 나는 오리배를 보여줌으로써 현실과 환상 사이를 가로막고 있는 경계에는 금이 가고 구멍이 생긴다. 들뢰즈와 가따리에게서 표현은 내용으로 환원되지 않는다. 물론 형식의 독립성을 주장하는 형식주의 역시 부적절하기는 마찬가지이다. 내용과 표현은 별개의 것이 아니라 하나의 동일한 사태를 구성하는 두 가지 측면이다. 들뢰즈와 가따리는 카프카의 문학을 소수적 문학으로 읽어낸 바 있다. 그들에게 동물되기의 카프카 문학은 탈주선을 타는 것이지 도피가 아니다. 내부에서든 외부에서든 동물은 굴(窟)-기계의 일부이며, 문제는 전적으로 자유로워지는 게 아니라 출구 또는 입구를, 혹은 측면이나 복도·쪽문 등을 찾는 것이다.6 게다가 카프카의 그레고르 잠자는 사과에 맞아 죽지만(『변신』) 박민규의 너구리와 기린은 죽지 않는다. 이 탈주는 이제 시작인 것이다. 어찌되었건 기린도 너구리도 '스테이지23'의 세계로 되돌아올 생각은 없는 것 같다. 너구리는 울고 있는 '나'의 등을 밀어 주고, 기린은 아버지로 돌아오라는 권유를 거절한다. 좋아졌으니 돌아오라는 권유에 기린은 이렇게 대답할 뿐이다. "그렇습니까? 기린입니다." 게다가 어찌되었건 '나'에겐 "언제라도 탈 수 있는 열두 척의 오리배"가 있다.

때때로 장광설을 늘어놓는 박민규는 '황당 시리즈'를 서술함에 있어서는 비교적 건조한 단문을 구사한다. 모두가 사실로 알고 있는 정보와 그야말로 황당한 내용이 일상적이고 분명한 어휘를 사용한 건조한 서술로 현실인양 서로 엮인다. 그는 이 비현실적이고 황당한 내용을 '현실'로 그려내고

---

6. 질 들뢰즈·펠릭스 가타리, 『카프카-소수적인 문학을 위하여』, 이진경 옮김, 동문선, 2004, 37쪽.

있다. 더 이상 박민규의 소설은 일장춘몽이 아니다. 〈엑스파일〉에서 '진실'에 보다 더 가까운 것은 합리적인 스컬리가 아니라 외계인의 존재를 믿는 멀더이다. 박민규의 소설 속에서는 빌딩에서 뛰어 내린 '나'를 구해낸 '슈퍼맨'이 분명히 존재하며, 하늘에선 틀림없이 UFO와 오리배가 날아다닌다. 팀장과 아버지가 각기 너구리와 기린으로 변한 것은 '나'의 꿈이 아니라 분명한 사실이다. 젖소를 터트리는 UFO는 기하 형의 눈에만 보이는 것이 아니라 '나'의 눈에도 보이며, 스테이지 23과 너구리의 세계는 알 만한 사람은 다 아는 사실인 것이다. 『핑퐁』에 이르면 이 같은 "너도 보이지?" 류의 확인 수준을 넘어 더불어 세상과 (탁구로) 맞장을 뜨는 공동 경험으로까지 나아간다. 자, 정말로, 당신은 본적이 없는지? 인사부장에게 허벅지를 내준 당신은 창문 밖으로 어른거리는 대왕 오징어의 다리를 본 적이 없는지? 훌리건 냉장고에게 어깨를 빌리고 앉은, "불쾌할 정도로 외로운" 당신은 저 멀리 날아가는 오리배와 쏟아지는 개복치 알들을 본 적이 없는지? 정말?

박민규의 소설에서는 "나는 생각한다" 혹은 "나는 생각했다"라는 문장이 지속적으로 발견된다. 그에게 '생각'이란 몹시 중요하기 때문이다. 생각은 행동을 바꾸고 행동은 현실을 바꾼다. 결국 생각이 현실을 바꾸는 것이다. 『삼미슈퍼스타즈의 마지막 팬클럽』에서 '나'는 "세계는 구성되어 있는 것이 아니라, 자신이 구성해 나가는 것"이라고 말한다. 때로 잠재성은 '가상현실'로 규정되어 가짜로 취급되었고 혹은 그저 협소하게 개개인의 문제로 파편화되어 다루어지곤 했다. 그러나 "모든 낡은 것을 부패하고 썩게 만들어 허무의 시간을 창조하는 것이 바로 잠재력이며 영원성"이다. 그리고 잠재성과 현실성 사이에서 터져 나오는 "가능성은 그 허무의 터에서 새로운 구성의 시간을 살아가는 것"이다. 삶이 '능동적 활동성'이자 '구체적인 가능성'이라면 삶은 가능성에서 또 다른 가능성으로 끊임없이 변화해가는 것이다. 박민규의 소설은 강고한 현실과 실재의 틀을 황당한 상상으로 훌쩍 뛰어 넘는다. 그는 그렇게 "세계를 구성해 나"간다.

변비에 시달리는 「야쿠르트 아줌마」의 '나'는 '시장이, 모든 것을, 해결한다'는 말을 왼다. 아담 스미스의 이 문장을 외다보면 '나'는 '한 마리 도도새처럼 태평한 마음'이 된다. 그러나 한 가지 주의할 것이 있다. 도도새는 결국 멸종했다는 것. '나'의 운명 역시 이 비운의 도도새 뒤를 따를 것인가. 그때, 야쿠르트 아줌마가 난데없이 야쿠르트 한 병을 내민다. 아담 스미스도 케인즈도 아닌 야쿠르트 아줌마 그리고 아줌마가 내미는 야쿠르트 한 병. 세계에 균열을 내는 것은 바로 이런 것이다. 박민규의 작품들은 현실의 강고함에 대한 우울이나 도피의 이야기가 아니다. 그가 황당한 상상을 통해 전하려는 것은 오히려 (이를테면 변비탈출처럼) 부정적인 현실은 변화시킬 수 있으며, 지레 포기해야할 만큼 그것이 그렇게 어렵지만은 않다는 메시지일 것이다. 적어도, '나'는 그렇게 '생각한다.' 박민규 소설의 황당함은, 이 황당한 상상력은 바로 가능성을 열어가는 언어이자 그 자체로 이미 하나의 삶이다.

가벼움과 익살

박민규 작품의 큰 매력 중 하나는 아마도 '웃긴다'일 것이다. 박민규식 브리콜라주와 박민규식 표현의 언어에는 늘 가벼움·익살이 함께 한다.

그해 2월, 나는 고등학교를 졸업했다. 한국에서 올림픽이 개최되던 1988년의 일이었다.
일류대를 졸업한 사람들의 소속감은 일반인들의 상상을 훨씬 상회한다. 아마 마음 같아선 이마 한복판에 문신이라도 파고 싶을 것이다. 문신의 글씨체는 '신명조'내지는 '견고딕'. 글씨의 컬러는 블랙이다.
— 『삼미슈퍼스타즈의 마지막 팬클럽』

이 냉장고의 전생은 훌리건이었을 것이다.
아마도 그랬을 거라고, 나는 생각한다. 즉 1985년 5월 벨기에의 브뤼셀이다. … (중략) … 제 정신이 들었을 땐 이미 하늘나라였다. 어이가 없군. 당연히, 걷잡을 수 없는 후회가 밀려들었다. 열을 식힐 줄 아는 지혜를 배워야 해. 난 그게 필요해. 그런 그에게 신은 다음과 같은 조언을 했다. 그럼 냉장고 같은 건 어떨까? 과연! 그는 무릎을 쳤다. 그거 보람찬 삶이겠는걸.
— 「카스테라」

흥미진진한 서사도 아니고 그렇다고 충실한 내면의 묘사도 아니다. '나는 일류대에 갔다'는 '일류대를 졸업한 사람들의 소속감'으로 이어지고 냉장고의 소음은 냉장고의 전생에 대한 추측으로 이어진다. 서술은 가늠할 수 없는 방식으로 이어지고 어투는 가볍기만 하다. 비극과 얄궂음/아이러니는 새로운 가치, 즉 익살/유머에 자리를 내준다. 익살은 표면들과 안감들, 노마드적 특이점들의 기법이며, 언제나 자리 옮기는 우발점의 기법이다. 익살 속에서 모든 깊이와 높이는 소멸된다. 소설은 "성숙한 남성의 형식"이라는데 재기발랄하다 못해 말장난 같기도 한 박민규의 소설은 어린아이 같이 유치하게 보이기도 하고 마냥 수다스럽게 느껴지기도 한다. "세계의 미완성적 성격과 취약한 구조, 그리고 자기를 초월하려는 성격이 의도적으로 또 시종일관하게 궁극적 현실로서 설정되지 않으면 안 된다"는 류의 루카치적 진지한 논의는 그의 소설 앞에서 그야말로 '꼰대'같이 느껴질 정도다.

세상에 뭐 이딴 게 다 있지?
일단은, 이란 생각에 나는 그대로의 절차를 따랐다. 그대로의 절차라 함은 말 그대로 ①문을 연다 ②아버지를 넣는다 ③문을 닫는다 였다. 그렇게 해서 나는 아버지를 냉장고에 넣는데 성공했다.

―「카스테라」

너구리는 모든 기업들의 적, 인간의 적이야. 알겠나? … (중략) … 대외적인 명목으론 프리젠테이션의 실패에 따른 책임이지만, 부장과 나만이 알고 있는 진짜 이유는 너구리 광견병 때문이다.

―「고마워, 과연 너구리야」

형, 이거 크롭 서클(Crop Circle)일지도 몰라요. … (중략) … 거기엔
ⓚ
가 그려져 있었다. 놀랍도록 정확한 비례의, 거대한 KS였다. 이놈들 … 하고 기하 형이 말문을 열었다. 우릴 너무 잘 알고 있구나.

―「코리언 스텐더즈」

'나'는 빚을 대물림하라는 아버지의 골치 아픈 말을 들은 후 투덜거리며 "그대로의 절차를 따라" 아버지를 냉장고 속에 넣는다. 그리고 급기야 세계를 넣다시피 한 후 세기의 마지막 밤에 "오늘밤만은 이 세계의 부패도 잠깐 그 진행을 멈추겠지"라고 말한다. 너구리가 된 손팀장이 회사에서 해고된 후 부장은 "너구리는 모든 기업의 적, 인간의 적"이라고 부르짖는다. 운동권이었던 기하 형은 정치권의 권유를 뿌리치고 수감과 노동운동을 거쳐 실상리라는 농촌에 정착했다. 정부의 정책을 충실히 따른 덕에 연수생들은 모두 공동체를 떠나고 남은 것이라곤 빚밖에 없는 그 곳에 이번에는 UFO가 나타난다. UFO는 모든 농작물을 망치고 젖소들을 죽이는데 경찰은 친절하게 피해신고를 받을 뿐이고 〈대한 자유부동산연합 종합국토개발위원회〉에서는 한 술 더 떠 땅을 팔라고 명함을 남긴다. UFO가 남긴 메시지는

㊁. 기하 형은 말한다. "우릴 너무 잘 알고 있구나."

빚의 대물림과 아버지라는 존재가 가지는 복잡한 무게, 치열하고 경쟁적인 기업의 생리와 그로부터 도태되는 사람들, 농촌의 붕괴와 무능력한 정부와 땅투기. 그는 이런 복잡하고 심각한 사회 문제를 다루면서도 충실하고 무게 있게 대상을 형상화하거나 진지한 어조를 사용하는 법이 없다. 바로 곁에 앉은 친구에게 툭툭 던지는 듯한 어조로 때로는 야죽거리고 때로는 능청을 떤다. 이는 우울한 삶의 모습을 적나라하게 그리고 있음에도 불구하고 그의 소설이 여전히 가볍게 느껴지는 이유라고 하겠다. 너무 가까우면 보아야 할 것을 보지 못하게 된다. 거리를 잃으면 웃음은 사라진다. 밀착하면 무겁고 심각해지거나 감동하게 된다. 감동하게 되면 모든 것들이 중대한 의미를 지니게 되고 주변의 모든 사물은 온통 준엄한 색체를 띠게 된다.7 불화할 수밖에 없는 세계의 부정성과 그 속에서 고군분투(孤軍奮鬪)하는 '나'들에 대한 연민. 박민규는 거리를 확보함으로써 이러한 내용들이 '준엄한 색체'를 띠는 것을 막는다.

> 이건 … 시간당 삼 만원은 받아야 하는 게 아닌가. 나는 다시 불만에 사로잡혔지만, 지금 관두면 억울하지 않니? 코치 형의 코치도 과연 옳은 말이다 싶어 이를 악물고 출근을 계속했다. 어쩌면 피라미드의 건설 비결도 〈억울함〉이었는지 모른다. 지금 관두면 너무 억울해. 아마도 노예들의 산수란, 보다 그런 것이었겠지.
> ―「그렇습니까? 기린입니다」

> 〈386 DX-Ⅱ〉. … (중략) … 이 험난한 세상에서 가진 나의 전 재산이었다. … (중략) … 누구나 자신의 전 재산이 자신의 전부라 믿기 마련이다. 나 역시,

---

7. 앙리 베르그송, 『웃음』, 김진성 옮김, 종로서적, 1983 참조.

그랬다는 생각이다. … (중략) … 〈386 DX-Ⅱ〉에 대해서는 도대체 무슨 말을 해야 할지 모르겠다. 말이 필요 없다는 생각도 들고, 아주 많은 말이 필요하다는 생각도 든다. 그것은, 저절로 버려졌다. 언제 어느 때였는지조차 기억나지 않는다.

―「갑을고시원 체류기」

거리를 잃으면 그리하여 웃음을 잃으면, 노예들의 산수나 〈386 DX-Ⅱ〉에 함몰되어 버린다. 그러나 한걸음만 떨어져 서면 다른 길이 보인다. 길은 어디에나 있으며 심지어 여러 갈래이다. 벤야민은 "사고를 하도록 유도하는 데 가장 좋은 방법은 웃음"이라고 말했다. 그래서 박민규는 잠시 세계로부터 거리를 두기를, 심각해지기 보다는 오히려 함께 웃기를 권한다.

베르그송은 희극적 상상의 세 가지 근본적 특징 중 하나로 순수한 지성이 다른 사람들의 지성과 관계를 맺어야 한다는 것을 든다. 그에 따르면 웃음은 언제나 어떤 한 집단의 웃음이며 남들의 반향을 필요로 한다. 그러니까 희극은 유(類)를 지향한다. 제 웃음소리의 고요한 반향을 듣는 것만큼 공허한 일도 흔치 않을 테니까. 낯설고 어려운 자리에서 마음껏 웃기란 쉽지 않다. 그러나 한바탕 함께 웃고 나면 대개 그 자리는 익숙하고 편안한 것으로 바뀌어 있곤 한다. 유를 지향하는 웃음은 대상과 세계에 대한 공포와 신성함을 없애주기도 하는 것이다. 너구리가 된 손팀장과 "너구리는 모든 기업의 적"이라는 인사 부장의 말을 읽으며 웃을 때, "우릴 너무 잘 알고 있구나"라는 기하 형의 말을 읽으며 웃을 때, 그리고 저 어디선가 함께 웃고 있는 이들을 느낄 때 UFO가 날아다니는 세계는 더 이상 그저 공포스럽기만한 공간은 아닐 것이다. "어쩌면 … 익살이 기쁨의 계기를 비장 속에 도입하는 또 한 걸음일 수도 있지 않겠는가."[8]

새로운 문학의 동향들

일반적인 잣대로 리얼리즘과 모더니즘을 가른다면, 박민규의 작품의 많은 수는 딱히 어느 한 쪽에 포함된다고 말하기 어려울 것이다. 가볍고 익살스러운 그의 작품은 특정한 한 쪽으로 가를 수 없는 곳에 자리한다고 하겠다. 이는 비단 박민규에 한정된 것만은 아닌 듯하다. 작품 전체가 랩으로 쓰인 이기호의 「버니」는 그 형식의 새로움으로 주목받았다. 노래로만 제 말을 하는 순희와 랩으로만 자신의 얘기를 풀어놓는 '나'. 고등학교를 중퇴한 한 보도 실장 '나'와 오빠의 손에 이끌려 그 곳에 온 순희의 이야기는 그 형식의 새로움과 더불어 그 형식이 담아내고 있는 내용에 대해서도 고민하게 한다. 뒤통수에 '박통'의 눈이 달린 「백미러 사나이」나 군부대 사격장 때문에 삶의 터전을 잃고 난 후 '전국민을 대상으로 막 주민등록번호가 부여되던 시절' 갑자기 사라져버린 두 모자의 이야기 「발밑으로 사라진 사람들」 역시 그렇다.

> 지금, 당신이 이 글을 읽고 있는 바로 그 순간에도, 그들 모자는 어느 곳 어느 땅에서 씨감자를 심고 있을지 모른다. … (중략) … 그것이 정말인지 아닌지 궁금하다면 지금이라도 당장 뛰쳐나가 눈앞에 보이는 아무 땅이나 파보아라. 지상에서부터 약 십오 센티미터 정도만 파고 들어가면, 그곳에 당신이 이전까지 알지 못했던, 당신이 상상치도 못했던, 씨감자가 싹을 틔우고 있을 테니 ……. 주변이 온통 시멘트 천지라고? 철물점에 가서 시멘트 깨부수는 망치를 사라, 이 친구야. 시멘트 밑에 뭐가 있겠는가? 제발 상상 좀 하고 살아라.
>
> ─ 「발밑으로 사라진 사람들」

---

8. 조정환, 앞의 책 424쪽.

김애란의 「달려라 아비」는 임신을 한 어머니를 버려두고 집을 나간 아버지에 대해서 분노나 원망을 표출하는 대신 엉뚱한 상상을 펼쳐 보인다. 잔디깎이 기계를 타고 도로를 달리다 교통사고로 죽은 이 엉뚱한 아버지에게 '나'는 상상 속에서 분홍색 야광 반바지를 입혀주고 지구를 열심히 달리게 한다.

시멘트 깨부수는 망치를 사라는, 상상 좀 하고 살라는 권유는 현재의 순간 삶을 억제하고 있는 힘들에 대한 발화는 아닐까. 끊임없이 달리는 아비의 모습에서 영토화된 삶에서 빠져나가려는 탈주를 읽어낼 수도 있지 않을까. "매순간의 창조행위가 현재의 순간으로부터 사람을 억제하고 있는 힘들을 진단하고 그것을 치유하는 방향으로 배치되도록 자신의 언어와 사유와 작품적 구조를 조작하는 것을 통해서만, 즉 자신의 발화행위 그 자체의 해방적 조직화를 통해서만 해방은 실제적으로 생산될 수 있다. 삶문학은 이런 의미에서 우리의 언어적 삶을 변형시키는 언어기계로 작동한다. 현실의 자본주의적 삶을 합성하고 있는 언어적 직조들을 비틀고 뒤집고 잇고 끊는 언어적 작용을 통해 일상을 극복하는 언어기계와 언어적 탈주. … 굳어 버린 모든 것을 뒤흔들며 억누르고 가두는 것에 대해 저항하는 교란적 주체성 … . 삶문학은 다중을 생산하는 다중의 활동이며 삶의 경직화를 부수어 새로운 것을 만들어내는 소수적 활동 그 자체이다."[9] "어쨌거나 그런 이유로" 새로운 문학의 동향들 속에서 '삶문학'의 여러 모습들을 읽어낼 수도 있지 않을까.

---

9. 조정환, 앞의 책 192~193쪽.

수다와 거짓의 '열린' 무대

장진의 극세계

백소연

견고한 모든 것이 녹아내린 자리

1990년대 이후, 한국 연극계에서도 견고한 모든 것은 여지없이 녹아 내렸다. 마당극과 서사극으로 대표되는 정치 사회극의 퇴조와 변모, 세계화·개방화의 바람을 타고 급속히 확대된 국제 교류, 그리고 시대를 풍미한 포스트모더니즘 문화의 연극적 수용 등은 이 시기 한국 연극계가 경험해야 했던 급격한 변화 과정을 예증하고 있다. 물론 연극계 내부의 자발적 움직임 보다는 정치·사회적 조건의 급속한 변모가 이러한 변화를 추동해 낸 것은 사실이다. 특히 1987년 이후 정치적 해빙과 더불어 확대된 표현의 자유는 어떤 하나의 양식도 주류로 형성될 수 없을 만큼의 새롭고 다양한 실험을 가능하게 만들었다.

이 '새로움'과 '다양성' 때문에 이 시기 한국 연극계에 대한 진단은 엇갈릴 수밖에 없다. 그럼에도, 전체적으로 무겁고 심각한 작품들보다는 가볍고 희극적인 작품들이 많이 늘었으며, 뮤지컬의 비약적 성장이 단적으로 보여주듯이 대중성으로 무장한 연극들이 활기를 띠었다는 데에는 연구자들 역시 대체적으로 합의하고 있다. 그러나 연극 현실에 대한 이러한 객관적 정리 이면에는 내러티브의 실종, 모호해진 주제, 평가 절하된 언어의 문제, 지나친 오락성과 폭력성의 난무, 가벼움의 피상성 등, '퇴행과 병폐'로 집약되는 1990년대 연극계를 향한 불편한 심기를 읽어낼 수 있다.[1] 뿐만 아니라 이제 연극에 남아 있는 선택이라고는 "다른 상품과 동등한 기준으로 거래"되거나 "아예 박물관으로 가서 확실히 보존"되는 방법 밖에 없다는 극단적이며 자조적인 발상까지 나오고 있는 형편이다.[2]

하지만 1987년 혁명의 퇴조는 혁명의 종말이 아닌, 혁명이 다른 방식으로 살아가야 하는 새로운 상황을 예고하는 것이다. 그렇다면, 예술에서도 혁명을 지속할 다른 양식을 창조하는 과제는 바로 1990년대 이후에 놓여 있는 것이다. 물론 그 무수한 가능성 가운데 지배적으로 실현되어 드러난 것이 상업 연극과 같은 자본주의 체제에의 순응일 수도 있다. 그러나 문학과 예술에는 창조 활동으로서의 삶, 부단히 삶의 실재를 진단하면서 다른 삶의 가능성을 모색하고 표현하는 잠재력이 엄연히 존재한다. 우리는 이 새로운 문학과 연극의 가능성을 바로 여기에서 짚을 수 있으며, 또 짚어내야만 하지 않을까.[3]

---

1. 김승옥, 『한국연극, 미로에서 길 찾기』, 연극과 인간, 2000, 78~91쪽. 김미도, 『한국연극의 새로운 패러다임』, 연극과 인간, 2006, 15~82쪽.
2. 정혜자, 「보호와 경쟁의 이중주」, 『민족극과 예술운동』, 민족극연구회, 1994. 여름, 21쪽.
3. 조정환, 『카이로스의 문학』, 갈무리, 2006, 24~25쪽.

그러므로, 썩지 않으려면 다르게 기도하는 법을 배워야 했다.
— 최승자, 「올 여름의 인생 공부」

싸워야만 할 분명한 적과 확고한 전략 전술이 사라져 버린 시대, 견고한 모든 것이 녹아내린 자리에서, '썩지 않으려면' 이제는 '다르게' 사유하고 표현하는 법이 필요하다. 그리고 1990년대를 기점으로 등장한 신진 희곡작가·연출가들의 작업은 바로 이러한 달라진 현실을 사유하고 표현해 내고 있다. 정치와 무관한 인간사란 존재하지 않는다며 정치적 공공장소로서의 연극을 주장한 피스카토르의 말처럼, 개인적인 것과 정치적인 것의 직접적 연결을 지적한 들뢰즈의 말처럼, 새로이 도래한 탈근대의 삶, 그리고 그 삶에 걸맞은 새로운 연극의 정치성과 가능성은, 그렇다면 이들에게서 어떤 방식으로 타진되고 있는 것일까. 이 글에서는 1990년대 중반에 등장하여 유쾌하고 재기 발랄한 자신만의 독특한 연극 문법을 창조해 낸 '장진'의 작업에 주목하고자 한다. 그의 작품을 바라보는 통속성과 가벼움에 대한 우려의 시선을 그는 어떻게 가로지르고 있는 것일까.

달변과 눌변의 사이, '수다'의 전략

장진이 정식 극단으로 출범시킨 '문화창작집단 수다'와 영화제작사 '필름 있수다 film it suda'의 이름 그대로, '수다'는 작가 스스로도, 또 평자들에게도 장진의 작품 세계를 규정짓고 평가 내리는 중요한 키워드가 된다. 장진 식 연극은 소위 아리스토텔레스적 극작술의 전형인 '잘 짜여진 극(well-made play)의 관습들, 즉 뛰어난 플롯과 행동의 완벽한 논리적 구성에 따라 관객의 기대를 팽팽하게 유지하여 자연주의적 환상을 창출하고

자 하는 작법에서 이탈해 있다. 물론 행동·공간·시간의 삼일치 법칙에 따라 5막으로 '잘 짜여진', 사실주의극의 철옹성은 이미 1960년대 이후 대거 등장한 실험극들의 강력한 자장 속에서 산산이 부서진 것이 사실이다. 그러나 아주 거칠게 일반화 하자면, 이러한 연극들이 보여준 변화는 주로 형식적인 면에서의 실험성에 국한되었다. 혹은 비현실적·환상적 상황 설정과 종래의 극 구성을 파괴하는 파격적 시도들마저 결국은 시대적·정치적 전언을 단선적으로 함의하는 또 다른 경직화된 정치 사회극의 양상으로 수렴되기도 하였다.[4]

굳이 종래의 연극 구분 체계를 대입해 보아도 장진의 극은 어느 한 편으로 쉽게 귀속시켜 생각할 수 없는 측면을 지니고 있다. 사실주의극인지 전위극인지, 순수 연극인지 대중 연극인지 조차 모호한 경계에 위치하기 때문이다. 그의 작품은 주로 다양한 인물들의 우발적인 마주침들 속에서, 그리고 그들이 나누는 두서없는 대화, 끊임없이 증폭되는 수다의 과정을 통해 전개되어 간다. 집에 우연히 들어온 도둑과 집주인이 서로 티격태격하다가 연인으로 발전한다는 설정에서도(「서툰 사람들」), 하루 동안 주인공의 택시 안에 올라탄 승객들 사이에서 벌어지는 에피소드를 다루는 상황에서도(「택시 드리벌」), 검시실에 들어온 자살한 여섯 구의 시체와 검시관이 나누는 이야기들에서도(「아름다운 사인」), 극의 초점은 인물간의 대화, 그 자체에 놓여 있다.

이렇게 극의 전개를 지탱해 가는 인물간의 수다스러운 대사들은 그때그때마다 소극(笑劇)적 재미를 유발시키는 말장난이나 재담의 성격을 강하

---

4. 한상철은 한국 연극계가 사실주의로만 일관해 왔다고 일축하기도 한다. "서구에서는 리얼리즘이 대두하면서 거의 동시에 리얼리즘의 기본적인 이념과 미학에 반대 또는 도전하는 다른 예술운동과 실천이 전개돼 왔지만, 한국에서는 올바른 의미의 표현주의 또는 상징주의 또는 초현실주의 연극운동이 없이 사실주의로만 일관해왔다"(한상철, 『한국연극의 쟁점과 반성』, 현대미학사, 1992, 144쪽.)

게 드러낸다. 때문에 사회의 구조적 병폐에 대한 작가의 비판적 시선과 그 주제의 진지함에도 불구하고, 작품은 참을 수 없는 무거움으로 추락해 버리지 않는다. "여러 겹들을 아우르면서도 칙칙해지지 않는 것은 이 가벼움 덕분"5, "신세대적 감각적 재치"6라는 긍정적 평가가 가능한 것도 이 점과 무관하지 않을 것이다.

> 최정미 : 내가 다리 밑으로 뛰어들 때 차에서 틀어놓은 음악이 뭔 줄 알아? ……차이코프스키 교향곡 6번 비마이너 파데띠끄.
> (중략)
> 조숙자 : 인삼 밭에서 농약 묵고 쫄아 죽나, 한강에서 통통 부어 물 묵고 죽나 죽은 삭신은 죄다 흉하다. 봐라 저 따라 핏줄 끊고 핏물에 잠겨 꼴까닥. 저 아주매는 옥상서 뛰어 내렸으니 길바닥이랑 찰싹 달라붙어 오징어가 되 뿌렸을꺼고……목매 죽었으니 눈물, 콧물, 침, 질질 흐르지……얘기 듣자하이 목매붇믄 오줌똥 다 나와 갖고 바지 가랑이 홍건이 젖어 뿌린다 안하나. 다 똑같은기다. 뭐 벤취에 앉아가 차이코풀다가 죽으면 시체가 금 되나?7

그러나 문제되는 상황을 정신없는 수다와 그 속의 익살로 감춰 내는 듯한 이러한 극적 전략은 동시에 "이 작품이 주는 웃음 속에서 우리는 이 작품이 진정으로 우리에게 주려는 이 시대의 비극적 상황에 대한 정확한 인식을 놓칠 수 있다"8, "사회의 진실을 수용하지 못하고 단순한 희극적 가능치를 실현", "빼어난 희극적 장면에 사회적 촌평이 가해지지" 않는다는 상반된 평가와 비판9을 불러오기도 한다.

---

5. 김유미, 「연극을 통해 연극 만들기」, 『한국연극』 1998.11, 102쪽.
6. 심정순, 「자유로운 상상력과 S·F 만화의 경계선」, 『한국연극』 1999.9, 121쪽.
7. 장진, 「아름다운 사인」, 『한국현대대표희곡선』(정진수 편), 연극과 인간, 2004, 378~379쪽.
8. 민병욱·심상교 편, 『젊은 극작가·연출가들의 대표희곡』, 연극과 인간, 2002, 302쪽.

사실 문학과 예술의 엄숙함, 현실에 대한 핍진한 재현을 주장하는 사실주의극 계열의 입장에서도, 보다 전위적인 양식과 극단적 언어 실험을 요구하는 실험극 계열의 입장에서도 장진의 연극은 출발부터 그다지 만족스러운 것이 될 수 없어 보이긴 하다. 그것은 비장함으로 엄숙히 읊어도 모자랄 심각한 사회적 문제들을 그저 그런 대중적 오락물로 격하시킨, 그래서 아무리 보아도 눈에 차지 않는 별난 신세대 작가의 장난 섞인 해프닝에 불과해 보이기 때문이다. 그러므로 1990년대 이후 등장한 새로운 희곡 작가들(혹은 연출가들), 이를테면 이만희, 박근형, 조광화 등에 대한 학술적 접근과 비평 작업들이 상당 부분 진행되는 것과는 달리, 장진에 대한 관심은 아직도 저널리즘적 차원에만 머무르고 있으며, 평론가들은 그의 작품에 대해서 여전히 침묵하고 있다.10

장진의 희곡 속 인물들의 극히 수다스러운 말들은, 그것이 보여주는 그 참을 수 없는 가벼움에 미덕이 존재한다. 이 가벼움들은 어떤 하나의 단일한 극적 목적에 봉사하거나 극 행동들 안에서 유기적으로 통합되는 것을 거부한 채, 파편화 되고 만다. 인물들의 대사는 마치 말장난들처럼 꼬리에 꼬리를 물 듯, 끝없이 매끈히 이어지다가도 끊어지면서, 혹은 금세 다른 인물로, 다른 시간으로, 다른 맥락과 표현의 방식으로 재빠르게 옮겨 가기도 한다. 연극 속 대사가 지니는 이러한 익살스러움들은 언제나 자리를 옮기는 우발점의 기법으로서, 모든 깊이와 높이를 소멸시키는 듯 보인다.11 수다의 사전적 의미 그대로, 말의 의미들은 극 행동 안에서 긴밀하게 조직되지 못하고, 그야말로 '쓸데없이' 말만 많은, 그래서 해도 안 해도 그만인 장

---

9. 김윤철, 「장진님의 희곡적 감각에 감동이 실리려면」, 『혼돈과 혼종의 경계에서』, 연극과 인간, 2004, 73쪽.
10. 장진의 희곡에 학술적으로 접근하고 있는 논문으로는 정우숙의 소논문이 거의 유일하다. (정우숙, 「한국 현대 희극과 대중성의 관계」, 『이화어문논집』 제22집, 이화어문학회, 2004)
11. 질 들뢰즈, 『의미의 논리』, 이정우 옮김, 한길사, 2000, 248쪽.

난스러움으로 '격상'되는 것이다.

전형적인 사실주의극에서 사용되는 대사들은 일정의 의미를 생산하고 극 행동을 추동하는 힘을 지닌, 치밀하게 계산된 '달변'을 전제로 하고 있다. 달변은 차이를 무차별로 환원시키는 동일화의 전략으로 일정한 정보를 매끄럽게 전달하는 것을 일차적 목적으로 삼는다. 때문에 그 목적은 소통이 아닌 명령과 질서의 강제로 작용할 수 있으며, 극에서는 단일하고 고정된 의미를 생산하는 데에 기여한다. 이와 달리 눌변의 전략, 그 껄끄러움은 정보의 전달이 아닌 의미의 발생을 위한 시간과 공간을 창조해 낼 수 있다.12

수다의 경우, 그 말 많음으로만 본다면, 얼핏 달변의 모습을 띄고 있는 듯도 하다. 그러나 수다는 전하고자 하는 바를 권위적 목소리로 확정해 내는 것과는 분명히 다른 말하기의 방식으로, '쓸데없는' 이라는 사전적 의미 그대로 아무런 권위를 지니지 못하는 것이다. 그것은 전하고자 하는 바를 상대에게 명확히 전달하기 보다는 매우 파편적인 방식으로, 의미를 무목적적으로 흩뿌려 놓는다. 따라서 장진 극의 수다스러움을 달변과 눌변의 구분 체계로 나누어 생각해 보자면, 차라리 눌변에 가깝다고 할 수 있을 것이다.

1 : 고민 …… 이란게 말입니다, …… 그러니까 …… 고민.
1-1 : 참 귀엽다고 생각합니다. 이쁘잖아요. 조금 떨리기도 하면서 …… 흥분도 되면서 …… 이렇게 주책 맞게 앉아서 하는 서른 아홉 노총각의 고민.
2 : 훌륭한 고민은 나름대로 칭찬을 받습니다. 뭐 굳이 이름을 나열하지 않더라도 그런 고민을 해왔던 많은 사람들을 알고 있습니다. (모두 2를 본다) 맞았잖아요. 다들 아시면서들 …… 그런데 저 친구. 서울특별시에서 개인택시를 경영하고 있는 저 친구의 고민 …… 음 …… 뭐 …… 나름대로 고민 …… 이죠.

---

12. 이 책에 실린 서창현, 「이인성의 문학 세계 - 『낯선 시간 속으로』를 중심으로」 참조.

3 : 자정이 훨씬 넘은 시간. 일 끝내고 들어와서 벌써 몇 시간동안 저렇게 앉아서 하는 고민. 새벽 고민.
4 : 지금 …… 자정이 넘었습니까? (자신의 시계를 보며) 왜 이래 이거.13

기존의 평가들은 장진 희곡의 대사들이 지니는 수다스러움에 주목하면서도, 그의 수다스러운 대사들이 이어지는 사이사이에 존재하는 분절과 침묵의 모습들을 간과한다. 물론 '침묵'이라는 지시어로 명백히 제시되지 않아 단순히 배우의 연기를 위한 호흡을 표기하는 것으로 해석할 수도 있다. 그러나 다른 작가들의 작품과 비교해 보더라도 그의 희곡에는 문장과 문장, 단어와 단어 사이에 삽입되는 무수한 말줄임표와 쉼표, 침묵과 단절의 기호들이 눈에 띄게 두드러진다.

대사에는 말해진 것과 말해지지 않은 것이라는 두 층이 존재하며, 상연 시에 침묵은 대사의 연속적 전개를 끊으면서도 그 '말 없음' 속에 맥락과의 관계에서 가능한 여러 목소리들을 담아낸다는 점에서 의미 산출에 중요하게 작용한다.14 장진 희곡의 수다스러움 속에 존재하는 공백과 휴지의 공간들은, 특이점들과 우발점들을 만들어 내는 익살의 모습처럼, 결국 그 지난한 말들의 흐름 속에서도 확정되어 전달될 수 없는 어떤 무수한 의미, 특이성들을 증폭시키려는 의도를 띄고 있는 듯 보인다. 의미를 고정시키지 않는 지나치게 말 많음, 그리고 그 사이에 위치한 주저함과 침묵의 경계에 장진만의 새로운 연극적 언어 표현이 존재하고 있는 것이다.

---

13. 장진, 「택시 드리벌」, 『젊은 극작가 - 연출가들의 대표희곡』, 연극과 인간, 2002, 305쪽.
14. 신현숙, 『희곡의 구조』, 문학과 지성사, 1990, 86쪽.

달려라, 덕배들, 달수들, 화이들

> 이연: 내 좀 빨라요. 고바우도 사내들 보다 더 빨리 뛰지요. 난 이상해. 숨도 안차고 … 팔 빨리 휘저으면 다리도 빨리 움직이걸랑요. 그래서 이래 이래 이래 손만 보고 뛰지요. 그럼 손이 막 빨라진다오. 그케 되면 다리도 덩달아 빨라져요.15

2005년 한국 영화계에 신화처럼 아로 새겨진 영화 〈웰컴 투 동막골〉. 손이 막 빨라지면 다리도 덩달아 빨라진다고 이야기 하던 '여일'16의 천진한 모습처럼, 다양한 삶의 모습들과 활기를 끊임없이 포섭해 가는 21세기 자본주의 사회를, 과연 우리는 빠르게 가로질러 탈주해 볼 수 있을까.

1995년 조선일보 신춘문예에 「천호동 구사거리」로 등단한 이후, 장진은 자신의 작품 속에서 다양한 인물 군상들을 등장시키고 있다. 도둑(「서툰 사람들」), 살인자(「허탕」), 택시기사(「천호동 구사거리」, 「택시 드리벌」), 양복 재단사(「천호동 구사거리」), 교사(「서툰 사람들」), 검시관(「아름다운 사인」), 작가(「웰컴 투 동막골」) 등, 각기 다른 희곡 속의 이처럼 서로 다른 계층의 인물들은 자본주의의 거대 도시 서울의 삶을 살아가는 '다중'의 모습에 다름 아닐 것이다. '초이스 커피'와 '스테이크', '베를린 필 하모닉 오케스트라의 연주 음반'을 제공해 주는 이 시대의 친절하고 우아한 '감옥'(「허탕」)에서 그들은 척도로서 제시되는 수인(囚人)의 삶을 강요받는다. 그 강요된 삶의 기준은 너무도 강력한 힘을 지니고 있으며, 개인들을 단일한 체

---

15. 「웰컴 투 동막골」은 현재 출간되지 않은 작품이다. 작품을 분석함에 있어 엄정성이 떨어질 수밖에 없겠지만, 편의상 네이버나 엠파스 등의 포털 사이트와 개인 블로그 등을 통해 구할 수 있는 공연대본을 그 기준으로 삼았음을 미리 밝혀 둔다.
16. 연극 「웰컴 투 동막골」은 영화로 각색되는 과정에서 내용이 부분적으로 변화된다. 등장인물 '이연'의 이름 역시 영화에서는 '여일'로 바뀌었다.

계 내로 끝까지 포섭하려고 드는 끈질김과, 포섭되었다는 사실조차 잊게 만드는 교묘함마저 가지고 있다. 이유도 모르게 강제로 끌려와 알 수 없는 곳에 갇혀 버린 유달수의 거친 반항기와 분노도 이내 '무엇 하나 부족함 없는 천국 같은 생활'의 기쁨으로 쉽게 순치시켜 버릴 만큼 말이다.

> 유달수: 사람에 따라선 행운일 수도 있겠군요. 무엇 하나 부족함이 없는 천국 같은 생활이다.
> 장덕배: 세상이 천국일까?
> 유달수: 네?
> 장덕배: 그러니까 내 말은 천국은…… 분명 아니라 이거지. 무슨 놈의 천국에 천사가 한명도 없지. 저놈의 쇠창살, 천국에 쇠창살이라…… .
> 유달수: 지옥으로부터 들어오는 모든 것들의 침입을 막는 쇠창살이 아닐까요?[17]

시간은 영원의 동적 단면, 즉 '때'이며, 영원은 때들을 통해 자신을 펼친다. 시간이 영원으로부터 움직일 때 영원은 '때들'인 시간으로 구성된다. 때는 영원이 현실로 펼쳐질 수 있는 시간, 즉 구체적 상황 속에서 구체적 힘으로서의 영원의 시간인 것이다. 그러나 부르주아 사회에서 삶의 시간인 '때들'은 노동 과정을 통해 지속의 감옥 속에 봉인된다. 이제 '때들'에게 부과되는 척도로서의 높이와 길이는 그것의 경제적 가치와 정치적 가치를 표상하게 되었으며, 이로써 이 사회에서 부자가 되고 권력의 사다리를 오르는 것은 삶의 목표로 강제되는 것이다.[18] 「택시 드리벌」에서 택시기사 '장덕배' 역시 이처럼 강제된 삶의 목표들, 경제적·정치적 가치로 환원될 수

---

17. 장진, 「허탕 – 네팔가는 사람들」, 『장진 희곡집 – 덕배랑 달수랑』, 살림, 1996, 87쪽.
18. 조정환, 「비물질노동과 시간의 재구성」, 『비물질노동과 다중』, 갈무리, 2005, 367~369쪽.

있는 삶, 즉 서울에 성공적으로 안착한 고상한 중산층에 편승하기 위해 형편에 걸맞지 않는 노력을 거듭하고 있다. 하루 벌어 하루 먹고 사는 고단한 상경 생활에도 불구하고, 그는 제목조차 모르는 클래식 음악을 '교양있고 …… 품위있게' 보이기 위해 택시 속에서라도 꾸준히 들어야만 하고, '알 수도 없는 음악회에 가서 졸다가 나오기도' 하며, '호텔에 가서 혼자 밥을 먹기도' 해야 한다. 반면 무의미한 시간으로 폄하되어 버린 고향에서의 삶은 철저히 부정되어야만 한다. 가난이 주는 절망과 삶의 비루함처럼 매순간 눅눅하고 끈끈하게 엉겨 붙는 애인 '화이'의 그림자를 떨어뜨려 내리려고 안간힘을 쓰는 것도 이 때문인 것이다.

「아름다운 수인」의 '유화이' 역시 자신의 검시실에 들어 온 자살한 여섯 구의 시체들이 자신에게 보이는 동정 앞에서 이성을 잃는다. "당신들은 실패야, 실패한 인생이라구. 자신 없고 깨져버린 인생, 더 이상 갈 곳 없어서 비틀대다가 결국 스스로 죽어버린 최악의 인생들"이라는 그녀의 비난은 결국 이 사회가 제시한 길에서 죽음으로써 이탈해 버린 자들-소수자들에 대한 경멸을 보여주는 동시에, 그들과 자신의 삶을 분명하게 구분 지으려는 다수자의 의식을 함의하고 있다. 그러나 여성, 빈민, 범법자라는 낙인을 지우고, 지배 세계에 편입하기 위해서는 '유달수'처럼 폭행과 강제 낙태라는 무자비한 폭력을 감내해야 하거나(「허탕」), '내 의견 …… 내 생각 다 접어두고 이 인간들의 비위를 이 돈 몇 푼 받으려고 …… 이렇게 고문당해야 하는 삶'(「택시 드리벌」)의 틀 안에 억지로라도 들어가야만 한다. 이처럼 철저히 강요되는 삶 속에서, 이제 그들은 '척도에서 벗어난' 다른 삶을 창안하려 하며, '다수적인 삶의 방식과 가치관에서 벗어나려는' '소수화의 발걸음'을 비로소 내딛기 시작한다.

다수성이 지배하는 세계에서 소수자들은 척도의 강요 속에 산다. 동시에 그 척도에서 벗어난 삶을 창안하고자 한다. 따라서 이들의 삶은 항상 – 이미 척도로서 주어지는 것과 대립하고 척도의 형태로 작용하는 다수자의 권력과 잠재적으로 충돌하고 있다. 척도에 미치지 못하는 요소로 인한 고통을 감내해야 하는 순간, 따라서 그런 다수자의 권력, 다수자의 척도, 이미 자신의 삶에 소여로서 주어진 다수적인 삶의 방식과 가치관에서 벗어나려는 순간, 그래서 소수화의 발걸음을 내딛기 시작하는 순간, 그 모든 일상과 삶이, 권력의 대립과 충돌을 포함하는 강한 의미에서의 '정치'의 장이 된다.[19]

따라서 희곡 작가로서의 출발을 알린 「천호동 구사거리」에서 택시기사 '장덕배'의 마지막 대사는 자못 의미심장하게 들린다. 자본의 논리에 허물어져 가는 천호동 구사거리에서, 세상으로부터 다시 상처 입은 '유달수'를 향해 외치는 장덕배의 울분 섞인 목소리, "우리도 이렇게 살지 말자. 구사거리 다 쓰러져 간다고 인간들까지 이 따위로 살지 말자"는 대사는 결국 다른 삶에 대한 강렬한 열망을 드러내는 동시에, 이후 작품의 행보로 연결되는 그 물음의 근원을 보여주기 때문이다.

장진의 작품에서 드러나는 탈주 혹은 소수화의 양상은 근대의 범주들을 넘어서는 것이다. 의식의 획득을 통해 주체적으로 규정되는 저항의 힘이 축적되는 과정이 근대에서의 저항 양태였다면, 탈근대 사회에서의 저항은 특이한 저항 행위들의 확산으로서 나타난다.[20] 아마도 그의 연극이 기존의 법칙을 충실하게 잘 따른 정치극이었다면, 훨씬 더 직접적으로 보이는 길을 적극적으로 선택해, 명백한 안타고니스트를 향해 맹렬하게 투쟁했을 전형적인 프로타고니스트 '덕배'의 모습을 재현적인 방식으로 형상화 했을 것이다. 그러나 덕배는 이제 나름의 방식으로 세계를 탈주하며, 자신만의

---

19. 이진경, 「문학-기계와 횡단적 문학」, 『들뢰즈와 문학 기계』, 소명출판, 2002, 45~46쪽.
20. 안또니오 네그리, 『혁명의 시간』, 정남영 옮김, 갈무리, 2005, 142쪽.

윤리를 서툴지만 적극적으로 창조하려는 인물로 그려지고 있다.

「서툰 사람들」에서의 '장덕배'는 이미 출발부터 빗겨나 있는 인물이다. 타인의 재산을 불법적으로 가로채는 도둑은, 정직하게 열심히만 일하면 번만큼 잘 살 수 있다는 놀랍도록 공평한 현대 자본주의 사회에서 명백한 공공의 적, 자명한 탈주자이다. 그러나 사회의 일반적 도덕 기준에서 범죄자로 분류되는 장덕배는 다시 이러한 사람들의 평균적 윤리관과 단죄의 시선을 빗겨 나가고 있다. 그는 사람의 손을 아프지 않게 묶기 위해 수첩을 꺼내 보면서 매듭법을 고민하고, 몸이 아파 앓아누운 할머니를 들쳐 업고 병원으로 뛰어가며, 토요일에는 은행이 영업하지 않는 일요일을 고려해 비상금으로 남겨진 돈을 결코 훔치지 않는다. 관객의 예상을 비틀어 버리는 이러한 인물의 행동은 희극적 분위기를 자아내는 데에 일조한다. 하지만 '거꾸로만 가는' 사회에서, 삶 같지 않은 삶을 강요하는 자본주의 사회에서 위악적 도덕성을 순진하게 꿈꾸는 '유화이'의 말을 회의할 만큼, 장덕배는 자신만의 '양심', 도덕과 윤리를 비록 서툴더라도 다른 방식으로 창조해 가는 능동적 인물의 모습을 보여주고 있다.

장덕배 : 이것도 생각해 보면 재미있어. 보람도 있고 …….
유화이 : 그래도 도둑놈은 도둑놈이야. 범법자라구. 그러면서도 무슨 보람은 …….
장덕배 : 어허. 너무 그런 쪽으로만 생각하지마. 내가 터는 집은 그리 부자집들은 아니야. 하긴 있는 놈들이 더하다구. 부자집을 털러 가면 주인들이 거, 목숨 내걸고 덤빈대. 또 비싼 아파트는 비싼 만큼 경비들도 일류급이라서 쉽지가 않고 …… 그래서, 아직은 경험도 없고 하니, 중산층이나 그저 평범한 집들을 터는데, 별의별 일들이 많아. 어떤 집에 들어가 보니, 어른들은 없고, 애들만 울고 있잖아. 그래서 야 기저귀만 갈아주고 우유타서 입에다 물려주고 그냥 나온 적도 있고, 또 한 번은 들어가니까 아무도 없고, 할머

니 한 분만 몸이 아프신 채, 누워 있더라구. 아주 위독해 보이던데 ······.
유화이 : 그래서?
장덕배 : 뭘 그래서야? 양심이 있지, 그런 집을 어떻게 터니? 그 할머니를 업고 일단 가까운 병원으로 뛰었지 ······ (중략) ······
유화이 : 넌 ······ 넌 도둑과는 안 어울려.
장덕배 : ······ 가끔씩은 나도 그런 생각을 해보는데 ······ 하지만 ······ .
유화이 : 하지만이 아니야. 또 다른 가능성은 얼마든지 있는 거야.
장덕배 : 또 다른 가능성? ······ 거꾸로만 가는 이 사회에서 ······ 21

「아름다운 사인」의 검시관인 유화이도 미친 여자로 오해받을 수 있다는 사실을 인지하면서도, 마치 평균적 삶에서 멀어지기라도 하려는 듯, 자살을 택한 여섯 구의 시체, 여섯 명의 여자들의 혼을 소환하여 소통을 시도하고 있다. 그리고 이 소통의 과정에서 결국 그 여자들과 다르지 않은 세계에서, 그 여자들과 다르지 않은 방식으로 자신 역시 살고 있다는 사실을 깨달아 간다. 그들을 죽음으로 몰아넣은 남자들이 유화이의 애인과 동일한 인물로 무대 위에서 연출되고 있다는 점은 이 사실을 뒷받침 하고 있다. 6.25라는 과거의 사건으로 되돌아간 「웰컴 투 동막골」의 인물들도 공산군과 국군이라는 정해진 한 쪽의 삶을 사고하며 선택하기를 강요했던 당대 사회를 훌쩍 가로질러 버린다. 치성, 현철, 영희, 상상, 택기, 스미스는 도저히 용납되지 않는 '북남 합작 부대', '연합군'의 꿈을 꾸고 실행했으며, 이를 위해 죽음까지 감행하였기 때문이다.

「허탕」은 더욱 직접적인 형태로 탈주의 의미를 형상화 하고 있다. '장덕배'는 감옥에서의 삶에서 벗어나려고 몸부림치는 유달수를 달래며, 그에게 고참 죄수로서 음악과 커피를 권하는 등, 감옥 안에서의 삶을 여유 있게

---

21. 장진, 「서툰 사람들」, 앞의 책, 61~62쪽.

즐기는 듯한 친절까지 내보이는 인물이다. 그러나 그는 만 일 년이 넘게 이곳에 있는 동안, "이곳에서 살아나갈 유일한 방법은 자신이 갇혀 있다는 것을 알아야 한다", "이 곳의 일상에 자신도 모르게 길들여져 이곳이 집이 되어 이곳에서 산다고 생각하면 그 순간 끝"이라는 사실을 분명히 인식하고 있다. 따라서 삶에 길들여지지 않기 위해, 장덕배는 절단될 수 없다는 사실을 알면서도 쇠창살을 자르기 위해 노력하고, 잃어버린 기억을 버려두고 감옥에서의 안락한 삶에 익숙해지려는 서화이의 은폐된 과거를 불러내기 위해 노력한다. 그리고 마침내 장덕배는 도저히 열리지 않을 것 같았던 감옥의 문을 태연히 열고 유유히 사라진다. 감옥에 갇히게 된 이유와 그곳을 벗어나려는 그간의 모든 노력과 시도마저 우스운 한 판 '허탕'으로 만들어 버린 그는 문 밖 너머, 도대체 어디로 사라진 것일까.

이 즈음이면, 작품을 읽거나 보지 않은 사람들도 당연히 눈치 챘겠지만, 장진의 작명 방식에 관심을 가질 수밖에 없을 것이다. 그는 실제로 등단 이후, 반복적으로 '덕배', '달수', '화이'의 이름을 사용하고 있다. 각기 다른 인물들의 서로 다른 특이한 삶의 모습을 그려내고 있음에도, 작가는 왜 이처럼 동일한 이름을 사용하려 드는지 의문이 들 수밖에 없다. 그는 왜 무수한 '덕배들', '달수들', '화이들'의 이야기를 끊임없이 생산해 내고 있는 것일까. 그것은 삶의 공통성을 깨뜨리는 것들, 공통을 억제하려 드는 것들과의 투쟁을 위해 작가가 마련한 연극적 무기가 아닐까. 이름을 빼앗기면 돌아갈 길을 알 수 없게 된다는 '하쿠'[22]의 그 유명한 말처럼, 다중이 구축할 수 있는 공통의 가능성을 동일한 이름의 사용에서, 그리고 그 사실에 대한 자각에서 출발해야 한다는 점을 말하려 했던 것은 아닐까. 더구나 매 작품마다 주류 질서에 포획되지 않고 그 누구보다 열심히 다른 삶을 꿈꾸고 탈주

---

22. 미야자키 하야오의 애니메이션 〈센과 치히로의 행방불명〉에 나오는 인물.

하는 인물은 바로 '덕배'였다. 자본주의 시대에도 엄존하는 삶다운 삶, 저 너머에 존재하는 영원성의 삶을 꿈꾸고 행동하는 무리들은 분명 존재한다. 그리고 그들의 가능성, 버추얼리티(virtuality)의 가능성은 '덕배(德輩)'의 이름을 통해서 읽어낼 수 있을 것이다. 그렇다면 이 시대를 탈주하는 무수한 덕배들, 달수들, 화이들의 달리기를 응원해줄 수 있지 않을까.

파편화된 시간, '거짓의 역량'

연극에서 재현된 세계의 시간은, 실재 시간의 구조들을 개작하고 있다는 점에서 사실이 아닌, 있음직한 것인 동시에 실재 시간의 구조로부터 벗어날 수 있다는 점에서 우화적인 성격을 띠고 있다.[23] 장진의 희곡 내에서 사건들의 시간은 불연속적이며 파편화된 형태로 진행됨으로써, 실재 시간의 구조를 벗어나 여러 겹의 두께를 지니면서 표현된다.

서로 우연히 만난 극중 인물들은 스스로 이야기를 하거나, 혹은 이야기를 만들어내는 과정에서 각자 경험한 과거의 상이한 시간들을 무작위로 이끌어 내고 있다. 각각의 시간들은 분출되어 흘러나오며 현재와 뒤섞이는 양태를 공통적으로 지닌다. 하나의 공간 안에서 결코 공존할 수 없는 시간과 경험들이 혼재되는 이러한 양상은 어느 것이 정말로 존재했던 일인지, 과연 그것들 중에 무엇이 진실인지 모호하게 만드는 방식으로 현실과 상상의 영역마저 구분 불가능하게 만들어 버린다. 이처럼 연속적으로 진행되어 보이는 듯한 시간을 파편화시켜 버리는 구조와, 현실적으로 드러나는 삶의 이면의 상상적 측면들을 위계 없이 혼재시키는 재현 방식은 현실 안에서

---

23. 신현숙, 앞의 책, 157~158쪽.

엄연히 잠재하는 삶의 또 다른 가능성들을 포착하는 데에 유효한 방법이 되고 있다.

「택시 드리벌」은 표면적으로는 택시기사 장덕배의 평범한 일상을 연속적으로 따라가는 듯 보인다. 그러나 극의 곳곳에서 장덕배가 경험한 과거의 사건들은 산발적으로 현재 안에 틈입해 들어오고 있다. 특히 1장은 장덕배의 분열된 주체의 모습 혹은 극의 서술적 화자들로 추정되는 여러 인물들이 등장하여 장덕배의 과거를 타인의 눈으로 혹은 장덕배 자신의 입장에서 서술하거나, 또는 덕배를 끌어들여 직접 재현해 보이기도 한다. 이 과정에서 장덕배의 삶의 중요한 각각의 계기들은 매우 자유로운 방식으로 분출된다. 과거와 현재의 구분뿐만 아니라 주체와 타자의 경계마저 붕괴해 버리고 마는 것이다.

15 : 백운산에서 태어났습니다. 강원도 화천, 사창리 광덕고개 백운계곡에서 태어났습니다. 부모님이 놀러가서 이 사람을 낳았습니다. 아버지는 경상도 마산 사람이도 어머니는 전라도 벌교 여자였습니다. 이 사람은 참 못배웠습니다. 머리가 나빠 공부도 못했을 뿐더러 이 사람의 선친은 이 사람을 공부 안 시키는게 꿈이었나봅니다.
16 : 사람의 팔자 …… 그러니까 운명이라는거 말입니다. 정해지긴 정해져 있는 거 같습니다. 그리고 이 사람은 운명에 대해 대단히 친절하게 받아들인 사람이죠.
15 : 이 사람은 아버지의 뜻을 거역할 수 없었습니다. 왜냐면 그 뜻이 자기한테 참으로 잘 어울렸기 때문이었죠.
16 : (아버지) 인자 됐다. 학교 그만 당기자.
덕배 : 아버지
16 : 아버지 뜻이 뭔 줄 알제. 인자 그만 당기라. 많이 당겼다.
덕배 : 아버지

(중략)

17 아무리 자신에게 어울린 선택이라 하여도 그날 아버지의 뒷모습은 참으로 서운했습니다.24

2장부터 본격적으로 진행되는 덕배의 일상 역시 현재진행형으로 관객들에게 무대에서 보이고 있지만, 곧 다음에 벌어질 사건들을 예측하는 듯한 장덕배의 방백은 관객이 눈앞에서 지켜보고 있는 사건의 시간성을 의심하게 만들어 버린다. 그것은 평균화된 일상을 장덕배가 현재 시점에서 재현하고 있는 듯도 하고, 어찌 보면 척도화되고 계량된 일상의 과정을 그가 그저 현재의 시점에서 기시감으로 느끼고 있는 듯도 하다. 이미 죽은 인물인 화이가 덕배에게 말을 걸고, 태연히 택시에 올라탄 화이와 아무렇지 않게 이야기를 나누는 덕배의 모습, 그리고 다시 덕배와 화이에 의해 재현되는 과거의 일정 순간들은 이 연극이 상정하고 있는 시간들이 결코 순차적이고 유기적인 방식으로 엮이는 것이 아님을 보여준다. 「택시 드리벌」에서의 시간은 이처럼 분산되어 있을 뿐만 아니라, 화이나 서술적 화자들(혹은 덕배의 무수한 분열체)이 등장하여 벌어지는 사건들이 과연 현실인지, 덕배의 상상인지조차 식별 불가능하게 만들고 있다.

덕배: (시계를 보며) 네시 정각. 폭력이 한 차례 쓸고 간 이 녹슨 택시 안. 이 시간이 되면 참을 수 없이 답답해져 와. 코 속은 온갖 매연으로 시커매져 있고 등 뒤론 땀이 굳어 가루로 떨어지지. 그리고 주위를 둘러봐…… 늘 보이는 이 혼란 속. 혼란 속의 도시. 난 늘 여기 한가운데 머물고 있고 내 주위엔 아무도 없지. 그래 차라리 이럴 땐 마음 맞는 손님이라도 한 명 옆에 있으면 덜 외롭겠다는 생각을 해.

---

24. 장진, 「택시 드리벌」, 앞의 책, 310~311쪽.

(화이 뒷자리로 탄다. 뒤에 누가 탄 걸 느끼고)

덕배 : 마음이 맞는 손님 ······.

화이 : 거기 ······ 동막동 ······ 마을 입구에 동막동이란 푯말이 ······ 높이 걸려 있던 마을 입구에 ······ 너희집 지나 양박천을 건너면 우리집 나오지.[25]

「아름다운 사인」에서의 시간들도 「택시 드리벌」에서처럼 혼재된 양상으로 드러난다. 검시관인 유화이가 자살한 여섯 구의 시체와 나누는 대화들을 통해 그들의 죽음과 죽음에 이르게 한 과거의 특정 시점들은 현재로 소환되어 온다. 그러나 그것은 과거와 현재의 명확한 경계를 만드는 방식, 혹은 특정의 시점으로 돌아가 다시 현재로 되돌아오는 방식의 정연된 형태로 진행되는 것은 아니다. 한 인물 내부에서 뿐만 아니라 심지어 각기 다른 인물들이 각자 과거를 넘나드는 시간들은 그 선후 관계조차 명확하게 드러나지 않는다. 그저 대화를 통해서 여섯 여성들이 경험한 과거의 시간들은 무작위로 흘러나올 뿐, 그러한 경험의 위계 혹은 진실의 여부를 정하거나 경험의 총체를 구성하려는 방식으로 진행되는 것이 아니다. 유화이 애인의 급작스러운 등장만이 이 극에서 유일하게 현실적이며 현재적인 느낌을 주는 사건으로 보이지만, 그 역시 홀연히 사라져 버림으로써 이것마저 유화이의 기억이 불러낸 시간, 혹은 상상에 의해 구성된 시간의 일부라는 느낌을 주고 만다. 이처럼 죽은 여섯 인물들과 검시관 유화이의 만남, 또 유화이와 유화이 애인의 대면은 본질적으로 같은 공간과 시간 안에 존재할 수 없는 '불공가능'한 것이다. 그러나 연극 속 사건들은 작가의 '거짓의 역량에 따라 '동일한 우주에 속하며, 동일한 이야기의 변이체들을 구성'해 낼 수 있도록 만든다.[26] 그리고 유화이가 끌어낸 남성 중심적 질서 하에서 고통 받

---

25. 장진, 「택시 드리벌」, 앞의 책, 334~335쪽.
26. 질 들뢰즈, 『시네마 2』, 이정하 옮김, 시각과 언어, 2005.

고 죽어간 여섯 여자들의 이야기는 '잠재적으로 실재한 그들 삶'의 힘을 거짓과 이야기 꾸미기를 통해 '재생산하고 표현'한 것이다. 작가는 이러한 '그들'의 삶을 표현함으로써 '직접적으로 정치적'이고 '새로운 민중'을 창조하게 된다.27

연극 「웰컴 투 동막골」은 영화와 달리, 6.25 전쟁 당시, 동막골이라는 마을을 배경으로 벌어졌던 꿈과 같았던 과거 어느 사건의 상상적 재현을 보여주는 데에 초점이 놓여 있지 않다. 화자로 설정된 인물은 아버지(동막골의 '동구')가 남긴 사진, 공산군과 국군과 미군이 어우러져 있는, 그래서 도저히 이해 불가능한 과거의 사진 한 장과 아버지의 부분적 이야기들을 토대로 이야기를 직조해 간다. 그 사진 한 장에 잠재된 무수한 이미지들과 이야기의 유출은 바로 연극의 핵심을 이루게 된다. 특히 서사적 화자의 무대와 동막골의 이야기는 이분되어 진행되지만, 작가가 '만들어낸 얘기'에 해당하는 극의 중반에 이르러서는 그 경계마저 무화되고 만다. 작가는 등장인물에게 말을 걸기도 하며, 등장인물 역시 작가를 향해 이야기의 진행 방향에 대해 조언하거나 간섭함으로써 시간과 공간, 현실과 예술, 사실과 거짓의 경계마저 지워내고 있다.

> 작가 : 허나 아버지가 처음부터 이 이야기를 저에게 들려주신 건 아니었습니다. 단지 제가 물어본 말에 고개짓으로 대꾸해 주신 것뿐이었고 말의 머리만을 툭 내뱉으시고 한숨 한번 헛웃음 한번 … 그리고 그 숨 속에 그토록 많은 얘기가 담겨 있었단 걸 한참 후에 알게 됐습니다. 누구도 짐작할 수 없었죠.
>
> (중략)
>
> 현철 : 달려든다. 치성 그를 제압하며 눕힌다. 그리곤, 목을 조아리다 결정

---

27. 조정환, 앞의 책, 68쪽.

타를 날리려는 순간 … 작가에게 쏟아지는 불 … 덩이 … 무대 위의 상황은 정지된다. 지금부턴 극이 설정한 이원의 공간이 무너지고 서사적 양식과 극장의 양식이 극을 움직인다.

작가 : 아버진 … 여기까지 말씀해 주시고 … 그만 … 돌아가셨습니다. 이 이후의 얘긴 제가 만들어낸 얘기죠. 이 사진의 모습만을 생각하며 그려보는 저의 상상이죠.

무대 통합된다.

(중략)

촌장 : 뭐가 좀 이상합니까? 선생님 …
작가 : (관객을 보고) 제가 만들어낸 인물이니 저와 얘길 나눌 수도 있지요. (촌장을 다시 보곤) 아니 뭐 꼭 이상하다기 보단 …

(중략)

작가 : 저기 원 위치 하시고요 … 이렇게 막무가내로 하시면 … 얘기가 좀 이상해지고요 … 진정들 하시고 …
동구 : 근데 … 사실 이런 장면일수록 의외의 인물이 해결하는 것이 더 폼 나지 않을까 하네 … 어이, 나 같이 어린 것이 이 순간을 감동과 놀라움으로 돌파하는 것이 더 찡할거 같은데 … 생각 좀 해봐.
응식 : 근데 … 동구야 넌 임마 어린 놈이 작가 선생님한테 말을 까네 … 버르장머리 없이 …
동구 : … 얘, 내 아들이에요. 그잖아?
작가 : 근데 … 아부지 … 28

물론 서사적 화자의 부분적 개입들을 제외한다면, 6.25 전쟁 당시 동막골에서 벌어진 사건들은 무대 위에서 비교적 친절하게 재현되는 양태를 띠고 있다. 그렇다고 해도 현재의 시점으로 되돌아온 극의 결말 부분에서 '작

---

28. 장진, 「웰컴 투 동막골」.

가'의 대사, "여기까지가 제가 쓴 이야기의 전부"라는 고백과 이후 무대 뒤에 고정된 사진 액자 안에 위치한 인물들이 "바람대로 원함대로 그렇게 움직이며 … 다시 만난다"는 상황은 다시 한 번 동막골에서 벌어진 사건의 진실성 여부를 모호하게 만들어 버린 채 막을 내려 버린다. 이것은 하나의 이념을 선택할 수밖에 없게 만들었던, 국군과 공산군, 남과 북, 좌익과 우익이라는 경직되고 고정된 체계 속에서 강요되었던 과거의 역사에 대한 현재 시점에서의 다시 쓰기 과정으로 보인다. 작가는 과거로 거슬러 올라가는 방식, 그리고 '이야기 꾸미기(fabulation)'의 방식을 통해서 '동막골'이라는 새로운 신화, 그 시대에도 분명히 현존했을 새로운 민중의 존재를 이야기하고, 또 그 창조를 촉진하고 있는 것은 아닐까. 그렇다면 '내가 얘기 하려고 했던 이야기와 그들이 흥미를 가지고 있는 부분이 분명 같지 않을 것'이라는 판단에서 동막골의 이야기를 출판하는 것을 거절했다는 연극 속 작가의 마지막 고백 역시 삶의 위계, 진실과 거짓을 첨예하게 가르는 재현의 체계에 대한 본질적 회의일 것이다. "삶의 창조적 역량은 진리모델을 거부하면서 거짓의 역능에 기초하여 새로운 민중을 창조하는 것이며 시의 창조적 역량은 재현의 방식을 동원하는 경우에도 새로운 이야기를 꾸며냄으로써 새로운 민중의 창조를 촉진하는 것이다."[29] 그렇다면, 작가 장진이 부단히 쓰고 무대 위로 올리는 이 작품들은 결국 획일화된 '진리모델을 거부'하는, 거짓을 만들어내는 자의 창조적 역량, 그 자체이리라.

---

29. 조정환, 앞의 책, 66쪽.

다시 1990년대 이후

　문학에서, 연극에서, 예술에서 포착되는 새로움. 그 새로움과 변화의 징후를 어떻게 읽어낼 것인가. 가볍고 경쾌한 수다, 탈주하는 인물들, 이야기 꾸며내기의 방식으로 허구와 실재, 정치와 삶을 가로지른 장진의 열린 무대[30]에서 그 다름의 의미를 일부 읽어낼 수 있었다면, 다른 한 편에서는 전혀 다른 방식으로 전혀 다른 연극을 만드는 무리들도 존재한다. 이미 언급한대로 1990년대 이후 연극은 단 하나의 중심 하에 헤쳐 모여 할 수 없는 것이었으므로.

　이를테면 박근형. 1999년 「청춘예찬」으로 연극계에 전면 부상한 그는 극도로 단순화된 무대 위에서 가족의 해체와 청춘의 방황을 지독한 열병처럼 그려낸다. 때문에 포스트모던한 실험들 속에서 실종되어 버린 구체적 일상성을 복원한다는 평가를 받기도 하지만, 그렇다고 그것이 상투적 사실주의극의 범주로 회귀해 버리는 것만은 아니다. "가난하고 초라한 현실에서 극적인 상황을 만들어 내는 본능적 감각, 역설적 내러티브에 유래하는 애매모호성, 사실성과 과장의 태연한 엇물림, 감정을 배제한 사실적 연기, 단순하고 누추한 오브제의 절묘한 활용, 다의적이고 역설적인 언어와 상황 사이의 긴장, 비루한 현실을 뚫고 나오는 진지한 삶의 충동 등은 박근형 연극에서 특별히 감지되는 고유한 것"[31], "기괴하면서도 환상적인 리얼리즘은 소위 컬트의 분위기를 풍기지만 또한 오늘의 황폐한 삶을 담은 가장 치

---

30. '열린 형식'(open form)의 개념은 수많은 변이형과 아류를 제시하면서 애매한 개념으로 사용되어 왔다. 이 글에서는 파편적이고 불연속적인 것으로 제시되는 모티브, 지속적으로 흐르지 않는 시간과 제4의 벽이 소멸된 무대 공간, 사실임직함에 대한 고려를 넘는 극작술의 방식 등 일반적으로 도출될 수 있는 특성들을 고려하여 '열린'이라는 용어를 사용하였다.(빠트리스 파비스, 『연극학 사전』, 신현숙·윤학로 옮김, 현대미학사, 1999. 349~350쪽 참조.)
31. 김방옥, 「부상하는 30대 연출가들을 중심으로」, 『객석』, 1999.2,

열한 리얼리즘일 수도 있다"[32] 등의 단평들은 이러한 새로운 징후를 감지하는 독해의 증거일 것이다.

버추얼리즘은 사실이나 현실을 중시한다는 점에서 리얼리즘의 성과를 계승한다. 버추얼리즘은 버추얼한 것을 리얼한 것으로부터 분리시키는 것이 아니라 리얼한 것을 특정한 조건에서 결정된 버추얼리티로, 다시 말해 이미 결정되었거나 지금 결정되고 있는 버추얼리티로 파악할 뿐이다. 그러나 그것은 사실의 경직성, 현실의 법칙적 질서적 억압성을 해체하여 그 속에 응집되어 있는 다양한 경향들을 해방시킨다는 점에서 리얼리즘과 대립한다. 버추얼리즘은 기획, 실험, 구성에 매우 적극적이라는 점에서 모더니즘을 계승한다. 하지만 그것은 모더니즘이 낡은 것의 파괴에 집중한 나머지 공통적인 것의 생산, 영원성의 확장을 돌보지 않는 점을 비판한다.[33]

그렇다면 장진과 박근형, 이렇게 다른 1990년대 이후 연극계의 양상들을 그럼에도 굳이 정리해 보자면, 더불어 헤쳐 모여야 할 어느 지점을 상정해 본다면, 그것은 바로 '버추얼리즘'으로 설명될 수 있지 않을까. 언어와 행동으로 새로운 삶의 가능성, 공통적인 것의 가능성을 타진하는 연극의 힘을 믿는다면, 1990년대 이후 연극계를 향한 진정한 '퇴행'과 '병폐'의 시선을 가로질러 버릴 수 힘 역시 연극 그 자체에 이미 내재해 있을 것이다. 이제 평자들에게는 그 의미를 적극적으로 읽어낼 일이 남아 있는 것은 아닌지 생각해 본다.

---

32. 백현미, 「일상적이되 일탈적인, 불온하되 의뭉스러운 - 박근형의 연극에 대한 짧은 독해」, 『연극평론』, 2000년 겨울, 163쪽.
33. 조정환, 앞의 책, 220쪽.

인다라의 언어

'말걸기'와 공명 가능성

조영실

인다라의 구슬들, 공명의 언어

세상이 바뀌었고, 그에 따라 삶의 모습도 변해왔다. 새(鳥)처럼 예민한 시력을 소유한 '작가'들은 소위 '탈근대'¹라 명명된 21세기 삶의 풍경 속에서 무엇을 바라보고 이야기할까.

---

1. "근대에서 탈근대로 오면서 많은 것이 변했다. 첫째로, 노동력이 변형되었기 때문에 생산관계가 변했다. 둘째로, 자본주의 정권은 사회주의 국가들과 여타 경쟁자들에 승리하면서 전체주의적으로 되었고 분명히 더 흉포해졌다. 그 이유는 이렇다. 이제 공장을 통해서만 생산을 하는 것이 아니라, 자신의 부를 창출하는 일에 사회 전체를 동원한다. 이제는 노동자들만을 착취하는 것이 아니라 시민들 전체를 착취한다. 사회에 명령을 내리고 사회의 질서를 유지하는 일에 자신이 돈을 내지 않고 다른 사람으로 하여금 지불하게 한다. 자본주의는 삶 전체를 감싸버렸다. 그 생산은 삶정치적(biopolitical)이다."(안또니오 네그리, 『혁명의 시간』, 정남영 옮김, 갈무리, 2005, 22쪽).

『꽃을 던지고 싶다』, 『삼오식당』, 『나의 이복형제들』 등의 소설에서, 이름처럼 '명랑'한 어조로 끈질기게 영등포 시장의 삶 풍경을 담아낸 '이명랑'[2]. 그런데, 왜 하필 '영등포 시장'일까? 대부분의 평론가들은 영등포 시장에서 태어나고 자란 작가의 성장 배경에서 그 이유를 찾는다. 이명랑 소설의 배경이자 소재가 곧 작가의 경험 자체에서 온 것이고, 그러한 경험의 '육체성'이 곧 이명랑 소설의 장점이자 단점이라고 말이다.[3]

그런데 사실, 작가가 '명랑'한 어조로 담아내는 영등포 시장의 삶은 그리 '명랑'하게 보이지 않는다. 영등포 시장에서 한 평의 슬레이트 지붕도 가지지 못한 봉투아줌마, 똥할매, 고물장수 박씨할머니, 외국인 이주노동자 등의 삶을 보라. 그렇다면 '삶' 자체와 소설 형식으로 '서사화된 삶'의 거리, 작가는 그 거리를 어떠한 시선과 목소리로 촘촘히 채워나간 것일까.

애초에도 더럽게 박복한 팔자를 타고 태어난데다 시선만 마주쳐도 고개를 이로 틀어야 할 만큼 혐오스러운 외양을 하고 있는 사람들은? 그리하여 그들의 세상살이에는 타인의 동정이나 연민이 단 한번도 허락되지 않았던 사람들은 무엇으로 사는가? '그러나'로 시작되는 히든카드도 하나 뒤로 감추

---

2. 1973년 서울 출생. 주요 작품은 『꽃을 던지고 싶다』(웅진출판, 1998), 『삼오식당』(시공사, 2002), 『나의 이복형제들』(실천문학사, 2004), 『슈거 푸시』(작가정신, 2005), 『입술』(문학동네, 2007) 등. 이 글에서는 영등포 시장을 배경으로 하고 있으면서, 작가의 자전적 성장 소설의 범주에서 일정 거리를 획득한 『삼오식당』과 『나의 이복형제들』의 두 작품을 분석 대상으로 삼고자 한다.
3. "분명, 이명랑의 『삼오식당』은 그의 동년배 세대의 젊은 작가들의 서사와 큰 차이를 보인다. 영등포시장의 삶과 직접 부대끼면서 건져 올린 소설의 언어는 이명랑 만의 고유 브랜드를 확보한다. "비명에 가까운 느낌표와 쌍시옷이 장터길 대로변을 푸짐하게도 설왕설래하"(「어머니가 있는 골목」, 24쪽)는 영등포시장의 비루한 삶을, 그 비루함을 통해 넘어서는 작가의 소설은 근래 젊은 작가들에게서 찾아보기 힘든 서사의 육체성을 만끽할 수 있는 즐거움을 주기에 부족함이 없다. 하여 눈물과 웃음이 한데 뒤섞여 짙게 우러난 장터의 국밥을 배불리 먹은 듯한 포만감에 젖도록 한다. 다만 내가 염려하는 것은, 작가의 이러한 서사가 자칫하면 영등포시장의 박물지로 자족하지 않을까, 하는 점이다.(고명철, 「비루함을 통해 비루함을 넘는 시장통의 삶 - 이명랑, 『삼오식당』」, 『실천문학』, 2003 봄호, 482~483쪽.)

고 있지 못한 사람들은 그러면 무엇으로, 어떻게, 이 생(生)을, 그 박복한 운명을 견디어내는 것일까? 연작소설 『삼오식당』은 그렇게 시작되었다.
— 이명랑, 「작가 후기」(『삼오식당』)

'애초에도 더럽게 박복한 팔자를 타고 태어난' 사람들, 그 사람들은 '무엇으로, 어떻게, 이 생(生)을, 그 박복한 운명을 견디어내는 것일까?'라는 물음에 대한 성찰이 작가의 시선과 목소리를 짐작하게 해준다.

작가가 주목하는 영등포 시장은 상품과 화폐의 교환 논리가 그 어느 곳보다 첨예한 생활의 조건을 이루는 곳이면서 동시에 그것이 근대이건, 탈근대이건, 신자유주의 사회이건, 정보화 사회이건, 이 모든 것들과 무관한 소시민적 생(生)의 자리이다. 그러나 한없이 '비루한' 소시민적 삶의 자리에 대한 작가의 시선은 냉소적이거나 비판적이지 않다. 냉소 혹은 비판이 서사 대상에 대한 작가의 우월한 지위를 전제로 하는데 반해, 이명랑 소설은 수평적 위치에 선 연민과 해학적인 시선을 전제로 한다. 또한 중요한 것은, 작가가 의도했건 의도하지 않았건, 이 지극히 '소시민적'인 서사 대상들 사이의 충돌 과정에서 균열이 발생하고, 그 균열의 지점에서 서사 주체(서술자)의 해학적 시선을 넘어서는 특이성(singularity)과 잠재성(virtuality)이 분출된다는 것이다.

따라서 이명랑의 연작소설 『삼오식당』(시공사, 2002) 및 장편소설 『나의 이복형제들』(실천문학사, 2004)을 중심으로, 서사 주체의 해학적 시선으로 '재현'되는 소시민적 서사 대상들의 '비루함'을 삶의 현실성(actuality)으로 조건 짓고, 그 해학적 시선을 미끄러져 '표현'되는 서사 대상들의 특이성과 잠재성이 서사화되는 방식을 '말걸기'[4]로 명명하여, 이명랑 소설이 동일

---

4. '말걸기'는 가야트리 스피박(Gayatri Spivak)이 제시한 탈식민주의의 대항적 서사 이론의 하나이다. 특히 가야트리 스피박이 「하위주체는 말할 수 있는가?」(『포스트식민 이성 비판』,

화의 근대적 서사 원리를 넘어서는 지점에 주목하고자 한다.

영등포 시장, '결승선'은 있다? 없다?

21세기 신자유주의 시대의 메트로폴리스. 세계 곳곳의 상품들이 바코드를 달고, 우아하게 구매되는 이마트, 월마트 등의 대형할인점들이 즐비한 도시. 이 도시에서, 봉투장수, 과일장수, 고물장수, 약장수, 식당주인 등이 뒤얽혀 물건과 화폐를 거래하는 '시장'이란 어떠한 공간일까. 대형할인점 자체가 우아한 자태로 자본주의 경제 논리에 의해 완벽하게 운영되는 공간이라면, '시장'은 자본주의의 교환 가치에 의해 운영되는 소시민적 공간이면서 또한 각양각색의 인간 군상들이 삶 자체로 부딪혀오는 공간이기도 하다.

「결승선에서」(『삼오식당』)의 '영선'은 뇌졸중으로 점점 하반신 마비를 앓고, 하루 종일 방안에 누워만 있는 장애인이다. 첨예한 자본의 논리에 의해 운영되는 시장의 한 가운데에서, 경제 활동의 외부에 존재하는 영선. 그러나 그 '시장'의 논리는 영선의 장애마저 '치료기 구매'를 위한 결핍으로 치환하고, 질병의 구체적 치료를 치료기 구매를 통한 대리충족 욕망으로 충동한다.

서술자인 '나(지선)'의 비판적 시선은 이러한 자본의 논리에 휘둘리는 고물장수 박씨할머니나 영석이 아줌마 등에게 있지 않다. 오히려 영선의

태혜숙 옮김, 갈무리, 2005)에서 제기한, 지식인의 '대표(vertreten)'와 '재현(darstellen)'에 의한 하위주체의 침묵이라는 문제의식과 연관되어 있다. 그런데 이는 특히 근대적 서사 주체의 간접화법에 대한 문제의식과도 밀접하다. 간접화법을 통해 근대적 서사 주체는 재현의 위치를 지우고 나아가 서사 대상을 재현하는 배제와 선택의 동일화 과정 역시 숨길 수 있었던 것이다.

하반신 마비라는 신체적 장애를 더욱 적나라하게 고착화시키는 한편, 삶의 다양한 특이성들을 치료의 대상으로 동일화시키는 '치료기' 판매상들, 그들이 추동하는 자본의 논리에 대한 비판이 있다. 이러한 서술자의 비판은 '우리의 결승선'은 어디인가라는 물음으로 이어진다.

> 여자의 "교대합시다!" 소리와 함께 "땡! 땡" 종소리가 울렸다. 치료기에 누워 있던 사람들이 일제히 일어나 겉옷을 찾아 입는 동안 의자에 앉아 있던 사람들은 짐을 챙겨들고 치료기 앞으로 갔다.
> (중략) 영선과 나는 우리가 받은 번호표의 번호가 붙어 있는 치료기 앞으로 갔다. 의자에서 치료기까지, 그 얼마 안 되는 거리를 영선은 참 더디게도 걸어갔다. 내가 한 발짝 내디딜 때 영선은 어금니를 악물었고, 내가 두 발짝 걸어나갔을 때 영선은 바닥을 딛고 서 있던 오른발을 위로 조금 들어올렸고, 내가 세 발짝, 네 발짝 앞을 향하여 나아갔을 때 영선은 이제 막 한 발짝을 옮겨놨다. (중략) 영선이 묵묵히, 지켜보는 사람의 인내를 요구하는 속도로 걸어 마침내 결승선에 도달해, 멈춰 서서 기다리고 있던 나를 뒤돌아봤을 때, 그러나 나는 차마 그 말만은 할 수가 없었다. 그러니까 거기가 우리의 결승선이었니? 라고는.
> ―「결승선에서」(『삼오식당』)

장애 자체도 치료기 구매의 욕망 충동으로 치환하는 자본의 논리에 무의식적으로 순응할 것인가, 아니면 빗겨나갈 것인가. 서술자 지선의 '그러니까 거기가 우리의 결승선이었니?'라는 물음은, 따라서 자본의 논리에서 빗겨나야 한다는 당위적 차원이 아니라, 자본의 논리에 무의식적으로 포섭되는 지점에 대한 성찰이자 비판이라 할 수 있을 것이다.

따라서 이명랑 소설에서 포착되는 서사 대상들에 대한 작가의 시선은 그 무소불위의 자본의 논리에 의식적, 무의식적으로 포섭된 소시민이거나

(「어머니가 있는 골목」의 악바리 할매, 「까라마조프가(家)의 딸들」의 0번 아줌마의 딸들, 「보일러실 쟁탈전」의 은지네, 「결승선에서」의 박씨할머니, 『나의 이복형제들』의 협동합시다 아저씨와 시장 상인들 등) 혹은 아예 배제된 사람들(「어머니가 있는 골목」의 영선이, 「보일러실 쟁탈전」의 노랑머리, 『나의 이복형제들』의 춘미언니, 왕눈이 등)에 대한 연민의 해학적 시선에 다름 아니다.

그러나 서술자의 해학적 시선 너머의, 자본의 논리에 완전히 포섭되지 않은 경계에 선 존재들이 있다. 먼저 「우리들의 화장실」의 똥할매를 보자.

40년 전, 화장실이 없던 영등포 시장에 '여자 혼자 땅 파고 보로꾸 쌓고 만들어서 똥 차면 똥지게를 져다 날라서' 오늘날의 공동화장실을 만든 의지의 똥할매. 어느 날부터인가 이 똥할매가 살짝 정신이 이상해져서, 사용료를 내지 않는 사람이건 사용료를 낸 사람이건 화장실에 가두는 버릇이 생겼다. 시장 상인들이 모여 대책 회의를 한다. 똥할매는 공중화장실의 주인인가, 관리인인가? '풀 쪼가리 하나, 아무것도 없을 때부터' 똥할매의 화장실이 건설된 땅은 사실 똥할매의 땅도 아닐 게 분명하다. 그러니 똥할매를 쫓아내고 새로운 관리인을 두어도 문제될 게 없을지도 모른다.

그러나 그들의 대책회의는 서술자 '나'의 어머니, 삼오식당 주인에 의해 똥할매 화장실의 역사가 선언됨으로써 종결되고, 서술자 '나(지선)'의 시선에 의해 화장실을 둘러싼 근본적인 구조적 문제로 옮겨간다.

하기야, 장터길 사람들이 언제는 뭐 두 주먹을 불끈 쥐고 들고일어났던 적이 있던가! 이 골목에서 태어나 여기서 단 한 발자국도 옮겨보지 않고 서른 해를 사는 동안에도 그런 일은 한 번도 없었다. 장터길에 서 있는 대부분의 건물(사실 말이 건물이지, 철근 빔 박혀 있는 건물도 하나 없고, 베니어판

몇 개 이어서 붙여놓은데다가 슬레이트 지붕을 얹어놓았을 뿐이다)은 그 소유주가 같은 사람이다. 우리들의 건물주인은, 홍수가 나서 지붕이 내려앉아도, 꽁꽁 언 수도가 동파되어도 수리를 해주지 않는다. "아쉬우면 아쉬운 대로 너희들이 고쳐서 살든지, 아니면 나가라!"가 이 남자의 경영철학이다. 이 남자는 심지어 우리가 우리 돈 들여 정화조를 묻고 화장실 하나 만들겠다고 했을 때도, 내 땅에 손가락 하나 건드렸다가는 다 쫓아내버린다고, 지금까지도 화장실 없이 잘들 살아왔던 것들이 이제 와서 화장실은 무슨 화장실이냐고, 길길이 날뛰던 위인이었다. 그때도 우리 장터길 아줌마들은 그저, 눈만 멀뚱멀뚱 뜨고 앉아 건물주인의 입에도 뿜어져나오던 게거품을 오래도록 올려다보고만 있어야 했다.

—「우리들의 화장실」(『삼오식당』)

시장 상인들이 '우리 돈 들여 정화조를 묻고 화장실 하나 만들겠다' 했을 때에도 합리적인 근거 없이 쭈욱 반대를 해온 '우리들의 건물주인'이 있다. 사실 시장 상인들이 싸워야할 대상은 똥할매가 아니라 건물주가 아니었던가.

똥할매의 횡포는 오히려 건물 주인의 횡포에 '눈만 멀뚱멀뚱 뜨고 앉아' 있을 수밖에 없던 장터길 아줌마들에게 조금 더 적극적인 방식으로 구조적 모순과 대면하여, 자신들의 삶의 조건을 구축하는 계기가 된다. 바로 근처 공원의 '친환경적인 소멸식 화장실'을 본떠, 삼오식당 안쪽 수챗구멍 자리에 양변기를 설치하는 것. 그러면 '땅 파고 어쩔 것도 없이', '우리들의 화장실'이 만들어지는 것이다.

이제 서술자 '나(지선)'가 영선이에게 물었던 질문이 40년 전 화장실이 없던 시장 언저리에 직접 땅을 파고 공중화장실을 만든 똥할매로부터 되돌아온다. '그러니까 거기가 우리의 결승선이었니?'

어쩌면 이명랑은 '우리들의 결승선'에 대한 질문을 통해, "자본주의는

'삶같지 않은 시간'이지만 자본주의를 넘어서는 잠재성의 시간, 즉 '삶다운 시간'은 자본주의 시대에도 엄존하는 실재성"5임을 이야기하고 싶었던 것은 아닐까 한다. 더없이 소시민적인 시장 상인들이 더없이 소시민적인 방법으로 현실화하는 삶의 작은 탈주들 속에서도, 그 '결승선'은 끊임없는 잠재적인 것(virtuality)의 현실적 이행으로 이어지는 것은 아닐까. 그리고 이러한 이행은 영등포 시장이란 공간에 『나의 이복형제들』의 인도 깜뎅이, 중국 머저리 등의 이주민들이 편입되면서 조금씩 확장되어 가는 양상을 보인다.

두 유 해브 어 '주민등록증'?

"주민등록증이요?"
머저리에게 주민등록증은 그녀의 모든 불행의 발단이자, 행복을 향해 나아가는 유일한 탈출구다. 은행 창구 앞에 서서 비로소 나는 그 이유를 알게 됐다. 머저리와 인도 깜뎅이, 그들에게는 없고 내게는 있을 수 있는 것, 그것은 바로 주민등록증이었다. 지금까지 나에게는 아무짝에도 쓸모가 없었고 앞으로도 별로 쓸데라고는 없을 그 플라스틱 딱지 한 장이 그 순간, 그런 공공장소에서는 대단한 위력을 지니고 있었다.
머저리와 깜뎅이, 은행 직원의 시선이 일제히 나에게로 집중되었다. 그들의 눈은 한결같이 똑같은 것을 요구하고 있었다.
― 「주민등록증」(『나의 이복형제들』)

상업적 이윤 관계가 곧 개인과 공동체의 윤리가 되는 시장이란 공간에

---
5. 조정환, 『카이로스의 문학』, 갈무리, 2006, 63쪽.

바다를 건너 '주민등록증'이 없는 사람들이 흘러들어 온다. 『나의 이복형제들』은 이 '주민등록증' 없는 사람들의 삶에 주목한다. 그들의 삶은 사실 공적 영역에서는 자유롭지 못한데, 그것은 그들이 바로 '주민등록증'이 없는 불법체류자이기 때문이다. '주민등록증'이 없다는 것은, 그들을 최소한의 인간적 존엄성으로부터도 점점 멀어지게 만드는 한편 저임금 노동력으로 묶어두려는 자본주의 사회의 교묘한 장치가 아닌가.

그렇다면 『나의 이복형제들』에서 서술자 '영원'에 의해 '인도 깜뎅이', '중국 머저리'로 호명된 이주노동자들의 삶은 어떠한가.

"익스큐즈 미. 아이 니드 어 니들. 아 원트 바이 어 니들 앤 쓰레드." 깜뎅이가 주머니에서 남색 줄무늬 양말 한 짝을 꺼냈다. 엄지발가락 자리에 빵꾸가 나 있다. 구멍 난 양말이 무슨 자랑이라고, 깜뎅인 냄새나는 양말을 내보이며 쏼라쏼라, 지껄여댔다.
"더러운 새끼!"
내가 일어서자 인도 깜뎅이도 따라 일어섰다.
(중략) 깜뎅이의 양말이 공중에서 농구공처럼 날아다녔다. 하늘로 번쩍 치켜든 박씨의 왼손에서 오른손으로 양말이 패스 될 때마다 깜뎅이의 조그만 얼굴도 왼쪽에서 오른쪽으로 날아올랐다. 그때마다 박씨의 불쑥 튀어나온 아랫배가 깜뎅이의 가는 허리를 들이받았다. 그러면 깜뎅이는 바닥으로 투둑, 맥없이 쓰러졌다.
― 「까치」(『나의 이복형제들』)

머저리의 남편이 서울 상회로 들이닥쳐 한글 공부를 하고 있던 머저리를 가겟방에서 끌어낸 뒤로 머저리는 국어 교과서를 지하실로 옮겨다놨다. 남편에게 머리채를 휘어잡힌 채로 끌려나가면서도 머저리의 시선은 줄곧 국어 교과서에 못박혀 있었다. 그날, 머저리의 남편은 머저리의 이마를 서울 상회 벽에다 짓찧어 끝내 피를 보고야 말았다.

— 「주민등록증」(『나의 이복형제들』)

'맨날 문질러도 까만 얼굴'을 참 '열심히 닦아대는', 정갈한 인도 깜뎅이는 단지 새 양말이 필요했을 뿐인데, 시장 상인들에 의해 온통 놀림거리가 되고 모욕을 당한다. 백인들이 쓰는 영어는 그들을 존경의 대상으로 만드는 언어임이 분명한데, 인도 깜뎅이가 쓰는 영어는 오히려 그의 존재를 비하하고 모욕하게 만드는 언어가 된다. 또한 인도 깜뎅이와 달리, 주민등록증을 발급받기 위해 적극적으로 한국어를 배우고 통장도 만들어 저축을 하려는 영악한 중국 머저리 역시 그녀를 한국으로 데려온 남편에 의해 삶의 가능성을 제지당하는 폭력의 나날들을 살아가고 있다. 21세기의 삶 풍경에서 '도로를 질주하는' 아해들의 피부색과 삶의 기본적인 조건들은 더 이상 단일하지 않다.

그렇다면 주민등록증이 없는 이들은 기본적인 인간적 존엄성조차 지키기 어려운, 시장이라는 견고한 자본의 논리 공간에서 어떠한 방식으로 탈주를 감행하고 있는가. 그것은 겨우 열일곱인 '영원'의 가게에 매일 저녁 텔레비전을 시청하러 오는 유일한 주민등록증 소유자 '춘미언니'의 도움으로, 중국인 머저리만이 비밀번호를 간직한 통장 하나를 개설하는 것으로 현실화된다.

비밀번호만은 공개할 수 없다고, 머저리가 주장했다. 비밀번호는 머저리 본인이 결정했다. 나와 깜뎅이는 비밀번호를 모른다. 그 사실에 머저리는 더없이 기뻤다. 비밀번호를 알고 있는 사람은 오직 머저리뿐이다.
머저리의 손에 통장과 도장이 쥐어졌다. 깜뎅이의 입에서 "와우!" 탄성이 터져나왔고 머저리는 눈물을 글썽였다.

"이건 내 거지요, 내 거!"

그 순간에 머저리의 이마는 희망으로 번들거렸다. 그녀는 이제 절대로 부수어지지도 않고 세상의 그 어떤 도둑도 훔쳐갈 수 없는 금고를 소유한 사람이다.

—「주민등록증」(『나의 이복형제들』)

비록 중국 머저리만이 비밀번호를 알고 있는 통장이지만, 그 통장은 인도 깜뎅이와 서술자 '영원'과 춘미언니의 도움으로 만들어진 것이다. 즉, 상업적 이윤의 논리가 윤리적 가치 기준이 되는 시장이란 공간에서, 이들의 공통된 '관심과 사랑'[6]이 "화폐의 척도성, 국가의 규율성으로부터 벗어나 사실과 현실 이면에서 움직이는 다양한 개인들의 욕구를 통찰하고 그것을 집단적으로 발현할 수 있게 하는"[7] 시간적 계기를 열어준다.

'말걸기'와 해학적 시선 너머

'삶'의 풍경, 수수께끼 같은 생(生)의 모습들이 있다. 근대문학의 기원을 바로 그 '풍경'과 '내면'의 발견에 두었던 가라타니 고진의 이야기에 잠시 귀를 기울여보자.

풍경이 일단 성립되면 그 기원은 잊혀져버린다. 그것은 처음부터 외부에

---

6. "덕(virtue)은 독특하고 특이한 주체성들의 수평적 상호관심과 사랑이다. 지금까지 국가는 개인들의 상호소통을 매개하는 독점력으로, 환상적 공동체로 작용했다. (중략) 덕성은 집단적 지력으로서의 이성과 더불어 집단적 감성으로서의 사랑을 만회시키기 위해 자본과 국가로 대표되는 죽음의 힘들과 맞선다."(조정환, 『카이로스의 문학』, 갈무리, 2006, 218~219쪽).
7. 같은 책, 218쪽.

존재하는 객관물object처럼 보인다. 그러나 객관물이라고 불리는 존재는 거꾸로 풍경 안에서 성립한 것이다. 주관 또는 자기 자신 역시 마찬가지이다. 주관(주체)/ 객관(객체)이라는 인식론적 공간은 〈풍경〉에 의해 성립된 것이다. 즉 처음부터 존재한 것이 아니라 〈풍경〉에서 파생한 것이다.
(중략) 리얼리즘이란 단순히 풍경을 그리는 것이 아니라 항상 풍경을 창출해내야만 한다. 그때까지 실재로서 존재했지만 아무도 보지 않았던 풍경을 존재시키는 것이다. 따라서 리얼리스트는 언제나 〈내적 인간〉인 것이다.[8]

놀라운 것은 근대 리얼리즘의 기원에 대해 이야기하는 고진에게서 그 리얼리즘을 넘어서는 징후를 발견할 수 있다는 점이다. "실재로서 존재했지만 아무도 보지 않았던 풍경을 존재시키는 것"은 사실 잠재적인 것의 현실적인 이행에 다름 아니지 않은가. 이러한 맥락에서라면, "리얼리즘에 일정한 방법은 없다. 그것은 익숙한 것을 낯설게 하려는 끊임없는 과정에 지나지 않는다. 그런 의미에서 이른바 반리얼리즘 작품, 예를 들어 카프카의 작품도 리얼리즘에 속한다."[9]는 고진의 논리도 충분히 납득할 수 있을 것 같다.

그런데 자본주의라는 성벽에 갇힌 채 '주관(주체)'에 대해 의심하는 포스트모던한 탈근대의 풍경, 그 풍경은 어떠한 인식론적 공간을 성립하는가. 근대문학의 하나로 탄생한 소설(novel)은 이제 어떠한 줄타기를 해야만 자본의 논리 안에서 탈주를 감행하며 이러한 탈근대의 다기한 풍경을 오롯이 담아낼 수 있을까.

여전히 가난했던 40년 전, 직접 땅을 파고 공중화장실을 만들어 사용료를 받아 생활해온 똥할매에게로 돌아가 보자. '초점이 없는 시선은 미친 사

---

8. 가라타니 고진, 『일본근대문학의 기원』, 박유하 옮김, 민음사, 2001, 41~42쪽.
9. 같은 책, 41쪽.

람의 것이 분명'한 똥할매를 서술자 '나(지선)'는 대낮의 공중목욕탕에서 만난다. 때수건을 내밀고 등을 들이미는 똥할매의 등을 밀어주다가, '탄성이 조금도 없는' 팔도 다리도 밀어주게 된다. 탄성이 없는 똥할매의 신체는 '누르면 누르는 대로 찌그러지고, 때리면 때리는 대로 멍이 든 채 그저 그 자리에서 가만히 ……. 그가 누구든, 그것이 무엇이든 그저 묵묵히 견뎌내는 일'이라는 서술자의 연민 가득한 시선으로 재현된다. 그런데 그 순간 서술자 '나(지선)'는 처음으로 똥할매의 목에 주렁주렁 매달려 있는 '24K 순금 목걸이들'을 발견하게 된다.

똥할매에게 '24K 순금 목걸이들'은 어떤 의미를 지닌 것일까. 그 의미는 서술자 '나(지선)'의 짓궂은 장난으로 드러난다.

"너도 사탕 사먹어라이!"
똥할매가 나한테도 오백 원을 내밀었다. 군말 없이 그 돈을 받으면 왠지 체면이 깎일 것 같다고 판단한 나는, 그냥 아무 생각 없이,
"할매! 이게 뭐야? 줄려면, 이런 목걸이나 하나 주면 또 몰라."
똥할매의 목에 걸린 금 목걸이 하나를 슬쩍 건드렸다.
똥할매는 공처럼 튀어올랐다. (중략) 뒤집혀져 있는 몸빼를 그대로 입은 채로, 덧버선도 신지 않고서 똥할매는 밖으로 뛰어나갔다. 자기가 왜 여기에 와 있는지 자기도 모르겠다는 듯이 어리둥절한 표정으로 탈의실을 둘러보다가, 두려움으로 희번덕거리는 눈으로 나와 내 너머의 저 어딘가를 노려보고 나서.

―「우리들의 화장실」(『삼오식당』)

'24K 순금 목걸이들'은 똥할매가 '두려움으로 희번덕거리는 눈으로' 지켜야하는 것이다. 그 목걸이들을 지킨다는 것은, 영등포 시장이라는 삶의 터전에서 어쩌면 똥할매가 40년 전 직접 공중화장실을 만든 이후로 지금까

지 온 생을 걸고 쌓아온 삶의 기념비 같은 것인지도 모른다. 그런 목걸이를 고작 때밀이 한번에 달라니, 똥할매의 '어리둥절한 표정'은 '자기가 왜 여기에 와 있는지 자기도 모르겠다'는 것이 아니라, 마치 '네가 제정신이냐?'라는 목소리로 들린다. 똥할매의 금목걸이와 '희번덕거리는 눈'의 반짝임은 서술자의 해학적 시선을 빗겨간다. 누구도 똥할매의 강렬한 생명력을 단순히 자본주의적 교환 가치 원리로 환원할 수 없다. 똥할매는 그녀의 방식으로, 아직도 여전히 현실적인(actuality) 삶의 조건들을 넘어서는 '저항'[10]의 한 측면을 구축하고 있다면 지나친 오독일까.

여기서 다시 '애초에도 더럽게 박복한 팔자를 타고 태어난' 사람들에 대해, 그들의 저항에 대해 생각해보자. 저항이란 저항의 대상을 전제로 한다. 무엇에, 왜 저항할 것인가가 어떻게 저항할 것인가라는 구체적 삶의 문제로 이어진다. 안또니오 네그리의 선언처럼, 탈근대의 저항은 '착취에 저항하는 힘들의 축적'이 아니라, '특이한 저항행위들의 확산'으로 이루어진다면 그것은 삶과 문학에서 어떠한 형태로 구체화될 수 있을까. 그러나 무엇보다 '착취'의 주체 혹은 저항의 대상에 대해 단순하게 규정할 수 없음이 오히려 탈근대적 삶의 본질적인 문제가 아닐까.

「어머니가 있는 골목」(『삼오식당』)의 '악바리 할매'는 어떠한가. 서술자 '나(지선)'는 '노점상 단속하라고 나라에서 돈 주고 고용한 양아치들과 장터 길 대로변을 까마귀떼처럼 뒤덮고 있는 바구니치기 장사꾼들 사이의 멱살

---

10. "탈근대에서 '저항'의 개념은 얼마나 많이 변했는가! 그리고 저항의 실제도 얼마나 변형되었는가! 만일 우리가 저항을 근대의 범주들 및 경험들에 맞추어 확인해 내려고 한다면 우리는 저항을 이해할 수 없게 될 것이다. 근대에서 저항이란 착취에 저항하는 힘들 — 이 힘들은 '의식의 획득'을 통하여 주체적으로 규정된다 — 의 축적이었다. 탈근대에서는 이런 일이 없다. 저항은 특이한 저항행위들의 확산으로서 나타난다. 만일 저항이 축적된다면 그것은 외연적으로 즉 유통, 이동성(mobility), 탈주, 탈출, 도피 등을 통해서 축적되는 것이다."(안또니오 네그리, 『혁명의 시간』, 정남영 옮김, 갈무리, 2005, 142쪽).

잽이'를 목격한다. 멱살잽이의 주인공은 '인도 위에 땟꾹물이 더께가 앉은 비닐장판 한 장 깔고서 끽해야 바구니 서너 개 벌여놓고 하루 종일 쪼그려 앉아 있어봤자 그나마도 다 팔지도 못하고 장사를 작파하곤 하는' 악바리 할매.

그런데 서술자는 자신이 목격한 사건과 악바리 할매의 모습을 해학적 시선으로 묘사할 뿐, 그에 대해 직접적인 판단을 내리거나 악바리 할매에게 '말걸기'를 통해 할매의 목소리를 표현하지 않는다. 그러므로 판단은 독자의 몫이다.

> "아이구! 저놈이 내 물건 밟고 그냥 간다. 그냥 가! 돈도 안 주고 내빼부리네!" 하필이면 이런 때 그 앞을 지나가던 행인 하나가 인도 아래로 쏟아져내린 할매의 방울토마토 하나를 밟았는데 악바리 할매는 단속반의 어린 놈과 죽이네, 살리네, 드잡이를 하는 와중에도 그걸 그냥 놓치지 않고 쫓아가서 행인으로부터 기어이 천 원짜리 한 장을 받아냈다.
>
> (중략) 아무 상관도 없는 하차반 박씨가 죽을 둥 살 둥 단속반원들과 대적하고 있는 동안에도 정작 싸움을 일으킨 장본인인 악바리 할매는 이제는 싸움이고 뭐고 아예 관심도 없이 그저 하늘에서 툭 하고 굴러 떨어져준 그 천 원짜리 한 장에 입꼬리가 귀뿌리에까지 찢어져 있다. 이놈아 날 죽여라, 단속반에게 달려들 때의 시퍼런 기세는 어디로 훌쩍 날아가고 악바리 할매는 잔뜩 찢어져 귀에 가 걸려 있는 입술 사이로 흐흐흐, 웃음소리 같기도 하고 울음소리 같기도 한 이상한 소리를 실없이 흘리며 거저 생긴 천 원짜리 한 장을 쳐다보고 만져보고 하는데 그 표정이 또 얼마나 흐뭇한지 몰랐다.
>
> ―「어머니가 있는 골목」(『삼오식당』)

위에 인용한 장면에는 '노점상 단속하라고 나라에서 돈 주고 고용한 양아치들'과 '악바리 할매'와 할매의 방울토마토 하나를 밟고 천원을 지불한

'행인 하나'가 있고, 그 양아치들을 고용한 '나라'가 장면 뒤에 가려져 있다. 그러므로 악바리 할매의 사건에서 독자는 누가, 무엇에, 왜 저항해야 하는가에 대하여 쉽게 정의내리기 어렵다. 이러한 어려움은 「까라마조프가(家)의 딸들」(『삼오식당』)의 현미와 0번아줌마, 「엄마의 무릎」(『삼오식당』)의 친언니, 「보일러실 쟁탈전」(『삼오식당』)의 은지네와 노랑머리, 「잔치」(『삼오식당』)의 봉투아줌마, 「결승선에서」(『삼오식당』)의 박씨할머니에게도 동일하게 적용된다.

하지만 이명랑은 『나의 이복형제들』(실천문학사, 2004)에 이르러, 조금 더 구체적으로 저항의 구도를 표현하고 있다. 즉, 시장 외부에서 편입된 열일곱 소녀 '영원'과 인도 깜뎅이, 중국인 머저리 등의 삶과 시장의 터줏대감 상인들의 삶이 공존하며 교차하는 지점에서 저항의 구도가 구체화된다.

가출소녀 '영원'을 선도하고 인도 깜뎅이에게 저임금 노동자의 일자리를 소개해 주고, 심지어 이들의 숙소까지 마련해주는 '협동합시다 아저씨'[11]를 위시한 소시민적인 시장 상인들이 하나의 구도를 형성한다. 그리고 뜨내기들인 '영원', 인도 깜뎅이, 중국 머저리, 난쟁이 왕눈이, 덕진 등이 또 하나의 구도를 형성한다. 이 소설의 결말이 '협동합시다 아저씨'의 살인 사건과 함께 '영원', 인도 깜뎅이, 중국 머저리의 실종으로 이어지는 것은 이러한 저항의 구도와 무관하지 않을 것 같다.

---

11. "'협동합시다 아저씨'는 자본의 논리가 영등포시장에서 어떻게 작동하는가를 보여주는 인물이다. 그는 이질적이고 다양한 이복형제들의 삶을 동일성의 논리로 흡수하는 자본의 언어를 대변하는 인물이다. 아저씨는 '깜뎅이'와 '머저리' 같은 외국인을 고용해 시장에 저임금 시대를 가져왔고 게다가 가출 청소년을 선도해, 사람 같지도 않던 '영원'을 어엿한 사회인으로 만들어놓은 사람이다. 또한 장애인 '춘미 언니'에게 텔레비전을 시청하게끔 한 아량이 넓은 사람이며, 시장에서 유일하게 근대적 의미의 언어를 자유자재로 구사할 수 있는 인물이기도 하다. 이렇게 알려진 '협동합시다 아저씨'의 면면은 정상과 비정상, 중심과 주변 등을 동일성의 논리로 봉합하는 자본의 논리를 상징한다."(고인환, 「이복형제들의 교감과 연대 - 이명랑론」, 『실천문학』, 2004 봄호, 189쪽).

그러나 이 소설의 저항적 구도는 확연하게 표면적으로 드러나지 않는데, 이는 역시 그 저항의 형태가 서사 주체(서술자)에 의해 제시되기 보다는, 서사 대상과의 끊임없는 '말걸기' 과정에서 표현되는 서사 대상들의 특이성들로부터 형성되기 때문이다. 「우리들의 화장실」(『삼오식당』)에서 서사 대상('똥할매')에 대한 서사 주체(서술자)의 '말걸기'가 의도적이지 않은 일종의 장난처럼 이루어졌다면, 『나의 이복형제들』에서의 '말걸기'는 관심과 관찰, 대화라는 보다 적극적인 방식으로 이루어진다.

서술자 '영원'에게는 빗속에서 홍옥들을 주워주는 인도 깜뎅이의 친절마저도 "혹시라도 누가 깜뎅이랑 나를 '끼리끼리'니 '유유상종'이란 말로 싸잡아 취급하게 될까 봐, 가슴이 다 벌렁거"릴 만큼 꺼려지는 것이었다. 그것은 인도 깜뎅이가 '빵꾸'가 난 '남색 줄무늬 양말 한 짝' 때문에 시장 상인들에게 모욕적인 취급을 받는 장면을 목격할 때에도 마찬가지였다. 그 자신이 가출청소년으로, 소시민적인 시장 상인들과 인도 깜뎅이 같은 외국인 이주노동자들의 경계에 존재했지만 아직까지 '영원'의 시선은 시장 상인들과 동일했던 것이다.

하지만 인도 깜뎅이와 공동으로 사용하는 숙소인 지하실에 침입한 까치를 피하기 위해, 그만 깜뎅이의 다락으로 피신한 순간 '영원'은 자신의 시선 너머에 존재하는 깜뎅이의 삶의 모습을 엿보게 된다.

꽃병의 밑바닥에는 공처럼 동그랗게 말은 수건이 박혀 있었다. 오줌 누는 소리를 내게 들키지 않으려고 깜뎅이 딴에는 머리를 쓴다고 쓴 게 바로, 이 사기 꽃병과 꽃병 바닥에 박아놓은 수건이었다. 깜뎅이의 그 까만 피부 밑에도 부끄러움이란 단어가 숨어 있었던가? 나는 가늘게 한숨을 내쉬고 말았다.
또 무얼 만들다 나갔는지 전기장판 위에는 나무 조각이 하나 팽개쳐져 있고 그 옆으로 흙 묻은 걸레가 하나 푹 퍼질러 앉아 있다. 자세히 들여다보니 깜뎅이가 늘 들고 다니던 그 노란 수건이다. 그것은 걸레로는 볼 수 없을 만큼 늘 너무나 깔끔했다. 걸레를 수건처럼 빨아서 방바닥을 닦고 쓰레기장에서 건진 칠레 포도상자를 닦고 더러워진 걸레를 빨고…….
그 걸레는 고스란히 깜뎅이의 하루였다.

— 「까치」(『나의 이복형제들』)

시장 상인들 사이에서는 한낱 저임금 노동자의 가치로 인식될 뿐, 인간적 멸시의 대상이 되는 현실적 삶의 조건 속에서도, 인도 깜뎅이는 늘 정갈하게 자신의 신체와 초라한 의복과 거처를 꾸며왔던 것이다. 이제 '사기 꽃병과 꽃병 바닥에 박아놓은 수건'으로 타인('영원')에 대한 배려와 자신의 존엄성을 남몰래 지켜왔던 인도 깜뎅이의 존재는 서술자 '영원'의 배타적 혹은 동정적 시선 너머의 존재로 이행한다. 인도 깜뎅이에 대한 영원의 관심과 관찰이 자본주의적 가치 체계 속으로 포섭되지 않은, 그만의 특이성과 잠재성의 영역이 표현되는 계기를 열어주는 것이다.

그리고 서술자 '영원'의 관심과 관찰은 인도 깜뎅이가 까치를 지하실 밖 하늘로 날려 보내주는 사건을 계기로, 그와의 존재론적 만남으로 이어진다.

"익스큐즈 미."
깜뎅이가 주머니에서 뭔가를 꺼냈다. 요전날 왕눈이의 진돗개가 물고 달아났던 그, 남색 줄무늬 양말이었다. 깜뎅이가 내 앞으로 양말을 내밀었다.
"플리즈…… 아이 니드 니들 앤 쓰레드."
진돗개의 이빨 자국인지, 구멍 난 자리 옆으로 작은 구멍 서너개가 더 뚫려 있었다.
날개짓을 멈추면 그 순간이 끝이라고 생각하는 건지, 어둠 속에서 발작적으로, 잠시의 틈도 주지 않고 파닥거리던 새 한 마리가 지하실에 흩뿌려놓은 날갯짓 소리가 거기, 양말 한 짝을 꼭 쥐고 있는 까만 손등 위에 내려앉아 있었다.

"마이 네임 이즈 영원"

"아……! 마이 네임 이즈, 싼주."

나의 동거인은 몹시도 수줍어하며 나를 향해 그 까만 손을 내밀었다.

―「까치」(『나의 이복형제들』)

이렇게 서술자 '영원'은 처음으로 '인도 깜뎅이' 혹은 '더러운 새끼'가 아닌, '싼주'를 만난다. 이제 막 그들은 서툰 영어 대화를 통해서 현실적 조건들 속에 있으면서도 그 조건들을 넘어서는 어떤 '공통적인 것'[12]을 구축할 수 있는 존재론적 사랑의 기반을 형성하려는 것 같다. 시장 상인들과 동일한 시선을 내면화했던 '영원'은 '싼주'와의 소통을 그녀 스스로 차단했었으나, 오히려 '싼주'의 끊임없는 존재론적 '말걸기'로 인해 내면의 분열을 경험하고 소통을 향해 나아가고 있는 것이다.

이러한 존재론적 만남의 계기는 「주민등록증」의 중국 머저리, 「텔레비전」의 하반신 마비를 겪는 춘미언니와 「날아라 디지몬」의 난쟁이 왕눈이에 대한 '영원'의 관심과 교감에 있어서도 동일하게 진행된다.

언젠가부터 불시에 '영원'이 일하는 가게로 찾아와 '영원'을 귀찮게 만드는 '중국 머저리'를 보자.

여자는 가게 안쪽에 쌓여 있는 사과며 귤 상자들을 훑어보기 시작했다. 상자 위에 씌어져 있는 생산자들의 이름을 일일이 소리내어 읽었다.

---

12. "공통적인 것은 가난과 사랑의 창조적 관계로부터 탄생할 때에 활력을 띠며, 주체적 규정을 부여받는다. 바로 그렇기 때문에, 공통적인 것의 욕망을 양성하기 위해서는 가난해야 하거나 아니면 스스로를 가난하게 만들어야 한다. 그리고 만일 공통적인 것을 구축하고 싶다면 사랑해야 한다."(안또니오 네그리, 『혁명의 시간』, 162쪽).

"…… 덕? 맞죠, 이거 '덕' 자지요?"
여자가 물었다. 나는 여자가 가리키는 사과상자를 쳐다봤다. 한문이라도 써 있나, 하고 살펴봤지만 한글이었다.
"맞네요."
"맞혔지요! 맞혔어!"
여자가 손뼉을 쳤다. 여자는 사과상자와 귤상자에 씌어져 있는 글자들을 잇따라 읽었다. 과일상자에 씌어져 있는 글자라고 해봤자 생산자 누구누구, 생산자 어디어디, 하는 것들뿐인데도 여자는 맨 꼭대기의 상자에서부터 차례차례 읽어 내려갔다. 여자는 하나도 질리는 기색이 없었다. 머저리를 상대하고 있는 기분이었다. 저런 머저리와 입을 맞추고 있다가는 덩달아 머저리가 될지도 모를 일이었다. 나는 다시 자리로 돌아왔다. 여자가 무얼 하든 상관 안 하기로 했다.

―「주민등록증」(『나의 이복형제들』)

'중국 머저리'와의 사건을 전달하는 서술자 '영원'은 한글 '덕'자를 읽고 손뼉을 치며 좋아하는 중국 여성을 이해할 수 없다. '중국 머저리'의 한국인 남편의 의도처럼, 서술자 '영원'이 '중국 머저리'를 바라보는 시선은 '저런 머저리와 입을 맞추고 있다가는 덩달아 머저리가 될지도 모를 일'이라는 다소 경멸적인 것으로 고정된다. '영원'에게 중국 머저리는 '머저리를 상대하고 있는 기분'을 느끼게 만드는 이해할 수 없는 존재일 뿐이다. 이해할 수 없다는 것은 '중국 머저리'와 소통할 수 없다는 것이고, 이러한 소통 불가능이야말로 '중국 머저리'의 남편이 한국어 배우기를 금지하는 이유일 것이다. 억압과 착취의 관계를 유지하기 위해서는 중국 머저리의 삶을 구속할 수 있어야 하는데, 그 중요한 수단의 하나가 바로 한국어 배우기를 금지하는 일인 것이다.

하지만 그 중국 머저리는 매일같이 '영원'이 일하는 '서울 상회'에 찾아와 과일상자에 새겨진 한국어를 읽으면서 남편 몰래 한국어 배우기를 계속한다. 이러한 그녀의 침입으로 '영원'은 중국 머저리의 삶에 주목하게 되고, 그녀가 그녀의 삶 자체로 전하는 목소리에 귀를 기울이게 된다.

어느 날 남편에 의해 '부르튼 입술과 찢긴 눈두덩'을 하고 나타난 중국 머저리에게 이제 '영원'은 '여성의 전화' 전화번호를 적어준다. 아직 어린 열일곱 가출소년 '영원'이 해줄 수 있는 일은 '여성의 전화' 전화번호를 적어주는 것뿐이지만, 이러한 '영원'의 행동은 중국 머저리를 포섭하는 가부장제와 자본의 논리로부터 벗어나게 만들 수 있는 소통의 가능성을 지닌 것이다.

하지만 중국 머저리의 삶 역시 서술자 '영원'의 연민 어린 시선에 의해 그 특이성이 배제되고 선택되는 동일화의 서사 원리에 따라 재현되지 않는다.

> 가계를 정리하고 지하실로 내려가면 요새는 거의 언제나 불이 밝혀져 있다. 지하실의 시멘트 바닥에 사과상자 하나를 깔고 그 위에 인도 남자와 중국 여자가 나란히 앉아 있다. 그들은 엉덩이를 가져다 붙인 채로 서로의 어깨에 서로의 얼굴을 묻고 있다. (중략)
> "아워 하우스 이즈 어 빅 앤 컴포터블······. 아워 하우스 이즈······."
> 머저리의 입술이 춤추듯 벌어진다. 전등불 아래서 머저리의 입술이 에나멜 구두처럼 반짝인다. 한 켤레의 에나멜 구두를 신고 머저리는 지금, 크고 하얀 집으로 가는 열차 위에서 빠른 스텝을 밟고 있다.
> ―「빅&화이트 하우스」(『나의 이복형제들』)

한국인 남편의 폭력과 주민등록증 없이 통장도 개설할 수 없어 자본의 논리에 종속될 수밖에 없는 삶 속에서, '중국 머저리'는 한국인 남편이나 시장 상인들이 아닌, 외국인 이주노동자 인도 깜둥이와 열일곱 가출소년 '영원'과의 연대를 통해 '빅 앤 컴포트블'의 '아워 하우스'를 꿈꾼다. 인도 깜뎅이 '싼주' 또는 내면의 분열을 경험한 주변적 존재인 서술자 '영원'과의 연대를 통해, 그녀는 자신의 특이성과 잠재성을 현실적인 것으로 이행할 수 있는 가능성을 표현하는 것이다.

그런데 이처럼 인물들 간의 존재론적 공명 가능성이 형성된 순간, 소설의 결말에서 '협동합시다 아저씨'의 살인 사건이 미궁으로 빠지고 그와 함께 '영원', '싼주', '중국 머저리'가 일제히 영등포 시장에서 사라져버린다. 그들은 어디로 사라진 것일까. 혹 그들은 '소설'(novel)이라는 성벽마저도 뚫고 나가, 삶의 도처에서 탈주를 감행하고 있는 것은 아닐까. 어딘가에서 그들은 저 초원의 혹은 사막의 무사들처럼, 그들의 적을 향해 '카이로스(Kairòs)'라는 시간의 화살을 쏘고 있는 것은 아닐까.

탈근대적 '삶문학'의 가능성

이명랑의 소설은 그녀만의 방식으로, 서술 대상들의 특이성과 잠재성을 펼치며 삶의 탈주를 표현한다. 하지만 특히 『나의 이복형제들』에서 보았듯이, 탈근대적 삶의 구조적 모순과 탈주의 양상을 담아내기에 '소설'의 세계는 이제 더없이 협소해 보인다. "삶정치적 탈근대에서, 즉 노동력의 변형과 생산적 풍요화가 일어난 국면, 그러나 다른 한편 사회 전체에 대한 자본주의적 착취가 목격되는 국면"[13] 사이에 놓인 삶의 모습을 '소설'에 담아내기 위해서는 더욱 예민한 감각과 통찰이 필요하다.

최근의 젊은 작가들이 일종의 '상징적 죽음'(지젝)을 통해 탈주를 그려

---

13. 안또니오 네그리, 『혁명의 시간』, 23쪽.

내고 있다. 그러나 '상징적 죽음'을 통한 환상 가로지르기는 '주체'에게 '실재적 삶'을 부여하는 반면, 상징적 '관계'의 단절을 초래한다. 이명랑의 경우 여전히 그 '관계' 속에서 삶을 이야기한다는 점에서 독특한 자리를 점하고 있다. 이명랑은 「누군가 목덜미를 잡아챘다」[14]에서 재개발 지역으로 급변한 영등포 시장 일대를 그리면서 '소설의 자리'를 묻는다.

> 아파트 단지와 시장으로 통하는 골목 사이에 무슨 경계선처럼 버티고 있는 건널목 앞에 서서 신호등의 빨간 불이 보행신호로 바뀌기를 기다리는 그 짧은 순간에 나는 내가 시장으로부터 얼마나 멀리 떨어져 나왔는지 인정하지 않을 수 없었다. 그러나 비단 나만 변한 것은 아니었다. 내 앞에 펼쳐져 있는 건널목 저편의 풍경도, 저 풍경 속에 스며 있는 소리와 사람과 심지어는 공기마저도 달라져버린 것이다.
> (중략) 내가, 1975년 4월 28일에 신체검사를 받았다는 한 남자의 생이 이쪽에서 저쪽 원으로 건너가고 있는 테이프를 매만지며 가짜와 진짜, 이쪽과 저쪽, 그 사이에서 소설의 자리는 어디인가, 혼자 묻는 사이에 신호등에 파란 불이 켜졌다.
> ―「누군가 목덜미를 잡아챘다」(『입술』)

아파트와 스포츠센터 그리고 백화점 등의 고층빌딩 사이로, 과거에 영화를 누렸던 영등포 시장의 기억이 사라지기 시작했다. 「누군가 목덜미를 잡아챘다」의 소설가 '나'는 과거의 고물장수 '영식이 아저씨'를 통해 영등포 시장의 변화를 소설에 담아내고자 한다. 어쩌면 공장 설비 이전으로 직업을 바꾼 '영식이 아저씨'는 『나의 이복형제들』에서 시장과 소설의 외부로 사라졌던 인물들이 현실을 살아가고 있는 모습일 지도 모른다. 이명랑 소

---

14. 이명랑, 『입술』, 문학동네, 2007

설의 공간인 영등포 시장이 여전히 주목되는 이유는 이 다양한 '관계'와 관계의 '변화'에 대한 집요한 응시 때문이다.

이명랑이 묻고 있는 오늘날 '소설의 자리'는 아파트 단지와 영등포 시장 사이를 넘어, 근대와 탈근대라는 경계로 확장된다. 그렇다면, '소설' 장르와 그 소설이 담고 있는 '삶'으로부터 '소설' 장르 자체와 '삶' 자체를 뚫고, 실제 삶과 소설이 자유롭게 소통하며 넘나들 수 있기 위해서는 어떠한 형태의 '삶문학'을 구체적으로 모색할 수 있을까.[15] 현실적인 삶의 조건들을 외면하지 않으면서, 끊임없이 그것을 넘어서는 존재의 특이성과 잠재성들을 표현하는 것, 그리하여 삶의 가장 비루한 사람들이 '소설' 안에서 자유롭게 뛰놀게 하는 것. 소설이 공통적인 것으로부터 배제된 이들에게 공통적인 것을 돌려줌으로써, 그 자체 삶의 탈주가 되도록 하는 것.

따라서 이제 집요한 응시와 끊임없는 질문으로 오늘날 '소설의 자리는 어디인가'에 대한 해답을 찾아야 할 것이다. '삶문학'이 삶정치의 문학이라면, 바로 그 '삶'의 본질을 꿰뚫는 보다 날카로운 시선이 필요한 것이다. '어떻게' 보다 첨예하게 그리고 교묘하게 자유로워질 것인가. 다만 또다시 하나의 '결승선'을 그어본다.

---

15. 비평적 인식은 이론과 실천에 대한 거리 감각이며, 현재의 시간 속에 미래적 계기를 도입하는 문학적 전망이다. 이러한 비평적 인식의 하나로 조정환의 '버추얼리즘'을 주목할 수 있다. "버추얼리즘은 문학을 정치나 권력과의 관계장으로부터 분리시켜 사실들이나 현실들을 경향들, 활력들, 기술들의 소용돌이로 해체시킨다. 버추얼리즘은 리얼리즘, 모더니즘, 포스트모더니즘을 억누르면서 자신을 단일 방법론으로 제시하는 대신 그것들을 삶의 차원으로 끌고 내려와 이질적 힘들의 소용돌이에 침잠시키고 그렇게 함으로써 그들이 고집해 왔던 일원론적 권력적 태도를 해체시킨다. 버추얼리즘은 문학을 (리얼리즘이나 모더니즘이 그렇게 하듯) 국가권력이나 지배정치에, 혹은 (포스트모더니즘이 그렇게 하듯) 시장권력이나 생물정치에 관련시키는 전통적 경향들 속에 있으면서도 그것과 대항하면서 문학을 영원성의 삶 (그리고 그것의 풍요화)과 관련지으려는 예술적 윤리적 태도이자 힘이다."(조정환, 『카이로스의 문학』, 갈무리, 2006, 215~216쪽). 이명랑 소설의 '말걸기' 서사 방식 역시 이러한 '버추얼리즘'의 구체적인 서사화 방식 중 하나로 볼 수 있다.

어떤 고아들의 행보

'나'의 변천과 윤리에 대해

김미정

태생적 고아들의 발생론

1980년대 담론의 중심에 있던 한 논자는, 1990년대 초의 정치, 사회적 변화를 두고 '객관현실이 그 단단했던 객관성을 잃어가던'[1] 때라고 술회한 바 있다. 그는 자신이 서 있던 지반이 녹아내리는 절박한 시간 속에서, 그 단단함을 녹아내리게 한 힘과 그것의 실체에 대해 묻지 않을 수 없었을 것이다. 변화의 실체를 이해하고 거기에 개입하는 것은 지금 자기 존재의 알리바이를 증명하기 위한 필연적인 순서이기 때문이다.

한편, '단단했던 객관성을 잃어가던'이라는 구절에서 우리는, 보편적인 진리값이나 기준점, 아버지의 이름이 무화되는 장면을 떠올릴 수 있다. 아

---

1. 조정환, 「책머리에」, 『카이로스의 문학』, 갈무리, 2006.

버지 없이 존재하고 살아가야 하는 시간이 도래한 것이었고, 일관된 주체 되기 역시 요원해진 셈이었다. '주체의 죽음' 류의, 지금 생각하면 다소 급진적이고 선정적인 포스트모던적 선언들이 당대의 지배적 언어로 출현했던 것도 무리가 아니었다. 그리하여 사람들은 자기를 지탱해준 바깥의 목소리로부터 자유로워진 만큼, 스스로가 홀로 정립하며 존재해야 했다. 이때 다른 누구(무엇)와도 치환될 수 없는 '나일 수 없는 나'(individual)들이 호황을 이루게 되었다는 진단들도 자연스럽게 이해된다. '나'를 확인시켜주던 바깥의 보편적인 목소리와, '나'의 좌표를 지시해주던 연대(聯帶) 혹은 공동체의 파토스가 사라졌으니, 이제 누구나 홀로의 삶을 스스로 책임지며 살아내야 하는 시대가 시작된 것이다.

우리의 소설사에서 1990년대를 통상적으로, 환멸의 시간으로 칭하는 것도 이런 맥락에서 이해할 수 있다. 환(幻) 이후에 멸(滅)이 찾아오는 법이며, 혁명이 지나간 자리에 우울이 스며드는 법이다. 즉, 우울과 환멸과 냉소는 바로, 잃을 대상·애도할 대상이 있는 이들의 것이었다. 전대와 구별되는 문학적 특징을 표방하며 1990년대에 등장한 작가들이 바로 그들일 것이다. 1990년대 문학이 1980년대를 타자화한 측면이 있지만, 이들이 보여준 1990년대적 감수성과 정서는 아이러니컬하게도 이처럼 1980년대적 기억을 바탕으로 형성된 것이었다. 이들은 공히 잃어버린 시간을 기억하고 있었고, 애도할 대상이 있었으며, 적대와 반항의 의미 역시 알고 있었다. 단적으로, 아버지라는 상징적 존재에 대해서도 이들의 애증은 공통된 것이었다. 한국 문학사에서 아버지라는 상징은, 내가 계승하거나 찬탈해야 할 권좌에 있는 존재였다. '나'는 아버지를 부정하지만 언젠가는 그 자리에 등극할 것이었고, 때가 되면 다시 아버지와 화해를 하게 될 것이었다. 아버지라는 상징과 권위가 강력한 만큼, 그는 동경과 부정 양쪽 모두의 대상일 수 있었다.

즉, 엄밀히 말해서 1990년대에 등장한 신세대 작가들은 1980년대를 경험하고 기억하는 이들이었기에 소위 1990년대적 정서와 감수성을 성립시킬 수 있었다. 이들에게는 자신을 호명하고 지탱해 주던 아버지에 대한 기억이 있었으므로, 아버지가 몰락한 시절을 버텨냈다. 그런 의미에서 1990년대 문학의 특징으로 언급되곤 하던 환멸과 냉소와 나르시시즘 등의 정서는 엄밀히 말해 한 시대의 특징이기 이전에, 한 세대의 집단 기억과 공통 정서였다고 할 수 있다. 반복하는 셈이지만, 격변과 단절로 설명되곤 하는 1990년대는, 소위 1980년대적인 것들의 경험과 그 기억에 의해 연속적으로 형성되어 갔던 것이다.

한편 아버지의 목소리도, 호명도, 공동체도, 혁명도 낯설게 여기는 이들이 있었다. 이들에게는 유사(類似) 아버지의 목소리가 큰 영향을 미쳤다. 이를테면 아버지, 이데올로기, 계통발생적 시원(始原)을 대신한 빈자리에서, 소비자본주의는 매체와 결합하여, 아이들을 불러 모으고 부지런히 각종 세대론을 만들어 냈다. 그리하여 수많은 알파벳 이니셜(X, Y, N 등)로 지칭되는 세대, '~족'(族)으로 지칭되는 세대가 호명되었다. 이들은 우연히 각종 매체의 광고멘트 속에서 자신을 발견했고, 불행히도 어떤 이에게는 그것이 거의 몇 안 되는 집단적 주체의 기억이기도 했다. 이들에게 상징적 아버지는 일종의 풍문이었고, 민중이나 혁명 등은 기념해야 할 역사로 기억되었다. 여기에서 구태의연한 세대론을 내세울 의도는 없다. 다만, 어떤 이들에게는 단단했던 것들이, 또 다른 어떤 이들에게는 일종의 풍문이 되거나 굳어진 역사가 되고 마는, 역사의 아이러니를 주목하려는 것이다. 이들에게는 '객관현실이 그 단단했던 객관성을 잃어가던' 즈음의 포스트 담론이 차라리 고향이었고, 경험을 구성하는 것이었다.

여기에서 나아가 이제는 이런 세대도 있다. 이들은 '모든 것을 의심하라'는 가르침을 받아왔다. 그들은 경험이 없고 기억이 없으므로 이야기를 할 수 없다고 토로(한유주)한다. 아버지는 처음부터 권좌에서 내려와 있었고, 그가 설혹 '나'와 가족을 떠났다 해도 어떤 원망과 원한도 품지 않는다 (김애란). 나아가 이유 없이 '자폭(自爆)'하는 몸의 세계를 보여주며 리얼리티의 재현을 아예 방기한, 자유로운 포즈의 출사표(김유진)를 던지기도 한다. '객관현실의 단단함'과 그것을 지지해 주던 보루, 담지자로서의 상징적 아버지, 오이디푸스 가족 삼각형을 둘러싼 진지함이나 심각함은 이들 1980년 전후 태생 작가들에게 기대하기 어려운 것인지도 모른다. 그들은 공적인 트라우마나 원한으로부터도 자유로워 보인다.[2] 설사 그런 것이 있다고 하더라도 그것은, 이들에 이르러서 비로소 '개인적인 것'이라 할 수 있게 되었는지도 모른다. 1990년 무렵의 격변으로부터 지금 2000년대까지, 문학적 주체들의 변천사를 거칠게 일별하면 이렇듯, 바깥의 목소리나 상징적 아버지에 대한 경험도 기억도 미미한, 날 때부터 자유로운 이들의 출현으로 잠시 일단락 지을 수 있을 것 같다.

이제 이 기억 없는 이들은 오이디푸스 홈드라마를 뛰쳐나와 마음껏 질주해도 되었으며, 달리면서 무엇이든 되면 되는 것이었다. 이들은 태생적 고아여도 썩 나쁠 것은 없었고 오히려 매여 있을 집이 없는 것이 좋았다. 1980년대적인 것을 기억하는 이들은 권좌의 아버지에 대한 부정과 반항의 기억 역시 갖고 있지만, 그 기억으로부터 자유로운 이들은 처음부터 현실의 적대 구도를 의식하지 않은 채 공중부양하는 탈주가 자연스러웠던 것이다.

---

2. 물론 이 자유로움이 해방의 의미로 치환될 수는 없다. 이들은 어쩌면 홀로 선택하고 홀로 결단해야 할 순간들에, 더 자주 부딪히게 될 것이고, 더 어려운 윤리적 문제를 해결해야 하기 때문이다. 그리하여 이들의 자유로움은 다시 스스로에게서 소외되었다는 느낌과 외로운 고뇌로 전화되기 쉽다.

자발적 고아의 윤리

아버지의 법, 현실의 적대구도, 대립항을 모르는 이들의 출현을 살피기 전에 경유해볼 작가와 소설들이 있다. 거기에는 시대의 격변과, 단절 이후에 발생한 변화들이 고스란히 놓여 있다. 경험과 의식의 구조적 변화를 기준으로 세대를 변별하곤 한다면, 그의 소설들은 이 구분법에서도 다소 자유롭다. 아버지를 기억하는 세대와, 태어날 때부터 고아였던 세대 사이의 넓은 간격도 이 작가 앞에서는 대수롭지 않게 좁혀진다. 한때 1990년대적 정서의 대표성을 띠기도 했으며, 한편으로는 자기 세대의 울타리와 상관없이 탈주를 감행하기도 했고, 지금은 그 귀결로서 새롭게 스스로를 세워가는 모습을 보여주고도 있다.

배수아의 소설은, 출발에서부터 '냉소'와 '나르시시즘'이라는 한 시대의 수사와 적당히 밀착되어 있었다. 그러더니 언젠가부터, 귀환하지 않는 여행과 무국적·무성적(無性的) 서사(『이바나』, 『동물원킨트』 - 이상 2002)를 만들어가며 '나'의 정체를 지워갔다. 그리고 점점 '나'의 경계를 넘어 타인의 언어로 틈입하려는 듯 '외국어'를 배우다가(『에세이스트의 책상』, 2004), 결국에는 음악과 활자만 남은 절대고독의 성채로 침잠해갔다. 『에세이스트의 책상』이 그 경계선이었고, 이후의 소설들(『독학자』, 『당나귀들』 - 이상 2005)이 그 새로운 성채의 세계라고 볼 수 있었다. 이 성채를 두고 항간에서 제기한, '이것이 소설이냐 에세이냐'는 질문은 큰 문제일 것 같지 않다.[3] 중요한 것은 그의 소설에서 '나'의 테마가, 세대의 문제에 국한되지 않고, 시대의 변화를 함축하는 변천사를 갖고 있다는 점이다. 이 작가는, 기존의

---

3. 유독 선조적 시간성을 기반으로 하는 서사와 구조미학에 대한 한국소설의 요구는 다소 강박적인 면이 있다고 여겨진다. 물론 주제와 지면을 달리 해야 할 이야기이다.

'나'에서 탈각하면서 어느 순간 다시 '나는 누구인지(무엇인지)'를 질문해야 하는 상황에 직면한 것 같다. 그 때, 에세이적 글쓰기가 유용하게 개입한다. 『에세이스트의 책상』의 해설자의 말을 빌자면, 여기서의 '나'들은 "'자기(self)'를 주인공으로 한 주체성의 소설"[4]의 연장으로 보이기도 한다. 배수아 소설의 '나'들은 어떤 의미에서 고결한 미학적 자기의 완성을 수행해가고 있는 중이다.

푸코는 글쓰기를 '자기의 테크놀로지'의 일종으로 이야기한 바 있다.[5] 그에 따르면, 하나의 미학적 주체를 완성해가는 테크놀로지로서 글쓰기가 존재한다. 개인은 자기 자신의 신체와 영혼·사고·행위·존재방법 등을 일련의 작전과 수단을 통해 효과적으로 조정할 수 있다. 그리고 행복·순결·지혜·완전무결 혹은 불사(不死)라는 일정 상태에 도달할 수 있게 함으로써, 자기 자신을 변화시킬 수 있는 힘을 갖추게 된다. 내가 원하는 '나'를 구성할 능력에 대해 논할 수 있는 자는 오로지 '나'뿐이다. 그리하여 푸코는 이 주제를 다음 문장과 같이 변용하기도 한다. "내가 누구인지 묻지 말라. 나에게 거기에 그렇게 머물러 있으라고 요구하지도 말라."[6] 오로지 '나'만이 '나'의 주인일 수 있다는 것. 즉, 어떤 권위나 버팀목이나 호명의 메커니즘 없이도 스스로 자기를 구성해낸다는 점에서 글쓰기는 분명 자기구성의 기술이다.

여기에서 중요한 것은 '무엇'이 아니라 '어떻게'이다. 배수아의 에세이계 소설들은 '나는 누구(무엇)인가'가 아니라 '나는 어떻게 존재(구성)하는가'를 보여주고 있다. '나'의 내용이 아니라 '나'에 이르는 '방법'을 보여주는 에세이스트의 면모 속에서 우리는 미학적·윤리적 주체의 모습을 엿본다. 그는

---

4. 김영찬, 「자기의 테크놀로지」, 『비평극장의 유령들』, 창비, 2006, 336쪽.
5. 미셸 푸코, 「자기의 테크놀로지」, 『자기의 테크놀로지』, 이희원 옮김, 동문선, 2004, 33~86쪽.
6. 미셸 푸코, 『지식의 고고학』, 이정우 옮김, 민음사, 1998, 41쪽.

에세이 형식의 글쓰기 속에서 '나'를 능동적으로 구성해간다. 보편적 준칙들과는 상관없이 '자기 창조'를 위해 글을 쓰며 기술을 발명하고 작동시킨다. 이쯤 되면 배수아 소설은 자기 세대의 경험과 감각과 기억에 국한하지 않고, 각 시대의 국면마다 자기 윤리를 정초해 가는 사례라고 볼 수 있다.

그런데 배수아의 소설에서 '나는 어떻게 존재(구성)하는가'의 과정이 아니라, 정작 그 속의 내용, 즉, '무엇을 구성해 냈는가'를 묻는다면 다소 난감해진다. "길 위에서 죽을 수 있다면 행려병자라도 좋다"(『이바나』, 167쪽)는 선언은 도발적이지만 쓸쓸한 것이었다. 배수아의 '나'들은 여기에서 나아가 어느 정도 자신의 운명을 안착시킨 듯 보이지만, 여전히 우리의 질문은 남는다. 이를테면, '그들은 여전히 쓸쓸하지 않을까, 고독하지 않을까' 등등.7

활자와 음악의 성채(『에세이스트의 책상』, 『당나귀들』), 그리고 '나'의 분열인지 타자와의 합체인지 알 수 없고, 설혹 존재한다 해도 회색빛으로 존재하는 타자들(『훌』) 속에서 견고해지고 강화된 '나'들을 보자. 이들은 어쩌면 독아적 개인의 성채만을 더 공고히 한 것인지 모른다. 그럼, 살 냄새와 피의 소리와 그 체온이 사라짐으로써 더 창백해진 '나'들이 된 것은 아닐까? 하나의 주체가 되었다고 해도 자기만의 완고한 세계 속에서 외롭고 쓸쓸하게 살다가 소멸해야 하는 그런 무력한 주체로 남은 것은 아닌가?

이처럼 아버지에 대한 '기억'을 지닌 세대, 자발적으로 고아의 생을 택할 수 있던 배수아의 그들이 결국 완고한 '나'들로 귀결된 셈이라면, 그 이후 아예 기억이 없는 세대, 태어날 때부터 고아였던 세대, 이른바 '포스트'

---

7. '고독'은 사인성, 내성의 혐의를 종종 받는 관념 소설 계보에서 다분히 익숙한 정서 중의 하나이지만, 분명 배수아 소설의 고독은 소설 양식의 한 특징에 국한되지 않는다. 이 고독은 정서의 범주를 넘어서 존재론의 지평에 있는 것이다. 배수아의 소설이 보여준 절대고독의 모습에는, 극단적 '탈(脫)-' 이후 다시 '구성'의 필요에 직면한 자들의 고충이 반영되어 있는 것이다.

담론을 고향으로 갖는 이들은 자신의 운명을 어떻게 개척해 가고 있을까. 소위 혁명과 연대와 아버지를 기억하는 이들이, 환멸이나 냉소를 거쳐 어떤 식으로건 다시 안정된 자기 기반을 갖추게 된 것과는 달리, 아예 이러한 기억이나 잔상(殘像) 없이, 태어날 때부터 고아인 이들은 어떤 삶을 살아 내고 있을까.

한유주의 소설을 떠올리게 되는 자리가 이쯤이다. 그의 소설 속에는 이런 질문들이 빈번하다. "나는 누구인가, 무엇인가"(「지옥은 어디일까」, 181쪽), "나는 지금 어디로 가고 있는 것일까요?"(「세이렌 99」, 75쪽), 혹은 "지금 우리는 어디에 있는가"(「베를린·북극·꿈」, 139쪽). 문면으로는 그저 자명한 '나', 견고한 코기토를 확인하고자 하는 독아론적 질문처럼 보인다. 그러나 이들의 질문은 우리가 알고 있는 상투형들과는 차이가 있다. 이 질문들은, '모든 것을 의심하라'(「유령을 힐난하다」, 『창작과비평』, 2006 가을)[8]는 가르침 속에서 발생한 것이다. 이들은 본래적인 '나'의 자리로 돌아가거나, 자명한 '나'를 확인하기 위해 위의 질문을 던지는 것이 아니다. 그들의 질문은 자기 세대의 조건과 지반을 환기시킨다. 태어날 때부터 자유로운 이들의 질문은 우리를 답 찾기의 과정에 동참케 한다.

배수아의 소설 속 자발적 고아들은, 스스로를 다시 구성하는 과정에서 결국 '개인'의 성채, 절대고독 속에 스스로를 가두고 만 측면이 있었다. 그러나 한유주의 소설에는, '모든 것을 의심하라'는 모토를 내면화한 태생적 고아들이, 자신들의 자유와 책임을 둘러싼 고충을 현재형으로 보여주고 있는 중이다.

---

8. 이 소설을 제외한 한유주의 소설은 모두 『달로』(문학과지성사, 2006)에 실린 것으로, 이후에는 소설 제목과 쪽수만 언급한다.

이야기가 소멸한 시대의 이야기

> 나는 세계의 모든 이야기를 어디선가 전해 들었다.
> ―「달로」

    보통 소설 속 화자들은 '~했다', '~였다'라고 기술하는데 반해, 한유주 소설의 화자들은 종종 '~을 알고 있다', '~을 들었다', '전해 들었다'라고 기술한다. 이들은 자신들이 하고 있는 이야기가 직접 경험한 것이 아니라 어디선가 간접적으로 습득한 것이라는 사실을 애써 밝히고 있다. 등단작인 「달로」역시 서술 층위에서만 논하자면, '나는 세계의 모든 이야기를 어디선가 전해 들었다'는 문장으로 요약할 수 있을 것이다. 즉, 일인칭의 외피를 입었을 뿐, 정작 이 세계는 일개인이 체험한 세계가 아니다. 과장하자면 소문이나 전설 속의 세계이고, '우리'라는 복수(複數)의 목소리가 위장된 세계이다. '나'라는 일인칭 단수와, '우리'라는 일인칭 복수형의 목소리가 종종 섞여 있는 것도 주목할 만한데, 이 점에서 한유주의 소설은 '나'의 내면을 토로하는 익숙한 일인칭 고백과 거리가 있다.

    그럼 이 '이야기'들의 출처는 어디일까. 「달로」에서 그것은 '문자와 마침표'로 상징되는 활자, 책의 세계로 추측된다. 물론, 책이 아니어도 우리의 독해에는 큰 상관이 없다. 「달로」에서 작가가 출사표 격으로 그린 세계는 '~에서 들어서 알고 있'는 세계이기 때문이다. 이 소설의 화자는 '나'를 내세우면서도 자기의 이야기는 하지 않는다. 일인칭 고백체를 사용함에도 불구하고, 작가는 복수·집단의 목소리를 담아내고자 한다. 또, 일인칭 고백체를 통해 말하는 내용이, 문명이나 전쟁 등과 같은 지금은 잊혀진 큰 이야기라는 것도 더불어 흥미롭다. 즉, 그가 하고 있는 이야기는 자신의 관념으로부터 흘러나오는 이야기일지언정, 진짜 자신의 이야기라고 할 수는 없다.

이 소설에서 무언가를 매개하기 이전의 자기만의 경험이랄 것이 있다면 그것은 '어느 기차역 주변, 사층짜리 건물의 어느 식당 세 번째 계단 위 구석진 창가'(「달로」, 31쪽)에서 창밖 풍경을 바라보는 것 정도일 것이다. 그것도 아주 간접적으로만 묘사되어 있을 뿐. 작가는 자신만의 기억과 경험이 없는 대신, 다른 매개를 통해 이야기를 구성하고자 한다.

이 작가의 소설에서, '나'의 기억과 경험과 이야기를 가능케 하는 것은 바로 책이나 TV로부터 얻어 낸 참조와 인용들이다. 아우슈비츠의 시인 파울 첼란의 '죽음의 푸가'가 없었으면 쓰이지 않았을 「죽음의 푸가」, 전파를 타고 텔레비전 화면에 나타난 9.11의 현장이 없었다면 쓰이지 않았을 「그리고 음악」, 수많은 도서관 장서 목록에 빚진 성장담 「죽음에 이르는 병」, 가히 책·신문·뉴스 감상문이라고 할만한 「지옥은 어디일까」 등. 이 소설들 속에는 공히 문명과 야만과 폭압과 전쟁 등의 큰 이야기들이 등장하지만, 그것들은 모두 화자의 직접적인 감각과 경험을 통해 추인된 이야기가 아니다. 거기에는 책과 텔레비전 등등의 물질적 매개를 통한 기억으로 가득하다. 그것은 '나'의 직접적 경험의 불가능성을 대리하는 동시에, 다시 '나'의 경험의 한계를 확인하게 하는 것들이다.

활자를 통해서 읽는 세계, TV를 통해서 엿보는 스펙타클 모두, 스스로가 직접 겪지 않는 이상에는, 온전한 '나'의 세계가 아니며, 가짜 모형물의 세계일뿐이다. 그리하여 그의 소설에는 기억과 경험이 없는 내가 이야기하는 것들은 그저 거짓말이고 레토릭일 뿐이라는 식의 자책(「그리고 음악」)이 있다. 이 '나'들의 세계는, 가짜 보철물 치아와 가짜 욕망과 가짜 슬픔과 가짜 FBI 요원의 '진실'로 구성된(「죽음에 이르는 병」) 세계이다. 전쟁의 기억에는 시달리지만 정작 "전쟁의 기억이 없었"고 "총을 쏘기는커녕 실물의 총을 쥐어본 일조차 없었"(「유령을 힐난하다」, 119쪽)다고 토로하는 이들도 있다.

소설에서, 이 세계에 편재하는 은밀한 폭력과 야만은 자주 환유되고 고발된다. 그러나 이런 장면들 역시 화자에게는 본인의 사건, 경험, 기억이라기보다 그저 TV나 활자를 통해 인지된 것일 따름이다. 사람들 사이에서도 9.11의 장면들은 그저 하나의 스펙타클, 블록버스터 이미지로 회자될 뿐이라는 것을 이 작가는 민감하게 캐치하고 있다. 사람들은 프레임 바깥에서 스스로를 안위할 뿐이고, 그들의 일상과는 전연 관련 없는 사실로 여기며 이내 잊는다. 이 시대는, '잃어버린 시간'(103쪽)을 찾는다는 것도, 어떤 사건에 대한 '완전한 묘사'(118쪽)를 하는 것도 불가능한 시대로 그려진다. 따라서 이들이 9.11을 이야기한다는 것 자체가 화자의 말대로 거짓말이요 레토릭이다. TV화면에서 반복적으로 되풀이된 장면은 '나'의 경험이나 기억 목록에 넣을 수 없고, 당연히 그것을 묘사하는 것은 억지스러운 일이고 거짓일 수밖에 없는 것이다. '나'의 경험과 기억과 이야기가 부재하는 자리에는 그저 레토릭에 대한 자책이 있다. 그리하여 이들은 종종 "우리는 레토릭으로 무장된 세대다"(「그리고 음악」)라는 식의 선언을 하지만, 이것은 한 세대의 인정투쟁적 선언이기 이전에, 기억도 경험도 없는 이들의 우수어린 자기고백이라고 보아야 할 것이다.

"나는 가진 것이 없다"(「그리고 음악」, 105쪽), "나에게는 과거가 없다"(「그리고 음악」, 111쪽)거나, "경험은 초라했고 그래서 가진 것이 없었다"(「지옥은 어디일까」, 187쪽)는 식의 토로는 계속 이어진다. 이들은 "모든 소설의 제목은 잃어버린 시간을 찾아서가 될 수 있다는 문장을 되풀이해 읽"(「그리고 음악」, 103쪽)지만, 기억, 경험에 의지하는 소설쓰기가 더 이상 불가능하다고 여기고 있다. 이들은 기억도 경험도 이야기도 가지지 못했지만, 그럼에도 불구하고 이야기를 하고자 하는 욕구를 숨길 수 없다. 그리하여 이들은 자신의 경험과 인식의 영역이 불일치함 앞에서 어쩔 줄 몰라 하지만 고육지책으로 자기의 세계를 열어가 보인다. 이질적이고 불연속적인 세계를 서로 매개하는 상상력이 근래 문제적으로 부상하는 것도, 망상이라고 할 만한 황당무계 시나리오가 범람하는 것도, 모두 나름의 계기와 시대적 근거를 갖고 있는 셈이다. 매체를 통해 모든 경험과 기억이 가능해 졌지만, 정작 그것이 자신의 경험과 기억이라고 할 수 없게 된 시대, 그리하여 기억과 경험을 주장하는 일에 취약해진 이들이, 어떻게든 자신의 조건을 돌파해 보겠다는 과정에서 망상의 시나리오와 상상력의 과잉 등이 부각되는 것인지도 모른다.

회의주의의 딜레마

기억도 경험도 없는 이들은 아예 새로운 세계를 고안해 낸다. 이 경우는 일종의 알레고리인데, 거기에도 역시 자신들의 고충이 틈입해 있다. 다음은 「세이렌 99」의 한 대목이다.

"이야기는 모두 증발했습니다. 이야기는 모두 미치거나 사라졌습니다. 흔적이 없으므로 그리움도 없습니다. 나는 스무 살 이전의 기억이 거의 없습니다. 그 이후는 사막 같은 바다, 사막 같은 하늘, 사막 같은 숲, 그리고 사막 같은 도시에 대한 기억이 있을 뿐입니다. 우리, 열 명은 전 세계의 사막으로 흩어졌다 돌아왔습니다. 그리고 이제는 그 전 인류가 공모하여 만들어낸 사막에서 하나 둘씩 기척과 자취와 흔적을 말끔히 지우고 사라집니다."
(「세이렌 99」, 87쪽)

이 소설의 주인공 10명의 비밀 요원들은 '실체 없는 거대계획'에 포섭되어 있다. 전원 사망으로 기록되는 폭파된 비행기에 탑승했다가 '특수한 목적'과 함께 살아남았지만, 사망자 명단에는 없는 존재들이다. 이들은 이전에 스스로가 누구였는지 기억하지 못한다. 이들은 어느 날 갑자기 하늘에서 뚝 떨어진 존재, 요원으로 차출된 존재들이다. 실체와 규모를 알 수 없는 어떤 배후의 세력은 이들의 인생에서 '스무 살 이전의 기억'을 지운 채로 새 계획과 기억을 주입했다. 아버지도 어머니도 국적도 이름도 모른다. 따라서 이들에게는 처음부터 그리움도, 기억도 없다. 내가 인간인지 인간이 아닌지, 누구인지 조차 알 수 없으므로. 죽음과 삶조차 이들이 선택할 수 있는 것들이 아니다. 이들은 탑승했던 비행기 폭파 이후 산 자의 명단에도 죽은 자의 명단에도 남지 못하는 유령같은 존재들이다. 한편 이들은 임무 수행 중에 만난 여자를 능욕하고 살해한다. 이들은 분명 피해자였다. 그러나 이들이 여자를 능욕하고 폭력을 행사하는 장면에서는 이들 역시 가해자임을, 즉 모두가 거대한 폭력 체계 속에서 옴짝달싹 못하는 존재들임을 확인할 수 있다. 이들은 스스로를 '열 개의 객체'이면서 '하나의 주체'로 지각한다. 기억을 공유하지만 자신만의 고유한 기억은 가지고 있지 않다. 상관으로부터 받은 지령과 교육에 의해 움직인다. 그러나 곧 한 명 두 명씩 사라지고, 결국 '나' 역시 몇 줄의 데이터에 10번째로 기록되며 사라진다.

이처럼 「세이렌 99」는 어떤 '거대계획' 속에서 비밀 요원으로 살아남다가, 다시 그 거대계획에 의해 희생된다는, 다소 기시감이 느껴지는 서사를 갖고 있다. 지금 우리가 살고 있는 이 세계도 어쩌면 네오가 알아차린 매트릭스의 일부일지 모른다는 것. 또한 우리는 이 매트릭스 속에서 부지불식 중에 불가항력적으로 공모되어 있다는 것. 어느 날 문득 큐브 안에서 깨어난 사람들이 자신들이 누구였는지 모르고, 누가 자신들을 가뒀는지도 모르며, 누가 먼저 죽게 될지 모른다는 것.

어떤 평자들은 이를 두고 망상과 편집증의 서사라고 할지도 모른다. '나'를 둘러싼 이 세계가 어떤 거대한 계획과 음모 속에서 움직이고 있다는 음모론의 상상력과 망상의 차원에서라면 이 소설 역시 편집증 서사의 목록에 보탤 수 있을 것이다. 보이는 세계 너머에는 그 모든 것을 실제로 운용하는 어떤 힘이 있다는 설정들(편혜영 소설의 괴물, 디스토피아), 우리 현실의 상징적 질서의 틈새에 출몰하거나 아예 현실 바깥으로 튕겨져 나가는 상상력들(박민규 소설의 UFO, 외계인, 개복치)도 그러하다. 즉, 이들의 상상력은 진위 여부를 증명할 수 없거나 경험적으로 입증할 수도 논박할 수도 없다는 사실을 이용한다. 그리고, 설득력 있는 맥락과 이야기를 만들어 낸다는 점에서 일종의 망상이요 치밀한 음모론이다.

한유주의 소설도 이와 유사한 맥락에 놓인다. '모든 것을 의심하라'는 가르침에 익숙한 이들은[9] 종종 가시성의 일상 너머, 나아가 거대 세계 속에서의 '나'를 생각한다. 기억과 경험의 소유 여부가 인간을 종(種)적으로 구분해 내는 것이라면, '경험도 기억도 없다'고 스스로를 인지하는 이들은 경험과 기억에 의존하는 이야기 대신, '너머'에 대한 상상력을 가동할 수밖에 없다. 경험도 기억도 없으므로 '나는 누구일까'라는 질문과 함께 '나는 무엇일까'라는 질문이 이어지리라는 것("나는 누구일까. 나는 무엇일까", 「지옥은 어디일까」)도 예측할 수 있는 바이다. 이들은 '누구(인간)'가 아니라 '무엇(인간이 아닌 존재이거나, 살아 있지 않은 존재)'일지도 모른다. 기억도 경험도 없는 존재들은 많다. 괴물, 사이보그, 유령, 동물 등등. 그리고 이런 존재라고 한들 어떻겠는가.

한편, 배후의 음모, 그 속에서 프로그래밍된 '나'에 대해서라면 「베를린·북극·꿈」 역시 나란히 놓을 수 있다. 「베를린·북극·꿈」의 주인공들은 열흘 전까지 어떤 임무를 부여받은 이들이었다. 쉽게 이해할 수 있는 리얼

---

[9] "모든 것을 의심하라고, 학교는 그에게 가르쳤다. 어제의 그는 감각할 수 있는 모든 것들을 의심하지만, 오늘의 그는 의심하는 자신까지도 의심한다."(「유령을 힐난하다」, 『창작과비평』, 2006 가을, 128쪽).

리티만으로 이야기하자면, 이들은 전승기념탑의 총알 자국을 쓰다듬으며 기념사진을 찍는 베를린 여행객들로 보인다. 그런데, 한편 이들은, 쓸모없게 된 "안전핀, 자동소총, 격발, 가늠쇠, 붉은 도선, 두려움"(125쪽)을 모두 버리며 도피 중인 전직 요원들이기도 하다. 그러나 독자가 이들에 대해 알 수 있는 것은 아무 것도 없다. 그들이 진짜 비밀요원인지 아닌지, 국적과 성별과 이름은 무엇인지 여기에서 알 수 없고 또 중요하지도 않다. 이 요원들도 역시 경험도 기억도 없는 이들이기 때문이다. 이들은 그저 자신들이 가진 것들을 하나둘씩 버려가면서 하루하루를 지속할 뿐이다. 이들은 고아로 태어나서 '모든 것을 의심하라'는 가르침을 내면화하며, 우연적이고 임의적인 마주침 속에서만 잠깐씩 자기를 확인할 뿐이다.

"우리는 여행과 삶과 순간들이 지루해질 때마다, 카드를 꺼내 섞는다. 카드를 뒤집을 때마다, 경찰과 운명의 바퀴와 어릿광대가, 은둔자와 절망과 예기치 않은 기쁨이, 우리에게 제시된다. 가끔 우리는 저녁에 마실 맥주의 상표까지도 카드점으로 결정한다. 우리는 없는 카드들의 그림들을 애써 생각하려 하지 않는다. 그것은 죽음일 수도 삶일 수도, 만남일 수도 헤어짐일 수도 있다. 어느 날 우연히 우리는 떠나온 나라의 소식을 듣는다. 우리의 이름은 어디에서도 언급되지 않는다. 테러범에서 집시로, 우리는 한 발짝 혹은 두 발짝을 후퇴한다. 나는 카드를 뒤집는다. 결혼. 나는 뒤집힌 카드를 발밑에 내던진다. 집. 나는 또 내던진다. 전언. 나는 또 내던진다."(「베를린 · 북극 · 꿈」, 134쪽)

보드게임판의 한 장면 혹은 타로카드점을 치는 테이블은 다시 이렇게 운명을 계시하는 신탁의 성소로 둔갑한다. 어쨌거나 결국 원치 않게 자기들에게 부여된 정체성과 운명으로부터 도피하는 이들이 의탁할 것은, '카드점'이 상징하는 우연성의 세계이다. 저녁에 마실 맥주의 상표와 죽음과 삶과 만남과 헤어짐과 테러범과 집시와 결혼과 집 등 모든 것을 카드점으로 결정한다. 불명료함과 예측불가의 세계이다. 그러나 이 온갖 우연적이고 일시적인 것들 속에서 '나'의 자유의지나 선택은 빠져있다. 어느 패를 얻게 될지 알 수 없지만 이들은 선택의 의무나 책임으로부터 자유롭다. 그러나 자유로움은 일시적이다. "당신은 누구였나요? 당신은 어디에서 와, 그리고 어디로, 가고 있나요? (…) 내 손에 남아 있던 마지막 카드의 그림은 무엇이었을까요?"(145쪽)라는 질문은 해결되지 않고, 이들은 막다른 곳에서 비껴가지 못한다. 그리하여 세계와 나의 정체에 대한 답을 구하지 못한 이들을 기다리는 것은 쓸쓸하고 차갑고 무력한 죽음뿐이다.

결국 이 소설이 보여주는 세계는 우연성과 자유로움의 외피를 입고 있지만 책임과 자유의지가 불허되어 있다. 이것은 곧 새로운 예정조화의 질서에 가깝다. 이 막다른 곳은 이 소설의 운명이기 이전에, 이 세대가 내면화한 회의주의가 궁극적으로 도달할 수밖에 없는 정서의 한 장면이기도 하다. 전 세대에 비하자면, 태생적으로 자유로움을 누린 셈이었으나 이들은 늘 우연적이고 임의적인 마주침 속에서 자기 존재를 확인하고 스스로를 책임져야 하는 상황이 되었다. TV속에서 전 세계의 영상을 함께 공유하지만 그 속에 정작 '나'는 없다(「그리고 음악」). 분주한 지하철 안에서 사람들과 이리저리 부딪히는 '나'는 있지만, 여전히 '나'는 어디에도 없다(「지옥은 어디일까」). 처음부터 홀로된 이들은 자칫 이처럼 고독하고 피로하게 살다가 쓸쓸히 죽어가게 될지 몰랐다. 이것은 태생적 고아들, 혹은 1990년대식 포스트 담론을 고향으로 가진 어떤 이들이 처한 상황의 일부이기도 하다.

'생활이 발설하는 소리'와 고아들의 향방

'기억도 경험도 없다'라고 토로하는 고아들은 이처럼 지금 어떤 딜레마에 봉착한 것 같다. 이들은 '모든 것을 의심하라'고 가르치는 세계, 즉 자명한 것은 없다는 사실만이 진리인 세계 속에서 착실하게 성장했으나 '참', '진짜' 등에 대한 강박에 시달린다. 이 장면은 이 세대가 근대 소설적 이야기에 취약하다는 사실을 의미하기도 한다. 그리하여 앞서 말한 바, 망상과 음모론의 상상력은 무작정 현실에서 부양(浮揚)한 것이라기보다, 방법적 회의를 내면화한 이들 세대가 자연스럽게 습득한 처세술이었던 셈이고, 한편, 기억도 경험도 없는 이들이 자기 한계를 돌파하는 수단이기도 했던 것이다.

포스트모던적 불확실성과 불명료함은 이 세대에게는 지극히 자연스러웠으나, 이들은 그 불확실성과 불명료함을 다시 회의함으로써 확실성과 명료함에 닿고 싶어 한다. 그들은 망상 속에서건 일상 속에서건 스스로의 정체를 묻는 제스처를 취하지만, '나는 어디에나 있는 동시에 어디에도 없다'는 사실을 확인한다. 그리하여 지금 이들의 질문은 어디서부터인가 공회전하고 있는 듯 보인다. 기억과 경험이 없기 때문에 자유롭지만, 한편, 없는 기억과 경험에 강박적으로 눌려 있는 역설적 상황, '나'는 어디에나 있지만 정작 어디에도 없다고 느끼는 딜레마. 이처럼 두 개의 상이한 구속력들 사이에 갇힌 이들. 이것이, 태생적 고아들이 현재 봉착한 어떤 어려움의 핵심이다.

다시 떠올려 보자. 1980년대와 1990년대의 간극에서 발생한 그 개인들은 분명 집단과 연대 속 '나'에 대한 기억을 갖고 있었다. 그들은 우울한 주체 아니면 냉소하는 주체였다. 이때의 '나'들은 견고한 취향의 소유자(윤대녕의 소설들)이거나, 보이는 '나'를 분리해낼 줄 아는 확고부동한 '나'(은

희경의 소설들)였다. 그런데 한유주 소설 속 태생적 고아들(포스트 접두어 시대의 아이들)이 보여주는 것은 바로, 자명한 '나'란 없다는 사실이다. 한유주 소설의 물음은 이전 시대의 그것처럼 '그럼에도 불구하고 나는 나다'라든지, 견고하고 자명한 '나'를 확인하고자 하는 물음이 아니다. 그리고 그 기획은 이미 이 작가의 소설 속에서도 불가능한 것으로 판명되었다. 그들은 순간순간의 접속과 배치가 자신을 규정한다는 것을 안다. '나는 순간순간 우연적이고 임의적인 관계들의 복합체다'라는 문제를 떠올리게 한다. 작가 스스로 일인칭 속에 '복수(複數)'의 목소리를 담으려고 한다. 따라서 그것은 '나'라고 하는 독아론의 범주를 벗어난다.

문제는, 이들이 '자기'로부터의 소외를 피하려는 과정에서, 종종 부질없고 외로운 죽음(무기력, 생명력의 소멸)과 만나곤 한다는 것이었다. 그러나 이 딜레마가 비관적으로만 보이지 않는 것은, 이들이 순간순간 결정되는 자신을, 카드점의 예정조화로부터 구출해낼 의지를 보여주고 있다는 점 때문이다. "생활이 발설하는 소리"(「유령을 힐난하다」)쪽으로 자신을 이동시키는 대목은, 또 다른 삶, 또 다른 가능성들을 기대하게 하는 것이다.

소설집 『달로』 이후 처음 발표한 소설인 「유령을 힐난하다」에서는 "찰박찰박 빗물을 튀기는 소리, 오디오가 마지막 곡을 재생한 뒤 자동으로 첫 곡으로 돌아가는 소리, 어디엔가 숨어 있던 고양이가 기지개를 켜며 그에게 다가오는 소리, 전등 근처로 날아든 날벌레가 날갯짓하는 소리"(129쪽) 등, '생활이 발설하는 소리'가 의미심장하게 읽힌다. 테이블 위의 카드점으로부터 탈출해서, 삶의 웅성거림 쪽으로 한 발 내딛는 행위의 상징성을 보며 우리는 이제, 태생적인 고아의 진짜 자유와 선택의 문제를 기대하게 된다. 삶의 웅성거림 속에서, 순간순간의 마주침들 속에서 정초될 새로운 윤리에 대해 기대해봄직한 대목인 것이다.

민중이 사라진 시대의 문학

조정환

민중의 출현과 혁명의 시대

광주는 오늘날 우리 자신의 손으로 더럽혀지고 있지만 광주의 기억을 새롭게 되새기는 사람들이 있다. 『신좌파의 상상력』의 저자 조지 카치아피카스 같은 사람들이 그렇다. 그는 광주에서의 민중항쟁을 1870년의 파리코뮌에 값하는 역사적 의미를 갖는 것이라고 말한다. 광주에서 민중이 자발적으로 봉기하여 한 도시를 통제했고 군대가 반격해 올 때 마지막까지 저항했다는 것, 그리고 참가자들이 유기적으로 연대하여 직접민주주의를 실현했다는 것이 그 근거이다. 그리고 그는, 광주항쟁이 마르코스 독재의 종식을 가져온 1986년 필리핀의 민주화 운동, 전두환 독재를 끝장낸 1987년의 시민항쟁, 느윈 대통령의 사퇴를 가져온 1988년 미얀마 민주화 운동, 중국 공산당 정부에 항의한 1989년의 천안문 시위, 1992년 태국의 민주화 운

동, 1998년 인도네시아 시민항쟁 등 일련의 국제적 봉기를 가져온 도화선이 되었다고 분석한다.1

주목할 것은, 그가 예시하는 광주항쟁의 국제적 파급 지역이 아시아에 집중되고 있다는 사실이다. 왜 서구로 항쟁이 파급되지는 않았던 것일까? 왜 카치아피카스는 광주민중항쟁을, 전 지구적 파급효과를 가져왔던 1968년의 혁명과 비교할 수는 없었던 것일까? 국제적 봉기의 도화선이었던 광주에서, 아니 남한에서 전통적 의미의 혁명이 사라지고 있는 것은 무엇 때문인가? 그것의 역사적 의미는 무엇인가? 이러한 상황이 던지는 실천적 과제는 무엇인가? 우리에게는 이런 문제들이 주어질 수 있다. 그런데 우리가 이와 관련해 풀어야할 또 하나의 중요한 문제가 있다. 민중과 문학, 혹은 민중문학의 문제이다. 민중문학은 광주의 산물만은 아니다. 그것은 광주의 산물이면서 동시에 광주를 규정한 잠재력이다. 민중문학이야말로 항쟁 이전에 이미, 주어진 제도와 권력을 넘어서는 민중봉기의 상상력, 자본주의가 설치한 경계들을 넘어 흐르는 사람들 사이의 정서적 유대 등을 표현하지 않았던가? 또 항쟁과정 속에서 문학의 이러한 정신이 항쟁을 이끄는 정동적 힘으로 작용하지 않았던가? 그렇기 때문에 민중문학이 민중항쟁의 단순한 생산물이자 그 반영으로만 읽힐 수 없는 것이다. 그것이 비록 뒤늦게 민중문학이라는 이름을 얻었지만, 그것은 항쟁에 앞선 항쟁의 영혼이었다고 해도 좋을 것이다.

어떻든 1980년대 문학의 화두는 단연 민중이었고 민중과 문학은 서로 어우러지고 더 깊숙이 포옹하며 살아갔다. 민중문학은 밀실의 행위가 아니라 공장과 거리의 행위로, 광장의 행위양식으로 발전했다. 그런데 1980년

---

1. 조지 카치아피카스, 「광주항쟁에 대한 기억」, http://www.eroseffect.com/korean/kwangju%20pdf.pdf.

대가 갑작스러웠던 만큼이나 1990년대도 갑작스러웠다고 해야 하는 것일까. 1991년 5월을 분기점으로 사람들은 혁명의 불꽃이 갑자기 꺼지는 것을 경험한다. 1980년대가 민중이 뜨겁게 나타났던 시대라면 1990년대는 민중이 어디론가 사라지는 시대이다. 그래서 1980년대가 열정의 시대로 기록되는 것과는 달리 1990년대는 냉소의 시대로 기록된다. 열정의 화산이 식고 머리띠가 풀리고 쳐들었던 손이 내려지고 연대의 끈이 끊어질 무렵, 그리고 문학과 민중의 포옹이 멋쩍어질 무렵 포스트모더니즘이 혁명의 가능성의 종말을 요란하게 선언한다. 이것은 민중의 사라짐에 대한 즉각적 반응이자 환호와 같은 것이었다. 이러한 상황에서 혹자는 사라지는 민중에게 안녕을 고했고 혹자는 민중의 환영(幻影)을 끌어안고 뜨거웠던 기억을 더듬었다. 여기서 문제가 발생한다. 민중이 사라진 시대에 문학의 운명은 무엇이며 그 진로는 무엇일 수 있는가?

시인 박영근과 그의 죽음은 이 문제가 참으로 절박한 문제로 우리에게 제기되어 있음을, 아니 오래 전부터 제기되어 있었음을 보여준다. 이것은 누구나가 직면했지만 외면했던 바로 그 문제가 아닌가? 박영근이 이 문제를 직시하며 고독한 분투를 해왔다는 사실은 아마 그의 죽음이 아니었다면 발견되기 어려웠을지 모른다. 이런 의미에서 그의 죽음은 물음을 회피하고 문제를 묻어버리는 근대문학의 퇴행적 관행에 대한 온몸의 항거일지 모른다. 분명히 그는 민중이 사라졌음에도 민중과 작별하려 하지 않으려 했다. 그렇다고 그는 민중의 그림자, 그 환영에 만족하지도 않았다. 오히려 그는 시의 쪽배를 타고 민중을 찾아 망망대해를 헤매는 위험한 모험을 감행했던 것으로 보인다. 그가 후기에 남긴 두 편의 시집 『지금도 그 별은 눈뜨는가』와 『저 꽃이 위험하다』는, 돌이켜 보면, 그의 모험의 비망록인 셈이다. 그 모험에서 그는 무엇을 겪었고 무엇을 보았던 것일까?

민중이 사라지다

　1997년 10월, 인천에서 박영근은 이렇게 쓰고 있다. "나에게 민중, 혹은 문학은 여전히 하나의 가능성이며, 가야할 미래로서의 새로움이다."『지금도 그 별은 눈뜨는가』의 후기에서이다. 여기서 그는 "어둠과 절망을 제대로 살아낸다는 것은 얼마나 어려운 것인가"라고 자문하면서 "새삼스럽게 가슴이 뜨거워 온다"고 말한다. 이것은 민중이 보이지 않는 어둠의 상황을 위기로서 고스란히 받아들이려는 태도이다. 그리고 두 가지 다짐. (1)"나 자신이나 남을 속이지 말자." (2)"분수를 알자".

　그리고 5년의 시간이 흘렀다. 2002년 10월, 인천에서 박영근은 이렇게 쓰고 있다. "이 시집을 다시 펼치는 것이 두렵고 부끄럽다. 지난 몇 년 동안 나는 내 안의 세계가 격심한 혼란 속에서 해체되어 가는 것을 지켜보았다. 돌아보건대, 나에게 시 쓰는 일이란 그런 해체의 또 다른 과정이었거나, 어떤 치유가 아니었던지."『저 꽃이 불편하다』후기에서이다. 해체인가 치유인가? 피로인가 해방인가? 답답할 정도의 모호함을 남기며 그는 "지향도 분명치 않은데, 이제 오래 머물렀던 곳을 떠나야겠다."고 말한다. 그는 더 이상 민중을 찾지 않을 것인가? 이제 민중은 더 이상 시인이 찾아 가야할 미래로서의 새로움이 아닌 듯하다. 그렇지만 새로운 지향이 무엇인가? 박영근은 그것이 분명치 않다고 말한다. 이것은 시인이 직면한 새로운 위기, 아니 진정한 위기가 아닌가? 그렇다면 오래 머물렀던 곳을 떠나는 그의 출분(出奔)은, 흔히 생각되듯, 그의 뒤늦은 절망의 표현인가?

　박영근의 시들은 그렇게 생각하지 못하도록 만드는 요소를 품고 있다. 다음 시를 읽어보자.

　아플수록 몸은 눈이 밝아진다.//열에 들린 몸이 꼼지락거리는 나무의 발가락을 본다/제 속을 날아가는 흰 나비를 본다//넋이야, 넋이야 출렁이는 피/열꽃이 터지는가/온몸이 근지러워라/다리며 허리/가랑이며 자지 끝까지/고름이 쏟아지고/몸 속 가지가지마다 숨이 열리고/한 숨, 한 숨 돋아나는 물방울들//어디서 사과 익는 냄새/신 살구 냄새/물소리/물소리/달구나 거렁뱅이 바람에도/진한 살 냄새//아 뜨거운 몸이/한 발만 내디디면/그대로 춤이 될 것 같은데/허공에 피어/갖은 빛깔로/허드러질 것만 같은데"(「춤」전문)

몸의 눈이 밝아지고 몸의 숨이 열리면서 온갖 것의 살 냄새가 진동한다. 한 발만 내디디면 몸이 살로 되어 허드러진 살-춤을 출 수 있을 것 같다는 예감. 경직된 뼈가 해체될 때에만 몸은 살로서 춤출 수 있다. 아니 살이 뼈를 타고 넘어 춤추는 것일까. "공장 담벼락을 타고 올라/녹슨 철조망에/모가지를 드리우고 망울을 터트리다/담장 넘어 비로소 피어나는 꽃들,/흐르는 바람에/햇살 속에//어둠 속에마저 빛나는, 내가 아직도 통과하지 못한/어떤 오월의 고통의 맨얼굴"(「꽃들」전문). 앞서 나는 민중이 사라졌다고 말했다. 그런데 이제 이렇게 말해도 좋을까? 민중은 사라진 것이 아니라 자신의 오랜 옷을 벗어버린 채, 자신을 유연한 맨살로 드러내고 있다고. 이것이 민중의 살의, 그 맨살의 시라고. 시인들만이 아직 시와 민중의 유연한 변신을 따라잡지 못한 채 녹슨 철조망 이 편에 서 있을 따름이라고. 내친 김에 말하자면, 이른바 '시인들'이 민중으로서의 시 혹은 시로서의 민중과 괴리되었다고.

나는 그렇게 보는 편이 더 유효하다고 생각한다. 그렇다면 시인 박영근의 해체는 결코 절망에서 나오는 해체가 아니다. 민중을 찾아 나섰던 그는 무엇인가를 발견했다. 그것은 철조망을 타고 넘어 꽃을 틔우는 오월의 고통의 맨얼굴, 살의 춤이었다. 그가 '오래 머물렀던 곳'을, 비로소, 떠날 수 있게 된 것은 바로 살에 대한 이 감각 덕분이 아닐까? 「흰 빛」을 살펴보자.

박영근에게서 민중은 집이었고 민중의 사라짐은 집을 잃어버린 상실감으로 나타났다. 그러던 그가 문득, "그러나 집이 어디 있느냐고 성급하게 묻지 마라/길이 제가 가닿을 길을 모르듯이/풀씨들이 제가 날아갈 바람 속을 모르듯이/아무도 그 집 있는 곳을 가르쳐줄 수 없을 테니까"라고 말할 때 우리는 그가 민중의 새로운 이념에 도달해 가고 있음을 느낄 수 있지 않은가? 민중은 가 닿을 길을 모르는 길이며 제가 날아갈 바람 속을 모르는 풀씨이다. 따라서 아무도 민중의 정주처를 알 수는 없다. 민중은 지금은 "이렇게 우리 헤어져서/너도 나도 없이 흩날리는/눈송이들"이다. 이것이 바로 그가 찾아 헤매던 민중의 지금 모습이 아닌가? 그 모습은 스무 살 때, 영등포 뚝방촌 공장 담벼락 옆에 "더는, 어떻게, 엎드려 볼 수도 없이, 낮은 것들이 모여/천막조각이나 폐타이어를 머리에 쓰고/한겨울 우두커니 얼어붙은 배추밭"(「문장수업」)같은 민중이 아니다. 그런 모습의 민중은 사라지고 없다. 그런데 이 흩날리는 눈송이 민중은 "겨우내 눈이 쌓이고, 묻히는 살붙이들/그 어둠만큼 흩어지는 눈송이들 속에서/듣는다. 우리들 목마른 입맞춤 찾아서/한밤중 허공을 떠돌며/서로 부르는/목소리 몇 조각./깊은 골목을 쓸고 있는/눈 몇 송이, 눈 몇 송이."(「수유리에서·4」)의 민중과는 같은 모습이 아닌가? 만약 그렇다면 박영근은 정확히 20년 전으로 돌아가서 서성이고 있다고 해야 할 것이다. 분명히 「흰 빛」은 구사되는 시어들에서 20년 전의 「수유리에서」를 닮았다. 그의 시를 오래 지배해온 주요한 이미지들이 이 두 시에서 겹쳐서 나타난다. 살붙이, 허공, 눈송이 등이 그것이다. 그러나 다른 것이 있다. 「흰 빛」에 나타나는 새로운 이미지가 있다. 그것은 "믿어야 할 것은 바람과/우리가 끝까지 지켜보아야 할 침묵/그리고 그 속에서 타오르고 있는 불"이다. 헐벗은 민중이 아니라 바람과 침묵 속에서 타오르고 있는 불로서의 민중, 내재적이고 잠재적인 민중. 이 깨달음을 시인은 각성의 '그래'로 표현한다. 그것은 첫 연과 마지막 연에서 두 번 반복된다. 한 번은 "밤하늘에 막 생겨나기 시작한 별자리를 볼 때가 있다. 그래"로, 또 한 번은 "그래, 이제 詩는 그만두기로 하자/그 숱한 비유들이 그치고/흰 빛, 흰 빛만 남을 때까지"로. 앞의 '그래'는 밤하늘에 흩어진 눈송이 같은 별들이 이루는 별자리 속에서 민중을 사유하는 것이다. 그것은 흩어짐 속에서의 은밀한 어우러짐으로 나타나는 민중이다. 그 어우러짐이야말로 바람과 침묵 속에서 타오르는 불이다. 그런데 뒤의 '그래'에서 이 불은 도약을 시도한다. 붉은 불이 아니라 '흰 빛'을 추구하는 것이다. 이 흰 빛으로의 도약 속에서 불의 뜨거운 이미지는 눈송이들의 차가운 이미지와의 대립을 벗어날 것이며 여기에서 눈의 하양도 흰 빛으로 도약할 것이다. 그러나 그것은 언어로는 이룰 수 없는 도약이다. 不立文字. 그래서 시인은 '詩를 그만두기로' 한다. 박영근은 시인으로서 민중을 찾아 나섰다. 그가 민중의 새로운 형상을 발견하는 순간 그는 詩를 접는다. 이 민중되기 속에서 그의 시는 우울함을 벗어버린다. "매, 미, 들, 이, 매, 미, 들이, 매, 미들이, 매미들이/온통 살아 제몸을 운다/(중략)/저것이 온 살을 부벼 누군가를 부르는 소리라면/못견디게 만나/한몸으로 이레나 열흘쯤을 울고/어두움으로 돌아가는 것이라면/그대로 절정이다//한 삶을 지나 문득 내가 듣는/저 눈부신 허공 위의/또다른 生//그러나 끝내 몸도/주검조차 보여주지 않는다/생명의, 그 밝은 첫자리"(「절정」). 시인은 여기서 온 살을 부벼 울고서 어두움으로, 아니 '생명의 그 밝은 첫자리'로 돌아가는 매미가 된다.

달라진 혁명의 물길

그러면 박영근은 민중을 찾는 모험을 통해 민중의 새로운 이념, 새로운 형상을 포착하는 데 도달했던 것일까? 그렇다면 그의 시 곳곳에 남아 있는 여전한 저 어둠, 절망의 그림자는 무엇을 의미하는가? 그것은, 그의 시가 민중의 사라짐에 대한 즉자적이고 수동적인 반응을 넘어서지 못한 흔적이 아닐까? 박영근 후기 시 전체가 고투하고 있고 그의 시의 운명이 걸려 있는 이 물음에 답하는 것은 매우 중요하다.

민중의 사라짐은 문학뿐만 아니라 우리의 동시대인들 전체가 충격적으로 겪는 매우 보편적이고 중요한 사건이다. 그것은 농촌의 쇠퇴에 이어 공장이 쇠퇴하면서 뚜렷이 나타나는 현상이다. 1960년대 이후의 개발정책으로 전통적 농민이 사라졌듯이, 1980년대 이후의 산업재구조화로 산업노동자가 사라지고 있다. 1990년대 들어 한국에서 산업노동자들이 사회에 대해 행사하는 헤게모니가 급속히 쇠퇴하고 있는 것, 노동조합이 사회혁명을 이끄는 전투조직으로부터 점차 동업적 이익집단으로 바뀌고 있는 것은 결코 자본의 이데올로기 공격의 효과만은 아니다. 농민의 쇠퇴는 더 이상 자연에 의존하지 않으며 적극적인 자연가공(즉 노동)에 의존하는 인공적 도시사회가 출현한 것의 결과였다. 그런데 농민의 쇠퇴는 노동자의 부상을 가져왔다. 그것은 한국의 1980년대를 혁명의 시대로 만들었다. 그런데 지금 왜 노동과 노동조합이 쇠퇴하고 있는가? 그것은 다시 혁명적으로 부활할 수 있을 것인가? 아니면 그 시대는 돌아올 수 없는 것이며 이미 다른 시대가 도래한 것인가? 이것이 박영근의 시적 물음의 사회적 내용이며 역사가 우리 자신에게 제기하는 물음이기도 하다.

이 물음은 두 가지 측면에서 응답될 수 있다.

첫째는 공간적으로 경험가능하고 수량적으로 측정가능한 현실의 측면에서이다. 이 측면에서 우리는 두 가지 현상을 주목할 수 있다. 하나는 이른바 노동사회의 쇠퇴와 정보사회의 부상이다. 이 변화에서 지구상의 지역과 나라에 따라 불균형과 비대칭이 있는 것은 사실이지만 한국에서도 산업적 노동사회의 쇠퇴는 분명하게 나타났다. 산업노동자 수의 감소는 그것의 가장 표면적인 현상이다. 그것은 산업화 과정에서 농민이 겪었던 쇠퇴와 유사한 모습으로 진행되고 있다. 공단이라고 불렸던 공장지대가 빠르게 사라지면서 급속하게 시장지대로 편입되고 있다. 게다가 산업노동자는 정리해고를 통한 폭력적 해체 이후 정규직과 비정규직 사이의 분할에 의해 단일한 계급으로서의 정체성의 위기를 겪는다. 이 때문에 노동조합은 이제 노동자들의 통일된 계급조직으로서의 위상을 잃기 시작했다. 노동조합의 사회적 영향력, 그것의 헤게모니는 전례 없이 실추되었다. 그러나 엄밀히 말하면, 이것은 결코 노동 일반의 쇠퇴도 노동사회의 쇠퇴도 아니다. 역설적이지만 산업노동의 쇠퇴는 삶 전체의 노동화라고 부를 수 있는 노동의 확장을 가져오고 있다. 노동의 쇠퇴로 보이는 현상의 실질은 노동의 분산과 비가시화일 뿐이다. 팔다리를 사용하여 근면으로서 수행하는 노동이 양적으로 줄어들고 그 영향력이 쇠퇴하는 반면 두뇌와 심장을 사용하여 지적 정서적으로 수행하는 노동의 양은 늘어날 뿐만 아니라 그 영향력도 점차 증가하고 있다. 게다가 사회의 모든 구성원이 생산, 유통, 분배, 소비 등 사회적 삶의 총과정에 걸친 노동분업체제, 즉 분업적 노동네트워크의 마디로 편입되고 있다. 최근에 들어와 '비물질노동'이라고 불리기 시작한 이러한 노동 양식은 지식, 정보, 소통, 정서의 분야를 포함하는 광범한 영역에서 확장되고 있다.[2] 교육, 통신, 보험, 관광, 의료, 운송, 연구, 방송, 연예, 기타 서비스업은 전례 없이 많은 사람들을 흡수하고 있고 여기에 종사하는 사람들의 지적 정서적 조직적 영향력도 빠르게 커지고 있다. 이것의 영향으로 농업과 공업의 3차산업화, 서비스화가 급속하게 진행되고 있다. 그러므로 노동의 쇠퇴는 노동일반의 쇠퇴가 아니며 노동의 재편과 확장에 붙여진 잘못된 이

---

2. 비물질노동에 대한 자세한 소개는 질 들뢰즈·안또니오 네그리 외, 『비물질노동과 다중』, 갈무리, 2005 참조.

름이다. 오직 전통적 노동의 관점에서 볼 때에만 노동이 쇠퇴하고 있는 것이다.

현실의 측면에서 또 하나의 중요한 현상은 전 지구화이다. 이것은 초국적 금융자본의 광속의 이동능력에 의해 가속되고 있는 현상이지만 그것에 국한된 것이 아니다. 자본의 이동이 전 지구적일 뿐만 아니라 노동의 비물질화로 인해 노동의 관계망과 분업이 전 지구적인 것으로 되고 있다. 우선 초국적 금융자본은 이자를 찾아 밤낮 없이 국경을 넘어 이동하며 생산자본도 값싼 노동력 혹은 적합한 노동력을 찾아 국경을 넘어 쉽게 이동한다. 상품들의 전 지구적 이동은 굳이 말할 필요도 없을 정도로 광범위하다. 여기에 법적 억압으로 인해 제약되고 있지만 꾸준히 증가하고 있는 이민, 이주민의 증가를 보태야 한다. 이주민들은 자국의 문화능력을 이주지에 전염시켜 전 지구적 혼성문화를 창출한다. 이렇게 노동담당층의 세계에 언어, 문화, 인종의 차이들이 인입되면서 지금까지 지역을 따라 구축되어 국민을 구성하는 중심축이었던 노동조합 조직은 위기를 맞게 된다.

이상의 두 현상이 현실적 측면에서 노동의 변화를 구성한다. 이 변화로 인해 산업노동과 노동조합을 기초로 국민적 수준에서 구축되었던 전통적 조직들, 전통적 운동들은 위기를 맞게 되었다. 이것은 이러한 수준에서 구축되었던 혁명이론과 혁명투쟁의 가능성의 조건도 해체한다. 바로 이것이 1990년대 한국에서 혁명적 사유와 혁명적 실천의 급격한 쇠퇴를 규정한 객관적 조건이다. 박영근의 시적 모색은 민중과 그에 기초한 혁명이 사라지는 이 당황스런 사태 앞에서의 시적 응전의 한 형태이다. 그의 응전은 전통적인 혁명적 민중을 더 이상 찾을 수 없다는 사실의 확인으로 끝났다. 이것이 박영근 시의 일각에 깊은 절망적 감성을 각인한다.

둘째로 우리는 앞의 물음에 대해, 경험적으로 확인하기가 쉽지 않은 잠재성의 측면에서 답할 수 있다. 이것은 주체성의 구성과 재구성의 측면에서 그 물음에 답하는 것이기도 하다. 산업화 이후 우리는 농민의 쇠퇴와 노동계급의 급속한 형성과 부상을 보았다. 한국에서 1960년대의 산업화는 일제 시대의 산업화와는 비교할 수 없을 정도로 계획적으로, 그리고 대규모로 전개되었다. 근대 한국에서 그것은 전통적인 농민 형상들을 철저하게 파괴하는 것으로 나타났다. 물론 이것은 농업을 완전히 파괴했다는 의미가 아니다. 농업은 지속되고 있지만 전체 산업에서의 규모는 크게 줄어들었다. 또 살아남은 농업 영역에서, 어느 정도의 토지를 갖고 가족의 힘으로 경작을 해서 부분적으로 시장과 관계를 맺으면서 살아가는 본래적 농민 형상 대신에 오직 시장을 위해서만 생산하는 농업기업들, 그것에 고용된 농업노동자들, 그리고 극단적인 빈곤상태에서 살아가는 농촌빈민들 등으로의 농민의 분화를 가져왔다는 것이다. 아마도 한미FTA가 체결된다면 잔존하는 농민 형상마저 **빠르게** 그리고 더 철저하게 사라질 것이 분명하다.

농민에서 노동계급으로의 이행은 짧은 시간에 매우 급격하고 철저하게 진행되었다. 그런데 지금은 노동계급에서 다중으로의 이행이 **빠르게** 진행되고 있다. 좀 더 정확하게 말한다면 노동계급이 다중의 일부로 편입되는 재구성의 방식으로 이 이행이 진행되고 있다.[3] 물론 이 과정에서 잔존한 농민 역시 다중의 일부로 편입된다. 다중이 무엇인가? 다중은, 어떤 헤게모니적 집단 없이 공통의 생산관계 속에서 소통적이고 삶정치적인 관계를 맺는 다수의 특이한 사람들의 총체이다.

지금 우리는 이처럼 주체성의 새로운 이행기를 살아가고 있다. 이 이행기가 삶의 양식들의 새로운 구축과 더불어 오래된 관계들의 급작스런 해체를 수반한다는 것은 중요한 문제이다. 특히 근대문학의 운명과 관련하여 이 해체는 중요한 의미를 갖는다. 근대문학은 의식적이든 무의식적이든 국민

---

3. 한국에서 다중의 형성에 대해서는 조정환, 『제국기계 비판』, 갈무리, 2005, 제2부 참조.

의 구축에 기여해 왔다. 일제 말기 프롤레타리아 문학의 황국 국민문학에의 포섭이나, 1990년대 이후 민중문학의 한국문학으로의 전화는 한 가지 중요한 사실을 보여준다. 그것은 민중문학 역시 부르주아 문학과는 다른 방식으로 국민의 구축에 봉사한다는 것이다.[4] 민족적 수준에서 구축되는 민중문학은 민중이 주체가 되는 주권 구축의 정신적 동력이었다. 이런 의미에서 민중문학은 국민주권을 추구하는 근대문학의 한 형태이다. 그런데 다중으로의 이행은 민중의 핵심계급인 노동자와 농민의 해체를 통해 국민구축의 기반을 와해시키는 것은 아닌가? 민족적 공동체의 구축을 통해 저항하고 창조할 주체성을 붕괴시키는 것은 아닌가? 박영근이 시로써 분단현실에 저항하면서 '민중은 가야할 미래로서의 새로움'이라고 했을 때, 이러한 경향에 대한 저항이 강하게 환기된다. 그런데 민중의 해체가 돌이킬 수 없는 상태에서 민중을 가야할 미래로 사고한다는 것은 무엇을 말하는가? 이 문제를 밝히기 위해 잠깐 유럽 문학사에서 나타났던 한 현상에 대한 기록을 참조해 보자.

전통적인 농민 세계라는 유럽의 문화적 형상은, 그리고 그것에 대한 향수도, 마침내 끝나게 되었다. 리얼리즘에서 모더니즘으로의 이행 — 이것은 유럽의 문학 연구와 예술사에서는 흔한 수사이다 — 에 대한 한 설명은 농민 세계의 종말을 다음과 같이 지적한다. 농민 세계라는 가까운 과거에 더 이상 접근할 수 없게 될 때, 많은 유럽 저자들과 예술가들은 원시적인 것과 신비한 것이라는 더 오래된 과거로 이동한다는 것이다. 이 생각에 따르면, 모더니즘의 탄생은 고대적이고 아득한 과거의 발견이자, 영혼이나 신화 혹은 본능을 갖춘 일종의 영원한 원시인의 발견이다.[5]

---

4. 이에 대해서는 조정환, 「한국문학의 근대성과 탈근대성」, 『상허학보』, 2007년, 128~168쪽 참조.

박영근은 초기 노동시에서도 박노해, 백무산과 달리 강한 농민정서를 형상화했다. 그는 공장에서 자신감과 전망을 갖고 선도적인 투쟁을 수행해 가는 선진 노동자의 형상보다 강제적으로 해체되어 도시의 취업공고판 앞에서 머뭇거리는 탈농민들의 비애스런 정서를 통해 노동사회를 비판적으로 형상화했다. 그렇기 때문에 그의 민중은 엄밀히 말하면 근대화된 노동자를 핵심적 근거로 삼지 않는다. "벗어나려 안간힘으로 액셀을 밟는 삶의 어떤 속력도/통과할 수 없는 곳을 나는 안다/내가 쓰는 詩 행간 어두움 속의/너의 희미한 미소, 내 몸에 새겨진/이미 지울 수 없는, 너의 역사"(「네가 찾아들 때마다」). 그 역사, 그 시간이 무엇인가? 이 시간을 농민의 시간이며 지나간 시간에 대한 그리움이라고 말해 버리는 것은 안이한 접근법일 것이다. 사실상 우리가 어려운 문제에 직면하는 것은 바로 이 지점이다. 현실의 시간은 어디론가 전 속력으로 나아가고 있다. 그러나 시인은, 그 시간이 '통과할 수 없는 곳'에, '캄캄한 어두움' 속에 웅크린 채, 달리는 그 현실의 시간을 고통스럽게 응시한다. 박영근은 1990년대 이후뿐만 아니라 1980년대에조차도 이 어둠의 시간 속에서 민중을 찾아왔던 것이 아닌가? 아마도 김형수가 확인하고 이성혁이 승인하는 박영근의 '실존적인 것' 혹은 '실존주의'는 이 어둠의 시간을, 혹은 그것을 준거로 삼는 시적 태도를 지칭하고 있는 것이리라.[6] 이러한 의미에서의 실존은 박영근에게서 영원한 저항의 거점이며 영원한 창조의 샘이다. 이것은 박영근 시의 어떤 특이한 잠재력을 구성한다. 우리는, 바로 이 시적 힘이 박영근으로 하여금 시류에 동화되지 않고 그것을 거슬러 살게 하고 쓰게 했다는 데에 이견을 가지기 어렵다. 이 점에서 박영근의 시는 강한 버추얼리즘(virtualism)을 드러낸다.[7] 특

---

5. M. Hardt · A. Negri, *Multitude*, Penguin, 2004, p. 121[번역 : 필자].
6. 김형수, 「어둠 속에 있는 자의 고독」, 『지금도 그 별은 눈뜨는가』, 창작과비평사, 1997; 이성혁, 「전망과 유목」, 『작가』 44호, 2006년 가을 참조.

히 그의 이 특이한 잠재력이 단지 특이한 것에 머물지 않고 부단히 공통적인 것을 추구했다는 점이 주목되어야 한다.

그런데 공통적인 것을 구축하고자 하는 그의 대치선의 시간은 언제나 썰렁하고 어둡다. "바람 부는 공단거리 해종일 쏘다녀도/아는 이 한 사람/만날 수 없고/옷 벗은 광고선전지만 날아와 발등을 덮고/지친 내 그림자가 기대고 선/공장 담벼락엔 찢겨진 낡은 포스터/(중략)/돌아볼 옛날도/훗날도 없는 텅 빈 시간/답답한 마음이 골목엘 나와/외롭게 제 발등을 비추고 있는 보안등 불빛을 본다"(「희망에 대하여」 일부). 외로움은 홀로 있고자 하는 마음이 아니라 함께 하고자 하는 마음이다. 그것은 함께 하고자 하는 욕구가 충족되지 않고 있는 상태이다. 박영근에게서 이 욕구좌절의 상태는 '옛날'도 '훗날'도 없을 정도로 기약 없이 지속된다. 이것은 그가 서 있는 저 어둠의 시간의 저항과 창조가 끊임없이 대면하는 한계가 아닌가? 정남영에 따르면, 이 한계는 저 어둠의 시간이 탈정체성이라는 긍정적 지향으로 나타나되 능동적 창조로 나아가지 못하고 비정체적 부정성에 머물 때 나타난다.[8] 이럴 때 잠재성은 현실적인 것의 표면을 구성하지 못하고 그것에서 분리된 추상성으로 남게 된다.

그렇지만 우리는 박영근에게서 살의 감각을, 흰 빛으로의 초극의 감각을 읽을 수 있지 않았던가? 그것은 결코 '실존주의'라고는 이름 부를 수 없는 공통적인 것의 감각이다. 박영근의 자기해체가 공통적인 것의 구축으로 나아갈 수 있는 실제적 힘을 갖고 있었다면 그것은 전적으로 이 살의 감각 때문일 것이다. 살의 시들은 확실히 경계들을 넘는 공통성을 강하게 환기한다. 하지만 이러한 환기에도 불구하고 저 비정체적 부정성, 실존성의 영

---

7. 버추얼리즘에 대해서는 조정환, 『카이로스의 문학』, 갈무리, 2006, 197~222쪽 참조.
8. 정남영, 「길 위에서, 새 길을 찾으며」, 『실천문학』 73호, 2004년 봄호, 99쪽 참조.

향력은 너무나 완강하게 남아 살의 감각이 현실과의 교통 속에서 삶의 실재성을 찾아 가는 것을 방해한다. 여기서 우리가 목격하는 것은, 농민세계가 사라지자 영원, 본능, 신화, 원시 속에서 길을 찾으려한 서구 모더니즘과 유사한 어떤 시적 양상이 아닌가? 잠재력은 초월성과 구별되어야 한다. 잠재적인 것은 현실적인 것의 반쪽이다. 그것은 현실의 발생을 가능케 하는 영원한 조건이다. 잠재성이 현실적인 것과 유리될 때 또 그것이 시간적 발생성으로 되지 못하고 초시간적 부정성으로 머물러 있을 때 그것은 초월성으로 쉽게 전화하거나 혹은 그것과 쉽게 결탁한다. 물론 후기 시들에서 박영근이 꾀하는 시적 모색은 부정적 힘으로서의 초월적 민중을 벗어나려는 도약의 시도를 보여준다. 그러나 그의 도약은 새로운 현실을 향해 솟구치지 못하고 제 자리로 떨어지는 모습을 보여준다. "80년대와 90년대가 두서없이 찾아왔고/아, 지긋지긋한 不立文字, 임시/막사의 희극, 찢어진/얼굴/나에게는 현실이 없었다/다시 시간이 흘러간다"(「나는 지금 어디를 바라보고 있는 것일까?」). 현실이 없었다는 각성이 있다. 그러나 그 각성은 다시 흘러가는 시간 속에 묻히고, '나는 지금 어디를 바라보고 있는 것일까'라는 자문 속에 묻힌다.

살과 삶: 민족에서 인류로

우리는 앞서 박영근의 민중의 모색이 새로운 민중의 형상을 발견하는 것에 다가가고 있었다고 썼다. 그것은 살의 이미지로 표현되었다. 그런데 이제 우리는 그 살이 어떤 살인가? 라고 묻지 않을 수 없다. 그의 민중찾기의 현장은 어디였던가? 그는 삶의 현실 속을 바라보기보다 그 너머 잠재성의 깊은 어둠의 시간을 탐색했다. 그는 마침내 민중의 살을 발견하지만 그

살은 현실의 살은 아니다. 그는 잠재성으로서의 민중을 발견하지만 그것에는 초월성의 어둠이 너무 짙게 배어 있다. 그래서 박영근의 민중은 현실성으로 비상하지 못한 채, 어둠 속으로 다시 추락하는 것이다. 박영근은 잠재성으로부터 분리된 현실주의의 문제점을 올바르게 비판하지만 초월적 잠재주의의 함정으로 빠져들고 있지 않은가? 그의 시가 갖는 뚜렷한 모더니즘적 특징들은 여기에서 연유하고 있지 않은가? 그리고 역으로 그의 모더니즘이 민중에 대한 초월적 신비화를 벗어나지 못하도록 가로막고 있지 않은가?

그러므로 박영근의 사례는 우리에게 실재적인 것(the real)을 잠재적인 것(the virtual)과 현실적인 것(the actual)의 긴장 속에서 탐구할 필요성을 새기게 해 준다. 그것은 박영근이 딛고 있었던 어둠의 시간을 잊지 않으면서 박영근이 ― 근대문학의 시류와는 정반대로 ― 외면해 버렸던 현실의 시간을 다시 탐구하는 일이다.9 이럴 때 우리는 역사의 이행을 잠재적인 것의 현실적인 것으로의 부단한 비상(飛翔), 재구성 혹은 발생적 사건으로 이해할 수 있다. 이럴 때 농촌사회에서 공장사회로, 공장사회에서 정보사회로의 이행이나 농민에서 노동자로, 노동자에서 다중으로의 이행은 사회학자들의 관심사에 국한될 수 없다. 바로 그것은 민중을 찾는 시인의 문제이기도 한 것이다. 왜냐하면 이러한 이행이야말로 시가 속해 있어야 할 민중의 삶의 판의 재구성이자 민중의 주체적 재구성이기 때문이다. 이럴 때 민중은 어둠의 시간 속에 부정적인 힘으로 웅크리고 있는 힘으로 나타나는 것이 아니라 끊임없이 자신을 재구성하는 **긍정의 힘**으로 나타난다. '녹슨 철조망에/모가지를 드리우고 망울을 터트리다/담장 넘어 비로소 피어나는' 것은 꽃

---

9. 이런 의미에서 버추얼리즘은 리얼리즘을 대체하는 것이 아니라 그 해독제이다.(조정환, 『카이로스의 문학』, 208쪽 이하 참조).

들만이 아니다. 발생적 민중들은 현실적 사건들을 통해 주어진 경계들, 철조망을 타고 넘는다. 예컨대 노동자들은 공장 협력을 통해 농민사회의 고립의 경계를 타고 넘었다. 농민-민중의 사라짐은 노동자-민중의 구성 과정이었다. 다시 우리는 지금 노동자-민중의 사라짐을 경험하고 있고 이것이 1990년대가 우리에게 제기한 문제적 사건이었다. 이것을 민중 일반의 사라짐이 아니라 노동자-민중의 사라짐으로, 민중의 능동적 자기 재구성 과정의 이면으로 파악하면서 그 내적 과정을 탐색할 필요가 있지 않은가? 이 탐색에서 기억들에 의지하는 것은 해롭다. 농촌의 기억과 공단의 기억은, 공통체의 체험을 제시한다는 의미에서 좋은 출발점일 수 있지만 궁극적으로는 벗어나야 할 것들이다. 체험에 묶인 기억들은 전개되고 있는 삶의 현실을 횡단하는 것에는 방해가 되기 때문이다. 박영근이 찾는 것과 같은 미래형의 민중, 가능성의 민중, 새로운 민중은 기억을 통해서는 찾을 수 없는 것이기 때문이다. 발견되어야 할 것은 현실 속에서 살아움직이는 잠재성, 현실을 규정하는 살, 사회적 살이다. 이런 시각에서 볼 때 노동자-민중의 사라짐이 인간의 사회적 협력의 더 크고 깊은 판의 구축에 의해 대체되고 있다고 말할 수 있지 않은가? 요컨대 발생적 민중이 민족의 구축을 넘어 인류의 구축을 향하는 사건 속에 있다고 말할 수 있지 않은가? 민족의 살이었던 민중의 사라짐은 인류의 살로서의 다중의 형성과정의 일부가 아닌가? 민중에 기초하여 민족을 구축하고 또 확장해 왔던 혁명의 붕괴는 인류의 가능성의 조건을, 다시 말해 다중의 새로운 유형의 혁명을 열어 나가는 진통의 일부가 아닌가? 오늘날 시와 문학이 민중의 이 변신과정을, 달라진 혁명의 물길을 놓쳐버린다면 기억 속의 민중을 더듬거나 그 그림자를 붙잡으려는 복고적 몸짓을 벗어나기란 어렵지 않을까?

새로운 민중의 구성과 문학의 길

서구에서 전통적 민중형상이 사라진 것은 1968년 혁명 이후였다. 그것은 한국과 아시아에서 전통적 민중형상의 등장과 겹친다. 하지만 거듭 말했다시피 1980년대 말을 전후하여 한국에서도 전통적 민중형상의 급격한 쇠퇴가 확인된다. 이 상황에서 도래한 것은 새로운 세계질서로서의 신자유주의적 지구화였다. 광주민중봉기와 1987년의 항쟁들이 신자유주의에 자리를 물려주었을 때 나타난 것은 자본경쟁의 격화 속에서 더불어 치열해진 노동자간의 경쟁과 분화, 실업의 확대, 농민의 철저한 소멸이었다. 도시빈민은 정부의 사회복지 정책에 기대를 거는 쪽으로 기울었다. 노동자와 연대해 혁명을 이끌었던 학생들은 취업에 목을 매는 취업기계로 바뀌었다. 이것이 민중 쇠퇴의 현상들이다. 광주에서 시작된 민중항쟁은 마침내 봉쇄된 것처럼 보였다. 민중과 함께 했던 문학의 고독은 여기서 비롯된다. 민중은 어디에 있는가? 이것이 박영근이 대면한 물음이었다.

그러나 그는 새롭게 전개되는 **혼잡한** 현실 속에서 민중을 찾기보다 기억 속에서, 실존 속에서, 잔존한 자연 속에서 민중의 힘을 찾았다. "거기 우리가 스스로 키운/금지된 시간들 속을 살아 저희들끼리 보듬고 있는/이름을 알 수 없는 풀들 어떤 역사나 믿음보다/먼저 제 몸을 찾아 기우는 햇살에도/환하게 물들어 가는 저 나무숲의, 얼마나 많은 바람과/햇빛과 눈비와 꽃들이 나의 기억을 지울 수 있을까//바라보면 하인천 너머 만석동 소금기도 없이/바래어가는 오래된 공장들의 침묵과/저물기도 전에 벌써 지쳐버린 바다"(「월미산에서」). 이것은 분명 어떤 타협도 거부하는 혁명적 몸짓이다.

너의 눈물 너의 노래는
너의 술과 너의 일탈은 저항의 몸부림이었다

너의 몸짓 너의 주정 너의 땡깡과 억지와 막무가내도
그 무엇과 타협할 수 없기에
그 무엇과도 흥정할 수 없기에
그것은 순결의 절규이기에
— 백무산, 「헛된 꿈을 접을 시간이다 : 박영근 시인의 영전에」 일부

그 저항의 몸부림, 순결의 절규는 우리로 하여금 끊임없이 묻고 모색하게 하는 힘이다. 그러나 이 힘이 현실에서 멀어질 때, 그것은 민중의 그림자로 머문다. 잠재적 민중은 부단히 새로운 현실로 자신을 던지고 시험하며 새로운 것을 창조해 가는 힘이다. 이것은 자본의 온갖 봉쇄, 간섭, 억압, 희화화, 회로화에도 불구하고 그 속에서 그것에 대항하여 그것을 넘어 전개되는 힘이다.

그러므로 민중의 실체는 그 새로운 구성과정 바깥 어디에서도 찾을 수 없다고 말해도 좋을 것이다. 새로운 삶을 구성하는 살이 바로 민중이기 때문이다. 그렇다면 앞서 민중과 함께 했던 문학이 지금 느끼고 있는 고독과 방황은 무엇인가? 민중은 배신했는가? 결코 그렇지 않다. 민중은 변신했을 뿐이고 또 변신하고 있다. 민중은 다중으로의 변신 속에서 오히려 그 스스로 시가 되고 있다. 저항의 시, 탈주의 시, 구성의 시가 그것이다. 그것은 문자로만 씌어지는 것이 아니라, 몸으로, 욕망으로, 상상으로, 행동으로도 씌어지는 다질(多質)언어의 시이다. 공통적인 것은 고통스런 추상을 통해 도달하는 관념으로서가 아니라 직접적 행동, 잡담과 수다, 꿈과 환상 등으로 구축된다. 그것은 비록 현실 그 자체는 아니지만 그렇다고 현실과 유리되어 있지도 않다. 그것은 현실이 구성되는 표면이고 현실의 살이다. 그렇다면 오늘날 시가 가능한 조건이 달라진 것이 아닌가? 분명히 그렇다고 해야 할 것이다. 이제 시와 문학은 민중을 대상으로 삼을 수 없다. 그것은 눈으

로 찾을 수 있는 방식으로 민중과 만날 수 없다. 민중성을 시 속에 반영한다는 것은 더 이상 가능하지 않다. 민중은 반영될 수 있는 방식으로 존재하지 않는다. 오늘 시가 민중과 만나는 유일한 길은 스스로 민중이 되는 것, 새로운 삶을 창조하는 살로서 스스로를 변형시키는 것이다. 민중의 그림자를 붙들려는 노력을 스스로 민중의 실체가 되려는 노력으로, 새로운 삶을 창조하려는 노력으로 전환시키는 것이다. 이것이 민중문학에서 삶문학으로의 힘든, 그러나 기쁜 이행이다. 민중문학에서 출발한 박영근은 이 이행의 길에 자기 해체가, 不立文字의 아픔이 수반된다는 것을 시적 체험으로 보여주었다. 그가 우리에게 남겨준 것은 민중찾기의 모더니즘과 민중되기의 삶문학 사이에서의 예민하고 섬세한 떨림과 그것의 아픔 자체이다.

:: 참고문헌

| 한글 단행본 |

고미숙 외, 『들뢰즈와 문학-기계』, 소명출판, 2002.
고종석, 『감염된 언어』, 개마고원, 1999.
고진, 가라타니, 『근대문학의 종언』, 조영일 옮김, 도서출판b, 2006.
_____, 『일본근대문학의 기원』, 박유하 옮김, 민음사, 2001.
권오룡, 『애매성의 옹호』, 문학과지성사, 1992.
김명인 외, 『주례사 비평을 넘어서』, 한국출판마케팅연구소, 2002.
김미도, 『한국연극의 새로운 패러다임』, 연극과 인간, 2006.
김수이, 『서정은 진화한다』, 창비, 2006.
김승옥, 『한국연극, 미로에서 길 찾기』, 연극과 인간, 2000.
김일영 외, 『해방전후사의 재인식 1, 2』, 책세상, 2006.
김치수, 『문학과 비평의 구조』, 문학과지성사, 1984.
네그리, 안또니오, 『혁명의 시간』, 정남영 옮김, 갈무리, 2004.
네그리, 안토니오·하트, 마이클, 『제국』, 윤수종 옮김, 이학사, 2001.
들뢰즈, 질, 『스피노자와 표현의 문제』, 이진경 외 옮김, 인간사랑, 2003.
_____, 『시네마 2』, 이정하 옮김, 시각과 언어, 2005.
_____, 『의미의 논리』, 이정우 옮김, 한길사, 2000.
_____, 『차이와 반복』, 김상환 옮김, 민음사, 2004.
들뢰즈, 질, · 가따리, 펠릭스, 『앙띠 오이디푸스』, 최명관 옮김, 민음사, 1994.
_____, 『천 개의 고원』, 김재인 옮김, 새물결, 2001.

_____, 『철학이란 무엇인가』, 이정임·윤정임 옮김, 현대미학사, 1995.
_____, 『카프카-소수적인 문학을 위하여』, 이진경 옮김, 동문선, 2001.
라이크만, 존, 『들뢰즈 커넥션』, 김재인 옮김, 현실문화연구, 2005.
마뚜라나, 움베르또, 『있음에서 함으로』, 서창현 옮김, 갈무리, 2006.
마이어호프, 한스, 『문학 속의 시간』, 이종철 옮김, 문예출판사, 2003.
뮈르시아, 클로드, 『누보 로망, 누보 시네마』, 이창실 옮김, 동문선, 2003.
민병욱·심상교 편, 『젊은 극작가·연출가들의 대표희곡』, 연극과 인간, 2002.
박민규, 『삼미슈퍼스타즈의 마지막 팬클럽』, 한겨레출판, 2003.
_____, 『지구영웅전설』, 문학동네, 2003.
_____, 『카스테라』, 문학동네, 2005.
_____, 『핑퐁』, 창비, 2006.
백낙청, 『민족문학과 세계문학』, 창작과비평사, 1978.
베르그송, 앙리, 『웃음』, 김진성 옮김, 종로서적, 1983.
뷔토르, 미셸, 『새로운 소설을 찾아서』, 김치수 옮김, 문학과지성사, 1996.
서경식, 『난민과 국민사이』, 돌배개, 2006.
스피박, 가야트리, 『포스트식민 이성 비판』, 태혜숙 옮김, 갈무리, 2005.
신현숙, 『희곡의 구조』, 문학과 지성사, 1990.
이광호, 『사소한 것의 정치성』, 문학과지성사, 2006.
이명랑, 『입술』, 문학동네, 2007.
이인성, 『낯선 시간 속으로』, 문학과지성사, 1997.
이장욱, 『나의 우울한 모던 보이』, 창비, 2005.
장진, 『젊은 극작가 - 연출가들의 대표희곡』, 연극과 인간, 2002.
정남영, 『리얼리즘과 그 너머』, 갈무리, 2001.
조정환, 『제국기계 비판』, 갈무리, 2005.
_____, 『지구제국』, 갈무리, 2002.
_____, 『카이로스의 문학』, 갈무리, 2006.
파비스, 빠트리스, 『연극학 사전』, 신현숙·윤학로 옮김, 현대미학사, 1999.
푸코, 미셸, 『지식의 고고학』, 이정우 옮김, 민음사, 1998.
_____, 『푸코의 맑스』, 이승철 옮김, 갈무리, 2004.

피어슨, 키스 안셀, 『싹트는 생명』, 이정우 옮김, 산해, 2005.
하이데거, 마르틴, 『존재와 시간』, 이기상 옮김, 까치, 1998.
한상철, 『한국연극의 쟁점과 반성』, 현대미학사, 1992.
한유주, 『달로』, 문학과지성사, 2006.
해석과 판단 공동체, 『2000년대 한국문학의 징후들』, 산지니, 2007.

| 한글 문헌 |

고명철, 「비루함을 통해 비루함을 넘는 시장통의 삶 – 이명랑, 『삼오식당』」, 『실천문학』, 2003 봄호.
고인환, 「이복형제들의 교감과 연대 – 이명랑론」, 『실천문학』, 2004 봄호.
고혜정, 「일본군 '위안부' 피해자들의 증언을 기록하며 — 진실을 찾아 떠나는 어두운 기억여행」, 『실천문학』, 2001 봄호.
권성우, 「문학적 게릴라들의 형태 파괴적인 열망」, 『리뷰』, 1996 봄호.
권오룡, 「80년대 사회의 삶과 소설」, 『존재의 변명』, 문학과지성사, 1989.
김동식, 「상처의 계보학, 또는 생성의 의미론」, 『낯선 시간 속으로』, 문학과지성사, 1997.
김동원, 「궁극적 인간 해방을 위한 자리매김」, 『세계의 문학』, 1989 여름.
김방옥, 「부상하는 30대 연출가들을 중심으로」, 『객석』, 1999.2.
김영찬, 「자기의 테크놀로지」, 『비평극장의 유령들』, 창비, 2006.
김유미, 「연극을 통해 연극 만들기」, 『한국연극』 1998.11.
김윤식, 「글쓰기와 소설쓰기」, 『오늘의 문학과 비평』, 문예출판사, 1988.
김윤철, 「장진님의 희극적 감각에 감동이 실리려면」, 『혼돈과 혼종의 경계에서』, 연극과 인간, 2004.
김인호, 「허구와 현실 사이의 존재론적 성찰」, 『탈이데올로기와 문학적 향유』, 열림원, 2001.
김춘식, 「물구나무 서는 존재」, 『문학정신』, 1996 봄호.
김치수, 「새로운 소설의 시대를 향하여」, 『공감의 비평을 위하여』, 문학과지성사,

1991.

김현, 「실험시·실험소설의 공간」, 『김현문학전집 14』, 문학과지성사, 1993.

김형수, 「어둠 속에 있는 자의 고독」, 『지금도 그 별은 눈뜨는가』, 창작과비평사, 1997.

남진우, 「리얼리즘을 넘어서」, 『바벨탑의 언어』, 문학과지성사, 1989.

다카하시 테츠야(高橋哲哉), 『일본의 전후책임을 묻는다』, 이규수 옮김, 역사비평사, 2000.

뜨론띠, 마리오, 「영국의 레닌」, 『자율평론』 3호, 이택진 옮김.

민진영, 「질 들뢰즈의 문학론 연구 – '차이'와 '생성' 개념을 중심으로」, 전남대학교 대학원 불어불문학과 박사학위논문, 2005.

백현미, 「일상적이되 일탈적인, 불온하되 의뭉스러운 – 박근형의 연극에 대한 짧은 독해」,

서동욱, 「상처받을 수 있는 가능성」, 『차이와 타자』, 문학과지성사, 2000.

서영인, 「'슈퍼'한 세상을 향해 날리는 적막한 유머」, 『충돌하는 차이들의 심층』, 창작과 비평사, 2005.

성민엽, 「21세기 작가란 무엇인가」, 『21세기 문학이란 무엇인가』, 민음사, 1998.

심정순, 「자유로운 상상력과 S·F 만화의 경계선」, 『한국연극』 1999.9.

염무웅, 「농민소설의 민중문학적 맥락」, 『문예미학』 제9호, 2002.

유성호, 「이중의 망각에 저항하는, 기억의 정치학 혹은 미학」, 『날아라 금빛 날개를 타고』, 소명출판, 2006.

이동하, 「1989년의 소설들」, 『혼돈 속의 항해』, 청하, 1990.

이성혁, 「전망과 유목」, 『작가』 44호, 2006년 가을호.

이왕주, 「책 읽는 당신, 당신에 대해서」, 『소설 속의 철학』, 문학과지성사, 1997.

이인성, 「문학에 대한 작은 느낌들」, 『식물성의 저항』, 열림원, 2000.

장석주, 「이인성, 또는 실험 소설의 현단계」, 『20세기 한국문학의 탐험·4』, 시공사, 2000.

장진, 「아름다운 사인」, 『한국현대대표희극선』(정진수 편), 연극과 인간, 2004.

_____, 「허탕 – 네팔가는 사람들」, 『장진 희곡집 – 덕배랑 달수랑』, 살림, 1996.

정남영, 「리비스의 작품비평과 언어의 창조적 사용」, 『SESK』 6호, 영미문학연구회.

_____, 「길 위에서 새 길을 찾으며」, 『실천문학』 73호, 2004년 봄호.
정우숙, 「한국 현대 희극과 대중성의 관계」, 『이화어문논집』 제22집, 이화어문학회, 2004.
정혜경, 「불연속적인 얼굴들, 그 낯선 아름다움 속으로」, 『작가세계』, 2002 겨울호.
정혜자, 「보호와 경쟁의 이중주」, 『민족극과 예술운동』, 민족극연구회, 1994 여름호.
조남현, 「메타픽션의 외로움과 보람」, 『우리 소설의 판과 틀』, 서울대출판부, 1991.
조정환, 「한국문학의 근대성과 탈근대성」, 『상허학보』, 2007.
진형준, 「처절한 자아탐색, 그리고 소설탐색」, 『서평문화』, 1999 겨울호.
최성실, 「육체, 광기, 나비처럼 가벼운」, 『육체, 비평의 주사위』, 문학과지성사, 2003.
카치아피카스, 조지, 「광주항쟁에 대한 기억」, http://www.eroseffect.com/korean/kwangju%20pdf.pdf.
푸코, 미셸, 「자기의 테크놀로지」, 『자기의 테크놀로지』, 이희원 옮김, 동문선, 2004.
한유주, 「유령을 힐난하다」, 『창작과비평』, 2006 가을호.
홍기돈, 「인정투쟁의 욕망과 '새로움'이라는 블랙홀」, 『문학수첩』, 2005년 가을호.
『문학동네』 2006년 겨울호.
『문학수첩』 2006년 겨울호.
『문학판』 2006년 봄호.
『실천문학』 2006년 가을호.
『연극평론』, 2000년 겨울호.
『작가와 비평』 2006 하반기.
『창작과 비평』 2006년 겨울호.
『창작과 비평』 2006년 여름호.

| 외국어 단행본 |

Deleuze, Gilles, and Guattari, Félix *A Thousand Plateaus*: *Capitalism and*

Schizophrenia, Trans. Brian Massumi (Minneapolis: University of Minnesota Press 1987).

Dickens, Charles, *Little Dorrit*. ed. and intro. John Holloway (Harmondsworth : Penguin Books, 1967).

Gilles Deleuze, *Difference and Repetition*, Trans. Paul Patton (New York : Columbia University Press, 1994).

Hardt, Michael·Negri, Antonio, *Multitude*, Penguin, 2004.

Lawrence, D. H., *Phoenix* (London : William Heineman Ltd, 1936).

Leavis, F. R., *The Great Tradition* (1948; Harmondsworth: Penguin Books, 1974).

Leavis, F. R., *Thought, Words and Creativity* (London : Chatto and Windus, 1976).

Maturana, H. R., & Poerksen, B., *From Being to Doing*, Carl-Auer, 2004.

Negri, Antonio, *Negri on Negri* (New York and London : Routledge, 2004).

Nietzsche, Friedrich, *Will to Power*, Trans. Walter Kaufmann and R. J. Holingdale, Ed. Walter Kaufmann (New York : Vintage Books, 1968).

|외국어 문헌|

Hardt, Michael, 「帝國的軍事秩序の形成」, 『現代思想』, 青土社, 2006.

Leavis, F. R., "Dickens and Blake: *Little Dorrit*", in F. R. and Q. D. Leavis, *Dickens: The Novelist*.(London: Chatto & Windus, 1970).

Lukács, Georg, "Über die Besonderheit als Kategorie der Ästhetik", *Georg Lukács Werke* Band 10 (Neuwied und Berlin: Luchterhand, 1969).

Orwell, George, "Charles Dickens", *Decline of the English Murder and Other Essays* (Harmondsworth : Penguin books, 1980).

"Intellectuals and Power: A Conversation between Michel Foucault and Gilles Deleuze," http://slash.autonomedia.org/article.pl?sid=03/01/13/0056200

"Regimes, Pathways, Subjects," *Soft Subversion*, Ed. Sylvere Kotringer, Trans. David L. Sweet and Chet Wiener (New York: Semiotext(e), 1996).

:: 찾아보기

ㄱ

가능성 16, 20, 33, 34, 48, 50, 51, 54, 59~65, 67, 68, 73, 78, 82, 83, 89, 93, 94, 98, 100~102, 107, 123, 127, 151, 154, 157, 172, 176, 179, 181, 183~185, 187~189, 200, 212, 213, 215, 217, 230, 235, 236, 244, 245, 256~258, 259, 266, 267, 287, 288, 300, 308, 311, 312, 318, 325
가라타니 고진 12, 13, 21, 28, 45, 50, 93, 100, 277, 278
가야트리 스피박 62, 63, 269
감각 9, 13, 16, 33, 34, 43, 51, 53, 56, 57, 87, 88, 94~96, 98~100, 116, 135~138, 142, 151, 153, 155, 175, 191, 197, 198, 214, 217, 247, 248, 265, 288, 290, 297, 300, 304, 313, 322, 323
감각론 23, 24
감수성 13, 114~116, 118, 199, 202, 292, 293
감염 216~218
강좌 9, 10, 13
개별성 104, 105
경향 16, 18, 20, 24, 28, 29, 33, 50~52, 57~59, 63, 70, 71, 78~80, 82, 86, 88, 89, 91, 92, 94, 98, 99, 101, 104, 106, 110, 195, 197, 209, 213, 216, 219, 266, 290, 320
고아 227, 291, 294, 295, 297, 298, 305~308,
고종석 61, 216~219
공공영역 29
공명 62, 267, 288
공통감각 98
공통재 229
공통적인 것 10, 33, 61, 63, 103, 105, 112, 120, 122, 123, 133, 143, 181, 216, 219, 266, 285, 290, 322, 327
공통체 56, 325
광주민중항쟁 310
구국문학 79
국민국가 12, 13, 192, 28, 50, 59, 79, 81, 86, 89, 90, 99, 193, 196, 198, 207, 208
국민문학 79, 80, 88, 91, 99, 102, 320
권력 43, 46, 49, 61, 63, 85, 87, 91~94, 97, 101, 111, 122, 126, 170~173, 187, 199, 217, 218, 252, 254, 290, 310
권성우 34, 35, 126, 150
근대국민국가 192~194, 204, 208
근대문학 9, 12, 13, 21, 28, 30, 50, 78~80, 82, 86, 93, 94, 96, 97, 99, 100, 102, 223, 277, 278, 311, 319, 320, 324
기획자 41, 42, 44~46, 48, 49
김미정 14, 18, 19, 22, 31, 33, 44, 50, 57, 71, 73, 291,
김민정 24
김소월 27
김수이 26, 94, 96
김애란 30, 242, 294
김영찬 296
김영현 34, 35
김재영 210, 212, 213, 215, 216, 219
김종철 93
김지하 16
김형수 321

ㄴ

나르시시즘 87, 293, 295
냉소 31, 34, 56, 65, 269, 292, 293, 295, 298, 307, 311
냉소주의 30, 33, 54, 87, 102
네트워크 102, 122, 123
네이션-스테이트 12, 50, 93
노동계급 83, 84, 193, 215, 319
노동문학 54, 56, 80, 81, 92
노동시 101, 321
노동해방문학 26, 34, 35
노마드 67, 94, 98, 101, 102, 237
눌변 69, 70, 130, 133, 245, 249

찾아보기 335

ㄷ

다성성 27, 28, 94
다중 17, 29, 46, 52, 53, 56, 57, 65, 78, 89, 91, 92, 96~99, 101, 102, 104, 109, 136, 158, 183, 185, 229, 230, 242, 251, 252, 257, 317, 319, 320, 324, 325, 327
다중네트워크센터 9
다중되기 94
답변 69, 70, 133, 245, 249
대중 연극 246
대중문화 225~229, 231
대학 16, 42, 43, 48, 140, 170, 171
데카르트 158
독자 10, 16, 29, 42, 45, 63, 68, 70, 71, 125, 126, 128, 130, 131, 132, 134, 136, 137, 143, 152, 157, 176, 188, 212, 281, 282, 305
동아시아론 15
동일성 93, 94, 96, 105, 115, 140, 144, 158, 161~163, 167, 169, 173, 176, 179, 181, 185, 187, 193, 206, 282
디킨즈 36, 104, 106, 111, 112

ㄹ

로렌스 36, 37, 104, 109, 113, 115~119, 121, 122
루카치 31, 104, 106, 107, 237
리비스 36~38, 104, 107~112, 123, 124
리얼리즘 15, 16, 26, 35~37, 51, 54, 82, 111, 113, 126, 127, 144, 148, 181, 189, 223, 224, 241, 246, 265, 266, 278, 290, 320, 324
리얼리티 24, 294, 304

ㅁ

마뚜라나 73
마이노리티 209, 223
말걸기 61~63, 267, 269, 277, 281, 283, 285, 290
맑스 189
메타포 31
모더니즘 15, 51, 82, 86, 87, 89, 96, 189, 223, 224, 241, 243, 266, 290, 311, 320, 323, 324, 328
무라까미 하루끼 28
문학 9, 10, 12~17, 21, 22, 26~28, 30, 31, 34~39, 41~45, 49~52, 54, 56, 57, 59, 60, 63, 69~71, 73, 75, 77~83, 85~89, 91~103, 107, 111, 114, 119~122, 124~127, 129, 130, 133, 138, 140, 141, 143, 144, 147, 149, 150, 152, 156, 158, 159, 169, 180, 181, 183, 184, 188, 192, 195, 209, 223, 224, 227, 228, 234, 241, 242, 244, 248~250, 254, 280, 289, 290, 292~294, 309~312, 316, 320, 325~327
문학권력 15, 42
『문학동네』 14, 16, 30, 96
문학비평모임 10
문학이론 44, 120, 121
문학장 14, 41, 50, 59
미래파 15, 23, 24
미학 14~16, 20, 52, 59, 60, 69, 82, 114, 119, 126, 136, 177, 195, 200, 207, 246, 265, 295, 296
민족국가 12, 79, 97, 193, 194, 202, 204, 205
민족문학 15, 51, 78~82, 86, 91, 99, 195
민족성 28
민주주의민족문학 79, 80
민중 9, 10, 12~15, 28, 50~54, 56, 60, 73, 75, 78~80, 83~87, 89, 90, 92~94, 97~100, 102, 103, 188, 191~196, 199, 202, 204~206, 208, 209, 262, 264, 293, 309, 311~314, 316, 318, 321, 324~327
민중되기 315, 328
민중문학 81, 82, 88, 95, 96, 195, 310, 320, 328
민중찾기 323, 328

ㅂ

박근형 70, 248, 265, 266
박민규 17, 21, 30, 31, 33, 52, 64, 65, 67, 68, 92, 95, 221~226, 228~237, 239, 240, 241, 304
박영근 13, 50, 52~54, 92, 311~316, 318, 320~328
박필현 17, 20, 24, 31, 61, 64~66, 98, 221
박형서 17, 31
반복 27, 51, 80, 85, 92, 96, 115, 144, 157, 158, 162~167, 176, 181, 182, 184, 185, 187, 197, 212, 213, 219, 257, 293, 301, 314
배수아 57, 58, 295~298,
백낙청 12, 82

백무산 92, 321, 327
백소연 24~26, 58, 69, 243,
버추얼리즘 61, 224, 266, 290, 321, 324
버추얼리티 258, 266
베르그송 48, 239, 240
벤야민 240
변주 27, 163~165, 198, 212
보편성 104, 105
복수성 94, 97
브리콜라주 225~227, 236
비물질노동 65, 136, 158, 183, 185, 229, 252, 317
『비물질노동과 다중』 136, 158, 183, 185, 229, 252, 317
비애 29~31, 54, 92, 97, 98, 321
비인격화 37
비장 29, 30, 52~54, 97, 98, 240, 248
비평 14~16, 34, 35, 37, 39, 41~46, 49~51, 54, 56, 70, 87, 88, 96, 98, 103, 104, 107, 111, 113, 114, 116, 119~122, 124, 149, 150, 152, 156, 180, 226, 248, 290
비평가 10, 15, 21, 39, 41~46, 48, 49, 87, 88, 93, 104, 110, 112, 114, 115
비평이론 104, 120

ㅅ

사실주의극 246, 248, 249, 265
사심없음 108, 109
산 노동 208, 209, 218
산업노동 83~85, 87, 90, 316~318
살 323, 325, 327, 328
삶 10, 17, 18, 35, 38, 39, 43, 51, 52, 54, 56, 57, 59~62, 64, 69, 71, 73, 79, 82, 86, 88, 89, 91, 92, 94~100~102, 107~109, 111, 113, 115~124, 126, 127, 130, 133, 140, 143, 148, 151, 156~159, 162, 165, 166, 169, 172, 176, 179, 183, 185~189, 194, 195, 197~204, 206, 209~214, 216, 218, 219, 221, 222, 225, 228~230, 232, 235~237, 239, 241, 242, 244, 245, 251~259, 262, 264~271, 273~277, 279, 280, 282~284, 286~290, 292, 298, 303, 305, 308, 315, 317, 319, 321, 323~325, 327, 328
삶권력 101
삶문학 10, 98, 99, 119, 221, 242, 288, 290, 328

삶정치 94, 101, 122, 123, 124, 267, 288, 290, 319
상상력 13, 16, 17, 18, 20~23, 30, 34, 56, 57, 64, 65, 95, 100, 112, 134, 175, 224, 225, 236, 247, 302, 304, 307, 309, 310
생성 14, 15, 21, 43, 61, 77, 102, 104~106, 108, 111, 112, 116, 120, 123, 124, 132, 133, 136, 140, 144, 148, 150, 155, 159, 162, 163, 167, 169, 170, 173, 176, 177, 179, 181, 183, 184, 186~188, 197, 216~218, 323
서정 15, 16, 23, 24, 26~30, 34, 94, 96
서정주 27
서정주체 26, 27, 29, 94
서창현 71~73, 125, 136, 175, 249
세잔 104, 116~119
소수과학 120, 121
소통 42~44, 61, 84, 126, 133, 183, 217, 218, 249, 256, 277, 285~287, 290, 317, 319
수다 69, 70, 111, 237, 243~250, 265, 327
순수문학 28
스펙타클 224, 300, 301
스피노자 30, 95, 113, 116, 122
시간 10, 34, 41, 50, 71, 73, 86, 88, 90, 101, 105, 106, 115, 117, 119, 125~129, 132, 133, 138~140, 142~144, 146, 149~161, 163, 165~167, 169, 170, 173, 174, 176, 179, 181, 182, 184~189, 192, 194, 196, 198, 203, 205~207, 214, 222, 232, 233, 235, 248~250, 252, 253, 258, 260~262, 265, 274, 277, 288, 290~292, 295, 301, 312, 319, 321~324, 326, 327
시장영역 29
신형철 64
실재 20, 36, 37, 39, 53, 65, 92, 95~97, 101, 108, 123, 124, 176, 180, 189, 203, 213, 214, 218, 232, 235, 244, 258, 262, 265, 274, 278, 289, 323, 324
실재성 53, 95, 176, 274, 323

ㅇ

안또니오 네그리 16, 21, 100, 105, 109, 112, 119, 123, 124, 136, 156, 158, 170, 185, 193, 209, 232, 254, 267, 280, 285, 288, 317
앙가주망 33

찾아보기 337

애국문학 79
약동 78, 96, 101
언어 14, 31, 61, 62, 69~71, 73, 82, 111, 112, 124~127, 130, 135, 137, 138, 143, 144, 146, 147, 150, 154, 183, 184, 186~189, 216~219, 224, 225, 228~230, 236, 242, 244, 248, 250, 261, 265~268, 276, 282, 292, 295, 315, 318, 327
역량 144, 147, 157, 182, 258, 261, 264
연극 69, 70, 131, 141, 145, 161, 165, 171, 172, 177~179, 243~248, 250, 251, 254, 257, 258, 260~262, 264~266
영문학 21, 36
영원성 112, 158, 207, 235, 258, 266, 290
영토화 97, 144, 163, 172, 186, 242
예술 39, 44, 48, 49, 104, 106, 107, 112~115, 117~119, 121, 123, 136, 138, 156, 163, 183, 224, 225, 227~229, 244, 246, 248, 262, 265, 290, 320
예술가 48, 49, 104, 106, 107, 112~114, 117, 136, 320
욕망 29, 71, 79, 80, 92, 94, 96, 97, 132, 138, 140, 143, 162, 163, 213, 215, 218, 224, 270, 271, 285, 300, 327
우발성 153
우연성 153, 305, 306
웃음 30, 31, 33~35, 46, 98, 138, 162, 169, 239, 240, 247, 262, 268, 281
월경 191, 200, 209, 217
유머 23, 30, 31, 98, 100, 226, 237
유물론 123, 124
유형진 24
윤대녕 31, 307
은희경 31, 307
이광호 100
이기호 17, 22, 23, 30, 31, 241
이명랑 61~64, 268, 269, 271, 273, 282, 288~290
이성중심주의 23
이성혁 321
이야기 10, 13, 14, 16, 20~23, 28, 29, 31, 34, 35, 37, 38, 42, 45, 48, 50, 52, 54, 59, 62, 63, 65, 67, 69, 71, 100, 130, 139, 147, 149, 151, 154, 157, 164, 176, 196, 197, 203~209, 213, 216, 221, 224~226, 229, 231, 236, 241, 246, 251, 257, 258, 260~262, 264~267, 274, 277, 278, 289, 293, 295, 296, 299~302, 304, 305, 307

이인성 71, 73, 125~129, 131, 133, 135, 137, 140, 141, 143, 144, 147, 148, 156, 158, 167, 169, 175, 181, 183, 184, 186~189, 249
이장욱 24, 26, 94
이접 44, 192
이종호 10, 15, 21, 40, 41, 44, 46, 58, 59, 64, 96, 191
이주노동 67, 90, 195, 209~219, 268, 275, 283, 287
이충희 9~11, 14, 16, 18, 23, 29, 34, 38, 41, 43, 50, 52, 53, 57, 73
2000년대 10, 15~17, 29~31, 33, 35, 42, 44, 46, 49~52, 56, 71, 94~96, 98, 294
익명 139, 140, 141, 160, 179
익살 16, 30, 51, 53, 56, 57, 98, 236, 237, 240, 241, 247, 248, 250
인다라 62, 267
인터내셔널 196
일본군 위안부 203~205
입법자 49

ㅈ

'자발적 고아' 58
자본주의 17, 48, 57, 64, 84, 89, 92, 107, 112, 170, 183, 193, 212, 213, 215, 218, 221, 227, 232, 242, 244, 251, 255, 258, 267, 270, 273~275, 278, 280, 284, 288, 293, 310
자아 30, 31, 37, 109, 116, 140, 141, 150, 154~156, 158, 159, 162, 179, 181, 187, 255
잠재력 26, 235, 244, 310, 321~323
잠재성 17, 20, 22, 36~39, 60, 62, 71, 95, 101, 176, 235, 269, 274, 284, 288, 290, 318, 322~325
잠재적인 것 62, 95, 143, 176, 274, 278, 323, 324
잡종 217
장진 69, 70, 243, 245~252, 254, 256~258, 260, 261, 263~266
재미 30, 31, 34, 151, 246, 255
재치 30, 247
재현 20, 21, 23, 24, 36, 37, 54, 59, 61~63, 70, 71, 96, 100, 106, 115, 117, 119~121, 125, 126, 138, 140, 143, 148, 160, 162, 176, 183, 184, 186, 187, 224, 230, 248, 254, 258, 259,

260, 262~264, 269, 270, 279, 287, 294
전성태 59, 60, 197, 199, 202, 203, 219
전형성 104, 106, 107, 112
정남영 16, 21, 26, 27, 33~35, 38, 39, 41~43, 46, 47, 92, 103, 105, 109, 111, 156, 158, 170, 181, 183~186, 254, 267, 280, 322
정동 84, 85, 91, 97, 98, 100, 116, 136, 310
정서 26, 28~31, 33, 34, 52, 53, 81, 94, 99, 101, 114, 116, 117, 145, 201, 211, 292, 293, 295, 297, 306, 310, 317, 321
정체성 60, 85, 86, 93, 97, 120, 140, 141, 143, 144, 159, 160, 163, 180, 195, 198~201, 204, 217, 305, 317, 322
'정치적 상상력' 16
제국 81, 83, 97, 99~101, 193, 194, 204, 207~209, 215, 217, 218, 221, 232, 233, 319
제국주의 79, 81, 196~199, 203, 204, 206, 208, 209, 216, 217
조영실 30, 32, 33, 44, 61~63, 69, 267
조정환 9, 12, 17, 26, 28, 34~36, 48, 50, 52, 54, 55, 77, 80, 81, 83, 92, 119, 121, 158, 185, 224, 230, 241, 242, 244, 252, 262, 264, 266, 274, 277, 290, 291, 309, 319, 320, 322, 324
조지 카치아피카스 309, 310
조하영 17
종군위안부 205~208
'종언 이후' 12
종언 이후의 문학 9, 10, 13, 14, 34
좌담 9, 10, 12, 14, 45, 73
주례사 비평 41, 49, 88
주체 13, 15, 17, 24, 26, 27, 29, 50, 51, 54, 57, 58, 60, 61, 63, 71, 78, 81, 82, 87~89, 93~96, 98, 99, 102, 109, 124, 126, 138, 141, 143, 146, 156, 157, 159, 161~163, 169~173, 176, 177, 179~181, 183, 184, 187, 189, 191~196, 201, 202, 206, 218, 229, 242, 254, 259, 269, 270, 277, 278, 280, 283, 285, 289, 293, 294, 296, 297, 303, 307, 318~320, 324
주체성 13, 50, 51, 54, 58, 60, 61, 78, 87, 89, 98, 99, 102, 138, 141, 143, 162, 170~173, 183, 184, 191, 193~196, 201, 202, 206, 218, 242, 277, 296, 318~320
지젝 288
질 들뢰즈 16, 21, 36~38, 95, 97, 101, 112, 115, 117~122, 127, 136, 138, 140, 144, 153, 154, 158, 163, 170~172, 176, 177, 180, 181, 232,

234, 245, 248, 254, 261, 317

ㅊ

차이 14, 15, 28, 29, 33, 34, 58, 80~82, 101, 103, 104, 106, 110, 122, 133, 144, 157, 162, 163, 166, 173, 176, 177, 179, 182, 185~187, 192, 203, 217, 219, 226, 228, 229, 247, 249, 268, 298, 318
창비 16, 94, 96, 219, 296
창작 10, 41, 42, 51, 54, 56, 81, 82, 87, 88, 92~94, 98, 16, 26, 103, 104, 106, 116, 118, 121, 122, 143, 183, 226, 245, 298, 304, 321
창조성 21, 22, 86, 104, 108, 111, 113, 115, 117, 121~123, 229
1980년대 14, 15, 22, 26, 30, 31, 41, 42, 44, 45, 49, 50, 52, 54, 57, 58, 80~83, 97, 125, 126, 139, 188, 191~193, 219, 291~294, 307, 310, 311, 316, 321, 326
1987년 9, 12, 28, 77, 78, 81, 83, 84, 88, 92, 98, 192, 209, 243, 244, 309, 326
1990년대 10, 12, 14, 15, 28, 30, 31, 33, 34, 49~51, 54, 56, 57, 63, 69, 81, 84~86, 97, 193, 205, 231, 243~245, 248, 265, 266, 291~293, 295, 306, 307, 311, 316, 318, 320, 321, 325
천운영 17
초험적 장 38
최원식 51, 121
친일문학 79

ㅋ

카오스 176, 177, 179, 197
카이로스 9, 10, 27, 34, 35, 44, 48, 49, 92, 103~106, 112, 115, 116, 119~121, 124, 156, 185, 224, 244, 274, 277, 288, 290, 291, 322, 324
카이로스의 문학 9, 92, 103, 119, 224, 244, 274, 277, 290, 291, 322, 324
카이로스의 비평 35, 44, 48, 49, 103, 104, 115, 121, 124
칸트 18, 48
코기토 158, 159, 298
코뮤니즘 200
코스모폴리턴 60, 200, 202

키덜트 231

ㅌ

타자 14, 26, 63, 155, 179~182, 184, 187, 189, 217, 230, 259, 292, 297
탈근대 61, 63, 80, 101, 206, 215, 217, 218, 245, 254, 267, 269, 278, 280, 288, 290, 320
탈영토화 144, 163, 172, 186
탈주 9, 61~64, 82, 95, 98, 101, 106, 162, 186, 187, 193, 194, 209, 234, 242, 251, 254~258, 265, 274, 276, 278, 280, 288, 290, 294, 295, 327
탈주선 9, 186, 187, 234
'태생적 고아' 58
테리 이글턴 38
트랜스-내셔널 58~60, 61, 191, 216, 217, 219
트렌드 비평 49
특수성 69, 104~106, 205
특이성 37, 38, 52, 60, 62, 63, 68, 104~106, 109, 111, 112, 114~116, 118~120, 122, 123, 132, 179, 183, 184, 215, 217, 218, 225, 250, 269, 271, 283, 284, 287, 288, 290

ㅍ

파리코뮌 309
퍼블릭 28
펠릭스 가따리 112, 120~122, 163, 232, 234
편혜영 304
포섭 88, 192~194, 206, 207, 212, 217, 218, 251, 252, 271, 272, 284, 287, 302, 320
포스트 57, 86, 87, 89, 96, 224, 243, 265, 269, 278, 290, 292, 293, 297, 306~308, 311
포스트모더니즘 86, 87, 89, 96, 243, 290, 311
표현 13, 21, 22, 29~31, 34, 35, 37, 39, 41, 43, 44, 51, 54, 56, 59, 61~64, 69~71, 73, 81, 86~88, 94~99, 101, 102, 106, 112~122, 124, 134, 140, 151, 181, 183, 184, 188, 189, 211, 216, 229, 234, 236, 243~246, 248, 250, 258, 262, 269, 281~284, 288, 290, 310, 312, 314, 323
푸코 122, 189, 296
프롤레타리아 101, 206, 320

프리드리히 니체 114, 115
플라톤 48

ㅎ

하트 100, 109, 193, 209, 232
한국문학 10, 12, 63, 79, 80, 81, 88, 91, 98, 131, 195, 209, 219, 292, 320
한유주 57, 58, 293, 298, 299, 304, 308
해체 13, 24, 26, 28, 30, 71, 86, 87, 90, 92, 99, 121, 125, 135, 137, 141, 155, 157, 158, 161, 169, 172, 187, 188, 194~197, 265, 266, 290, 312, 313, 317~322, 328
해학 30, 61, 62, 92, 98, 269, 272, 277, 280, 281
허무주의 22, 64, 65, 67, 198
혁명 14, 22, 31, 39, 41, 57, 85, 89, 109, 119, 209, 244, 292, 298, 309, 310, 311, 315, 316, 318, 325, 326
『혁명의 시간』 105, 112, 119, 120, 123, 156, 158, 185, 254, 267, 280, 285, 288
현실 12, 16~18, 20~23, 31, 33~36, 38, 41, 42, 48, 49, 53~56, 58~60, 62~65, 67, 71, 81, 82, 86, 92, 95, 96, 98~100, 107, 109, 112, 119, 124~127, 138, 143, 147~151, 154, 158, 164, 168, 169, 170, 172, 173, 175, 176, 181~183, 187, 188, 191, 192, 194, 200~203, 205, 206, 210~217, 219, 222~224, 228, 230~232, 234~237, 242, 244, 245, 248, 252, 258, 260~262, 265, 266, 274, 276~278, 280, 284, 285, 288~290, 294, 295, 304, 307, 316, 318, 321~327
현실성 95, 235, 269, 324
현실적인 것 48, 86, 95, 143, 288, 322~324
혼종 94, 201, 217, 219, 232, 248
화폐 269, 270, 277
환상 18, 20, 65, 86, 90, 94, 130, 134, 135, 149, 157, 173, 175, 187, 226, 231, 234, 245, 246, 265, 277, 289, 327
활력 59, 60, 106, 108, 109, 114, 116, 118, 215, 285, 290
황병승 24, 26, 52, 94
회의주의 302, 306
희곡 69, 70, 245, 247, 248, 250~252, 254, 258

:: 갈무리 신서

1. **오늘의 세계경제 : 위기와 전망**
   크리스 하먼 지음 / 이원영 편역
   1990년대에 자본주의 세계경제가 직면한 위기의 성격과 그 내적 동력을 이론적?실증적으로 해부한 경제분석서.

2. **동유럽에서의 계급투쟁 : 1945~1983**
   크리스 하먼 지음 / 김형주 옮김
   1945~1983년에 걸쳐 스딸린주의 관료정권에 대항하는 동유럽 노동자계급의 투쟁이 어떻게 전개되어 왔는가를 실증적으로 분석한 역사서.

7. **소련의 해체와 그 이후의 동유럽**
   크리스 하먼·마이크 헤인즈 지음 / 이원영 편역
   소련 해체 과정의 저변에서 작용하고 있는 사회적 동력을 분석하고 그 이후 동유럽 사회가 처해 있는 심각한 위기와 그 성격을 해부한 역사 분석서.

8. **현대 철학의 두 가지 전통과 마르크스주의**
   알렉스 캘리니코스 지음 / 정남영 옮김
   현대 철학의 역사에 대한 비판적 분석을 통해 철학에서 마르크스주의의 역할은 무엇인가를 집중적으로 탐구한 철학개론서.

9. **현대 프랑스 철학의 성격 논쟁**
   알렉스 캘리니코스 외 지음 / 이원영 편역·해제
   알뛰세의 구조주의 철학과 포스트구조주의의 성격 문제를 둘러싸고 영국의 국제사회주의자들 내부에서 벌어졌던 논쟁을 묶은 책.

11. **안토니오 그람시의 단층들**
    페리 앤더슨·칼 보그 외 지음 / 김현우·신진욱·허준석 편역
    마르크스주의 내에서 그리고 밖에서 그람시에게 미친 지적 영향의 다양성을 강조하면서 정치적 위기들과 대격변들, 숨가쁘게 변화하는 상황에 대한 그람시의 개입을 다각도로 탐구하고 있는 책.

12. 배반당한 혁명

    레온 뜨로츠키 지음 / 김성훈 옮김

    혁명적 마르크스주의의 입장에서 통계수치와 신문기사 등 구체적인 자료를 바탕으로 소련 사회와 스딸린주의 정치 체제의 성격을 파헤치고 그 미래를 전망한 뜨로츠키의 대표적 정치분석서.

14. 포스트모더니즘 이후의 정치와 문화

    마이클 라이언 지음 / 나병철·이경훈 옮김

    마르크스주의와 해체론의 연계문제를 다양한 현대사상의 문맥에서 보다 확장시키는 한편, 실제의 정치와 문화에 구체적으로 적용시키는 철학적 문화 분석서.

15. 디오니소스의 노동·I

    안토니오 네그리·마이클 하트 지음 / 이원영 옮김

    '시간에 의한 사물들의 형성이자 '살아 있는 형식부여적 불'로서의 '디오니소스의 노동', 즉 '기쁨의 실천'을 서술한 책.

16. 디오니소스의 노동·II

    안토니오 네그리·마이클 하트 지음 / 이원영 옮김

    이딸리아 아우또노미아 운동의 지도적 이론가였으며 ?제국?의 저자인 안토니오 네그리와 그의 제자이자 가장 긴밀한 협력자이면서 듀크대학 교수인 마이클 하트가 공동집필한 정치철학서.

17. 이딸리아 자율주의 정치철학·1

    쎄르지오 볼로냐·안또니오 네그리 외 지음 / 이원영 편역

    이딸리아 아우또노미아 운동의 이론적 표현물 중의 하나인 자율주의 정치철학이 형성된 역사적 배경과 맑스주의 전통 속에서 자율주의 철학의 독특성 및 그것의 발전적 성과를 집약한 책.

19. 사빠띠스따

    해리 클리버 지음 / 이원영·서창현 옮김

    미국의 대표적인 자율주의적 맑스주의자이며 사빠띠스따 행동위원회의 활동적 일원인 해리 클리버 교수(미국 텍사스 대학 정치경제학 교수)의 진지하면서도 읽기 쉬운 정치논문 모음집.

20. 신자유주의와 화폐의 정치

    워너 본펠드·존 홀러웨이 편저 / 이원영 옮김

    사회 관계의 한 형식으로서의, 계급투쟁의 한 형식으로서의 화폐에 대한 탐구, 이 책 전체에 중심적인 것은, 화폐적 불안정성의 이면은 노동의 불복종적 권력이라는 것을 이해하는 것이다.

21. 정보시대의 노동전략 : 슘페터 추종자의 자본전략을 넘어서
    이상락 지음
    슘페터 추종자들의 자본주의 발전전략을 정치적으로 해석하여 자본의 전략을 좀더 밀도있게 노동의 관점에서 분석하고 또 이로부터 자본주의를 넘어서려는 새로운 노동전략을 추출해 낸다.

22. 미래로 돌아가다
    안또니오 네그리·펠릭스 가따리 지음 / 조정환 편역
    1968년 이후 등장한 새로운 집단적 주체와 전복적 정치 그리고 연합의 새로운 노선을 제시한 철학?정치학 입문서.

23. 안토니오 그람시 옥중수고 이전
    리처드 벨라미 엮음 /김현우?장석준 옮김
    『옥중수고』 이전에 씌어진 그람시의 초기저작. 평의회 운동, 파시즘 분석, 인간의 의지와 윤리에 대한 독특한 해석 등을 중심으로 그람시의 정치철학의 숨겨져 온 면모를 보여준다.

24. 리얼리즘과 그 너머:디킨즈 소설 연구
    정남영 지음
    디킨즈의 작품들에 대한 치밀한 분석을 통해 새로운 리얼리즘론의 가능성을 모색한 문학이론서.

31. 풀뿌리는 느리게 질주한다
    시민자치정책센터
    시민스스로가 공동체의 주체가 되고 공존하는 길을 모색한다.

32. 권력으로 세상을 바꿀 수 있는가
    존 홀러웨이 지음 / 조정환 옮김
    사빠띠스따 봉기 이후의 다양한 사회적 투쟁들에서, 특히 씨애틀 이후의 지구화에 대항하는 투쟁들에서 등장하고 있는 좌파 정치학의 새로운 경향을 정식화하고자 하는 책.

피닉스 문예

1. 시지프의 신화일기
   석제연 지음
   오늘날의 한 여성이 역사와 성 차별의 상처로부터 새살을 틔우는 미래적 '신화에세이'!

2. 숭어의 꿈

    김하경 지음

    미끼를 물지 않는 숭어의 눈, 노동자의 눈으로 바라본 세상! 민주노조운동의 주역들과 87년 세대, 그리고 우리 시대에 사랑과 희망의 꿈을 찾는 모든 이들에게 보내는 인간 존엄의 초대장!

3. 볼프

    이 헌 지음

    신예 작가 이헌이 1년여에 걸친 자료 수집과 하루 12시간씩 6개월간의 집필기간, 그리고 3개월간의 퇴고 기간을 거쳐 탈고한 '내 안의 히틀러와의 투쟁'을 긴장감 있게 써내려간 첫 장편소설!

4. 길 밖의 길

    백무산 지음

    1980년대의 '불꽃의 시간'에서 1990년대에 '대지의 시간'으로 나아갔던 백무산 시인이 '바람의 시간'을 통해 그의 시적 발전의 제3기를 보여주는 신작 시집.

Krome…

1. 내 사랑 마창노련 상, 하

    김하경 지음

    마창노련은 전노협의 선봉으로서 87년 노동자 대투쟁 이후 민주노총이 건설되기까지 지난 10년 동안 민주노동운동의 발전을 이끌어 왔으며 공장의 벽을 뛰어넘은 대중투쟁과 연대투쟁을 가장 모범적으로 펼쳤던 조직이다. 이 기록은 한국 민주노동사 연구의 소중한 모범이자 치열한 보고문학이다.

2. 그대들을 희망의 이름으로 기억하리라

    철도노조 KTX열차승무지부 지음 / 노동만화네트워크 그림 / 민족문학작가회의 자유실천위원회 엮음

    KTX 승무원 노동자들이 직접 쓴 진솔하고 감동적인 글과 KTX 투쟁에 연대하는 16인의 노동시인?문인들의 글을 한 자리에 모으고, 〈노동만화네트워크〉 만화가들이 그린 수십 컷의 삽화가 승무원들의 글과 조화된 살아있는 감동 에세이!